그리스도 의식에 이르는 열쇠 2

Master Keys to Personal Christhood

Jesus

일러두기 / 이 과정은 상승한 예수 그리스도가 가슴으로부터 직접 전하는 선물임을 분명히 하겠습니다. 지난 2,000년 동안 나는 많은 사람에게 영감을 주어 순수한 영적인 가르침을 전해 주었지만, 이 과정에서 처음으로, 지상에서 살아 있는 그리스도의 임무에 대한 진리를 완전히, 그리고 있는 그대로 제공할 것입니다. 이 과정에서 나는, 그리스도 예수 안에 있었고 지금도 있는 이 마음이 여러분 안에 있게 함으로써(빌립보서 2:5), 진정으로 아들을 영광스럽게 하는 방법을 분명하게 설명하고, 각 개인이 그리스도 의식을 성취하는 체계적인 여정을 제공할 것입니다.

그리스도 의식에 이르는 열쇠 2
ⓒ2022~, Kim Michaels

킴 마이클즈를 통해 전해진, 상승 마스터들의 메시지를 '그리스도 의식을 추구하며' 카페에서 공부하는 상승 마스터 학생들이 번역하고 디자인 및 편집을 해서 직접 이 책을 펴냈습니다. 이 책의 한국어판 저작권은 저작권자인 킴 마이클즈와 계약을 한 '그리스도 의식을 추구하며' 카페에 있습니다.

아이앰 출판사(http://cafe.naver.com/iampublish)는 '그리스도 의식을 추구하며' 카페에 의해 상승 마스터의 가르침들을 널리 알리기 위한 목적으로 설립되었으며, 2015년 9월 4일(제 2015-000075호)에 등록되었습니다. 주소는 서울시 송파구 장지동 송파파인타운 11단지 내에 있으며, 인터넷 카페는 http://cafe.naver.com/christhood입니다.

2022년 8월 15일 펴낸 책(초판 제1쇄)

번역 및 출판에 도움을 주신 분: 아이앰 편집팀
이 책은 최대한 내용의 명확한 전달에 초점을 맞추어 번역되었음을 알려드립니다.

ISBN 979-11-92409-01-6

이 도서의 국립중앙도서관 출판시도서목록(CIP)은 서지정보유통지원시스템 홈페이지(http://seoji.nl.go.kr)와 국가자료공동목록시스템 (http://seoji.nl.go.kr/kolisnet)에서 이용하실 수 있습니다.

그리스도 의식에 이르는 열쇠 2

Master Keys to Personal Christhood
Jesus

킴 마이클즈

I AM

킴 마이클즈(Kim Michaels)

1957년 덴마크 출생. 킴 마이클즈는 60여권의 책을 펴낸 저자이자 이 시대의 가장 탁월한 메신저 중의 한 사람입니다. 14개국에서 영적인 컨퍼런스와 워크샵을 이끌면서 많은 영적인 탐구자들의 상담자 역할을 해왔으며, 영적인 주제를 다루는 다수의 라디오 프로그램에 출연하기도 했습니다. 그는 다양한 영적 가르침들을 광범위하게 연구해왔으며, 의식을 고양시키는 다양한 실천 기법들을 수행했습니다. 2002년 이래로 그는 예수를 비롯한 여러 상승 마스터들의 메신저로 봉사하고 있습니다. 그는 신비주의 여정에 관한 광범위한 가르침들을 전해주었으며, 그 가르침들은 그의 웹사이트에서 무료로 제공되고 있습니다.

공식 한국어 번역 사이트 (네이버 카페)

http://cafe.naver.com/christhood

그리스도 의식을 추구하며 카페에서는 킴 마이클즈가 지난 10여 년 동안 웹사이트에 공개한 상승 마스터들의 메시지 및 기원문을 제공합니다. 누구나 가입해서 내용을 보고 공부할 수 있습니다.

매달 서울, 경기, 대전, 대구, 부산 등의 지역에서 온/오프라인 모임이, 그리고 매일 전 세계 상승 마스터 학생들이 함께 하는 공부 과정의 세계기원이 활발하게 진행되고 있으며, 같이 공부하고자 하시는 분은 누구나 참여하실 수 있습니다. 또한 매월 마지막 주 일요일에는 '성모 마리아 500 세계 기원'이 전 세계적으로 동일한 시간대에 진행됩니다. 매년 상승 마스터 컨퍼런스가 정기적으로 개최됩니다. 상세한 내용은 카페 공지사항을 참조하시기 바랍니다.

여러분은 누구이며 왜 여기에 있습니까?

여러분은 그 이상(MORE)을 원하기 때문에 여기에 있습니다.

물질 세상은 여러분이 원하는 그 이상을 주지 못합니다.

여러분은 물질 세상이 제공하는 것 이상(MORE)을 원합니다.

그러므로 여러분은 어떻게 여러분이 구하는 것 이상(MORE)을 찾을 수 있는지를 보여줄 수 있는 스승을 찾고 있습니다. 그리고 바로 이것이 내가 여기에 봉사하러 온 이유입니다.

그래서 내가 이렇게 말하지 않았나요?
"나는 모두가 생명을 얻고 또 얻어 넘치게 하려고 왔다."

그러니 나로 하여금 여러분에게 그 이상(MORE)인
생명(LIFE)으로 이르는 길을 보여주게 하세요.

예수

각 열쇠에 따라 수행할 기원문

열쇠 1	ROS15: 영적인 위기를 극복하기 위한 대천사 미카엘의 로자리
열쇠 2	ROS10: 성모 마리아의 신의 의지 로자리
열쇠 3	INV05: 자신을 사랑하기 위한 기원
열쇠 4	INV04: 가슴을 정화하기 위한 기원
열쇠 5	ROS03: 성모 마리아의 기적의 감사 로자리
열쇠 6	ROS04: 성모 마리아의 기적의 용서 로자리
열쇠 7	ROS12: 성모 마리아의 기적의 양육 로자리
열쇠 8	ROS16: 성모 마리아의 자존감의 회복을 위한 로자리
열쇠 9	ROS07: 성모 마리아의 기적의 하나됨 로자리
열쇠 10	ROS11: 성모 마리아의 모든 곳에 존재하는 지혜 로자리
열쇠 11	INV06: 예수님의 죽음에 대한 승리 기원
열쇠 12	INV13: 의지의 창조적인 자유
열쇠 13	INV08: 과거를 초월하기 위한 기원
열쇠 14	INV06: 예수님의 죽음에 대한 승리 기원
열쇠 15	내면의 그리스도와 조율하기
열쇠 16	INV10: 영원한 현재의 기원
열쇠 17	자신의 성장 과정을 적어보고 인터넷에 공유하세요

(이 기원문들은 '그리스도 의식을 추구하며' 카페의 초월 툴박스 메뉴에서 찾아 볼 수 있습니다. 또는 전자책으로 다운로드 받아 볼 수도 있습니다.)

차례

파트 2

열쇠 5. 갈망으로부터의 자유 · 9

열쇠 6. 분노를 두려움 위로 올리기 · 59

열쇠 7. 경쟁의 쳇바퀴에서 빠져나오기 · 115

열쇠 8. 자만의 미묘한 덫에서 빠져나오기 · 149

열쇠 9. 흑백 무지 · 197

열쇠 10. 모호한 무지 · 231

열쇠 11. 참으로 교묘한 무지 · 269

열쇠 12. 존재하려는 의지를 재발견하기 · 323

열쇠 5
갈망으로부터의 자유

　이 열쇠와 다음 열쇠들에서, 여러분이 자신의 존재를 통해 신의 지혜와 사랑이 흐르는 자연스러운 상태에 있지 못하도록 가로막는, 좀 더 확실한 몇 가지 장애에 대해 다룰 것입니다. 이 장애들은 사실 너무 인간적인 것이며, 신지한 영적인 구도자에게는 유치원 수준으로 여겨질지도 모릅니다. 하지만 집단의식 안에 이런 인간적인 조건들이 넘쳐나기 때문에, 나와 함께 그것을 살펴보는 것은 큰 가치가 있습니다. 그 조건들을 더 깊이 이해하지 않는다면 그 모든 잔재로부터 완전히 벗어나기가 어려울 수 있습니다. 그것들로부터 완전히 벗어나지 않으면, 여러분은 궁극적인 자유를 얻지 못할 것이라고 말할 수 있습니다. 실제로 많은 진지한 영적인 구도자가 이 기본적인 장애 중 하나를 완전히 극복하지 못해서 특정한 수준에 갇혀버리고 말았습니다. 따라서 이 독소들을 가진 채로는 그리스도 의식의 여정을 추구할 수 없기 때문에, 이제는 그것들을 놓아버릴 때입니다.

그 장애들을 다루기 위해서, 여러분에게 몇 가지 기본 정보를 제공하겠습니다. 이것을 이미 알고 있는 독자들도 있겠지만, 나는 모든 사람이 같은 지점에 있는지 확인할 필요가 있습니다. 무엇보다, 여러분은 에너지장에 대해 명확하게 이해할 필요가 있습니다. 과학을 통해 알고 있듯이, 아인슈타인의 상대성 이론에서는 세상이 물질과 에너지라는 두 가지 별개의 질료로 구성되어 있지 않다고 말합니다. 아인슈타인은 모든 것이 에너지라는 것을 알게 되었고, 이것을 통해 마음과 물질 사이의 장벽을 무너뜨렸습니다. 에너지는 물질보다 더 근원적인 요소이며, 이것은 생각이 물질보다 더 근원적이라는 것을 입증합니다. 이 한 가지 깨달음이, 내가 행한 모든 기적의 토대입니다. 과학이 일관되게 증명해온 것은, 더 근원적인 요소가 더 거친(grosser) 요소들을 지배할 수 있다는 것이었습니다. 예를 들어, 모든 물질은 아원자 입자들로 이루어져 있으며, 따라서 아원자 수준에서 작동하는 법칙은 물질 우주에서 이루어지는 모든 형태에 근본적인 영향을 미칩니다.

좀 더 가시적인 예를 들어보겠습니다. 여러분이 나무로 조각을 할 때, 말하자면 결을 거슬러 깎지 말라는 것 같이 나무를 어떻게 다룰지에 대한 법칙들이 있습니다. 그러나 이 법칙들은 더 큰 틀인 분자 수준에서 나무를 형성시키는 법칙들 안에서 작동합니다. 그리고 이 법칙들은 훨씬 더 큰 틀인 아원자 수준 안에서 기능을 하고 있는데, 이 수준에서 순수한 에너지가 아원자 입자로 변형되며 이것은 지구상에 알려진 모든 물질의 형태를 취할 수 있습니다. 지금 내가 하는 말을 이해하겠습니까? 동일한 아원자 입자가 나무, 금속, 물 그리고 공기 분자를 모두 형성할 수 있습니다. 따라서 모든 가시적인 현상은 더 깊은 근원적인 실재로부터 창조된다는 것을 알 수 있습니다. 그

실재가 물질 우주의 모든 것에 근본적인 영향을 미치고 있는 것입니다. 눈에 보이는 현상은 결과의 수준을 나타내며, 보이지 않는 실재가 진짜 원인의 수준을 나타냅니다.

여기서 내 요점은, 여러분의 삶을 정말로 바꾸기 위해서는, 결과가 아니라 원인을 다룰 필요가 있으며, 이는 표면적인 겉모습의 배후를 살펴봐야 한다는 의미입니다. 예를 들어, 지난 열쇠에서 말했듯이, 전통적으로 많은 그리스도교인이 특정한 유형의 행위를 억압함으로써 그것을 바꾸려고 합니다. 그러나 내가 바라는 것은 여러분이 이러한 행동의 원인을 찾아보고 그 원인인 자기 눈 안의 들보를 제거하여, 억누를 것이 아무것도 남아 있지 않게 되는 것입니다. 그렇게 하기 위해서는 그 원인이 어디에 있는지 알아야 합니다.

여러분의 총체적인 존재(total being)로서의 여러분 마음에는 한 가지 이상의 수준이 있음을 이해해야 합니다. 여러분이 어떤 행동을 할 때, 그것에는 여러분의 육체와 뇌 그리고 의식하는 마음이 모두 관련됩니다. 그렇지만 단지 여러분의 뇌와 의식하는 마음만 보아서는 여러분이 왜 특정한 행동을 하는지 결코 이해할 수 없을 것입니다. "인간이여, 그대 자신을 알라."라는 말을 들어보았을 것입니다. 이 말의 더 깊은 의미는, 여러분이 남자든 여자든 모든 수준의 마음을 알아야 한다는 것입니다. 여러분은 자신의 자아 수용체를 다스릴 수 있어야 합니다.

여러분의 마음은 에너지장이며, 따라서 서로 다른 수준에서 진동하는 에너지로 이루어져 있다는 것을 기본적으로 이해해야 합니다. 사실, 여러분의 에너지장에는 네 가지 주요 수준이 있습니다. 일부 비전의 전통에서는 이것을 네 하위체라고 불러왔습니다. 그러나 나는 그것을 마음의 네 가지 수준이라고 부르고자 합니다. 그것들은 다음과 같습니다.

- 육체와 밀접하게 연결된 **외면의 마음**(outer mind). 이것은 여러분이 의식적인 결정을 내리고 많은 행동을 하는 마음입니다. 이 마음은 육체적인 뇌와 환경에 크게 영향을 받으며, 어떤 사람들은 깨어 있는 의식이 이 마음에 국한되어 있습니다. 그러나 대부분의 영적인 구도자는 그들의 깨어 있는 의식을 이 마음 너머로 확장해 왔고, 이것이 그들이 삶의 영적인 측면에 열려 있는 이유입니다. 영적인 성장의 주요 요소 중의 하나는, 깨어 있는 의식을 확장하여 육적인 마음을 넘어 모든 수준의 마음을 통합하고 자신의 온전한 정체성을 알게 되는 것입니다. 하지만 그러기 위해서는 마음의 모든 수준에서 정화가 일어나야 하기 때문에, 의식의 확장만으로는 충분하지가 않습니다.
- **감정적인 마음**(emotional mind). 이것은 명백히 여러분의 감정 수준이며, 여러분도 알고 있듯이, 감정은 아주 변덕스럽고, 이쪽이나 저쪽으로 쉽게 튈 수 있습니다. 감정적인 마음은 외면의 마음 위에 있으며, 따라서 감정은 육체의 행위를 통제하는 데 매우 강력한 힘입니다. 여러분은 특정한 감정이 강렬해지면 어떤 행동을 향한 충동이 의식적인 의지를 압도하는 것을 경험한 적이 있습니다. 자신의 감정에 완전히 지배되는 사람들은 자기-통제력이 거의 없으며, 따라서 영적인 여정에서 진보하기가 정말 어렵습니다. 그 이유는, 감정적인 마음이 의식적인 마음보다 더 근원적이므로, 의식적으로 감정을 억제하려는 것은 힘든 싸움이기 때문입니다. 신실

한 영적인 구도자로서, 여러분은 자신의 감정을 통제할 수 있어야 합니다. 이렇게 할 수 있는 한 가지 방법은 감정적인 마음을 오염시키는 에너지를 제거하는 것입니다. 또 다른 방법은 감정이 어디서 일어나는지 이해하는 것입니다.

- **정신적인 마음(mental mind).** 이 마음은 지성이 있는 자리이며, 여러분이 세상을 이해하는 능력이 있는 곳입니다. 여기서 여러분은 모든 것을 분석하고 더욱 수준 높은 결정을 내릴 수 있습니다. 이상적으로, 여러분의 생각은 균형 잡힌 감정으로 이어지고 결과적으로 균형 잡힌 행동으로 이어져야 합니다. 문제는 지성이 분석적인 능력이라는 것입니다. 그리고 나는 이미 그것의 본질적인 취약점에 대해 설명했습니다. 말하자면, 지성은 무엇이 옳은지 아는 것을 어렵게 할 수가 있고, 바로 이것이 종종 사람들을 불균형한 감정으로 빠지게 합니다. 그들은 지성을 사용하여 자기 생각이 옳다고 확신하게 됩니다. 그러면 다시 이것은, 어떤 제한된 감정에 빠져드는 일을 받아들일 수 있거나, 필요하거나, 불가피하다고 믿게 만듭니다. 이 패턴을 극복하려면, 멘탈층 너머에 더 깊은 실재가 있음을 볼 수 없게 하는, 즉 최고의 지적인 분석과 논쟁을 넘어선 실재를 볼 수 없게 하는 에너지와 이원성의 환영을 여러분의 정신적인 마음에서 제거해야 합니다.

- **정체성 마음(identity mind).** 이것은 하위 존재의 가장 높은 수준으로서, 물질 우주와의 관계에서 여러분이 누구인가에 대한 가장 깊은 감각이 있는 곳입니다(여러분의 영적인 정체성은 여러분의 아이앰 현존에 정박되어 있으며, 이곳은 오직 여러분의 의식하는 자아만이 접근할 수 있고, 다른 하위의 마음은 접근할 수 없습니

다). 하위 존재의 가장 근본적인 부분으로서, 정체성 마음은 여러분 삶의 모든 측면에 큰 영향을 미치고 있습니다. 하지만 대부분의 사람은 그 마음의 존재를 알지 못하기 때문에 그것을 통제할 수 없습니다. 그들은 자라면서 얻게 된 정체감을 비판 없이 받아들이며, 그런 다음 그 정체감은 그들의 모든 생각과 감정 그리고 행동의 토대를 형성합니다. 사람들의 정체성이 죽음의 의식에 기반을 둔다면, 그들의 생각과 감정과 행동은 그저 그것을 따를 수밖에 없지 않을까요? 따라서 영적인 구도자는 정체성 마음을 인식하고 모든 필멸의 요소를 정화하는 일이 매우 중요합니다.

우리는 이제 물질 우주의 모든 것은 에너지로 만들어졌으며, 가시적인 물질은 실제로 더 정묘하거나 더 근본적인 에너지가 더 거칠게 발현된 것이라는 사실을 덧붙일 필요가 있습니다. 과학은 심지어 에너지 파동이 입자와 파동 사이를 왔다 갔다 전환하면서 어떻게 아원자 입자의 형태를 취할 수 있는지를 발견했습니다. 즉 물질 우주를 넘어서는 더 정묘한 에너지, 더 높은 진동의 에너지 영역이 있다는 것입니다. 이것은, 말할 것도 없이, 종교와 영적인 가르침들이 수천 년 동안 하늘나라 또는 영적인 영역이라고 불렀던 것입니다. 내 요지는, 물질 우주는 영적인 에너지의 진동을 낮춤으로써 만들어지고 있으며, 따라서 이 세상은 영적인 진동 스펙트럼으로부터 물질적인 진동 스펙트럼으로 끊임없이 에너지가 흘러와야 유지될 수 있다는 것입니다. 이 에너지 흐름은 마음의 네 수준에서도 재현됩니다.

인간이 이상적인 상태일 때는, 네 수준의 마음을 통해 흐르는 에너지의 자연스러운 흐름을 방해하는 것이 아무것도 없습니다. 영적인 에너지는 여러분의 상위 존재인 아이앰 현존으로부터 흘러와서 먼저 여러분의 정체성 마음으로 들어갑니다. 여기서 그 에너지는 여러분의 정체감에 의해 채색되는데, 이것은 마치 하나의 필터를 통과하는 것과 같습니다. 하지만 여러분의 정체감이 여러분의 영적인 자아에 기반을 두고 있다면, 에너지 흐름은 감소하지 않고 단지 진동만 낮아진 채 온전한 힘으로 정신적인 마음으로 들어갈 수 있습니다. 마찬가지로, 정신적인 그 에너지는 채색이 되겠지만, 이 마음속의 이미지가 그리스도의 실재에 기반을 두고 있다면, 에너지 흐름은 감소하지 않습니다. 그런 다음 그 에너지는 감정적인 마음으로 흘러들어 가며, 여러분의 감정이 순수하다면, 그 감정은 그 에너지에 모든 생명을 높이려는 긍정적인 영향을 줄 것입니다. 이것은 여러분과 다른 사람들을 모두 풍요롭게 하며 생명을 지원하는 행동으로 이어지게 됩니다.

자연스러운 상태에서, 여러분의 아이앰 현존으로부터 흘러온 에너지는 단계적으로 낮아지며, 여러분의 전체 존재에 의해 지휘가 이루어집니다. 그리고 이것은 모든 생명이 성장하는 방향으로 일어납니다. 바로 이것이, 내가 모든 사람을 진정한 정체성에 다시 연결되도록 도움으로써 주려고 했던 생명의 형태입니다. 나는 다음과 같이 말했습니다.

나는 양들이 생명을 얻고 더 풍성하게 하려고 왔다. (요한 10:10)

모든 생각과 감정과 행동을 통해서 여러분의 영적인 정체성을 표현할 때, 여러분은 재능을 증식하게 되며, 그러면 신은 여러분에게 창조할 수 있는 에너지를 훨씬 더 많이 주실 것입니다. 바로 이것이 진정으로 풍요로운 삶을 주는 것입니다.

마음의 네 수준이 불완전한 믿음과 에너지로 오염되어 있다면 무슨 일이 일어날까요? 그러면 자연스러운 흐름이 막히고 창조력이 제한됩니다. 실제로, 여러분의 아이앰 현존으로부터 흘러오는 에너지 대부분이 여러분의 상위체들 안에서 막히게 되어 육체 수준까지 결코 도달하지 못합니다. 이것은 그 사람이 창조적으로 사용할 수 있는 에너지가 거의 없다는 의미입니다. 사실, 많은 사람이 육체가 살아 있도록 유지하기에도 충분하지 않을 정도까지 에너지 흐름을 제한했습니다. 이런 사람들은 자신의 개성을 표현할 에너지가 거의 없기 때문에, 아무 생각 없이 대중의식을 따라가는 경우가 많습니다.

어떻게 이런 일이 일어날 수 있을까요? 글쎄요, 여러분이 신의 에너지를 취해서 이기적인 목적을 위해 사용한다면, 여러분은 분명히 자신의 재능을 증식하지 못하고 있는 것이며, 따라서 여러분이 다시 증식할 수 있도록 신이 되돌려 보내줄 수 있는 에너지 흐름이 적어지게 됩니다. 그러면 여러분의 정체성체로 들어오는 에너지는 특정한 양으로 제한됩니다. 여러분이 자신을 분리된 존재로 보는 반-그리스도 마음에 기반한 믿음, 즉 이기적인 믿음을 취할 때, 마음의 네 수준에 장애물을 만들게 됩니다.

가시적인 예로, 에너지 흐름을 여러분의 집에 들어오는 전기의 흐름과 비교해 보겠습니다. 여기서 집은 의식하는 마음을 상징합니다. 일정한 양의 전기만 집으로 들어오는데, 누군가가 몰래 집 앞에 있는 전력선에 전기 장치를 연결해 두었다고 상상해 보세요. 한 개의 장치로는 눈에 띄게 달라지지 않겠지만, 점점 더 많은 장치가 연결되면 집안의 모든 것을 작동시킬 전기가 충분하지 않게 되고, 따라서 여러분은 뭔가를 꺼야만 합니다. 게다가, 집 앞의 전선에 연결되어 있는 장치들은 유용한 전력을 생산하지 못합니다. 그 장치로 들어가는 모든 에너지는 자체의 내부 기능을 위해 소모되고, 여러분 자신이나 세상에 유용한 아무것도 내놓지 못합니다. 그 장치들은 단지 그 자체를 작동시킬 뿐이며 여러분의 집을 불편하게 만드는 뜨거운 열을 뿜어내고 있을 뿐입니다.

요점은, 상위 수준의 마음에 있는 장애물이 끊임없이 에너지를 소비하는 장치와 같다는 것입니다. 여러분이 점점 이기적으로 될수록, 여러분의 하위 존재로 들어가는 일정한 에너지 중 점점 더 많은 양이 여러분의 내적인 부분들에 의해 소모되며, 따라서 여러분을 통해 에너지가 제대로 흐를 수 없게 됩니다. 그 결과, 여러분 자신과 모든 생명을 풍요롭게 하기 위해 외부로 표현되어야 할 에너지를 내부에서 거의 다 써버리게 됩니다. 기본적으로 이것이, 오늘날 심리학자들이 임상적으로 우울증이라고 부르는 현상의 배후에 있는 과정입니다. 그러나 동시에 이것은 끊임없는 동요 상태를 포함한 다른 모든 심리적 불균형으로 이어질 수 있습니다. 여러분의 에너지장을 견디기 힘든 불쾌한 곳으로 만드는 과도한 에너지가 이 동요 상태를 일으킵니다. 그 증상은 다양하게 나타나며, 대부분의 심리적인 문제는 이것으로 설명될 수 있습니다.

어떻게 하면 이런 자기-강화 나선을 깰 수 있을까요? 네 수준의 마음에 축적된 에너지를 정화함으로써 그렇게 할 수 있습니다. 그렇게 하려면, 여러분은 또한 하향나선을 시작하게 만들었던 이원적인 믿음을 반드시 극복해야 합니다. 이것이 이 열쇠와 다음 열쇠들에서 다룰 주제입니다.

* * *

이제 또 하나의 기본적인 정보에 대해 알아보겠습니다. 여러분도 알겠지만, 12세부터 30세까지의 내 활동에 대한 기록이 없습니다. 나의 어린 시절의 마지막 기록은 다음과 같습니다.

41 해마다 과월절이 되면 예수의 부모는 명절을 지내러 예루살렘으로 가곤 하였는데
42 예수가 열두 살이 되던 해에도 예년과 마찬가지로 예루살렘으로 올라갔다.
43 그런데 명절의 기간이 다 끝나 집으로 돌아올 때 어린 예수는 예루살렘에 그대로 남아 있었다. 그런 줄도 모르고 그의 부모는
44 아들이 일행 중에 끼어 있으려니 하고 하룻길을 갔다. 그제야 생각이 나서 친척들과 친지들 가운데서 찾아보았으나
45 보이지 않으므로 줄곧 찾아 헤매면서 예루살렘까지 되돌아갔다.
46 사흘 만에 사원에서 그를 찾아냈는데 거기서 예수는 학자들과 한자리에 앉아 그들의 말을 듣기도 하고 그들에게 묻기도 하는 중이었다.
47 그리고 듣고 있던 사람들은 모두 그의 지능과 대답하는 모습에 경탄하고 있었다.
48 그들은 이렇게 말했다. "얘야, 왜 이렇게 우리를 애태우느냐? 너를 찾느라고 아버지와 내가 얼마나 고생했는지 모른다.
49 그러자 예수는 "왜, 나를 찾으셨습니까? 내가 내 아버지의 집에 있어야 할 줄을 모르셨습니까?" 하고 대답하였다. (누가 2장)

나에 대한 그다음 기록은 내가 가나의 혼인 잔치에 나타나서 물을 포도주로 바꿨을 때입니다(요한 2:1 이하). 그렇다면 그사이에 나는 무엇을 했을까요? 글쎄요, 어떤 사람들은 내가 목수로 일했다고 생각하고, 내 임무가 시작되기를 기다리면서 아무것도 하지 않았던 것이 분명하다고 생각하는 사람들도 있습니다. 이러한 생각들은, 내가 신이 육화한 존재였기 때문에 태어날 때부터 이미 완벽했어야 한다고 말하는 주류 그리스도교인의 우상에 기반을 두고 있습니다. 그러나 17년의 "잃어버린" 기간 동안 내가 단지 수동적으로 내 임무가 시작되기만을 기다리고 있었던 것이 아니라, 내가 할 일이라고 말했던, 아버지의 일(Father's business)을 하고 있었다고 생각하는 것이 더 논리적이지 않을까요? 그것이 무슨 뜻일까요? 내가 신의 임무를 띠고 왔다는 사실을 알았다면, 그 임무를 위해 나 자신이 할 수 있는 모든 것을 준비하고 있었다는 것이 논리적이지 않을까요? 다른 말로 하자면, 내가 찾을 수 있는 모든 영적인 가르침을 공부하고 적용하며 그리스도 의식의 여정을 걷고 있었다는 말이겠지요?

사실 나는 다양한 영적인 가르침과 스승을 구하는 순례를 떠났으며, 그것은 이집트에서 인도와 티베트까지 멀고 광범위한 곳까지 이르렀던 여정이었습니다. 많은 그리스도교인이 이 말을 맹렬하게 부정하겠지만, 그 이유는 그들이 자라난 그리스도교 멘탈 박스 안에서 내가 성장하지 않았음을 깨닫지 못하기 때문입니다. 당시에는 그리스도교 멘탈 박스가 없었습니다. 따라서 나는 그리스도교인이 아니었으며, 굳이 나에게 이름표를 붙이고자 한다면, 나는 신비주의자 또는 진리를 발견할 수 있는 곳이라면 어디서나 진리를 추구했던 보편적인 영적인 구도자라 말해야 할 것입니다. 모든 참된 신비주의자가 그렇듯이, 종교적이든 아니든 신은 지구에서 발견되는 어떤 멘탈 박스에도 국한될 수 없다는 사실을 나는 알고 있었습니다. 따라서 내 임무를 준비하기 위해, 세상의 다른 종교들 배후에 보이지 않는 실처럼 뻗어 있는 보편적인 영적인 여정을 찾아야 했습니다. 사실, 내 당면한 임무가 그 여정을 유대인들과 그들을 넘어 모든 사람에게 가르치는 일임을 알고 있었습니다.

영적인 여정 동안, 나는 다른 무엇보다도 불교 철학을 공부했습니다. 불교 철학에는 많은 심오한 가르침과 실천 도구가 있습니다. 어떤 사람들은 실제로 나의 말과 붓다의 말 사이에 유사점이 있다는 것을 발견했는데, 그것은 우연이 아닙니다. 부분적으로는 내가 붓다의 가르침을 공부했기 때문이고, 부분적으로는 붓다와 나, 우리는 둘 다 같은 보편적인 진리의 샘물을 마셨기 때문입니다. 그래서 나는 이 시점에서, 여러분의 마음을 막고 있는 장애라는 주제와 관련된 비전(秘傳) 불교의 가르침을 소개하려고 합니다.

* * *

내가 소개하려는 개념은 영적인 독소에 관한 것입니다. 태초에 바즈라사트바(Vajrasattva)라는 한 근원적인 붓다(primordial Buddha)가 있었다는 것이 불교의 전통적인 가르침입니다. 이 존재는 스스로를 다섯의 다른 붓다로 나누었는데, 서양에서는 이들을 디야니 붓다들(Dhyani Buddhas)이라고 부릅니다. 이들은 지구에 육화한 붓다들이 아니라 더 높은 영역에 존재합니다. 각 붓다는 특정한 영적인 특성을 구현하는데, 이 특성에 대한 왜곡이 영적인 독소입니다. 이 독소들이 인간에게 고통을 일으키며, 따라서 고통을 극복하는 방법은 이 독소들로부터 자신을 자유롭게 하는 것입니다. 이것은 부분적으로는 디야니 붓다들에게 도움과 영적인 특성을 요청하고, 그리고 부분적으로는 이 독소들에 마음을 열게 하는 신념들을 극복함으로써 이루어질 수 있습니다.

오늘날 우리가 사용할 수 있는 용어로 말하자면, 붓다들은 실제로 상승 호스트 구성원들이며, 그들의 특성은 물질 우주를 창조하는 데 사용된 특정한 영적인 에너지에 상응합니다. 독소는 영적인 영역으로 되돌아 흘러갈 수 없을 정도로 낮은 진동의 에너지 형태를 말하며, 붓다의 특성이 왜곡된 것입니다. 따라서 이 독소를 흡수하게 되면, 여러분은 자신의 상위 존재와 하위 존재 사이의 자연스러운 무한 8자 흐름이 줄어듭니다. 그 독소에 대해 느껴볼 수 있도록 그것들은 나열해보겠습니다.

- 무지와 망상
- 분노와 증오
- 영적 오만과 지적인 오만
- 갈망과 탐욕
- 시기와 질투
- 비의지(non-will)와 비존재(non-being)

여러분이 독소에 영향을 받는 방법에는 두 가지가 있습니다. 하나는 내면에서 독소를 생산하는 것이고, 다른 하나는 외부에서 내부로 끌어들이는 것입니다. 이 둘은 서로 연결되어 있다는 것을 설명해 보겠습니다.

여러분은, 몸에 들어가면 건강을 위협할 수 있는 화학물질과 미생물로 둘러싸인 환경에서 살고 있다는 사실을 알고 있습니다. 그러나 끊임없이 이것을 두려워하면서 살지는 않습니다. 재료를 씻고 요리를 하거나, 상처가 난 곳을 소독하고 위험한 가스를 들이마시지 않는 등, 예방 조치를 취하는 방법을 배웠기 때문입니다. 뿐만 아니라, 여러분은 자신의 몸에 위험한 물질을 물리치고 없애버리는 면역 체계가 있다는 것을 알고 있습니다.

이제 여러분은 자신이 눈에 보이지 않는 에너지로 둘러싸인 환경에서 살고 있다는 것도 알아야 합니다. 그 에너지들이 여러분의 에너지장, 즉 마음의 네 수준에 들어갈 수 있다면, 그것도 마찬가지로 위험할 수 있습니다. 다른 점이 있다면, 여러분이 이것에 대해서는 배우지 않았다는 것입니다. 따라서 아직 여러분은 자신의 에너지장을 순수하게 지켜줄 예방 조치를 취하는 습관을 기르지 못했습니다. 실제로 많은 영적인 구도자가 이를 알지 못한 채 독소로부터 자신을 방어하는 법을 배웠지만, 의식적으로 그 과정을 인식해서 훨씬 더 나은 예방 조치를 취할 수 있게 된다면, 이것은 큰 가치가 있습니다. 지구는 현재 매우 불순한 환경을 이루고 있으며, 그 안에서 인류의 집단의식이 모든 영적 독소에 심하게 영향을 받고 있습니다. 그러므로 그것들에 에너지장을 열면, 곧바로 압도되어 자신의 삶에 대한 통제력을 잃을 수 있습니다.

예를 들어, 분노라는 독소를 생각해 봅시다. 분쟁에 시달려온 인류 역사를 통해 엄청난 양의 분노 에너지가 생산되었음은 분명합니다. 에너지는 생성되거나 파괴될 수 없다고 과학은 말합니다. 따라서 일단 에너지가 확실히 분노라는 진동으로 한정되면, 누군가가 그 에너지를 더 높은 진동으로 다시 변형시키기 전에는 그 상태에 무한정 머물게 됩니다. 분노가 폭발하게 되면, 여러분은 종종 그 분노를 다른 사람에게 보내버립니다. 이것은 문자 그대로, 여러분의 에너지장을 날려버리거나 구멍을 만들게 됩니다. 일단 에너지장이 열리면, 분노 에너지가 주변 환경에서 여러분의 내면으로 흘러들어 가 여러분의 에너지장 안에 축적될 수 있습니다.

　여기에서 내가 말하는 것에 주목하세요. 여러분의 에너지장은 물질영역에서 생명을 지원하는 에너지를 표현하도록 돕기 위해 설계된 특정한 구조를 이루고 있습니다. 그렇지만 여러분의 에너지장은 생명을 고양시키지 않는 분노나 다른 감정들을 표현하는 것을 돕도록 설계되지는 않았습니다. 따라서 여러분이 실제로 이런 감정을 표현하게 되면, 여러분의 옷이 찢어지는 것처럼, 자신의 에너지장 원래의 구조를 해치게 됩니다. 자제력을 잃고 분노가 폭발하는 경우, 문자 그대로 에너지장이 파열되어 외부로부터 에너지가 쏟아져 들어올 수 있습니다. 여러분이 동요된 상태에 머물러 있는 한, 에너지가 계속 흘러들어 오게 되며, 여러분의 에너지장은 스스로 회복되기가 어려워집니다. 육체와 마찬가지로 에너지장도 스스로 치유될 수 있지만, 피부에 상처를 내고 계속 그것을 긁거나 이물질이 쌓이도록 내버려두면 치유 과정이 훨씬 더 오래 걸린다는 사실을 여러분도 알고 있을 것입니다.

　일단 낮은 에너지가 침투하면, 그 에너지는 여러분의 생각과 감정을 끌어당겨서, 다른 상황에서도 더 쉽게 분노로 반응하도록 만듭니다. 다음에 다시 분노에 휩싸일 때, 여러분은 그 구멍을 다시 열거나 확대해서 더 많은 에너지가 들어오게 할 수 있습니다. 이렇게 되면 여러분의 마음을 매우 혼란스러운 환경으로 몰아넣는 에너지가 여러분의 정신적인 마음과 감정적인 마음을 압도해 버리기 때문에, 이것이 곧바로 자신의 삶을 통제할 수 없게 하는 자기-강화 하향나선을 만든다는 사실을 여러분은 반드시 볼 수 있어야 합니다.

비슷한 예로, 화학적인 독소가 여러분의 육체 안에서 어떻게 작용하는지 생각해 보세요. 치명적인 독이라도 아주 적은 양이라면 육체에 영향을 미치지 않을 것입니다. 점점 많은 독소가 축적되면, 장기적으로는 효과가 나타나기 시작하겠지만, 아직은 눈에 띄거나 치명적이지 않을지도 모릅니다. 그러나 독소가 계속 축적되면, 마침내 그 화학적인 효과가 나타나서 중요한 장기를 마비시키고, 결국은 독소의 효과를 되돌릴 수 없는 "돌아올 수 없는 지점"인 죽음에 이르게 됩니다.

일단 독성 에너지가 축적되는 하향나선이 시작되면, 아주 결연한 노력을 기울여야만 그 과정을 되돌려 상향나선을 시작할 수 있습니다. 그러나 대부분의 사람은 이것을 어떻게 할 수 있는지도 알지 못하고, 아예 신경도 쓰지 않는 사람들도 많습니다. 그들은 이제 특정한 상황에서나 일반적인 삶에서 분노로 반응하는 것이 불가피하거나 심지어 정당하다고 확신하기 때문입니다. 이것은 심지어 편집증 상태로까지 이어질 수 있습니다. 그러면 그들은 온 세상이 자신을 해치려 한다고 느끼며, 따라서 실제로 일어나지 않거나 대체로 상상일 뿐인 공격을 피하려고 끊임없이 동요된 상태에 있게 됩니다. 더 깊은 설명이 필요하기는 하지만, 실제로 이 상태는 악령에 사로잡혔다는 개념을 부분적으로 설명할 수도 있습니다. 에고와 반-그리스도 세력이 사람들을 동요된 상태에 잡혀 있게 함으로써 그들을 통제하기가 얼마나 쉬운지 알 수 있습니다. 그런 상태에서는 사람들에게 진정으로 삶에 대해 생각할 수 있는 주의력이 조금도 남아 있지 않습니다. 그들은 심지어 평생 동안 같은 일을 계속 반복하기도 합니다.

내적으로 이러한 갈등과 분열 상태에 있는 사람은 그리스도 의식의 여정을 걸을 가능성이 전혀 없습니다. 따라서 살아 있는 그리스도의 제자라면 영적인 응급조치를 통해 이러한 나선을 깨는 방법을 배우는 것이 중요합니다.

* * *

이제 기초를 다졌으므로, 이 열쇠의 초점이 되는 특정한 독소에 집중하겠습니다. 그것은 갈망(cravings), 욕정(lust) 그리고 탐욕(greed)입니다. 내가 이 독소로 시작하는 이유는, 이것이 가장 진동이 낮고 육체에 중심을 두고 있기 때문입니다. 따라서 이것은 가장 알기가 쉽고, 또한 영적인 관심이 있는 사람들 대부분은 이미 어느 정도 이 독소를 극복했습니다. 여러분에게 이를 보여줌으로써, 여러분은 이미 이 독소를 극복하려는 추진력을 어느 정도 가지고 있음을 알 수 있도록 돕고 싶습니다. 그리고 원인과 결과를 더 잘 알게 되면, 여러분은 모든 독소의 하향 인력에서 더 쉽게 벗어날 수 있습니다.

마이트레야께서 그의 책에서 설명하듯이, 생명흐름들이 지구에 육화하는 이유는 다양합니다. 그렇지만 그 동기의 일부는, 생명흐름이 물질 우주를 경험하기를 바라며, 육체를 통해서만 할 수 있는 일을 하고 싶어한다는 것입니다. 오늘날의 세상을 보면, 사람들이 다양한 의식 수준에 있다는 것을 분명하게 볼 수 있습니다. 어떤 사람들은, 맥주를 마시거나 섹스를 하는 등 육체의 쾌락을 포함해서 이 세상의 물질을 경험하는 데 전적으로 집중하고 있습니다.

지금 내가 이것을 비난하고 있지 않다는 점에 유의하세요. 신은 자유의지의 법칙을 부여했습니다. 한 생명흐름이 지구에 여러 번 육화하는 것은 드문 일이 아닙니다. 어떤 경우에는 특정한 육체의 쾌락이나 또 다른 지상의 것을 추구하는 데 집중하여 여러 생애를 보내고, 그것을 충분히 경험한 후에야 삶에 그 이상의 것이 없는지 궁금해하기 시작합니다. 그러므로 자유의지의 법칙이 설정한 틀 안에서 그것이 그들이 경험하기를 원하는 것이라면, 세상의 쾌락에 집중하는 것은 본질적으로 잘못된 것이 없습니다.

자유의지의 법칙은 여러분이 지상의 것을 추구하는 것을 허용하지만, 그렇게 하는 것이 여러분 존재의 근본적인 목적은 아니라고 말합니다. 말하자면 여러분은 영원히 그렇게 할 수는 없다는 의미입니다. 그 이유는 여러분의 생명흐름이 단지 물질 우주만을 경험하기 위한 목적으로 창조된 것이 아니기 때문입니다. 마이트레아께서 더 자세히 설명하듯이, 여러분은 신과 함께하는 공동창조자가 되어, 물질 우주를 신의 창조 안에서 영원한 구체(sphere)가 되는 지점까지 상승시키도록 돕기 위해 창조되었습니다. 그러므로 여러분의 의식하는 자아가 자신의 더 높은 목적에 깨어나는 시점이 오게 됩니다.

그러나 실제로 여러분의 의식하는 자아가 내면에 있는 열망을 따를 수 없을 정도로, 여러분 자아의 수용체가 갈망의 독소를 너무 많이 섭취했을 수도 있습니다. 독소는 의식하는 자아가 옛날의 패턴을 반복하도록 잡아당깁니다. 이것은 세상을 경험하는 일에 여러분이 더 이상 자유로운 선택을 하지 않고 있다는 의미입니다. 독소가 여러분의 자유의지를 압도해버렸으며, 여러분은 독소의 하향 인력에서 자유로워질 수 없습니다. 내 요지는, 자유의지로 세속적인 추구에 집중하는 사람들도 있지만, 이 세상의 지배자에게 자유의지를 빼앗긴 사람들도 많다는 것입니다.

가시적인 사례를 들어보겠습니다. 대중의식 안의 독소는, 여러분을 포함한 지구상의 모든 것에 인력을 행사합니다. 그러나 여러분도 알다시피, 물리적인 자석은 철로 만들어진 것만을 끌어당깁니다. 그래서 강력한 자기장 속을 걷는다고 해도 자기장은 여러분의 육체에 별다른 영향을 주지 못합니다. 그렇지만 여러분의 주머니에 쇳조각들이 가득 차 있다면 자석은 이제 잡아당길 뭔가가 있을 것이고, 여러분은 자기장에서 벗어나기가 쉽지 않게 됩니다. 마찬가지로 갈망의 인력은 같은 진동을 가진 에너지에만 끌어당기는 힘으로 작용합니다. 따라서 여러분의 자아의 수용체에 이러한 에너지가 없다면, 여러분은 대중의식의 영향을 받지 않은 채 지구에서 살아갈 수 있으며, 세상 안에 있으면서도 세상에 속하지 않을 수가 있습니다.

이제 작은 양의 갈망 에너지가 여러분의 에너지장에 들어오도록 허용한다고 상상해 보세요. 처음에는 그 영향력을 거의 느낄 수 없겠지만, 비슷한 것끼리 끌어당기기 때문에, 그 에너지는 점점 축적됩니다. 그러면서 여러분의 정신적인 마음과 감정적 마음에 끌어당기는 힘을 더 많이 행사하기 시작합니다. 그것은 그 갈망을 만족시켜줄 활동을 하는 것이 받아들여질 수 있다는 생각에 쉽게 흔들리게 된다는 의미입니다. 즉 여러분은 이제 그 에너지에 눈이 멀게 됩니다. 여러분은 또한 이러한 활동을 하고 싶은 감정적인 갈망을 느끼기 시작하고, 그 갈망은 점차 강해집니다. 에너지가 계속 축적됨에 따라, 마침내 여러분의 의식적인 의지를 압도할 수 있을 정도로 에너지가 강해져서, 이제 여러분은 특정한 활동에 중독됩니다. 그러나 그 활동을 아무리 많이 하더라도 결코 충분하다고 생각되지 않습니다. 그 이유는 축적된 에너지가 계속 여러분을 끌어당기기 때문입니다. 여러분은 문자 그대로 결코 이 갈망을 충족시킬 수 없습니다. 바로 이것이, 사람들의 삶이 궁극적인 만족으로 이어지지 않고 그 자체가 목적이 되어버리는 중독으로 인해 소모될 수 있는 이유입니다.

이 악순환을 끊는 유일한 방법은, 축적된 에너지를 태워 버리도록 영적인 에너지를 불러옴으로써 축적된 에너지의 인력을 감소시키는 것입니다. 그러나 또한 특정한 활동에 참여하는 것이 허용되거나 필요한 것처럼 보이게 만든 정신적인 신념을 밝혀내야 합니다. 이 두 접근 방식을 취함으로써, 어떤 중독도 끊을 수 있습니다. 많은 미묘한 중독들과, 심지어 감정적인 중독과 정신적 중독도 없앨 수 있다고 확실히 말할 수 있습니다. 심지어 많은 영적인 사람에게도 스스로 인지하지 못하는 중독이 있습니다. 사실, 최고의 영적인 경험을 추구하는 것조차 중독이 될 수 있습니다.

갈망의 독소에 완전히 눈이 멀었다면, 분명히 여러분은 이 책을 읽고 있지 않을 것입니다. 그렇지만 지금 깨어나기 시작한 영적인 구도자도 많으며, 그들은 갈망의 독소에 전적으로 통제되고 있지는 않더라도 여전히 이 독소에 아주 큰 영향을 받고 있습니다. 이것은 그들을 매우 힘겹게 만들며, 마침내 어느 정도 기반을 마련했다고 생각할 때마다 뒷걸음치게 만드는 경우도 흔합니다. 이 시소 패턴을 탈피하고 대신에 꾸준한 상향의 영적인 성장을 추구할 수 있도록 여러분에게 힘을 주는 것이 이 열쇠의 목표입니다. 그리고 훨씬 더 성숙한 영적인 구도자들도 이 열쇠에서 혜택을 볼 수 있다는 것을 확실히 해두겠습니다. 갈망의 독소에서 완전히 자유로운 사람은 거의 없기 때문입니다.

* * *

영적인 구도자로서, 여러분은 자신이 육체 이상의 존재임을 분명히 알고 있습니다. 여러분의 육체가 어딘가로 가기 위해 차를 탈 수 있는 것과 마찬가지로, 여러분은 영적인 존재로서, 일시적으로 이 육체에 거주하고 있을 뿐입니다. 그런데 여러분은 정말로 영적인 여러분과 육체 사이의 관계에 대하여 깊이 생각해 본 적이 있나요?

이 관계에는 두 가지 측면이 있습니다. 하나는, 이미 언급했듯이, 몸은 그 자체가 목적이 아니라 물질 우주를 공동창조하도록 돕는 영적인 목적을 위한 수단이라는 것입니다. 따라서 분명히, 여러분은 몸이 그 목표에 장애물이 되기를 원하지 않을 것입니다. 하지만 몸을 최대한 잘 사용하기 위해서는 동전의 다른 측면도 보아야 합니다. 그것은 몸은 그 자체로 악한 것이 아니며, 본질적으로 영적인 성장과 목표의 적이 아니라는 사실입니다. 이것은 좀 더 숙고할 필요가 있습니다.

많은 영적 전통에서 몸과 물질 우주를 영적인 성장의 적으로 묘사해 왔습니다. 그리스도교의 일부 지파는 몸과 물질 자체를 악마가 창조한 악이라고 규정했습니다. 따라서 몸을 제어할 필요가 있었습니다. 육체적 충동을 억누르고, 육체의 쾌락을 모두 금해야 했습니다. 마이트레야의 책을 보면, 물질 우주는 악이 아니며 악마가 창조하지도 않았다는 것을 알 수 있습니다. 물질은 단지 상대적으로 낮은 진동으로 창조되었으며, 육화한 사람들은 그것을 더 높은 진동으로 올리게 되어 있었습니다. 너무나 많은 사람이 원래의 목적을 잊어버렸기 때문에, 물질의 진동이 실제로 출발점보다 더 낮아졌지만, 그렇다고 물질이 악이 되지는 않습니다. 단지 밀도가 더 조밀해진 까닭에 사람들이 영적인 영역에 접촉하는 것이 더 어려워지기는 했지만, 이것이 극복할 수 없는 장애는 아닙니다. 여러분은 단지 당면한 문제가 무엇인지 그리고 아래로 끌어당기는 물질의 인력을 어떻게 극복할 수 있는지 알기만 하면 됩니다.

그리스도교 안에 이렇게 육체를 증오하게 된 명백한 이유가 있었음을 볼 수 있기 바랍니다. 사실상 가톨릭교회는 사제에게 결혼을 금지하는 잘못된 결정을 내렸습니다. 따라서 사제들은 성적인 욕구를 분출할 출구가 없었습니다. 그 욕망은 몸에서 비롯된다고 보였기 때문에 육체는 악으로 규정될 수밖에 없었고, 억압되거나 심지어 처벌받아야 했습니다.

그러나 이것 외에도 더 심오한 이유가 있습니다. 여러분은 아마도 이 행성의 삶에 영적인 주기가 있음을 이미 알고 있을 것입니다. 나는 내 탄생과 함께 시작된, 물고기자리 시대라고 불리는 2,000년 주기의 마스터입니다. 지금 우리는 물병자리 시대라고 불리는 다음 주기로 넘어가고 있습니다. 사실 물고기자리 시대의 전반적인 목표는 사람들이 영적인 영역과 자신의 상위자아에게 연결되는 것이었습니다. 역사책에 나오는 많은 잔혹한 행위들이 증명하듯이, 그 시대 인류의 집단의식은 매우 밀도가 높았기 때문에 상위자아와 연결되기가 쉽지 않았습니다. 따라서 영적 연결에 높은 가치를 둔 사람들을 위해, 정신을 산만하게 하는 모든 것을 제거하는 일은 도움이 되고 필요하기도 했습니다. 영적인 사람들이 세속의 삶을 떠나 수도원처럼 보호받는 영역으로 은신하는 경향을 가졌던 이유가 여기에 있습니다.

물병자리 시대에는 상황이 다릅니다. 현재 세계의 많은 사건에도 불구하고, 인류의 의식은, 특히 지난 세기 동안 상당히 높아졌습니다. 따라서 이제는 사회에서 활발하게 활동하면서도 상위자아와 영적인 연결을 맺고 있는 사람들을 많이 볼 수 있습니다. 실제로 물병자리 시대의 초점은, 일상적인 활동을 포함한 삶의 모든 측면으로 영성을 가져오는 일에 있습니다. 따라서 영적인 사람들이 더 이상 세속에서 철수할 필요가 없습니다. 여전히 그렇게 함으로써 도움이 될 수 있는 사람들도 있겠지만 (아마도 단기간만), 대부분은 일상생활을 통해 삶에 영적으로 접근하는 활발한 삶을 살아가면서 더 많은 진전을 이룰 수 있습니다.

* * *

다른 모든 것과 마찬가지로, 여기에도 알파와 오메가 측면이 있으며, 그리스도 마음이 이 둘의 균형을 이룰 때만 지속적인 성장을 할 수 있습니다. 알파 측면은, 여러분이 단지 세상의 쾌락을 경험하기 위하여 여기에 있지 않다는 것입니다. 사실 여러분은 지구상의 현재 상황을 받아들이기 위하여 여기 있는 것이 아닙니다. 여러분이 영적인 사람이라면 신성한 계획을 가지고 있으며, 그 계획의 일부는 여러분이 영적인 개성을 표현함으로써, 신의 나라, 즉 풍요로운 삶이 모두에게 구현될 때까지 지구의 진동을 올리는 일에 개인적으로 기여하는 것입니다. 그러므로 여러분의 육체는 이 목표를 위한 도구가 되어야 합니다. 따라서 육체를 하인으로 그리고 영적인 여러분을 여러분의 집 주인으로 보아야 합니다.

오직 그리스도 마음을 통해서만 이것을 할 수 있습니다. 여러분이 알파 측면에서 균형을 이루지 못하고 있으면, 육체를 방해물이나 심지어 적으로 보게 되며, 이제 육체를 억압하기 위한 투쟁을 벌이게 됩니다. 그러면 육체가 여러분에게 대적한다고 느끼기 때문에, 육체와 같이 일하는 것이 아니라 싸우게 됩니다. 이것은 여러분을 자신에게 대항하여 내분이 일어난 집으로 만들며, 삶을 창조적 에너지를 먹어 치우는 투쟁 속으로 몰아넣어 여러분의 신성한 계획을 표현할 수 있는 여력을 거의 다 소진해버립니다.

반면에 오메가 측면에서 균형을 잃게 되면, 육체를 하인으로 보지 못하고 육체 자체를 목적인 것처럼 보게 됩니다. 따라서 여러분의 하인이 되어야 할 것이 여러분의 삶을 지배하게 되며, 육체적인 욕구와 쾌락을 추구하느라 창조 에너지가 모두 소모됩니다. 다시 말하지만, 오메가 측면을 균형 잡는 길은 그리스도 마음뿐입니다. 그 마음은 여러분의 몸이 영적인 목표의 적이 아니라 그 목표를 성취하기 위한 토대임을 알도록 도와줍니다.

나는 상승 마스터이며, 성서에서 말하듯이, "하늘과 땅의 모든 힘"을 받았습니다(마태 28:18). 이것은 내가 상위 존재인 하늘과 온전히 일체가 되었기 때문에, 이제 물질을 넘어선 마음의 힘을 모두 가졌다는 의미입니다. 나는 지구에서 모든 질병을 즉시 제거할 수 있습니다. 그러나 자유의지의 법칙인 신의 법칙은 내가 육체 안에 있지 않기 때문에, 지구에서 내 힘을 사용할 수 없다고 말합니다. 창세기에서 설명하듯이, 신은 지구에서 육체를 가진 사람들에게 지구에 대한 지배권을 주셨습니다. 그러므로 비록 나는 지구를 바꿀 수 있는 능력을 가졌지만, 그렇게 할 수 있는 권한은 없습니다. 육화한 사람들에게만 그 권한이 있지만, 그들은 그렇게 할 능력이 없습니다. 내가 육화하기로 한 목적은 모든 사람이 물질을 넘어선 마음의 힘을 얻을 수 있는 잠재력이 있다는 것을 보여주기 위해서였습니다. 그들은 자신의 권한을 사용하여 지구에서 풍요로운 삶을 실현할 수 있습니다. 나는 육화 상태에 있는 여러분이 실제 변화를 가져올 수 있는 권한을 가진 동안, 내 힘을 최소한 그 일부만이라도 어떻게 얻을 수 있는지 보여주고 싶습니다.

이제 여러분은 자신의 육체야말로 여러분의 신성한 계획을 성취하기 위한 발판임을 알게 되었습니다. 이것의 의미는, 몸에 대항하기보다는 몸을 가지고 일하는 방법을 배워야 한다는 것입니다. 또한 몸을 사용하여 일을 하려면, 여러분이 운전석에 앉아야 한다는 것을 알아야 합니다. 차가 스스로 움직이게 허용하면 여러분과 차가 모두 수렁에 빠질 것이기 때문입니다. 이것은, 몸과 하위 마음이 이끄는 대로 내버려두면, 그것들은 맹목적으로 육체의 갈망을 따라가게 되며 여러분은 눈먼 추종자가 될 것이라는 의미입니다.

*　*　*

몸을 통제하기 위해서는, 몸을 바라보는 시각과 나아가 물질 우주를 바라보는 방법에 아주 깊은 변화가 일어나야 합니다. 나는 모든 것이, 심지어 "단단한" 물질도 에너지로 만들어졌다고 말했습니다. 궁극적으로, 전기나 태양빛과 같은 물리적인 에너지도 영적인 에너지가 물질 진동의 스펙트럼으로 진동이 낮춰져 만들어진 것입니다. 나는,

영적인 에너지가 물질 우주로 흘러들어 정체성, 멘탈, 감정, 그리고 마지막으로 물질 스펙트럼의 네 수준을 통해 점차 진동이 낮아진다고 말했습니다. 물질 수준에서 에너지는 처음에는 에너지 파동으로 나타나지만, 나중에는 인간이 물질이라고 부르는 스펙트럼까지 낮아집니다. 이것은 여전히 에너지이지만, 인간의 감각에는 단단한 물질로 보입니다. 물론 원자의 핵과 전자 사이에 커다란 빈 공간이 있다는 것을 여러분도 알고 있지만 말입니다. 이 지식이 어떻게 육체에 대한 새로운 관점의 기반이 될 수 있을까요?

학교에 다니기 시작한 이후, 여러분은 대체로 물리적인 감각에 바탕을 두도록, 물질을 중심으로 세상을 보도록 프로그램되었습니다. 과학은 상당히 많은 초점을 물질에 맞추고 있습니다. 심지어 어떤 이론이 물질을 넘어서는 원인을 제안하면 그것은 과학 이론이 아니라고 믿는 과학자가 많습니다. 이것의 한 예로, 여러분은 자석과 그 주위에 동심원 타원 형태의 장이 어떻게 펼쳐지는지 본적이 있을 것입니다. 어릴 때부터 자석이 자기장을 형성한다고 들었고, 여러분은 이 말을 그대로 믿어왔는데, 잘 몰랐기 때문입니다. 많은 영적인 사람이 자신의 육체를 포함하여, 모든 것이 그 주위에 에너지장을 가지고 있다고 믿게 되었습니다. 그러나 그들 대부분은 이것이 자석과 같은 방법으로 작동한다고 믿습니다. 즉 육체가 에너지장을 형성한다는 것이지요. 이 세계관이 감각에 바탕을 둔 세계관이라는 것을 볼 수 있나요? 물리적인 감각은 몸을 볼 수 있지만, 에너지장을 볼 수 없기 때문에, 무의식적으로 감각은 보이는 것이 원인이고 보이지 않는 것은 단지 결과일 수밖에 없다고 가정합니다.

실제로 과학은 시대에 뒤떨어진 이런 감각에 기반을 둔 세계관을 이미 오래전에, 벗어나야 했습니다. 그랬다면, 여러분도 확장된 세계관을 배우며 자랐을 것입니다. 하지만 그렇지 않았기 때문에, 모든 현상에는 물질적인 원인이 있다는, 감각에 기초한 물질적 세계관에서 벗어나는 일은 이제 모두 영적인 사람들에게 달려 있습니다.

그렇다면 결과적으로 몸에 대해서는 어떻게 말할 수 있을까요? 결국은 여러분의 몸이 에너지장을 형성하는 것이 아니라, 에너지장이 몸을 만든다는 것입니다. 여러분의 에너지장에는 네 수준이 있습니다. 진동이 가장 높은 것은 정체성층입니다. 이 높은 수준에도, 여러분의 육체에 대한 청사진이 있습니다. 여러분이 더 높은 목적을 가진 영적인 존재로서 정확한 정체감을 가지고 있다면, 몸의 청사진은 여러분의 신성한 계획(어떤 경우에는 육체의 질병을 다루는 것이 될 수도 있습니다)을 지원하는 것이 됩니다. 정신적인 마음에 또 다른 더 세부적인 청사진이 있고, 감정적 마음에도 또 다른 청사진이 있습니다. 마지막으로, 물질 스펙트럼에도 몸의 청사진이 있으며, 이 청사진은 여러분 몸의 물질적인 특성을 생생하게 나타내고 있습니다. 사실 물질 스펙트럼 안의 에너지장은 밀도가 너무 높아서, 그것의 일부가 여러분의 감각에 물리적인 것으로 보입니다. 이것이 바로 여러분이 육체라고 부르는 것입니다.

나는 대부분의 사람이 이런 아이디어를 통합하는 데 상당한 시간이 걸릴 것이라는 사실을 알고 있지만, 지금 내가 말하는 것을 잘 생각해 보기 바랍니다. 여러분은 핵이 있고 몇 개의 전자가 행성들처럼 그 주위를 도는, 마치 축소판 태양계처럼 보이는 원자 모형을 본 적이 있을 것입니다. 흔히 고체 물질이라고 불리는 모든 것이 그런 원자로 이루어졌지만, 그 모형을 보면, 원자는 거의 빈 공간이라는 것을 알 수 있습니다. 여러분의 우리 몸이 70%가 물로 이루어져 있으므로, 그렇게 단단하지 않다는 말도 들었을 것입니다. 그렇지만 이제 한 단계 더 나아가서, 여러분의 몸은 100% 원자로 구성되어 있지만, 그 원자는 99% 이상이 빈 공간으로 이루어져 있다는 것을 알아야 합니다. 대부분의 원자에서, 핵과 전자 사이의 거리는 상대적으로 지구와 태양 사이의 거리보다 더 멉니다. 달리 말하자면, 원자는 아원자 입자라고 부르는 작은 부분들로 이루어져 있고 나머지는 빈 공간입니다. 그리고 이것은 모든 물질에 해당하는 사실입니다.

이것이 실제로 무엇을 의미할까요? 한 예로, 사람들이 벽을 뚫고 지나갈 수 있는지에 대한 질문을 생각해 보겠습니다. 나를 포함하여 일부 영적인 스승들이 그렇게 했다는 사실이, 사람들에 의해 거부되고 있습니다. 여러분의 몸이 거의 빈 공간이고 벽도 거의 빈 공간이라면, 이론적으로 벽 안에는 여러분의 몸에서 아주 작은 비율을 차지하는 아원자 입자들이 뚫고 지나갈 수 있는 충분한 빈 공간이 있습니다. 그렇다면 왜 여러분의 몸은 벽을 통과할 수 없을까요? 글쎄요, 기술적인 설명이 가능하지만, 과학은 아직 그것을 설명할 수 있는 어휘를 가지고 있을 만큼 충분히 발전하지 못했습니다. 그래서 일상 언어를 사용해서, 물질은 알파와 오메가 측면의 두 가지 기본적인 특성을 갖는다고 말해보겠습니다. 알파 측면은 "비어 있음"이고 오메가 측면은 "단단함"입니다. 물론 이 두 성질의 다양한 조합이 가능합니다. 예를 들면 금강석은 매우 단단한 고체이고, 공기는 고체보다는 더 비어 있습니다.

따라서 물질을 보는 두 가지 선택권이 있으며, 이것은 '물잔의 반이 차 있는가 혹은 반이 비어 있는가?'라는 오랜 질문과 유사합니다. 그것은 단지 관점의 문제입니다. 여러분이 물리적 감각의 필터를 통해 세상을 보면, 단단함의 관점에서 세상을 보게 되고, 따라서 여러분의 몸은 벽을 통과할 수 없습니다. 그러나 감각으로부터 멀어지게 시각을 바꿀 수 있다면, 비어 있음의 관점으로 세상을 보게 될 것이고, 그러면 몸이 벽을 통과하는 것이 쉬워질 것입니다.

요점은, 여러분의 마음은 감각을 통해 세상을 지각하거나, 감각을 넘어 세상을 지각할 수 있다는 것입니다. 이것을 흔히 초감각적 지각이라고 부릅니다. 물리적 감각은 특정한 진동 스펙트럼의 범위, 즉 물질 스펙트럼 내에서 에너지 파동을 감지하도록 설계되어 있습니다. 그 스펙트럼 안에서 진동하는 모든 것이 감각에는 단단하게 보이기 쉽습니다. 예를 들면, 비행기 프로펠러가 너무도 빨리 돌아서 마치 단단한 원반처럼 보이는 것을 보았을 것입니다. 그러나 속도를 늦추면, 그 원반은 전혀 단단하지 않다는 것을 알 수 있습니다. 마찬가지로, 물질은 단지 감각이 단단하다고 지각하는 수준에서 진동하기 때문에 단단하게 보일 뿐입니다. 지각을 달리하면, 단단한 겉모습은 단지 관점의 문제일 뿐이라는 것을 알 수 있습니다. 99%의 사람들이 자신의 마음을 감각의 감옥에 갇히도록 허용했으며, 감각으로는 할 수 없더라도, 여러분의 마음은 감각을 초월할 수 있습니다.

이제 내가 물 위를 걸었다는 성경의 이야기에 대해 생각해 봅시다. 내 몸의 무게가 있는데도 나는 왜 물 밑으로 가라앉지 않았을까요? 자, 감각은 몸이나 벽을 단단한 것으로 보지만, 물은 부드럽고 더 비어 있는 것으로 여깁니다. 즉 벽은 몸을 멈추게 하지만, 물은 몸을 통과하게 한다고 여기는 것이지요. 그러나 관점을 바꾸어, 몸의 비어 있음과 벽의 비어 있음에 초점을 맞추면 몸이 벽을 통과할 수 있다는 것을 알 수 있습니다. 그러므로 여러분이 몸의 비어 있음과 물의 단단함에 초점을 맞춘다면, 물은 몸의 무게를 떠받칠 수 있습니다. 영적인 스승들이 공중 부양을 했다는 많은 보고가 말해 주듯이, "희박한" 공기도 몸을 떠받칠 수 있게 됩니다.

나를 믿는 자는 내가 한 일을 할 수 있을 뿐 아니라 더 큰 일도 할 수 있다는 내 말을 기억할 것입니다. 이 말은 내가 2,000년 전에 행한 기적을 현대의 내 제자들이 행하기를 바란다는 의미일까요? 반드시 그런 것은 아닙니다. 시대가 변했으니까요. 내 기적은 무엇이 가능한지에 대한 사람들의 지각을 바꾸는 것이 목적이었습니다. 그리고 무엇을 하든 이것은 언제나 우리의 목적입니다. 그러나 지난 2,000년 동안 인류의 의식이 극적으로 확장되었기 때문에, 오늘날의 상황은 다릅니다. 그러므로 오늘날의 세상에서 통달(mastery)을 나타내는 다른 방법들이 있을 것입니다. 그럼에도, 나는 여전히 현대의 내 제자들이 물질을 넘어선 마음(mind over matter)을 계발하고 통달하기를 바랍니다. 그것은 왜 마음이 "단단한" 물질을 지휘할 수 있는지를 이해하는 것에서 시작됩니다.

* * *

우리가 이미 살펴본 바와 같이, 형상 세계의 모든 것은 하나의 기본 질료, 그 어떤 형태도 취할 수 있는 마터 빛으로 만들어졌습니다. 그러나 그 빛은 자기의식을 가진 존재가 정신적인 이미지를 창조하고 그 이미지를 마터 빛 위에 겹치거나 투사하는 마음의 능력을 사용할 때만 특정한 형상을 취합니다. 내 요점은, 물질 우주의 모든 것에는 현대 과학에서 말하는 실제적인, 혹은 "객관적인" 실체가 없다는 것입니다. 양자물리학이 실제로 입증한 것처럼, 모든 것은 정신적인 이미지가 투사된 것입니다. 여러분이 양자물리학의 발견에 관한 인기 있는 과학서 중 하나를 읽어 본다면 도움이 될 것입니다.

결론은, 여러분의 육체가 마음의 창조물이라는 것입니다. 분명한 것은, 여러분의 의식하는 마음이 여러분의 몸을 창조한 것이 아니라, 여러분의 상위 마음이 몸을 창조했다는 것입니다. 그러나 흔히 말하듯이, 현재 여러분의 몸은 아무런 "사전 준비 없이" 창조된 것이 아닙니다. 왜냐하면 그것은 수백만 년 동안 이 행성에서 일어나고 있는 창조 과정의 일부이기 때문입니다. 그러므로 여러분의 몸은 백지 위에서 창조되지 않았으며, 집단의식의 밀도를 포함한 지구의 현재 상황에 부분적으로 영향을 받았습니다. 이것은 대부분의 사람이, 자신의 마음은 몸에 아무런 힘을 행사할 수 없다고 생각하는 이유를 설명해 줍니다. 그들은 집단의식의 "무게"에 너무나 압도되어 그것을 넘어서는 것을 상상조차 할 수 없습니다.

그러나 그리스도의 제자로서 여러분은, 대중의식을 따르는 동시에 그리스도를 따를 수는 없다는 것을 알아야 합니다. 여러분은 두 주인을 섬길 수 없습니다. 즉 신과 대중의식을 의미하는 맘몬을 동시에 섬길 수 없습니다. 따라서 여러분의 마음을 대중의 마음 위로 높이고 여러분의 정체감을 원래의 영적인 존재로 되돌려서, 여러분의 아이앰 현존에 정박해 있는 개성에 다시 연결하는 것이야말로, 그리스도 의식의 여정에서 당연하고 피할 수 없는 부분입니다.

이 과정의 필수적인 부분으로서, 여러분은 자신의 몸을 마음의 창조물로 볼 수 있어야 합니다. 그러므로 여러분의 몸은 여러분 마음에

종속되어 있으며, 그것은 여러분의 신성한 계획에 봉사하고 지지할 수 있는 잠재력을 가지고 있다는 의미입니다. 어떤 사람들의 경우, 특정한 육체적인 질병이나 한계를 떠맡아, 육체적으로나 정신적으로 그것을 어떻게 극복하는지를 보여주는 일이 그들의 신성한 계획의 일부일 수도 있습니다. 그러나 여러분은 어떤 식으로든 몸이 여러분의 신성한 계획을 성취하는 것을 방해하거나 지연시키지 않는 지점으로 나아가야 합니다. 이것은 육체를 중심으로 일어나는 갈망과 그것이 여러분의 마음에 영향을 주는 방식에 대한 인식을 높이는 일을 포함합니다.

여러분의 몸은 여러분의 적이 아니라, 여러분의 상위 존재가 물질세계에 들어오도록 하는 여권이라고 앞에서 말했습니다. 그러나 여러분의 몸은 물질세계에 있고 여러분의 마음은 몸과 밀접하게 연결되어 있으므로, 영향은 양쪽 모두로 가게 됩니다. 몸은 실제로 마음속에 있는 정신적인 이미지가 투사된 것이기 때문에, 여러분의 의식하는 자아는 여러분의 몸을 지휘할 수 있는 잠재력을 가지고 있습니다. 그러나 여러분이 실제로 지휘를 맡지 않는다면, 여러분의 몸은 의식하는 자아를 압도할 것이며, 육체의 갈망이 여러분의 삶을 지배하게 될 것입니다. 그것이 바로 그렇게 많은 사람이 자신을 육체와 동일시하고, 자신을 심지어 육체라고 보는 이유입니다. 그들은 자신의 정체성에 육체 이상은 없으며, 몸이 죽을 때 자신도 사라진다고 생각합니다. 이것이야말로 영적인 죽음의 상태이기 때문에, 정말로 살 수 있는 길이 없습니다.

* * *

이제 여러분의 육체가 극도로 복잡하며, 사실상 대부분의 기술보다 훨씬 더 복잡하고 정교하다는 것을 살펴보겠습니다. 여러분의 몸에는 많은 기능이 있으며 너무 복잡해서 그것들을 의식적으로 다루려고 한다면 여러분의 의식하는 마음은 곧바로 압도될 것입니다. 따라서 여러분의 몸은, 의식하는 마음이 몸에게 무엇을 할지 그리고 그것을 어떻게 할지 말하지 않더라도 대부분의 기능을 수행할 수 있도록 설계되었습니다. 몸에게 산소를 들이마시고 혈액을 순환시키거나 음식을 소화시키라고 말할 필요가 없습니다. 여러분은 몸이 개별 세포들로 이루어졌으며, 각 세포 안에는 거의 신체의 기관과 신경 체계만큼이나 복잡한 축소판 "기계"를 가지고 있다는 것을 압니다. 그러나 다시 말하지만, 세포들은 여러분이 의식적으로 지시하지 않더라도 제대로 기능합니다.

여러분의 몸에는 50조 개의 세포가 있지만, 이 모든 세포가 일괄된 전체로 긴밀하게 연결되어 있습니다. 50조 개의 세포가 한 육체처럼 움직일 수 있으며, 여러분의 의식하는 마음이 몸에게 어디로 가라고 말하면, 그것은 일반적으로 그렇게 합니다. 하지만 여러분은 또한 자신의 의식하는 마음이 몸에게 지시할 수 있지만, 그것은 양쪽으로 영향을 미친다는 것을 알고 있습니다. 여러분의 몸이 충분한 휴식을 취하지 못했다면 여러분의 편안함에 영향을 주며, 음식이 몸에 덜 들어가면 기분도 빠르게 영향을 받을 수 있습니다. 이것은 이제 우리에게 갈망에 대한 새로운 관점을 줄 수 있습니다.

나는 일반적으로 모든 것을 기계와 비교하기를 좋아하지 않지만, 몸을 아주 복잡한 기계에 비유하는 것은 상당히 가치가 있습니다. 사실, 몸이라는 "기계"는 너무나 복잡해서 매우 정교한 컴퓨터로 통제되는 것처럼 볼 수 있습니다. 이 컴퓨터는 호흡이나 신진대사 등과 같은 신체의 다양한 기능을 지시하는 다수의 개별적인 프로그램을 가지고 있습니다. 이 프로그램들은 일반적으로 음식, 주거 및 휴식을 포함하여 물리적인 요구를 충족시킴으로써 사람들 각자의 몸의 생존을 보장하도록 설계되었습니다.

그러나 여러분의 개별적인 몸을 지휘하는 컴퓨터는 단지 여러분의 몸에 봉사만 하도록 개발된 것은 아닙니다. 실제로, 그것은 수백만 년을 거슬러 올라가는 아주 오랜 실험 과정의 일부입니다. 요점은 여러분의 몸이라는 컴퓨터는 단지 여러분의 개별적인 몸의 생존뿐만 아니라 인류 전체의 생존도 보장하도록 지시받은, 매우 복잡한 프로그램을 가지고 있습니다. 컴퓨터 용어로 계속하자면, 사실 여러분의 개별적인 컴퓨터는 커다란 메인프레임 컴퓨터, 곧 인류의 집단의식이라는 네트워크와 연결되어 있습니다. 경우에 따라서, 개별적인 몸의 컴퓨터는 종족의 생존을 보장하도록 설계된 프로그램들을 가진 메인프레임에 의해 장악될 수도 있습니다. 이러한 전반적인 프로그램의 한 예는 성적인 욕구입니다. 이것은 아이를 낳는 것이 개인에게 어느 정도 희생이 되더라도, 단지 개인의 욕구에 그치지 않고 종족을 번식시키도록 설계되었습니다. 마찬가지로 전반적인 프로그램은, 예를 들어 가족을 지키거나 나라를 지키기 위해 전쟁에 나가는 것처럼, 사람들이 명확히 자신이 속한 집단의 생존을 보장하기 위해 자신의 육체를 희생하게 할 수 있습니다. 전체의 생존은 때때로 개인의 생존에 우선하기도 합니다.

이것이 길고도 우회적인 논의였음을 알지만, 여러분은 우리가 갈망에 관한 이야기로 시작했음을 기억할 것입니다. 따라서 이 시점에서 몸과 종족의 생존을 보장하도록 설계된 잠재의식적인 컴퓨터 프로그램이 음식, 수면, 섹스 등에 대한 갈망을 일으킨다는 논리가 맞는 것처럼 들릴 것입니다. 이것은 진실이기도 하고 아니기도 하지만, 이것을 이해하려면, 내가 어떻게 갈망을 정의하는지 더 자세히 살펴볼 필요가 있습니다.

가장 넓은 의미에서, 갈망은 가지고 있지 않은 것에 대한 열망이나 욕망이라고 말할 수 있습니다. 그것은 여러분에게 갈망하는 대상을 얻기 위해 행동할 필요를 느끼게 합니다. 그것을 얻을 때까지, 불만족스럽고, 허기지고, 채워지지 않고, 어쩌면 불행하거나 온전하지 못하다는 느낌이 들게도 합니다. 그러나 갈망에 두 층이 있다는 점을 주목했으면 합니다. 가장 낮은 층은 배고픔을 느끼는 것과 같은 단순한 갈망입니다. 이것은 일종의 몸의 생존을 보장하는 프로그램에서 생겨난 갈망입니다. 배고픔을 느끼면 먹고, 배가 부르면 그 갈망은 잊힙니다. 그러나 그 너머에는 육체적인 필요가 충족되더라도 사라지지 않는 갈망이 있습니다. 그것은 더 깊은 갈망으로, 단순히 갈망의 대상을 얻는 것으로는 충족될 수 없는, 감정적이고 정신적인 갈망입니다. 두 가지 예를 들어보겠습니다.

동물은 사람만큼 정교한 의식을 가지고 있지 않습니다. 예를 들어 소는 자신이 소라는 것을 알지 못하고, 의식적으로 소처럼 행동하기로 선택하지 않습니다. 본능적으로 소로 행동합니다. 따라서 동물의 행동은 거의 전적으로 개체와 종족의 물리적 생존을 위한 필요에 근거한다고 말할 수 있습니다. 예를 들어 모든 동물이 먹지만 생존하기 위해서만 먹기 때문에, 지나치게 비만한 동물은 찾아보기 힘듭니다. 이것을 사람과 비교해 보세요. 서구 국가들에서는 실제로 육체의 장기적인 생존을 위협할 정도로 비만한 사람들의 수가 증가하고 있습니다. 다시 말해, 동물은 살기 위해 먹고, 일단 몸의 생존이 확보되면 더 이상 먹지 않습니다. 사람들은 생존에 대한 단순한 필요를 넘어설 수 있으며, 몸의 생존을 목적으로 하지 않는 욕구 때문에 먹을 수도 있습니다. 사람들이 전적으로 몸의 컴퓨터 프로그램에만 근거해서 기능한다면, 육체의 생존을 보장하는 데 필요한 만큼만 먹고 나면 먹기를 중단할 것입니다.

또 다른 예로, 모든 동물이 새끼를 낳지만, 이것은 전적으로 종족 번식의 필요에 의해 결정된다는 것을 생각해 보세요. 한 해의 특정한 시기에 호르몬이 작동하면, 한 종의 암수 모두가 성적인 행동에 대한 욕구가 생겨납니다. 그렇지만 최적의 기간이 끝나면, 그 욕구가 사라지고 이제 각 개체는 다시 먹고 자는 행동으로 돌아갑니다. 그러나 인간의 경우, 성적인 갈망으로 삶을 소비하는 사람들이 있습니다. 이것을 논리적으로 생각하면, 동물의 왕국에서조차 더 고등한 포유류의 한 개체가 낳는 새끼의 수에 한계가 있다는 것을 알 수 있습니다. 따라서 끊임없이 성적인 갈망을 느끼는 사람의 경우, 이는 생존을 위한 가치 때문이 아닙니다. 다시 말하지만, 인간에게는 육체의 생존 프로그램을 훨씬 뛰어넘는 갈망을 개발할 능력이 있습니다.

여기서 전반적인 요점은, 지금 여러분은 육화한 상태이며, 이는 여러분이 육체를 통해 자신을 표현하고 있다는 것입니다. 몸은 대단히 복잡한 하나의 생물학적 기계이며, 그것은 몸을 가지고 있는 여러분에게 필요한 능력을 제공하기 위한 것입니다. 즉 그 자체에 여러분의 개인적인 몸과 종족의 생존을 보장하기 위해 설계된 특정한 컴퓨터 프로그램이 내장되어 있다는 뜻입니다.

이제 일부 영적인 사람들이 가지고 있는 개념, 즉 몸이 영적인 성장의 적이며 악한 것이라는 개념으로 다시 돌아가 봅시다. 우리는 이제 이것이 단지 원시적인 형태의 추론임을 볼 수 있습니다. 실제로 여러분의 몸은 생존을 염두에 두고 설계되었으며, 이는 곧 몸을 작동시키는 컴퓨터가 여러분의 개인적인 생존과 전체의 장기적인 생존을 보장하기 위해 설계되었다는 의미입니다. 여러분이 몸 안에 있는 한, 음식, 휴식, 섹스 등과 같은 특정한 육체적 욕구로 이것을 경험하게 됩니다.

물질 우주 안에서 여러분을 표현하기 위한 발판(platform)을 갖기 위해서는 분명히 몸의 생존은 필요한 일입니다. 따라서 몸의 물리적인 욕구들을 돌보는 일은 아무런 잘못이 아닙니다. 종교인이나 영성인들이 몸을 죄악으로 보고, 성적인 욕구를 포함한 몸의 기능에 대해 매우 부자연스러운 견해를 가지는 것은 완전히 인위적인 설정입니다. 실제로, 영적인 사람들이 자신의 몸의 욕구를 돌보는 일은 잘못도 아니고 죄가 되지도 않습니다.

그렇다고 해서 영적인 사람들도 원하는 만큼 마음껏 먹고, 원하는 만큼 마음껏 섹스를 즐길 수 있다는 말은 아닙니다. 여러분은 단지 일정한 양의 시간과 주의력과 에너지를 가지고 있으며, 따라서 여러분의 신성한 계획을 성취하는 것을 돕기 위해 그것을 어떻게 사용할지 결정해야 한다는 것을 알아야 합니다. 서구의 많은 사람은 자신의 삶에 어떠한 영적인 목적이 있다는 감각을 갖지 못한 채 성장하며, 사회에 의해 완벽한 소비자가 되도록 프로그램되었습니다. 이는 그들이 계속 소비를 하도록 되어 있다는 의미입니다. 많은 사람이, 영적인 결과는 물론 장기적인 결과에 대해 아무런 고려 없이, 그 순간에 기분 좋게 느껴지는 무슨 일이든 하고 있습니다. 내가 '신과 맘몬을 둘 다 섬길 수 없다.'라고 했을 때, 나는 부분적으로 이것을 의미하고자 했습니다. 영적인 사람으로서 여러분은 자신의 우선순위를 어디에 놓을지를 결정해야 합니다.

여러분이 몸에 관련된 어떤 것이든 자신에게 허용하지 않는 금욕주의자가 되어야 한다는 말이 아니라는 점에 주의하세요. 오늘날에는, 대부분의 영적인 사람이 주도적으로 활동적인 삶을 살아갈 필요가 있으며, 여기에는 자신의 육체적인 욕구를 돌보는 일도 포함됩니다. 하지만 여러분은 생존을 위한 자연스러운 동인을 따르는 마음 상태로 육체가 필요로 하는 것을 돌봐야 합니다. 이 말은, 필요한 일을 하고 그런 다음에는 그 욕구를 잊으라는 뜻입니다. 즉, 결코 충족될 수 없는 것에 여러분의 시간과 에너지와 주의력을 다 써버리거나, 여러분의 신성한 계획에 집중하지 못하게 방해하는 음식이나 섹스에 대한 갈망으로 삶을 소진하지 말라는 것입니다.

다시 말해, 몸의 자연스러운 갈망을 충족시키는 것에는 아무런 문제가 없지만, 여러분은 자신을 육체의 생존 욕구 너머로 끌어올리려고 노력해야 합니다. 그렇게 하기 위해서는, 부자연스러운 갈망이 어디서 오는지 이해해야 합니다.

* * *

자연스러운 갈망과 부자연스러운 갈망의 본질적인 차이는, 자연스러운 갈망은 충족될 수 있지만 부자연스러운 갈망은 결코 충족될 수 없다는 것입니다. 아무리 많이 먹어도, 아무리 섹스를 많이 해도, 아무리 돈이 많아도, 아무리 큰 권력을 휘둘러도 만족하지 못하는 사람들이 있습니다. 부자연스러운 갈망은 결코 채울 수 없는 밑 빠진 독과도 같고, 모든 것을 그 안으로 빨아들이지만 아무것도 돌려주지 않는 블랙홀과도 같습니다.

자연스러운 갈망을 채우는 것은 여러분의 삶을 방해하지 않으며, 신성한 계획의 성취를 막지 않습니다. 음식이나 섹스 같은 육체의 필요성을 돌보는 것은 마치 숨을 쉬는 것처럼 방해가 되지 않습니다. 그러나 부자연스러운 갈망을 채우려는 노력은 성취될 수 없는 추구이며, 그것은 재빨리 사람들의 삶을 장악하여 신성한 계획을 부차적으로 여기거나 망각하는 지점으로 이끌어 갑니다.

여러분은 성배(Holy Grail)에 관한 이야기를 들어보았을 것입니다. 사실 성배는 그리스도 의식의 여정에 대한 은유적 표현입니다. 그러나 부자연스러운 갈망을 충족시키려는 것은 거룩하지 않은 잔, 즉 결코 채워질 수 없는 잔을 추구하는 것이며, 그 잔은 결코 넘쳐흐를 수 없습니다.

부자연스러운 갈망은 어디에서 오는 것일까요? 글쎄요, 그것은 육체 컴퓨터의 생존 프로그램으로부터 나올 수 없으므로, 더 높은 수준의 마음, 말하자면 의식적인 마음이나 감정, 멘탈, 정체성층에서 올 수밖에 없습니다.

갈망의 기원을 이해하기 위해서는, 여러분의 생명흐름은 신과 함께하는 공동창조자가 되도록 설계되었음을 깨달아야 합니다. 따라서 여러분 안에는 신의 열망과 아주 흡사한, 충족을 추구하는 두 가지 열망(desire)이 내재해 있습니다. 내가 지금까지 열망에 대해서가 아니라 부자연스러운 갈망(craving)에 관해 이야기했다는 것을 잊지 마세요.

"열망(desire)"이라는 단어는 실제로 "신의 창조력(deity sires)"을 의미합니다. 창조주는 열망을 가지고 있으며, 바로 이것이 형상 세계의 창조 배후에 있는 원동력입니다.

신의 열망의 한 측면은, 여러분을 포함한 자기의식을 지닌 존재들을 창조함으로써 그 이상이 되려는 열망입니다. 여러분의 존재 안에서, 이것은 두 가지로 나누어져 있지만 연결되어 있는 열망으로 나타납니다.

- **알파 측면**은 여러분의 근원과 하나가 되고자 하는 열망입니다. 궁극적으로 이것은 여러분이 완전한 신 의식(God consciousness)에 이를 때만 성취될 수 있지만, 여러분의 영적 탐구와 물질세계 이상의 것이 있다는 감각의 배후에 있는 원동력입니다.
- **오메가 측면**은, 이 세상을 신의 나라와 같은 그 이상의 세상으로 만들기 위해 신이 주신 여러분의 창조력을 표현함으로써, 이 세상에서 그 이상이 되려는 열망입니다.

이 두 열망을 종합해 보면, 한편으로는 이 세상을 초월하려는 열망이 있고, 다른 한편으로는 이 세상에서 성취하려는 열망이 있음을 알 수 있습니다. 이것은 여러분에게, 이 세상을 나가지 않고 이 세상 안에서 자신을 표현하고 싶은 열망을 주기 위해 고안된 것입니다. 다시 말해, 여러분은 당연히 물질세계에서 더 많은 경험을 하려고 하지만, 궁극적인 성취는 여러분의 근원과의 하나됨에서만 찾을 수 있음을 항상 알고 있습니다. 여러분이 균형 잡힌 상태에 있는 한, 이 두 열망 사이에 어떤 갈등도 없습니다. 그리스도 의식을 얻음으로써, 이 세상에서 여러분 자신을 표현하면서도 실제로 여러분의 근원과 커다란 일체감을 느낄 수 있습니다. 내가 '나의 아버지와 나는 하나이며, 나의 아버지께서 이제까지 일하시니 나도 일한다.'라고 했던 것처럼 말입니다.

한 생명흐름이 이원성 의식으로 눈이 멀어서 신과 분리된 존재라는 정체성을 구축할 때 문제가 발생합니다. 그로 인해 그 생명흐름은 외적인 신의 이미지를 믿게 되고, 그 결과 자신의 근원과의 하나됨을 향한 열망은 충족될 수 없게 됩니다. 여러분이 신을 자신의 외면에 있는 존재로 보고 여러분과 신 사이에 항상 거리가 있다고 믿는다면, 어떻게 신과의 하나됨을 이룰 수 있을까요? 오히려 이러한 생명흐름들은 이 세상이 주는 것을 더 많이 얻으려고 노력함으로써 물질세계에서 궁극적인 성취를 추구하라는 이 세상 지배자의 유혹에 빠져들게 됩니다. 따라서 그들은 이것이 이룰 수 없는 목표임을 깨닫지 못한 채, 물질세계에서 어떤 궁극적인 상태를 추구하는데 자신을 내던집니다. 그들은 이 세상 이상의 것을 추구하는 대신에 이 세상의 것을 더 많이 추구합니다.

* * *

여러분이 자신의 근원인 신으로부터 분리된 존재라는 정체감을 구축함으로써 정체성체 안에 부자연스러운 갈망이 시작됩니다. 따라서 자신을 신의 나라 밖에 있는 존재로 보고 물질세계도 신의 나라에서 분리되어 있다고 봅니다. 여러분은 자신을 온전하지 않다고 여기는데, 그것은 여러분이 자신의 근원과 하나됨을 통해 온전함을 추구하는 대신 이 세상에서 온전함을 구하도록 "단죄되었다."라고 보는 것입니다.

정신적인 수준에서, 이것은 여러분의 마음이 이 세상에는 충분한 자원이 없다는 결핍의 환영을 믿게 만듭니다. 그 결과로 어쩔 수 없이 여러분은 실재라고 여겨지는 희소한 자원을 얻기 위해 다른 사람들과 경쟁하는 이원성 투쟁에 돌입하게 됩니다. 여러분은 이 세상에 더욱 많은 풍요를 가져오라는 성모 마리아의 가르침을 따르는 대신, 이렇게 하고 있습니다.

감정적인 수준에서, 여러분은 자신이 온전하지 않다고 느끼며, 온전함과 성취감을 느끼기 위해서는 이 세상에서 뭔가를 얻어야 한다고 생각합니다. 이로 인해 상실에 대한 두려움이 생기게 됩니다. 이로 인해 여러분은 온전함을 이루는 데 필요한 자원을 빼앗으려 한다고 여겨지는 타인들과 투쟁하게 되고, 여기서 비롯되는 많은 부정적인 감정에 여러분의 감정적인 마음을 열게 됩니다. 여러분의 감정적인 마음은 단지 충분한 음식, 돈, 권력, 섹스, 소유 또는 성취를 위한 수단으로 보이는 그 무엇이든 얻을 수만 있다면, 실제로 여러분이 이 세상에서 온전함을 이룰 수 있다고 믿습니다. 따라서 의식적인 수준에서, 궁극적인 목적을 위한 수단으로 보이는 것을 얻고 축적하려는 끝없는 욕망이 여러분의 관심을 온통 사로잡게 됩니다.

일단 여러분이 이런 속임수를 쓰게 되면, 여러분은 실제로 육체의 생존 프로그램들과 부품까지 더해진 각기 다른 몇 가지 잠재의식적인 컴퓨터 프로그램을 만든 것입니다. 따라서 몸의 자연스러운 갈망이 이제는 결코 충족될 수 없는 부자연스러운 갈망으로 바뀌게 됩니다. 바로 이런 방식으로, 자연스러운 갈망은 여러분을 무한정 가둘 수 있는 쳇바퀴가 되어버립니다. 여러분은, 적어도 삶에는 틀림없이 이런 것 이상이 있어야 한다고 의심할 때까지, 그래서 쾌락의 추구자가 아니라 영적인 구도자로 바뀔 때까지 그렇게 갇혀 있게 될 것입니다.

* * *

지금 이렇게 갈망에 관해 설명하고 있지만, 여러분은 한층 더 높은 수준으로 올라가서, 정말 여기서 무슨 일이 일어나고 있는지를 깨달아야 합니다. 그 모든 것은 자신이 분리된 존재이며 결핍이 지배하는 세상에 살고 있다는 환영에서 시작됩니다. 일단 이 환영을 믿으면, 여러분은 분리된 자아의 갈망을 만족시키는 데 주의를 집중하게 됩니다. 따라서 여러분은 분리된 자아를 위해 뭔가를 소유하려고 합니다. 즉 여러분도, 그들 자신의 분리된 자아를 위해 동시에 그것을 소유하려고 하는 다른 사람들로부터 그것을 보호해야만 하는 것입니다. 하지만 이제 내가 여러분 존재를 위한 설계라고 묘사했던 것으로 돌아가 봅시다. 여러분은 신과 함께하는 공동창조자가 되도록 설계되어 있습니다. 이것은 여러분이 분리된 자아의 열망을 성취해야 한다는 의미가 아닙니다. 여러분의 근원과 자신을 하나로 보아야 한다는 의미입니다. 그렇지 않으면 어떻게 신과 공동창조를 할 수 있을까요? 따라서 여러분은 자신을 더 큰 전체, 즉 신의 몸(Body of God)의 개별적인 한 부분으로 볼 수 있습니다.

여러분이 이렇게 올바른 정체감을 느끼게 되면, 분리된 자아의 열망을 충족시키려 하지 않습니다. 여러분에게 분리된 자아가 없기 때문입니다. 그 대신, 여러분은 모든 생명의 바탕에 있는 하나됨을 보게 되며, 따라서 개별적인 존재로서 여러분에게 진정으로 가장 좋은 것이 전체에게도 최선임을 알게 됩니다. 사실상 형상 세계는 자기-의식을 지닌 모든 존재에게 풍요로운 삶을 주기 위하여 특별히 설계되었음을 알게 되는 것입니다.

영적인 여정의 궁극적인 목표는 여러분의 개성이 신이나 열반, 그 밖에 무엇이라고 부르든, 그것과의 합일을 통해 사라지는 것이라는 믿음에 동의하는 영적인 구도자들이 있으며, 심지어 그러한 영적인 스승들도 있습니다. 그러나 여러분의 창조주께서, 여러분이 오랜 과정을 거쳐 개성을 형성하도록 해놓고 그것을 사라지게 할 목적으로 여러분을 창조한 것은 아닙니다. 오히려 여러분은 상승 과정을 통해 영적인 정체성을 얻고 불멸성에 이르게 되어 있습니다. 일단 그 목표에 도달하면, 여러분은 사라지는 것이 아니라, 자기-표현의 또 다른 단계를 시작합니다. 내 요점은, 멀리 떨어진 최종 목표에 초점을 맞추는 것은 길을 가는 데 교묘하게 방해가 될 수 있다는 것입니다. 여러분은 신과 함께하는 공동창조자로 설계되었기 때문에, 사라지는 데서 성취감을 얻는 것이 아니라 공동창조를 하면서 성취감을 얻을 수 있습니다.

내 요점은, 궁극적인 성취가 반드시 긴 여정의 끝에서만 오는 것은 아니라는 것입니다. 여정의 매 단계에서 그것을 찾을 수 있습니다. 그렇지만 여기서 중요한 점은, 분리된 자아의 필터를 통해서 여정에 접근할 때는 결코 그것을 찾을 수 없다는 것입니다. 분리된 자아를 초월하여 신과 공동창조하고 있음을 깨달아야만 그것을 찾을 수 있습니다. 그렇게 할 때, 여전히 형상 세계에 있는 동안에도 근원과의 하나됨을 경험할 수 있습니다. 여러분은 전체 물질 우주를 신의 나라의 풍요로움으로 높이려는 신의 열망을 실현하는 일에 참여함으로 궁극적인 성취를 경험하게 됩니다.

여기서 말하는 요점이 정말로 보입니까? 성취의 열쇠는, 많은 영적인 사람이 믿고 있듯이, 열망을 없애는 것이 아닙니다. 어떤 사람들은 붓다의 가르침을 잘못 해석한 나머지, 붓다는 모든 고통의 원인이 열망이라고 말했으며, 따라서 영적인 사람들의 목표는 열망을 파괴하는 것이라고 생각하기도 합니다. 그러나 그렇게 하는 것은 여러분 안의 생명력 자체를 파괴하는 것이며, 그것은 결코 영적인 진보로 이어질 수 없습니다. 실제로 붓다가 말한 것은 잘못된 욕망이 고통의 원인이라는 사실입니다. 이제 잘못된 열망은 분리된 자아의 욕구를 중심으로 하는 열망임을 알 수 있습니다.

그렇다면 갈망을 극복하는 진정한 열쇠는 무엇일까요? 그것은 모든 열망을 파괴하는 것이 아닙니다. 여러분의 영적인 정체성과 원래 여러분의 생명흐름이 물질계 안으로 들어오기로 선택한 이유에 다시 연결됨으로써 여러분의 열망을 고양시키고 모든 이기심을 정화하는 일입니다.

***

여러분이 자신의 영적인 정체성에 다시 연결되는 일은 분명히 그리스도 의식의 여정에서 궁극적인 목표이며, 그것은 여러분의 현 단계를 훨씬 뛰어넘는 것처럼 보일 수 있습니다. 그러나 여러분은 이미 이 과정을 시작했다는 것을 깨닫기 바랍니다. 그렇지 않다면, 여러분은 이 과정을 공부하지 않고 분리된 자아의 열망을 충족시키기 위하여 동분서주하고 있을 것입니다.

열쇠 5: 갈망으로부터의 자유

그러므로 여러분이 숙고해야 할 것은, 먼 과거에 여러분의 생명흐름은 영적인 영역에 있었고, 물질세계 안으로 그 자신의 확장체를 내려보내기로 결정했다는 것입니다. 여러분은 이 세상에서 여러분의 영적인 개성을 표현하고 그럼으로써 물질계를 신의 나라의 완전함으로 끌어올리는 것을 돕기 위해 이렇게 한 것입니다. 다시 말하면, 여러분은 참된 열망 때문에 이곳에 왔으며, 점차 그 열망에 다시 연결됨으로써, 분리된 자아의 열망을 놓아버리고 영적 자아의 참된 열망을 재발견하는 일이 점점 더 쉬워질 것입니다.

열쇠 5를 위한 연습

이 과정에서 여러분의 추진력을 구축하도록 돕기 위해, 몇 가지 도구를 주겠습니다. 나는 영적인 독소와 디야니 붓다에 관한 이야기로 이 열쇠를 시작했습니다. 열망 또는 갈망과 연관된 붓다를 아미타바(Amitabha)라고 부르며, 그가 지닌 신성한 특성(God-quality)은 갈망, 욕정 그리고 탐욕이라는 영적 독소의 완벽한 해독제입니다. 아미타바의 신성한 특성은 지혜, 특히 분별하는 지혜이며, 신의 참된 열망과 분리된 자아의 거짓된 열망을 분별할 수 있는 능력을 제공합니다.

그러므로 앞으로 33일 동안 해야 할 일은 참된 열망과 잘못된 갈망의 차이를 숙고하는 것입니다. 또한, 여러분은 에고와 이 세상의 지배자가 언제 그리고 어떻게 이기적인 갈망에 몰입하도록 여러분을 유혹하는지 알아차려야 합니다. 유혹이 오는 것을 느낄 때, 아미타바 붓다의 분별하는 지혜를 기원해야 합니다. 각 디야니 붓다는 붓다의 종자음(seed syllable)에 기반을 둔 만트라를 가지고 있습니다. 여러분은 지구에서 가장 오래된 언어가 산스크리트어라는 것을 알고 있을 텐데,

이 언어는 소리와 형상 간에 밀접한 연관이 있다는 의미에서 독특합니다. 소리는 주요한 창조력입니다. 성서에 이렇게 설명되어 있듯이 말입니다. "신께서 '빛이 있으라.' 하시자 빛이 생겨났다." 다시 말해, 창조주는, 소리를 사용하여 빛을 창조하도록 자극하는 에너지를 발생시켰습니다. 그러므로 디야니 붓다의 현존을 기원하는 소리를 낭송하는 것에는 큰 힘이 있습니다. 아미타바의 현존을 기원하는 만트라는 다음과 같습니다.

옴 아미타바 흐리(OM AMITABHA HRIH)

따라서 다음 한 달 동안 이기적인 열망에 사로잡히려는 유혹에 특히 주의를 기울이기 바랍니다. 다음 열쇠에서 논의하겠지만, 유혹을 더 빨리 알아차릴수록 그것을 극복하기가 더 쉽습니다. 유혹을 느끼는 순간, 조용히 또는 상황에 따라 소리를 내어 만트라를 낭송하기 시작하고, 여러분의 에너지장에서 아미타바 붓다의 평화를 느낄 때까지 계속하기 바랍니다. 여러분의 에너지장 안에서 완전한 고요와 평화의 이미지로 이 붓다의 현존을 심상화할 수도 있습니다. 그 붓다는 왜 평화로울까요? 그는 완전한 분별의 지혜를 가지고 있으므로, 에고와 이 세상 지배자의 잘못된 열망에 절대 유혹되지 않기 때문입니다. 유혹되지 않는다면, 전혀 유혹을 두려워할 필요가 없습니다.

이 연습 외에 또한 하루 한 차례 'ROS03: 성모 마리아의 기적의 감사 로자리'를 낭송하기 바랍니다. 또한 매 절과 후렴 사이에 디야니 붓다의 만트라를 낭송하기 바랍니다.

왜 감사해야 할까요? 감사 또한 상실에 대한 두려움에서 비롯되는 갈망, 즉 이 세상에서 뭔가를 가지지 못했기 때문에 불완전하다는 느낌에 대한 효과적인 해독제이기 때문입니다. 따라서 이 열쇠를 위한 쓰기 연습으로써 로자리를 낭송한 후 여러분의 삶에서 충분히 가지고 있지 않다고 느끼는 부분이나 더 많은 것을 갈망함으로 행동한 사례들을 적기 바랍니다. 또한, 감사한 것들을 적어 보기 바랍니다. 그런 다음 부족하다는 느낌이 여러분의 삶에 어떻게 영향을 주었는지, 그리고 그것을 극복하기 위해 여러분이 이미 어떠한 조치를 취했는지를 보여주는 패턴을 찾아보세요.

여러분의 삶을 형성한 힘에 대한 이러한 이해를 바탕으로, 물질세계에서 어떤 행동이 여러분의 참된 열망을 충족시키기 위한 것이며 어떤 것이 잘못된 열망에 기반을 둔 것인지 평가할 수 있습니다. 그렇게 함으로써 여러분의 신성한 계획을 성취하는 능력을 저해하는 활동들을 어떻게 극복할 수 있는지 생각해 볼 수 있습니다. 그러면 여러분의 모든 활동이 여러분의 신성한 계획을 성취하는 데 도움이 되거나, 그것을 방해하지 않는 지점에 다가갈 수 있습니다.

이런 방식으로, 스스로에게 강요하지 않고 그것을 손실로 경험하지 않으면서, 어떤 활동을 포기할 수 있습니다. 오히려 여러분을 제한하는 것을 포기하는 것이 더 큰 자유와 성취의 길을 열어 준다는 것을 알기 때문에, 여러분은 사랑으로 활동을 포기할 것입니다. 지상에서의 어떤 활동도 여러분의 신성한 계획이 결실을 맺는 것을 보는 것만큼 성취감을 줄 수는 없습니다.

갈망을 극복하도록 돕기 위한 것이지만, 여러분은 이것이 아주 긴 설명이었다고 생각할지도 모르겠습니다. 그렇지만 우리는 동시에 다른 영적 독소들을 다룰 토대를 마련했습니다. 다음 열쇠들에서 그것을 기반으로 설명하겠습니다.

열쇠 6
분노를 두려움 위로 올리기

이 열쇠에서는 분노라는 영적인 독소를 다루어 보겠습니다. 이 독소의 해독제인 디야니 붓다는 악쇼비아(Akshobya)입니다. 그의 지혜는 거울과 같은 지혜이며 그의 만트라는 다음과 같습니다.

옴 악쇼비아 훔(OM AKSHOBYA HUM)

이 열쇠를 공부하면서 이 붓다에게 조율하고, 분노의 독소를 느낄 때 이 만트라를 반복해서 낭송하기 바랍니다.

여러분은 지난번 열쇠에서 중요한 것을 배웠습니다. 분명한 것은 여러분이 영적인 사람으로서, 이 세상의 것에 대한 갈망(craving)이 여러분의 삶을 지배하도록 허용할 수 없다는 것입니다. 즉 신과 맘몬을 동시에 섬길 수 없으므로 어떤 면에서는 갈망을 없애야 한다고도 말할 수 있습니다. 그러나 내가 설명했듯이, 그것은 열망(desire)을 완전히 없애버리는 문제가 아닙니다. 만일 그렇게 한다면, 여러분이 육화해 있는 것이 무슨 의미가 있을까요? 그러면 실제로 여러분을 이 세상으로 오게 한 바로 그 목적, 즉 신과 공동창조를 함으로써 물질세계에 신의 나라를 구현하겠다는 여러분 상위자아의 열망을 좌절시키는 일이 될 것입니다.

나는 또한 물질 우주의 네 층에 해당하는 마음의 네 수준에 대해서 가르쳐주었습니다. 나는 여러분의 네 하위체를 통해서 흐르는 영적인 에너지에 대해서 설명했습니다. 그리고 더 높은 목적, 즉 물질 우주를 신의 나라 수준으로 들어올리는 일에 대해서 말했습니다. 그것은 신의 빛이 마음의 네 수준을 통해서 흐르는 열린 문이 되는 사람이 임계수치에 도달해야만 이루어질 수 있습니다. 그래서 이 흐름을 막는 것을 여러분은 절대로 원하지 않겠지만, 무분별하게 모든 열망을 없애버리려고 한다면 바로 그 흐름을 막게 됩니다. 그것은 신의 빛이 여러분의 에너지장을 통해 흐르지 못하게 막는 것이고, 여러분을 통해 그 이상이 되려는 신성한 열망에서 솟아오르는 흐름을 멈추게 하는 것입니다.

영적인 사람으로서 여러분은, 아마 분노가 잘못된 것이고 없애버려야 하는 것이라고 말할 것입니다. 하지만 나는 인간의 갈망은 신의 열망에 대한 왜곡(perversion)이라고 말해 왔습니다. 그렇다면, 분노 또한 신성한 특성의 왜곡이 아닐까요? 여러분이 단지 분노만이 아니라 그 배후에 있는 신성한 특성까지 없앤다면, 여러분은 결국 완전히 수동적으로 되어버리지 않을까요?

이 말을 주의 깊게 들으세요. 진정으로 영적이라는 것이, 하루 24시간 동안 히말라야 동굴 안에 앉아 신을 명상함으로써 완전히 평화로운 상태가 되는 것이라는 이미지를 가진 영적인 구도자가 많습니다. 나는 그렇게 하는 사람들이 뭔가 잘못되었다고 말하는 것이 아닙니다. 하지만 여러분이 이 수업에 이끌렸다면, 그것은 아마도 여러분의 신성한 계획이 사회를 개선하기 위해 어떤 적극적인 봉사를 하는 것과 관련이 있을 가능성이 크기 때문입니다. 그리고 여러분이 완전히 수동적으로 된다면 그 목적을 성취할 수 없을 것입니다.

내 삶을 살펴보고, 쉽게 분노라고 해석될 수 있는 많은 일을 내가 어떻게 보여주었는지 알아보세요. 내가 어떻게 율법학자들과 바리새인들에게 도전했는지, 그리고 내가 어떻게 사원에서 환전상들의 테이블을 뒤엎었는지 살펴보세요. 이것은 평화주의자의 행동은 아니었습니다. 사실 그것은 영적인 마스터로서 할 행동이 아니라고 말하는 사람들도 있을 것입니다. 하지만 여기에서 영적인 통달의 다양한 측면을 분별할 필요가 있습니다.

그 예를 보여주기 위해, 붓다와 그리스도의 차이를 살펴보겠습니다. 여러분은 붓다에 대해 어떤 이미지를 가지고 있나요? 소란하고 번잡한 세상에서 물러나 고요히 명상하며 앉아 있는 영적인 마스터의 이미지가 아닌가요? 그렇다면 그리스도의 이미지는 어떤가요? 글쎄요, 그리스도교가 너무나 왜곡되었기 때문에, 거의 2,000년 동안 사람들 눈앞에 펼쳐졌던, 십자가에 매달린 나의 이미지일 가능성이 크겠지요. 하지만, 그 이미지의 이면을 보세요. 내가 왜 십자가형에 처해졌을까요? 내가 세상에서 물러나지 않고 세상으로 나가서 사람들을 일깨우고 그들을 통제하던 파워 엘리트에게 도전했기 때문이 아닐까요? 나는 인간에게는 죽음의 의식 이상의 것이 있음을 보여줌으로써 사람들이 가진 세상적인 자아상에 도전하기 위해 세상으로 나갔습니다.

나는 신의 알파와 오메가 측면에 대해 말했습니다. 그리고 붓다는 알파 또는 아버지 측면을 나타내지만, 그리스도는 오메가 또는 어머니 측면을 나타낸다는 것을 알 수 있습니다. 붓다는 번잡한 일상에서 물러나 완전한 평화 속에 있으며, 사람들이 그에게로 오게 합니다. 하지만, 누가 붓다에게 올 수 있나요? 힘겨운 삶의 투쟁에 완전히 갇혀 있지 않은 사람들뿐입니다. 그러므로 삶의 고투에 완전히 압도되어 붓다를 찾는 일조차 힘든 사람들이 어떻게 구원받을 수 있겠습니까? 누군가가 그들에게 가서 그 고투를 벗어날 수 있는 길이 있다는 것을 보여주어야 합니다. 그리고 그것이 바로 그리스도의 역할입니다.

둘 다 영적인 통달의 표현이라는 것이 보입니까? 하나는 옳고 다른 하나는 잘못된 것이 아닙니다. 하나가 다른 것보다 더 낫다는 것도 아닙니다. 둘 다 똑같이 타당하고 똑같이 중요합니다. 그것들은 영적인 통달이라는 동전의 양면일 뿐입니다. 신은 붓다를 보내서 스스로 길을 따를 수 있는 사람을 깨우고, 또한 그리스도를 보내서 스스로 길을 따를 수 없는 사람들을 깨웁니다. 붓다는 내면에 집중하여, 마음 그 자체와 이 세상 너머에 있는 영적인 세계에 초점을 맞추고 있습니다. 그리스도는 외면에 집중하여, 사람들이 이 세상을 개선하도록 돕는 데 초점을 맞추고 있습니다. 나는 내일이나 다음 세상을 기다리지 않고 지금, 이 세상에서 사람들이 생명을 얻고 더 풍성히 얻게 하려고 왔습니다. 신의 나라가 가까이 왔기 때문입니다!

여러분은 붓다의 여정을 가야 할 수도 있으며, 만일 그렇다면 그리스도 의식의 여정을 따라가면서 이것이 명확해질 것이라고 확실히 말할 수 있습니다. 그러나 이 과정에 이끌렸기 때문에, 여러분은 그리스도의 여정의 본보기가 되어야 할 가능성이 더 크며, 이것이 여러분에게 잘 맞는 가설인 이유입니다. 그렇지만 궁극적으로 두 여정 모두가 여러분과 근원과의 하나됨이라는 같은 지점으로 이어집니다. 실제로, 그리스도의 여정을 걷는 사람들만이 진정으로 붓다와 하나가 되어 붓다가 될 수 있습니다.

나는 지금 붓다가 평화주의자라거나 수동적이라고 말하려는 것이 아닙니다. 내가 말하고 싶은 점은, 많은 영적인 사람이 진정으로 영적인 사람이 되려면 수동적으로 앉아서 명상하면서 결코 평온을 깨뜨려서는 안 된다는 정신적인 이미지를 가지고 있다는 것입니다. 그것은 많은 사람에게 자신의 신성한 계획을 성취하는 데 장애가 되는 관점입니다. 나중에 더 깊이 논의하겠지만, 그리스도 의식의 여정을 걷는 것은 여러분을 평온하게 하지 않을 것이며, 세상에서 물러나라고 요구하지도 않을 것입니다. 나는 다음과 같이 말했습니다.

> 신이 아들을 세상에 보내신 것은 세상을 단죄하시려는 것이 아니라
> 아들을 시켜 구원하시려는 것이다. (요한 3:17)

살아 있는 그리스도의 목적은 세상을 죽음의 의식에서 깨우는 것이며, 그것은 사람들에게 더 높은 길이 있다는 것을 보여주기 위해 번잡한 시장(marketplace)으로 들어가야만 이룰 수 있습니다. 그것이 분노와 어떤 관련이 있을까요?

한 걸음 물러나 전반적인 관점에서 인류를 보면, 지구에서의 삶을 요약하는 한 단어는 "투쟁(struggle)"이라는 것을 알 수 있습니다. 붓다는 삶이 투쟁이라는 사실이 사성제(four noble truths) 중의 하나라고 했습니다. 그는 또한 투쟁이 잘못된 욕망에서 비롯된다고 말했습

니다. 자, 잘못된 욕망은 이원성 의식에서 나오는 열망이며, 내가 말했듯이, 이 의식은 언제나 끝없는 투쟁 속에 갇혀 있는 두 가지 대극을 가지고 있습니다. 그래서 죽음의 의식이 이 행성을 원래 설계로부터 변질시켰다고 말할 수도 있습니다. 원래 이 행성은 모든 사람에게 풍요로운 삶을 주기 위한 것이었는데, 사람들이 끊임없이 서로 다투며 심지어 그들에게 생명을 주는 행성과도 싸우는 거대한 투쟁의 장으로 바뀌었습니다.

따라서 이 끝없고 의미 없는 이원적 투쟁에 어떻게든 여러분을 끌어들이려는 한 가지 목적으로 여러분의 마음을 끊임없이 끌어당기는 자력 또는 중력이 있습니다. 앞의 열쇠에서 말한 갈망은, 결코 만족을 모르는 욕망을 추구하도록 만들어서 여러분을 투쟁으로 끌어들이는 한 가지 방법입니다. 그러나 다른 방법들도 많이 있으며, 가장 효과적인 방법의 하나가 바로 분노입니다. 따라서, 여러분이 사람들에게 더 높은 길을 보여주기 위해 시장으로 들어가서 여러분의 그리스도 잠재력을 성취하려면 반드시 분노를 극복해야 합니다. 그렇지 않으면, 역사 속에서 좋은 의도를 가졌던 많은 사람처럼, 여러분도 틀림없이 이런저런 명분을 위해 싸우면서 이원적인 투쟁에 휘말릴 것이기 때문입니다. 이것이 바로, 여러분 자신의 눈 안에 있는 들보를 제거하지 않으면, 다른 사람들을 어떻게 도울 수 있을지 명확하게 볼 수 없다고 내가 말했던 이유입니다. 그렇다면 분노가 어디에서 오는지 더 자세히 살펴보겠습니다.

***

분노의 기원을 설명할 수 있도록, 나를 위해 여러분이 해줄 일이 있습니다. 서류 캐비닛이나 중요한 법률 서류를 보관하는 곳으로 가서, 여러분의 생명 계약서(Life Contract)를 꺼내기 바랍니다. 이것은 여러분이 삶에서 기대할 수 있는 것, 가질 권리가 있는 것, 그리고 경험하지 않을 권리가 있는 것 등, 지구에서 여러분이 인간으로서 가진 권리들이 명시된, 신이 서명한 계약서입니다. 그것을 가져와 보세요. 나는 여러분과 함께 그 계약서를 살펴보고 싶습니다.

그것이 무엇이냐고요? 신이 서명한 계약서가 없다는 말인가요? 흠? 그렇다면 어찌해서 99.9%의 인류가, 자신은 이런 것에 대한 권리가 있고 저런 것은 결코 경험해서는 안 된다고 말하면서, 마치 최고 권위자로부터 계약서를 받은 것처럼 삶에 반응하는 것일까요? 그 결과, 삶이 그들의 기대에 미치지 못할 때 그들은 화를 낼 뿐 아니라, 때로는 자신의 문제를 가지고 신을 비난하기까지 하지 않나요!

내가 무슨 말을 하는지 알고 있나요? 분노는 삶에 대한 기대에서 생겨납니다. 자, 붓다는 고통의 원인이 잘못된 욕망이라고 말했으므로, 분노의 원인은 잘못된 기대라고 생각할 수도 있습니다. 그러나 나는 한 걸음 더 나아가, 분노의 원인은 기대 그 자체라고 말하고 싶습니다. 그렇다면, 삶에 대해 어떤 기대도 하지 말라는 말일까요? 바로 그렇습니다!

지구에서의 삶의 현실을 이해할 때, 여러분은 자신이 어떤 종류의 행성에서 살고 있는지 알게 되고, 따라서 어떤 것도 기대하지 않는 지혜를 깨닫게 됩니다! 살아 있는 그리스도로서 여러분은 기대를 해서는 안됩니다. 단지 삶을 있는 그대로 받아들이고, 삶의 어떤 상황에서도 모든 생명을 들어올리는 방식으로 반응해야 하기 때문입니다.

여러분은 요람에서부터 삶에 대한 기대를 하도록 프로그램되었기 때문에, 이렇게 하려면 여러분의 생각에 큰 변화가 필요하다는 것을 알고 있습니다. 이 기대 중 어떤 것은 해롭지 않고 심지어 합리적이거나 필요해 보일 수도 있지만, 그렇지 않다고 확실하게 말할 수 있습니다. 대부분의 사람이 삶에 대해 기대를 하고 있다는 사실에 속지 마세요. 왜냐하면, 대부분의 사람이 죽음의 의식에 빠져 있다고 말하지 않았나요? 여러분이 가진 많은 기대가 부모나 가장 좋은 의도를 가진 다른 사람들로부터 넘겨받은 것임을 알고 있습니다. 그들이 나쁜 사람들이라고 말하는 것이 아닙니다. 나는 단지 대부분의 사람이 죽음의 의식에 눈이 멀어 있으며, 따라서 그 의식에서 비롯되는 기대를 받아들였다는 것이 오늘날 이 행성의 상황이라고 말하는 것입니다. 그리고 만일 아무런 문제가 없어 보이는 그 기대의 기원을 추적해 본다면, 그것은 삶에 대해 스스로를 약화시키고 무력화시키는 반응을 하게 만들어서 사람들을 통제하려고 의도적으로 고안되었음을 알게 될 것입니다.

기대의 본질이 무엇인가요? 기대는 삶이 어떻게 펼쳐져야 하는지, 또는 어떻게 펼쳐지면 안 되는지에 대한 정신적인 이미지입니다. 바로 거기에서, 기대가 실재로부터 분리되어 있음을 알 수 있습니다. 실재와 기대를 일으키는 정신적인 이미지 사이에는 분열과 거리가 있습니다.

죽음의 의식, 즉 반-그리스도 의식은 신의 실재로부터의 분리에서 탄생한다는 것을 여러분이 이해하기 시작했으므로, 이것은 경종을 울려 줄 것입니다. 마이트레야께서 그의 책에서 아주 자세히 설명했듯이, 그리스도 의식은 신의 실재를 보지만, 반-그리스도 의식은 이러한 실재를 볼 수 없습니다. 그 결과 반-그리스도 의식은 실재와의 분리에서 만들어진 정신적 이미지만을 보게 됩니다. 즉 그것들은 모두 환영입니다. 일단 여러분이 실재에서 분리되면, 환영이나 신기루 들만 보게 됩니다.

기대는 항상 실재와 따로 떨어져 있습니다. 왜 그럴까요? 기대는 아직 일어나지 않은 미래의 사건에 대한 것이기 때문입니다. 즉 기대는 아직 현실로 되지 않은 사건에 대한 것입니다. 따라서 그 사건이 실제로 일어날 때는 여러분이 그 현실을 지각하고 있으므로 기대를 할 필요가 없습니다. 예를 들어, 밤에 일기 예보를 확인해 보니 다음날 맑은 날씨를 예측했다고 가정해 보겠습니다. 그래서 여러분은 화창한 날을 기대하면서 잠자리에 듭니다. 그러나 그 기대는 미래에 일어날지도 모르는 일에 대한 정신적인 이미지일 뿐입니다. 일어나서 창밖을 보면 실제 날씨를 지각하기 때문에, 이제는 기대를 할 필요가 없습니다. 여러분은 정신적인 이미지 대신에 실재를 직접 지각하고 있습니다.

화창한 날씨를 기대하는 것이 실제 날씨에 거의 영향을 미치지 않을 것이라는 데 여러분이 동의할 것이라고 확신합니다. 따라서 여러분의 기대는 아침에 날씨가 맑을지 흐릴지에 아무런 영향을 주지 못합니다. 그렇지만 그 기대는 여러분의 마음이 맑을지 흐릴지에는 확실히 영향을 미치게 됩니다. 햇빛을 기대하고 잤는데 눈을 떠보니 날씨가 흐리다면, 부정적인 반응이 일어날 수도 있고, 심지어 온종일 기분이 좋지 않을 수도 있습니다. 지금 내가 하는 말을 이해하겠습니까? 기대는 여러분의 바깥세상에서 실제로 일어날 일에 긍정적인 영향을 미치지 않지만, 여러분의 내면에서 일어날 일에 대해서는 부정적인 영향을 줄 가능성이 있습니다.

* * *

기대가 왜 여러분을 조종하는 데 그렇게 효과적인 도구인지 알겠습니까? 기대는 미래에 무슨 일이 일어나야 하고 무슨 일이 일어나면 안 되는지에 대한 정신적인 이미지를 만듭니다. 이것은 다양한 영향을 미칩니다.

- 즉각적인 수준에서, 기대는 정신 에너지를 결박하고 희망과 두려움을 함께 일으킬 수 있습니다. 사실, 기대 자체가 사람들의 마음 상태와 그들의 반응에 매우 깊은 영향을 줄 수 있습니다. 얼마나 많은 사람이 질병이나 경제적 파국, 세상의 종말 등과 같은 미래의 재난을 두려워하며 살고 있는지 생각해 보세요.
- 기대는 의식적인 자각을 미래로 향하게 하고, 지금 이 순간을 알아차리지 못하게 만듭니다. 따라서 여러분은 더 이상 현재에 살지 않고, 현재와 미래 사이의 어딘가에 있는 "무인도"에 살고 있습니다. 하지만 여러분은 언제 생명의 결정(LIFE decisions)을 내릴 수 있을까요? 지금뿐입니다. 미래로 결정을 미룬다면 그 미래는 절대 오지 않을 것이기 때문입니다. 언제 삶을 즐길 수 있을까요? 지금 이 순간뿐입니다. 하지만 현재에 집중하지 않는다면 어떻게 삶을 즐길 수 있을까요?
- 미래가 다가오면, 그때의 현실은 여러분의 기대에 부응할 수도 있고 그렇지 않을 수도 있습니다. 그러나 어느 쪽이든, 여러분 안에

서 반응을 일으킬 수 있습니다. 예를 들어, 현실이 기대에 미치지 못하면 많은 사람이 실망하거나 화를 냅니다. 하지만 현실이 기대에 부응하더라도, 많은 사람이 교만해지거나 과도하게 낙관적으로 되어서 장차 실망하게 될 수도 있습니다.

낙담은 악마의 도구 상자 안에서 가장 날카로운 도구라는 말을 들어보았을 것입니다. 이제 여러분은 낙담의 바탕에는 기대가 있다는 사실을 알 수 있습니다. 여러분은 삶이 어떠한 방식이어야 한다고 기대를 합니다. 그런데 삶이 그렇지 않다는 것을 반복해서 경험하면 결국 낙담에 빠져서 아무런 시도조차 하지 않게 됩니다. 그러나 아무런 기대도 없었다면 어떻게 되었을까요? 그것은 분명하지 않나요? 삶에 대해 어떤 기대도 없다면, 어떻게 실망하고 낙담할 수 있을까요? 이 세상의 지배자가 오더라도, 여러분 내면에서 반응할 것이 아무것도 없을 것입니다.

죽음의 의식은 본래 이원적이며, 이는 행복과 불행, 희망과 절망과 같은 상반되는 두 극성을 가지고 있다는 의미입니다. 여러분이 기대를 하게 되면, 긍정적이거나 부정적인 반응을 하게 될 것입니다. 하지만 둘 중 어떤 반응이든 다 이원적이라는 것을 볼 수 있나요? 이처럼 기대는 사람들을 이원성의 투쟁 안으로 끌어들이는 아주 교묘하고 효과적인 방법입니다. 나는 다음과 같이 말했습니다.

> 그러므로 내일 일은 걱정하지 마라. 내일 걱정은 내일에 맡겨라. 하루의 괴로움은 그날에 겪는 것만으로 족하다. (마태 6:34)

많은 그리스도교인이 이 말을 이해하기 어려워하지만, 여러분은 이제 내가 사람들에게 기대를 내려놓으라고 말했다는 것을 알겠나요? 기대는 실제로 일어날 일을 전혀 바꾸지 못하면서, 이원적 반응만 일으킬 뿐입니다. 그런데 왜 내일에 대한 기대를 함으로써 여러분 자신을 이원적인 마음의 틀 안에 가두나요? 내일은 내일이 될 것이고, 일어날 일은 일어날 것입니다(최소한 단기적으로는), 따라서 그저 기다리면서 상황이 일어나는 대로 마주하면 됩니다. 좋습니다. 그 점에 대해서 할 말이 훨씬 더 많지만 (나중에 설명하기로 하고), 바로 앞에서 내가 했던 말부터 살펴보겠습니다.

너희는 먼저 신의 나라와 신께서 의롭게 여기시는 것을 구하여라.
그러면 이 모든 것도 곁들여 받게 될 것이다. (마태 6:33)

다시 말하지만, 여기에는 여러 의미가 있지만, 한 가지는 미래에 대한 중요하지 않은 기대에 정신적인 에너지를 묶어 두기보다는 지금 그리스도 의식을 구하는 것에 주의를 기울여야 한다는 것입니다. 먼저 신의 나라를 구하세요. 언젠가 미래에 그것을 얻을 수 있다고 생각하기보다는 지금 그것을 구하세요. 미래는 절대 오지 않을 것이며 여러분이 가진 유일한 시간은 지금뿐이기 때문입니다.

또 다른 의미는, 여러분이 진정으로 그리스도 의식을 구할 때, 신은 여러분의 에고나 외면의 마음이 원하는 것이 아니라 여러분이 신성한 계획을 지켜내고 성취하는 데 실제로 필요한 것을 주신다는 것입니다. 따라서 여러분에게 필요한 것을 받게 된다는 사실을 알고 있다면, 기대가 무슨 소용이 있을까요? 여러분은 무슨 일이 일어나든 그것이 여정에서 성장하고 그리스도 의식을 드러낼 가장 좋은 기회를 의미한다는 것을 알고 있습니다. 이것이 여러분이 여기에 있는 이유입니다.

내가 말하는 것은, 정신적인 이미지에 근거한 기대와 내면의 앎 사이에 차이가 있다는 것입니다. 내면의 앎에는 아무런 정신적인 이미지도 없지만, 여러분은 무엇이 일어나든 그것은 일어나게 되어 있음을 알며, 자발적으로 그것에 최선을 다할 것입니다.

* * *

여러분이 알고 있는 사람들을 잘 살펴보면, 많은 사람이 불가능한 목표를 쫓느라 평생을 보낸다는 것을 알 수 있습니다. 하지만 그 핵심에는 이루어질 수 없는 기대, 즉 불가능한 기대가 있습니다. 한 가지 일반적인 기대는 바로 저기에 부유하게 되는 지름길이 있다는 것입니다. 얼마나 많은 사람이 로또를 사거나 다른 방법으로 벼락부자가 되려고 하는지 알 것입니다. 이와 밀접하게 연관된 것은 부자가 되거나 특정한 것을 소유하면 저절로 행복해지리라는 기대입니다. 과거에는 대부분의 사람이 부자가 될 수 있는 현실적인 가능성이 없었기 때문에, 이 꿈이 평생 지속되는 경우가 많았을 것입니다. 그렇게 일어날 수 없는 일을 꿈꾸면서 평생을 보냈겠지요. 이런 비현실적인 기대 때문에 얼마나 많은 사람이 불행한 삶을 살았는지 보세요. 또 얼마나 많은 사람이 "행운을 얻고 성공하기" 위해 심지어 범죄에 이르기까지 온갖 종류의 일을 다 저질렀지만, 물질적으로나 영적으로 뒤처지고 말았는지 살펴보세요.

지금 이 시대에는, 많은 사람이 실제로 더 큰 물질적인 부를 얻고 있으며, 그것이 자동으로 자신들을 행복하게 해주지 않는다는 것을 직접 경험하고 있습니다. 오히려 사람들이 실제로 자신들이 원하던 물질적인 부를 얻을 때, 이전보다 더 큰 공허감을 느끼는 경우가 많습니다. 행복해지는 꿈을 꾸는 대신, 이제 그들은 부가 자신을 행복하게 해주지 않는다는 경험을 하게 되었습니다. 이것은 공허감을 일으킵니다. 왜냐하면 그들은 이 세상의 것을 얻는 것에, 즉 맘몬에 너무 집중해온 나머지 자신의 영성을 잊어버렸고 따라서 무엇이 정말로 자신을 행복하게 해줄지 전혀 알지 못하기 때문입니다.

아마도 여러분은 이미 자신을 살펴보았고, 여러분이 신성한 계획을 성취하지 못하도록 진퇴양난의 딜레마에 빠뜨리기 위해 반-그리스도 마음이 설계한 수많은 불가능한 기대 중 하나를 쫓느라 인생의 상당 부분을 보내 버렸음을 보지 않았을까요? 그리스도 의식의 여정을 성공적으로 걸으려면, 분명히 이러한 기대를 극복해야 합니다. 그래야 여러분은 자유로이 진정한 자신이 될 수 있으며 여러분이 이 세상에 온 장기적인 이유와 이번 생애의 특별한 목적을 모두 충족할 수 있습니다. 그러므로 더 성숙한 영적인 구도자들을 함정에 빠트려서 그리스도 의식을 향해 나아가지 못하도록 특별히 고안된 불가능한 기대를 살펴보겠습니다. 물론 이것들은 영적인 사람들에게 있어서 가장 흔한 분노의 원인이기도 합니다.

＊＊＊

지구와 관련된 기대와 이 작은 행성에서 사람들이 경험해야 한다거나 하지 말아야 한다는 많은 기대가 있습니다. 자선사업을 하기 위해

캘커타의 중심부로 가려는 사람이 그곳이 현대 서구의 도시와 같을 것이라는 기대를 하고 있다고 상상해 보세요. 자, 일종의 파라다이스와 같을 것이라는 기대를 하고 지구에 육화하는 영적인 사람들이 많습니다. 그리고 그들은 이 행성에서 삶의 현실에 직면하면 충격을 받고 실망합니다. 이 행성을 경험하도록 "강요한" 신에 대한 노골적인 분노로부터, 이곳에 있고 싶지 않거나 삶에 관여하고 싶지 않거나 최선을 다하고 싶지 않다는 더 미묘한 느낌, 즉 인지되지 않은 분노에서 나오는 반응에 이르기까지, 그들의 반응은 다양합니다. 살아 있는 그리스도의 제자로서, 여러분은 자신의 기대를 살펴보고 이 행성의 영적인 현실에 맞추어 조정할 필요가 있습니다.

그렇다면 그 현실은 어떠한가요? 마이트레야께서 그의 책에서 설명하듯이, 현재 지구는 원래 설계되었던 순수함과 균형의 수준에 훨씬 미치지 못하고 있습니다. 지구는 다양한 배경을 가진 생명흐름들이 우주적 실험으로서 육화가 허락된, 복합적인 환경입니다. 이들 중 상당수의 생명흐름이 매우 자기중심적이고 이원적인 환영에 의해 단단히 눈이 멀었습니다. 그들 중에는 이전에 자신들이 살던 환경에 더 이상 남을 수 없었던 생명흐름들도 많습니다. 왜냐하면 그들은 이 우주나 상위 구체(sphere)에서 그들의 환경이 상승했을 때, 더 높은 의식으로 올라가기를 거부했기 때문입니다. 직설적으로 말해서, 지구에는 상대적으로 낮은 의식 상태를 가진 생명흐름들이 모여 있는, 일종의 우주 쓰레기 배출소로 볼 수 있습니다. 이 실험은 이러한 생명흐름들을 함께 모아 놓으면 그들이 자멸할지, 아니면 서로의 차이점에 대처하면서 그들의 닫힌 멘탈 박스를 초월하는 데 도움이 될지 알아보는 것입니다.

당연히 상승 호스트인 우리는 어떤 생명흐름에 대해서도 부정적인 이미지를 가지고 있지 않으므로 지구를 쓰레기 배출소로 여기지 않습니다. 오히려 우리는 모든 생명흐름의 의식 상태를 민감하게 알아차립니다. 따라서 지구에서 기본적인 선택권은, 사람들이 자신과 서로를 파괴할지, 아니면 이원적 투쟁 끝에 자기 눈 안의 들보를 제거하는 것이 투쟁을 벗어날 유일한 길임을 깨달을지 여부입니다. 분명히 제3의 선택도 있습니다. 그것은 일부 생명흐름이 성장을 거부하거나 타인들의 자유의지를 침범함으로써 임계치까지 자신의 기회를 오용하는 것입니다. 그러면 그 존재는 살아 있는 그리스도의 심판을 받게 되어 훨씬 더 낮은 영역으로 보내지게 되고, 더 이상 지구에 육화할 수 없게 됩니다.

내 요점은, 여러분이 이 행성의 삶에 대해 관점을 조정할 필요가 있으며, 그래서 영적인 사람들이 가지는 비현실적인 기대에 매달리지 않아야 한다는 것입니다. 그러므로 이러한 기대가 어디에서 오는지 살펴보겠습니다. 여러분이 최악을 기대해야 한다거나 다른 부정적인 기대를 해야 한다는 말이 아닙니다. 여러분에게 일련의 부정적인 기대를 채택하라는 말이 아닙니다. 나는 여러분에게 모든 기대를 극복하고 이 행성에서의 삶을 있는 그대로 받아들이라고 요청하고 있습니다. 지금과 달라져야 한다거나 이런저런 상황에 부닥쳐서는 안 된다는 느낌 없이 말입니다. 나중에 논의하겠지만, 상황이 나아질 것이라는 비전을 가지고 있는 것은 필요하지만, 그것은 반드시 인간적인 기대 없이 그렇게 되어야 합니다.

영적인 사람들은 물질 우주 너머에 영적인 세계가 있다는 것을 분명히 인식하고 있으며, 영적인 세계는 뭔가 더 나을 것이라는 어떤 감각이 있습니다. 이것은 그들에게 지구에서의 상황이 옳지 않고 개선되어야 한다는 분명한 느낌이 들게 합니다. 그뿐만 아니라 많은 영적인 사람이 바로 이러한 개선을 돕기 위해 지구에 육화하기로 자원했습니다. 그러므로 영적인 생명흐름들이 자신의 노력에 대한 결실을 보기 바라면서 육화하는 것은 당연한 일입니다. 문제는, 반-그리스도 세력들이 좌절과 분노의 기반을 만들기 위해서 너무나 쉽게 이 희망을 비현실적인 기대로 바꿔버린다는 사실입니다. 이러한 기대는 다음과 같은 세 범주로 나뉩니다.

- 개인. 자신이 경험하지 말아야 할 어떤 것들이 있고, 어떤 것들은 자신보다 아래에 있다는 기대를 하고 있는 영적인 사람이 많습니다. 그들은 흔히, 행하면 안 되는 잘못들이 있다고 느낍니다. 그러나 자신이 그런 잘못을 저지른 것을 알게 되면 스스로에게 화를 내게 되며, 심지어 자신이 그런 유혹을 받도록 허용한 신에게도 분노를 느낍니다. 그러나 누구나 이 행성에 육화하면 유혹을 받게 되는 것이 현실입니다. 나 역시 광야에 머물렀을 때 유혹을 받았다는 사실을 깊이 생각해 보세요. 그 누구에게도, 여러분에게도, 예외는 없습니다.

- 다른 사람들. 대부분의 영적인 사람이 그들 자신처럼 다른 사람들도 삶의 영적인 측면이나 삶을 변화시키는 것에 열려 있어야 한다고 기대합니다. 그러나 지구에 육화하는 생명흐름의 유형을 고려할 때, 이것은 완전히 비현실적인 기대입니다. 다른 사람들을 특정한 종교나 신념 체계로 개종시키거나 물리적이고 정치적인 변화를 가져오려고 애쓰며 평생을, 심지어 여러 생을 보낸 영적인 사람이

많습니다. 그러나 대부분의 사람이 반응하지 않고 몇몇 사람은 노골적으로 부정하거나 적개심으로 반응한다는 사실 때문에 그들은 끊임없이 좌절을 경험합니다. 따라서 그들은 다른 사람들과의 이원성 다툼이나, 기관이나 신념 체계에 대한 이원적 투쟁의 유혹에 쉽게 빠져듭니다. 다시 말하지만, 이것은 자신과 다른 사람들, 그리고 신에 대한 좌절과 분노를 위한 비옥한 토양입니다.

- 세상. 많은 영적인 사람이 세상은 더 나은 곳이 되어야 한다고 기대하게 되었습니다. 그들은 세상을 에덴과 같은 상태로 바꾸는 데 필요하다고 여겨지는 특정한 개선 방향으로 이동해야 한다고 기대합니다. 그리고 세상이 예상대로 반응하지 않을 때, 다시 좌절과 분노를 위한 비옥한 토양이 마련됩니다. 그들은 심지어 세상을 창조한 신에 대해서도, 사람들에게 자유의지를 허용하거나 그들이 원하는 변화를 인류에게 강요하지 않았다는 이유로 분노하게 됩니다.

이런 기대에는 근본적으로 잘못된 점이 하나 있습니다. 마이트레야께서 설명하듯이, 지구에는 오래전에 신에게 등을 돌렸고 분리의 환영에 눈이 멀어버린 생명흐름들이 많습니다. 이 생명흐름들은 원래 그들이 설계된 대로 신과 함께 공동창조함으로써 얻을 수 있는 어떤 성취를 이룰 수 없었다는 것이 분명합니다. 따라서 종종 그들은 이것을 전혀 이해하지 못한 채, 스스로를 물질 세상에서 궁극적인 성취를 추구하는 불가능한 탐구로 몰아넣었습니다.

"그것은 사람의 힘으로 할 수 없는 일이다. 그러나 신께서는 무슨 일이든 하실 수 있다(마태 19:26)"라고 한 내 말을 주의 깊게 살펴보세요. 이 말의 더 깊은 의미는, 물질세계에 속한 것이나 활동을 통해서는 결코 궁극적인 성취를 이룰 수 없다는 것입니다. 왜냐하면 이것은, 여러분의 영적 자아와 재결합하고 신의 나라를 공동창조해야 하는 여러분의 존재 이유를 충족해야만 가능하기 때문입니다. 분리로 인해 눈이 멀어버린 생명흐름들은 물질 우주에서 궁극적인 성취를 추구하고 있으며, 그 결과 아주 교묘한 기대를 만들어냈습니다. 이 기대는 모두 같은 것을 말하고 있습니다. 즉 모든 사람이 특정한 신념 체계로 개종하는 것 같은 특정한 변화가 일어나야만, 지구에서 (궁극적인 성취의 상태로서) 파라다이스가 실현된다는 것입니다.

이러한 기대는 지구상에서 모든 삶의 측면에 스며들었으며, 이원적 투쟁을 부채질하는 용도로 사용되었습니다. 다른 그룹의 사람들이 서로 배타적인 방법으로 궁극적인 낙원을 가져오려 했기 때문에, 그들 사이의 충돌을 피할 수 없었습니다. 그러나 이런 기대는 너무나 교묘해서, 영적인 사람들과 선한 의도를 가진 사람들이 이런 유혹에 말려들어 물질 우주의 뭔가를 통해서 낙원을 찾으려는 불가능한 추구에 빠져든 경우가 많습니다. 내가 지구에 신의 나라를 가져올 수 없다고 말하는 것은 아닙니다. 내 말은, 신 없이는 신의 나라를 가져올 수 없다는 뜻입니다. 즉 이원성 의식인 분리의 환영에 기반을 둔 생명흐름이나 신념 체계나 기관을 통해서는 신의 나라를 가져올 수 없습니다.

여기서 내가 정말 하고 싶은 말은, 반-그리스도 마음을 통해 만들어진 기대를 붙잡고 있거나, 아무리 선한 의도라도 이원성 투쟁에 관여되어 있는 한, 여러분은 살아 있는 그리스도의 제자가 될 수 없다는 것입니다. 그러면, 어떻게 해야 여기에서 벗어날 수 있을까요?

그러기 위해서는, 살아 있는 그리스도가 지구에 온 목적이, 선한 의도를 가진 많은 그리스도교인이 2,000년 동안 믿어왔듯이, 한 종교를 지구의 유일한 종교로 만들려는 그런 특정한 물리적인 변화를 이루기 위해서가 아님을 깨달아야 합니다. 그렇다면 살아 있는 그리스도는 왜 지구에 올까요? 그리스도는 사람들에게 반-그리스도의 비실재와 그리스도의 실재 사이에서 선택을 하게 함으로써, 죽음의 의식에서 사람들을 일깨우려고 옵니다. 여기에서 내가 말하는 것에 주목하세요. 살아 있는 그리스도는 어떤 방법으로도 사람들에게 강요하지 않습니다. 심지어 그들에게 가장 좋은 일도 강요하지 않습니다. 살아 있는 그리스도는 사람들에게 그리스도의 실재를 제시함으로써 진정한 선택을 하게 합니다. 그럼으로써 그들은 반-그리스도의 이원성 환영 너머에 무언가 있음을 볼 수 있게 됩니다.

살아 있는 그리스도는 사람들이 어떻게 반응해야 하는지 또는 어떻게 반응하지 않아야 하는지에 대해 아무런 기대도 하지 않습니다. 그저 사람들의 자유의지에 맡길 뿐입니다. 심지어 그들이 원한다면 기꺼이 자신이 십자가에 못 박히게 합니다. 사람들이 무엇을 하든, 살아 있는 그리스도는 그들을 판단하지 않습니다. 왜 그럴까요? 사람들을 판단하는 것은 자신의 역할이 아니라는 것을 알기 때문이며, 그렇게 하는 다른 메커니즘이 있기 때문입니다.

> 나를 배척하고 내 말을 받아들이지 않는 사람을 단죄하는 것이 따로 있다. 내가 한 바로 그 말이 세상 끝날에 그를 단죄할 것이다.
> (요한 12:48)

사람들이 진리를 배척하고 심지어 육화한 메신저를 죽이려고 하는 데, 살아 있는 그리스도는 어떻게 그들을 판단하지 않고 분노하지 않을 수 있을까요? 왜냐하면, 살아 있는 그리스도는 이 행성의 사람들 대부분이, 정도는 다 다르지만 이원성 의식에 눈이 멀었기 때문에, 그들의 반응에 대해 아무런 기대를 할 수 없다는 것을 이해하기 때문입니다. 살아 있는 그리스도는 십자가에 매달려 있는 동안 내가 했던 말을 이해합니다.

아버지, 저들을 용서해 주소서. 저들은 자기가 하는 일을 모르고 있습니다. (요한 23:34)

이제 다음 단계의 기대, 곧 여러분 자신을 중심으로 하는 기대를 살펴보겠습니다.

* * *

이 행성에서의 삶과 마찬가지로, 여러분 자신과 여러분이 무엇을 해야 하는지 그리고 어떤 사람이 되어야 하는지에 관한 많은 기대가 있습니다. 이 기대들은 반-그리스도 의식으로부터 비롯되며 일부는 의도적으로 설계된 것으로, 매우 효과적으로 여러분을 딜레마(catch-22)에 빠뜨립니다. 즉 여러분이 불가능한 목표를 추구하도록 만들어 앞으로도 계속 충족되지 않은 상태로 남아 있게 합니다.

이 모든 기대의 핵심은 그것이 위에서 말한 메커니즘에 기반을 두고 있다는 것입니다. 일단 여러분이 자신의 근원인 신으로부터 분리되었다는 환상을 믿으면, 이 세상에서 궁극적인 성취를 추구하도록 자신을 몰아가게 됩니다. 이런 기대에 의해 만들어진 목표는, 여러분이 어떤 완전한 인간이라는 이상(ideal)에 맞게 살아야 한다는 것입니다.

이러한 아주 교묘한 기대를 넘어서서 볼 수 있도록, 여러분은 당장 완전한 인간에 대한 묘사를 글로 적어 보거나, 완전한 인간에 대해 묘사한 글을 찾아보기 바랍니다. 분명히 여러분은 그것을 묘사하지 못했을 것입니다. 어쩌면 여러분은 밖에서 다양한 묘사를 찾을 수도 있을 것입니다. 하지만, 그것들을 더 자세히 살펴보면 두 가지를 발견할 수 있습니다. 하나는, 그것들이 항상 특정한 신념 체계나 문화에 기반을 두고 있다는 것입니다. 예를 들어, 근본주의 그리스도교인들은 완전한 인간이 어떠해야 하는지에 대해 특정한 관념을 가지고 있지만, 중국의 공산주의자는 전혀 다른 관념을 가지고 있습니다. 분명히, 그것들이 지상의 특정한 신념 체계나 문화에 근거를 두고 있는 이상, 완전한 인간에 대한 보편적인 이상이 될 수 없습니다. 그러한 것들은, 인간이 만든 모든 아이디어를 초월한 신에게서 올 수 없습니다. 성서에서 말하듯이, "신께서는 사람을 차별대우하지 않으시기"(사도행전 10:34) 때문입니다.

결과적으로 이런 이상들은 완전한 인간에 대한 아주 명확하거나 보편적인 묘사가 아닙니다. 하지만 한 걸음 더 나가 보겠습니다. 완전함에 대한 세속적인 이상을 점검해 보면, 그것이 아주 구체적이지 않고 상세하지 않다는 것을 알게 됩니다. 그것은 행동에 관한 어떤 외적인 규칙을 규정할지 모르지만, 심리적인 측면까지 들어가지는 않습니다. 달리 말하면, 그것은 이미 내가 결코 구원으로 이끌 수 없다고 설명한 외적인 길을 묘사하지만, 내면의 여정, 곧 의식의 변형은 무시하고 있습니다.

이것을 보면, 이상적인 완전함은 아주 모호하고 부정확하므로 정말로 완전한 인간은 어떤 모습이어야 하는지 꼭 집어서 말할 수 없다는 사실을 알 수 있습니다. 이는 곧 여러분이 실제로 이러한 이상에 맞춰서 살 수 없다는 의미입니다. 명확하게 정의되지 않은 목표에 어떻게 도달할 수 있을까요? 여러분은 경주에서 달리기를 시작한 선수와 같습니다. 하지만 관계자들이 주자에게 최종 목적지가 어딘지 알려주지 않은 경주에서 뛰고 있습니다. 따라서 선수는 결코 결승선에 도달하지 못하고 무한정, 또는 포기할 때까지 달려야 합니다. 사실 거짓 교사들과 에고는 끊임없이 결승선을 옮기고 있으므로, 그곳에 이를 수 있는 사람은 아무도 없습니다.

지금 보았듯이, 완전한 인간이 어떤 존재인지 명확하게 정의된 이상은 없으며, 이것은 완전한 인간이 되는 것은 실제로 불가능하다는 의미입니다. 설령 완전한 인간이 되는 것이 가능하다 하더라도, 그것이 어떻게 실질적인 구원으로 이어지는지 생각해 보겠습니다. 나는 율법학자들과 바리새인들의 외적인 길을 따르는 것으로는 구원받을 수 없으며 영적으로 다시 태어나야 한다고 말했으므로, 이미 그 질문에 대해 분명히 답을 주었습니다. 그렇지만 좀 더 깊은 수준으로 가 보겠습니다.

> 하늘에서 내려온 사람 외에는 아무도 하늘에 올라간 사람이 없다. 심지어 하늘에 있는 사람의 아들조차 그러하다. (요한 3:13)

여기서 내가 진정으로 말하는 것이 무엇일까요? 여기서 하늘에서 내려온 "사람"은 여러분의 의식하는 자아이며, 이는 곧 창조주의 존재(Creator's own Being)가 개체화된 영적인 존재를 뜻합니다. 이원성 의식으로 떨어진 후, 여러분은 분리의 환영에 근거한 분리된 자아, 곧 에고를 창조했기 때문에, 신과의 분리감을 넘어서거나 극복할 수 없었습니다.

　이 세상의 지배자는, 여러분이 에고를 죽게 하지 않아도 신의 나라에 들어갈 수 있다고 거짓말을 합니다. 즉 에고가 신의 눈에 받아들여지게 할 만한 뭔가를 이 세상에서 할 수 있다는 것입니다. 이것은 영성인과 종교인들이 구원받기 위하여 완전한 인간이 되려고 하거나 외부의 종교, 곧 "유일한" 참된 종교를 따르려 하는 불가능한 목표를 추구하는 외적인 길입니다. 이 길은 결코 구원에 이를 수 없으므로, 확실히 비건설적인 접근방법입니다. 에고는 하늘에서 내려오지 않았기 때문에 절대 하늘나라에 들어갈 수 없습니다. 오직 의식하는 자아, 즉 하늘에서 내려온 존재만이 그렇게 할 수 있습니다. 그렇지만 의식하는 자아는 세속적인 정체감(에고)을 죽게 해야만 그렇게 할 수 있으며, 그렇게 하려면 여러분이 자신의 눈 안에 있는 들보를 제거해야 합니다.

　다시 말해, 에고를 극복하는 일은 종교적인 의례(ritual)를 따르면 저절로 일어나는 과정이 아닙니다. 여러분은 결정을 내려 에고를 만들었습니다. 의식적으로 여러분이 과거에 했던 결정들을 살펴보고, 그것들이 이원성 의식에 근거하고 있다는 것을 본 다음, 그리스도 실재에 근거해서 다시 결정을 해야만 에고를 극복할 수 있습니다. 의식적으로 여러분 자신의 눈 안에 있는 들보를 제거하고 그리스도 의식의 결혼 예복을 입어야 합니다.

11 임금이 손님들을 보러 들어갔더니 예복을 입지 않은 사람이 하
나 있었다.
12 임금이 그를 보고 '예복도 입지 않고 어떻게 여기 들어왔는가?'
하고 물었다. 그는 할 말이 없었다. (마태 22장)

이 비유는 그리스도 의식을 입지 않으면 하늘나라에 머물 수 없다는 사실을 알려 줍니다. 하늘나라는, 유대인들이 생각한 것처럼 선택된 사람들에게만 열려 있는 것이 아니라 모든 사람에게 열려 있습니다. 하지만 그 나라는 에고를 죽게 하고 살아 있는 그리스도라는 새로운 정체성으로 다시 태어난 사람들에게만 열려 있습니다. 절대로 신을 속일 수는 없습니다. 신은 업신여김을 받지 않으며, 사람을 차별하지도 않기 때문입니다.

* * *

우리는 이제, 대부분의 영성인과 종교인이 지구의 삶에 대해 그리고 영적인 영역으로 들어가는 것에 대해 비현실적인 기대를 받아들이는 유혹에 빠졌음을 알 수 있습니다. 그들이 속한 외부의 종교와 문화에서 그것을 어떻게 정의하든 말입니다. 이 중에서 가장 위험한 것은 외부의 종교나 일련의 영적 관행을 따르면 저절로 신의 나라에 들어가게 된다는 교묘한 믿음입니다.

여러분이 외면의 마음으로는 이것을 깨닫지 못할 수 있지만, 이 행성의 대부분의 사람이 이 거짓말을 믿으며 많은 생애를 보냈고, 충실

하게 외부의 종교를 따랐으므로 자신의 구원은 보장된다고 기대하면서 죽었다는 것을 나는 확실히 말할 수 있습니다. 그런데 그들은 자신의 영혼이 하늘나라에 들어가지 못하고 지구에 환생해야 하는 경험을 하였으며, 종종 외부의 종교를 믿으려는 똑같은 유혹에 직면하곤 합니다.

여러 생애를 이렇게 보낸 다음, 많은 영혼이 모든 종교를 깊이 불신하게 되었습니다. 오늘날 세상에는 흔히 물질주의라는 "종교"를 따르며 모든 종교와 영성을 부정하는 사람이 많습니다. 이는 그들이 어떤 형태로든 구원에 이르는 외적인 길에 대한 공허한 약속을 더 이상 믿을 수 없게 되었기 때문입니다. 여러분이 영적인 사람이라는 사실은 여러분 역시 이 외적인 길을 의심하게 되었다는 것을 입증합니다. 그렇지 않다면 여러분은 행복하게, 또는 하다못해 맹목적으로 외부의 종교를 따르고 있을 것입니다.

여기서 내 요점은, 외적인 길의 오류를 꿰뚫어 볼 수 있을 만큼 영적으로 성숙한 사람들이 지구에 많다는 것입니다. 불행하게도 그들 중 많은 사람이 혼란에 빠져 더 이상 어느 길을 따라야 할지 알지 못합니다. 그리고 모든 종교와 영성에 대해 화를 내며 부정하는 사람들도 있습니다.

내가 원하는 것은, 여러분이 의식을 전환하여, 반-그리스도 세력이 다음 두 가지 일을 하기 위해 외적인 길을 의도적으로 설계했음을 알아차리는 것입니다.

- 첫째, 여러분이 많은 생애 동안 외적인 길을 추구하도록 만듭니다. 그래서 여러분은 구원에 더 가까이 다가가지 못하며, 다른 종교에

속하는 사람들과 끊임없이 투쟁에 휘말리며 많은 생애를 보내게 될 수 있습니다.
- 둘째, 이런 환영을 꿰뚫어 보기 시작하면, 종교뿐만 아니라 신에 대한 불신이 커가는 것을 거의 피할 수 없습니다. 이것은 흔히 인식되지 않은 채 보통은 신에 대한 깊은 분노로 이어집니다. 여러분은 신이 부당하다고 믿게 됩니다. 왜냐하면 여러분이 외부의 종교를 충실하게 따랐지만, 신은 여전히 여러분을 하늘나라로 들여보내지 않기 때문입니다.

나는 앞에서, 외적인 길의 개념은 구원으로 이어질 수 없다고 말했습니다. 이것은 이 개념이 신에게서 온 것이 아님을 보여줍니다. 신은 진정으로 여러분이 구원되기를 원하시며, 따라서 그 목표에 도달할 수 없는 길은 절대로 주지 않을 것이기 때문입니다. 내가 말했듯이, 여러분에게 하늘나라를 주는 일은 신의 큰 기쁨입니다.

내가 방금 말한 것을 이해하나요? 이 불가능한 기대의 미묘한 결과는 실제로 많은 영적인 사람이, 신이 정말로 그들을 구원하기를 원한다는 것을 의심하게 되었다는 것입니다. 내가 설명했듯이, 세상에는 특정한 교회의 일원이 됨으로써 자신의 구원이 보장된다고 믿으며 외적인 길을 따르는 사람이 많습니다. 대부분의 영적인 사람은 이 환영을 꿰뚫어 보았습니다. 하지만 그들은 자신들이 실제로 구원받을 수 있을지를 의심하게 되었는데, 그 이유는 완벽함에 대한 불가능한 기대를 철저하게 점검하지 않았기 때문입니다. 달리 말하면, 어떤 영적인 사람들은, 구원받는 것이 곧 완벽해지는 것을 의미한다는 미묘한 믿음을 가지고 있습니다. 하지만 그들은 또한 외적인 완벽함을 추구한다는 것이 틀린 생각임을 보기 때문에 구원을 성취할 수 없게 만드는 간극이 있다고 생각합니다. 그들은 신이 자신들에게 완벽해지기를 요구하는 한편, 그들이 목표에 도달할 수 없게 한다고 생각합니다.

여러분이 반드시 알아야 하는 것은, 이런 모든 기대가 비현실적인 신의 개념, 즉 종교에서 흔히 묘사되는 외적인 신, 하늘에 있는 분노하는 신이라는 개념에서 비롯된다는 것입니다. 실제로 여러분을 하늘나라에 들어가지 못하게 하는 것은 신이 아닙니다. 여러분이 하늘나라에 들어가지 못하게 막는 것은 여러분 자신, 여러분의 에고입니다. 실제 상황은 아주 간단합니다.

신은 어깨너비 정도의 하늘나라로 가는 출입구를 만들었습니다. 사람들은 대부분 어깨 폭보다 더 긴 들보, 즉 에고를 짊어지고 있습니다. 들보를 내려놓지 않으면, 들보가 걸려서 문을 넘어가지 못하므로, 그 문을 통과할 수 없습니다. 그 들보는 신이 창조하지 않았습니다. 여러분이 그 들보를 만들었습니다. 자유의지의 법칙 때문에 신은 여러분에게서 들보를 제거할 수 없습니다. 여러분이 한발 물러나서 지금까지 보지 못했던 들보를 봐야 합니다. 여러분이 문을 통과하지 못하게 막고 있는 것은, 자신의 바깥에 있는 것이 아니라 바로 그 들보임을 알아야 합니다. 그런 다음 의식적으로 그리고 기꺼이 들보를 내려놓아야 합니다. 여러분이 들보를 내려놓을 때, 하늘에서 내려온 사람, 즉 의식하는 자아는 하늘로 통하는 문을 쉽게 통과하여, 여러분이 왔던 곳으로 다시 올라갈 수 있습니다. 여러분은 위에서 내려오면서 이미 그 문을 통과하였으며, 같은 존재이기 때문에 그렇게 반대 방향으로도 같은 문을 틀림없이 통과할 수 있습니다.

요점이 보입니까? 모든 분노는, 그 적나라한 근원까지 벗겨보면 신에 대한 분노입니다. 그것은 모두 신에 대한 환영과 구원에 이르는 길을 포함하여 신이 어떻게 세상을 설계했는가에 대한 환영에서 옵니다. 이러한 환영은 결코 성취할 수 없는 일련의 기대를 만들어냈고, 이것이 바로 여러분이 불가능한 목표를 추구하도록 하는 것입니다. 그것은 신에 대한 여러분의 좌절과 분노를 가중시킬 뿐이며, 여러분의 눈 안에 있는 들보를 더 커지게 해서, 문을 통과하기가 더 어려워집니다.

문을 통과할 수 있는 유일한 방법은 이러한 환영을 꿰뚫어 보는 것이며, 그러면 여러분의 기대는 신의 실재에 대한 경험, 즉 내면의 앎으로 대체됩니다. 그리고 여러분의 기대가 사라질 때, 여러분의 분노는 필연적으로 기대와 함께 사라지게 됩니다. 기대와 분노는 모두 신의 실재로부터의 분리에서 비롯되기 때문입니다. 여러분이 이 진실을 볼 때, 기대와 그것이 만들어낸 분노로부터 자유로워지게 됩니다.

* * *

우리는 이제 분노에 대해 뭔가 매우 심오한 사실을 알 수 있습니다. 분노는 분리의 환영에서 나온 기대에서 비롯됩니다. 그러나 신에 대한 분노를 불러일으키는, 여러분이 신으로부터 분리되었다는 환영은 무엇일까요?

여러분이 신으로부터 분리되었다는 환영은 여러분이 구원받을 필요가 있다는 환영을 추가적으로 불러일으킵니다. 여러분이 신의 나라 밖에 있으며 신의 나라에 들어가려면 이 세상의 사고 체계가 정의한 어떤 조건들을 충족시켜야 한다는 환영입니다. 그리고 이 모든 사고방식은 여러분이 구원받지 못할 수도 있고, 영원히 길을 잃어버릴 수도 있으며, 분노한 신이 여러분을 영원히 지옥에서 보내도록 정죄할 수도 있다는 생각을 일으킵니다. 물론 지옥의 개념 전체가 반-그리스도의 거짓 교사들에 의해 사람들에게 두려움을 불러일으키는 데 아주 영리하고 집요하게 사용됐습니다. 즉 구원받지 못할 것이라는 두려움, 영원한 저주와 영원한 처벌에 대한 두려움을 조장해 왔습니다.

달리 말하면, 여기서 작용하는 아주 단순한 심리적 메커니즘은 분노가 두려움에서 비롯된다는 것입니다. 구원받지 못할 것이라는 두려움이 신에 대한 분노를 일으킵니다. 사람들이 느끼기에 그들 자신은 구원을 통제할 방법이 전혀 없고 자신의 외부에 있는 것으로 보이는 신에게 의존할 수밖에 없기 때문입니다. 신을 외적인 존재로 보기 때문에, 정확하게 말하면 외면의 신과 자아 사이에 공간이 있으므로, 사람들에게 두려움을 불러일으키는 환영이 전반적으로 커질 여지가 생깁니다. 따라서 알 수 없고, 멀리 있고, 냉담하고, 불공정하고, 임의적이며 그 밖의 온갖 다른 특성을 가진 이 외면의 신에 대한 분노가 일어납니다. 이들은 사실 인간 에고의 특성들이며, 사람들이 신의 우상화된 이미지에 투사해 온 내용들입니다. 그들은 그 우상을 살아 있는 신(Living God)보다 더 숭배하는데, 그렇다면 살아 있는 신은 어디에 있을까요? 자, 물론 신은 여러분 내면에 있는 신의 나라에 있습니다.

요컨대 내 말은, 여러분이 분리의 환영을 믿기 시작했을 때, 여러분과 신 사이에 공간이 만들어졌다는 것입니다. 여기서 여러분이란 여러분의 자아감, 곧 여러분의 의식하는 자아를 의미합니다. 그리고 여러분은 그 공간에 갇혀 있는 느낌을 가지게 되고, 여러분을 구원해줄지 안 해줄지가 멀리 떨어져 있는 신의 처분에 달려 있다는 수많은 환영을 가지게 되었습니다. 바로 이 갇혀 있다는 느낌, 여러분 자신의 운명을 전혀 통제할 수 없다는 느낌이 여러분에게 신에 대한 분노를 불러일으켰습니다.

전통적으로 많은 종교인이 신에 대해 가진 분노를 억압함으로써 그 분노를 다루려고 시도했으며, 대부분의 주류 그리스도교인이 그 예입니다. 그렇지만 감정을 억누를수록 더 강하게 자신을 딜레마에 가둘 뿐이므로, 억압은 전혀 효과가 없습니다. 이런 경우, 분노라는 자신의 눈 안에 있는 들보를 보고 그것을 억누르는 대신 의식적으로 다루기 전에는 결코 탈출구를 찾을 수 없을 것입니다. 그러므로 신에 대한 분노를 억누르는 것은 결코 여러분을 그 분노로부터 자유롭게 해주지 못합니다. 분노를 극복하는 유일한 방법은 의식적으로 그것을 보고, 그것이 환영에서 생겨남을 깨닫고, 따라서 구원받지 못할 것 같은 두려움에서 여러분의 분노를 해방하는 것입니다.

그러면 두려움 너머로 분노를 들어올릴 때 무슨 일이 일어날까요? 여러분은 그 분노가 실제로는 분노가 아니라 변화를 가져오겠다는 결단, 상황이 계속되어 그토록 많은 고통을 일으키도록 놔둘 수 없다는 결단, 즉 특별한 종류의 강력한 결단임을 알게 됩니다. 그리고 이것은 아마도 행성 지구를 상승시키고 영적인 형제자매들을 수많은 생애 동안 갇혀 있게 했던 고통의 수레바퀴에서 해방하기 위해, 여러분을 자발적으로 물질 우주로 내려오게 한 바로 그 결단일 것입니다.

여러분은 긍정적인 열망을 가지고 내려왔지만, 분리의 환영에 눈이 멀어 긍정적인 열망을 위한 출구를 보지 못했습니다. 따라서 그 원래의 열망은 인간들이 분노라고 부르는 것으로 낮아졌습니다. 그러나 일단 그 분노를 두려움 너머로 들어올린다면, 여러분 원래의 결단이 회복될 것입니다. 그러면 원래 이 행성에 온 목적을 자유롭게 성취할 수 있을 것입니다.

＊ ＊ ＊

여러분이 육체적으로나 의식적으로 왜 지금과 같은 상황에 마주하게 되었는지 그 실제를 요약해 보겠습니다. 여러분은 자신들이 했던 선택의 결과로 여기에 있습니다. 여러분은 분노한 신에 의해 이곳으로 내던져진 것이 아닙니다. 이 세상으로부터의 구원은 여러분이 허용하지 않는 한, 신이나 그 무엇 또는 여러분 이외의 그 누구에게도 달려 있지 않습니다. 이 세상에서의 상황과 이 세상을 넘어서는 구원은, 여러분이 기꺼이 자신에 대한 모든 책임을 지려 한다면, 전적으로 여러분이 내리는 선택에 달려 있습니다. 그리고 물론 이것이 문제입니다.

이 행성의 삶에서 슬픈 사실은 99% 이상의 사람이 자신에 대해서 전적인 책임을 지지 않는다는 것입니다. 그리고 그들이 책임을 지지 않는 한, 그들은 외부 상황, 다른 사람들 또는 신에 의해 희생당한다는 느낌에서 벗어날 방법이 없습니다. 그렇게 함으로써 그들은 세상과 다른 사람들과 신 그리고 자신에 대한 분노와 좌절을 증가시킬 뿐인 쳇바퀴 안에 계속 머물게 됩니다.

방정식은 단순합니다. 현재 상황이 여러분이 내린 선택의 결과임을 받아들이지 않으면, 여러분은 자신을 외부의 힘, 여러분이 거의 통제할 수 없거나 전혀 통제할 수 없는 힘의 희생자로 만들게 됩니다. 따라서 여러분의 상황을 개선하기 위해 여러분이 할 수 있는 것은 아무것도 없게 됩니다. 여러분의 삶을 개선할 수 있는 유일한 방법은 여러분의 상황이 자신이 했던 선택의 결과라는 현실을 받아들이는 것입니다. 이렇게 함으로써, 여러분은 선택을 통해 자신의 삶을 바꿀 수 있는 힘을 되찾을 수 있습니다. 여러분의 삶을 어떻게 바꿀 수 있을까요? 자신의 눈 안에 있는 들보를 보고, 과거의 선택이 가장 건설적인 것은 아니었다고 인정한 다음, 지금 더 나은 선택을 해서 과거의 선택을 지워버리는 것입니다!

이미 설명했듯이, 반-그리스도의 거짓 교사가 인류에게 행한 가장 교묘한 거짓말 중의 하나는, 일단 나쁜 선택을 하고 나면 영원히 그것에 얽매이게 된다는 것입니다. 그러나 신이 여러분에게 자유의지를 주었고, 신은 여러분이 구원되기를 원하며, 신은 여러분이 자신의 자유로운 선택을 통해 구원되기를 원한다는 사실을 생각해 보세요. 신은 여러분이 걸을 수 없는 길을 주지 않는다고 했던 내 말의 논리적인 결론은, 신은 여러분이 과거의 선택에 얽매이는 것을 원하지 않는다는 것입니다. 오직 악마만이 여러분이 과거에 구속되어 있다고 생각하게 합니다.

신은 여러분에게 원하는 어떤 것이든 선택할 권리를 주었습니다. 그래서 여러분에게 분리의 환영 속으로 내려갈 수 있는 잠재력을 준 것입니다. 그러나 신은 또한 여러분에게 이원적인 선택 대신 그리스도 마음의 실재에 기반을 둔 선택을 함으로써 그 환영을, 죽음의 그림자가 드리운 골짜기를 뛰어넘을 수 있는 능력을 주셨습니다. 여러분이 이원성 안에 머물고 싶어하는 것 이상으로 신은 여러분이 이원성 안에 더 이상 머물지 않기를 바랍니다. 신은 여러분이 죽음보다 삶을 선택하고, 반-그리스도 의식의 필멸의 삶보다 그리스도 의식의 영원한 삶을 선택함으로써 이원성을 넘어서기를 원합니다.

여러분이 에고를 어떻게 극복할 수 있을까요? 언제라도 에고에서 벗어날 수 있다는 것을 받아들임으로써 간단히 에고를 죽게 내버려둘 수 있습니다! 물론 에고를 만들어낸 선택을 의식적으로 꿰뚫어 보고 그것을 철회하기 전까지는 에고에서 벗어날 수 없습니다. 그런 선택들에 도전하지 않는 한, 여러분은 에고에 애착을 가지게 되고, 에고가 죽으면 여러분도 죽는다고 생각하게 될 것입니다.

신은 여러분을 대신해서 선택하지 않으며, 어떤 상승 호스트도 그렇게 하지 않을 것입니다. 오직 여러분의 에고와 반-그리스도의 거짓 교사들만이 여러분을 대신해서 선택을 하며, 아니면 여러분을 제한적인 이해로 인해 자유로운 선택을 할 수 없는 상황으로 몰아넣으려고 할 것입니다.

* * *

나는 여러분이 희생자처럼 느끼는 태도에서 즉시 삶에 대한 태도와 접근방법을 근본적으로 바꿔서, 자신의 삶을 변화시킬 힘을 되찾을 수 있다는 것을 알도록 도와왔습니다. 여러분의 기대가 너무 깊어져서 삶의 목적에 대한 감각이 왜곡되고, 삶의 목적이 이 세상에서 뭔가를 얻거나 뭔가를 피하는 것이라고 믿게 되었음을 알 수 있습니다.

실제로, 삶의 목적은 성장입니다. 즉 여러분의 의식이 완전한 그리스도 의식에 이르기까지 성장하는 것입니다. 이러한 진실을 받아들일 때, 기대를 하는 것은 정말로 아무런 의미가 없다는 것을 알게 됩니다. 자유의지는 지구 행성에서 최상의 법입니다. 그것은, 다른 사람들이 여러분에게 하는 일을 여러분이 통제할 수 없다는 뜻입니다. 심지어 신조차 사람들이 하는 일을 통제할 수 없습니다. 그렇지만 다른 사람들이 여러분에게 하는 일에 어떻게 반응할지는 여러분이 통제할 수 있습니다. 그리고 지구에서 여러분에게 어떤 일이 일어나든 자신의 반응을 통제하는 것이야말로 여러분이 개인적인 그리스도 의식을 성취하는 데 필수적인 부분입니다.

지금 내가 하는 말을 이해하겠습니까? 수천 년 동안 지구에는 거짓된 길과 참된 길, 곧 넓은 길과 좁고 곧은 길이 있었습니다. 넓은 길은, 다른 사람들을 포함해서 여러분의 외적인 상황을 통제하려는 것입니다. 수많은 사람이 이 길을 추구하느라 여러 생애를 보내지만, 그들은 결코 내적인 충족감을 찾을 수 없습니다. 왜냐하면 그들은 외적인 상황을 결코 통제할 수 없고, 이것은 불가피하게 분노로 이어지기 때문입니다. 대조적으로, 참된 길은 언제나 자기자신에 대한 통달, 즉 내적인 상황을 지휘하는 길이며, 여러분이 어떤 상황에 치해도 가장 높은 수준의 반응을 선택할 수 있습니다. 여러분이 기대를 계속 붙잡고 있으면 이 자아통달에 도달할 수 없습니다. 기대는 필연적으로 여러분을 이원적인 반응으로 이끌 것이기 때문입니다.

참된 길을 따르기로 결정할 때, 어떤 일이 일어나든 그것은 성장할 수 있는 기회라는 것을 알게 됩니다. 성장이란 무엇일까요? 참된 영적인 성장은 외적인 상황에 대한 통달로 측정되지 않습니다. 진정한 성장은 내적인 상황에 대한 통달, 자아통달로 판단할 수 있습니다. 즉, 성장에 전념하는 사람은, 자아통달에 도달하려면 자신의 심리 안에서 평화에 이르지 못하는 반응을 일으키는 그 무엇이든 다 노출해야 한다는 것을 알고 있다는 의미입니다. 따라서 여러분의 평화를 빼앗아가는 일이 생긴다면, 그것은 자신의 눈 안에 있는 들보를 보고 그것을 제거하기 위한 적극적인 조치를 취할 수 있는 기회입니다.

다시 말해서, 잘못된 길을 따르는 사람들은 외적인 상황을 통제하려고 노력합니다. 그래서 그들은 자신의 정신에 있는 약점을 노출하는 것을 피하면서 자신의 평화를 앗아가는 상황에 절대 직면하지 않습니다. 이와 대조적으로, 참된 길을 걷는 사람들은 자신의 약점이 노출되는 것을 환영합니다. 왜냐하면 약점을 보아야만 극복할 수 있기 때문입니다.

대부분의 사람은 무엇이 일어나야 하고 일어나지 않아야 하는지에 대한 일련의 기대를 가지고 살아갑니다. 따라서 그들은 만나는 상황마다 그것이 자신의 기대에 따라줄지 어긋날지, 그것이 자신에게 고통을 줄지 즐거움을 줄지 묻게 됩니다. 살아 있는 그리스도의 제자는 이러한 인간적인 기대를 놓아버렸습니다. 따라서 모든 상황을 성장할 수 있는 계기로 대할 수 있습니다. 그것은 극복해야 할 것을 드러내 주거나 아니면 자신이 이미 극복한 것을 보여주는 기회를 제공해 주기 때문입니다. 모든 상황이 그리스도 의식에 한 걸음 더 가까이 가는 기회를 제공하며 승리로 이끌 뿐이기 때문에, 고통이든 즐거움이든 상관이 없게 됩니다. 대부분의 사람에게 삶은 승패의 문제이지만, 살아 있는 그리스도의 제자에게 삶은 승리의 연속일 뿐입니다. 각각의 상황이 개인적인 그리스도 의식이라는 최종 목표를 향한 성장으로 이어지기 때문입니다.

* * *

우리는 여러분이 행동에 대한 모든 책임을 받아들여야 할 필요성에 관해 이야기했는데, 많은 영적인 사람이 이미 그랬듯이, 어떤 사람들은 자신의 실수에 대해 죄책감을 느끼는 막다른 골목으로 들어가, 이것을 너무 심각하게 받아들인다는 사실을 다룰 필요가 있습니다. 달리 말하면, 자신에 대한 모든 책임을 받아들임으로써 다른 사람들과 신에 대한 분노를 극복할 수 있지만, 그것은 쉽게 자신에 대한 분노로 이어질 수 있습니다. 사실 많은 영적인 사람이 무언가가 성취되지 않았을 때, 자신에 대해 분노를 일으키는 기대를 가지고 있습니다.

여기서 먼저 이해해야 할 것은, 반-그리스도 마음은 언제나 두 개의 반대되는 극성을 가지고 작용한다는 것입니다. 거짓 교사들은 언제나 두 극단이 있고 중간에 반대되는 부분이 혼합된 모호한 영역이 있는 저울 위에 여러분을 계속 올려놓으려고 합니다. 그들이 절대로 원하지 않는 것은 여러분이 이원성을 꿰뚫어 보고 여러분 자신을 이원성의 거짓 위로, 즉 그 저울 위로 들어올리는 것입니다. 그러므로 여러분은 이 경우 두 극성은 다음과 같다는 사실을 영리하고 민감하게 알아차려야 합니다.

- 여러분은 자신의 책임을 완전히 부정합니다. 항상 다른 사람들, 신, 운, 운명 또는 다른 어떤 것이 여러분의 상황에 대한 책임이 있다고 투사하고, 그것을 바꾸기 위해 여러분이 할 수 있는 일은 아무 것도 없습니다.
- 여러분은 자신의 상황에 대해 전적으로 책임을 지지만, 이로 인해 모든 것이 자신의 잘못이라고 느끼게 됩니다. 따라서 여러분에게 무슨 일이 일어나든 그것은 결국 도저히 견뎌낼 수 없는 한 가닥

의 죄책감과 자기-비난일 뿐입니다.

내 요점은 한 극단은 책임을 전혀 받아들이지 않고, 다른 극단은 모든 것이 자기 책임이라고 자신을 비난한다는 것입니다. 여러분은 분명히 두 가지 양극단 모두를 초월해야 하지만, 중간의 모호한 영역으로 들어가지도 말아야 합니다. 여러분은 이원적 사고가 범접할 수 없는 참된 붓다의 중도(Middle Way)를 찾아야 합니다.

먼저 간단한 사실부터 살펴보겠습니다. 여러분은 약 70억 명의 사람이 육화한 행성에 살고 있습니다. 그 외에도, 감정, 정신 그리고 정체성 수준에서 지구에 집착하고 있는 상당수의 육체가 없는 존재들이 있습니다. 이 모든 존재가 그들의 의식을 결합해서 집단의식을 형성하며, 이 의식이 지구에서 일어나는 모든 것과, 심지어 자연이나 기후, 자연재해에도 영향을 미칩니다. 여러분에게 영향을 줄 수 있지만, 여러분이 직접적인 원인이 아닌 일도 많이 일어납니다. 여러분이 자신에 대한 책임을 지더라도, 여러분에게 일어나는 모든 것에 대한 책임이 여러분에게 있는 것은 아니라는 의미입니다. 많은 경우에 그것은 대중의식이나 다른 존재들이 자신의 자유의지를 사용한 결과이기 때문입니다. 내가 십자가에 못 박혔다고 내가 죄책감을 느껴야 할까요? 아니면 내가 했어야 하는 바로 그 일, 즉 많은 사람이 자신의 의식을 바꾸는 대신 살아 있는 그리스도를 죽이려 한다는 사실을 드러내는 일을 했다고 생각해야 할까요?

다음 단계는 신이 여러분에게 자유의지를 주셨음을 깨닫는 것입니다. 즉 신은 여러분에게 공동창조하는 능력을 실험할 권리를 주셨습니다. 신은 이 과정에 대해 죄책감을 갖게 하거나 비난을 하지 않습니다. 신은, 여러분이 내보낸 모든 에너지 자극이 여러분에게 돌아오게 하는 전적으로 기계적인 체계를 세워서, 여러분이 공동창조하는 것을 경험할 수 있도록 했기 때문입니다. 달리 말하면, 지구상의 많은 종교와 연관된 죄책감과 비난에 관한 의식은 모두 신에게서 온 것이 아닙니다. 그것은 전적으로 인류를 이원성 의식 안에 가둬 두려고 하는 거짓 교사들에게서 나왔습니다. 일단 잘못을 저지르면 죄책감을 느끼고 자신을 비난해야 한다는 것이 그 거짓말입니다. 이것은 여러분을 이원성에 더 깊이 빠지게 할 뿐이며, 실수를 성장을 위한 디딤돌로 사용하는 것마저 더 어렵게 만듭니다.

신의 실재 안에서는 실수 같은 것이 없으므로 죄책감을 느낄 필요가 없습니다. 그 어떤 행동도 단지 실험일 뿐입니다. 행동은 에너지 자극(impulse)을 일으키며, 그 자극은 우주 거울에 의해 필연적으로 여러분에게 되돌아오게 됩니다. 되돌아오는 자극은 두 가지 효과 중 하나를 가집니다. 여러분이 내보낸 자극이 사랑에 기반을 두었다면, 돌아오는 자극은 여러분의 삶을 확장할 것입니다. 여러분이 내보낸 자극이 두려움에 근거했다면, 돌아오는 자극은 여러분의 삶을 축소할 것입니다. 이것이 바로 달란트에 대한 비유에서 내가 말했던 것입니다. 받은 달란트를 증식시킨 사람은 더 많은 달란트를 받았지만, 두려움으로 인해 달란트를 땅에 묻은 하인은 가진 것마저 빼앗겼습니다. 그러므로 진짜 문제는 어떤 행동이 여러분의 삶을 증식시키는지 아니면 감소시키는지입니다. 우주로부터 여러분의 삶이 축소되는 보상을 받는다면, 그것은 과거에 두려움에 기반을 둔 자극을 내보냈기 때문이라고 생각해야 합니다. 따라서 자신의 의식을 점검하고 여러분의 마음에 있는 어떤 두려움의 요소도 드러낼 수 있습니다. 그런 요소들을 그리스도 마음의 실재로 대체함으로써 그것들을 제거하게 되면, 여러분은 사랑을 바탕으로 한 자극을 내보내기 시작할 것입니다. 때가 되면 그것은 필연적으로 여러분에게 되돌아올 것입니다.

  비유를 하나 들어보겠습니다. 용수철을 이용해서 금속 공을 기계로 밀어 넣은 다음 다양한 다이얼과 스위치를 사용하여 공의 경로를 조절하고 점수를 매기는 기계적인 게임을 한다고 상상해 보세요. 이것은 순전히 기계적인 장치이기 때문에, 공에 무슨 일이 일어나든지 죄책감을 느낄 필요가 전혀 없습니다. 여러분은 단지 실험을 하고 있을 뿐이고, 공의 경로는 기계적인 요인에 의해 결정됩니다. 제대로 된 스위치를 누르면 점수를 얻을 것이고, 그렇지 않으면 점수를 얻지 못할 것입니다. 물론 삶은 전적으로 기계적이지는 않지만, 내 요점은, 신이 여러분에게 자유의지를 가지고 실험할 권리를 주었고, 그렇게 할 수 있는 다소 기계적인 환경을 주셨다는 것입니다. 그러므로 여러분의 실험에 대해 죄책감을 느낄 필요가 없습니다. 진정한 문제는 실험의 결과가 무엇인지, 즉 그것이 여러분의 삶을 확장하는지 아니면 축소하는지를 보는 것입니다. 여러분이 내보낸 자극이 여러분의 삶을 축소하는 것을 알게 되더라도 죄책감을 느낄 필요가 없습니다. 단지 여러분의 의식을 바꿈으로써 내보내는 신호를 바꾸기만 하면 됩니다!

  문제는 대부분의 사람이 거짓 교사들의 유혹을 받아 자신의 의식을 바꿀 필요가 없다고 믿게 되었습니다. 즉 자신의 눈 안에 있는 들보를 제거하지 않아도 되고 심지어 그것을 바라볼 필요도 없다는 것입니다. 그들은 자신의 행동의 원인, 즉 어떤 행동보다 먼저 일어나는 심리적인 조건을 바꾸지 않고도 그 결과, 곧 죄를 회피할 수 있다고 약속하는 외적인 길의 거짓말에 속아 넘어갔습니다.

대부분의 사람이 이 거짓말을 믿지만, 살아 있는 그리스도의 제자들은 거짓말이 아무리 교묘하더라도 자신의 의식에서 그 거짓말의 흔적을 지우기 위해 할 수 있는 일을 다하고 있습니다. 이것은 물론 모든 상황을 이원성 의식의 요소를 드러낼 수 있는 기회로 보고, 그리스도 의식인 완전한 자유로 한 걸음 더 가까이 다가가는 것을 포함합니다.

내 요점은 삶은 실험이라는 것입니다. 여러분의 외적인 상황은 대체로 여러분의 의식에서 일어나고 있는 것을 반영하고 있습니다. 우주 거울이 여러분에게 되돌려주는 것이 마음에 들지 않더라도, 그것에 대해 죄책감을 느끼지 말고, 다른 사람들이나 신이나 자신을 비난하지 마세요. 단지 여러분의 의식 안에 있는 것을 바꾸면, 우주 거울은 반드시 여러분의 새로운 내면의 실재를 여러분의 외부 현실에 반영해 줄 것입니다.

여기서 내가 정말로 무슨 말을 하는지 알겠나요? 여러분은 공동창조자이며 실험을 통해서만 여러분의 공동창조 능력을 키울 수 있습니다. 거짓 교사들은 여러분 과거의 실수를 이용해 여러분이 실험하려는 의지를 잃게 해서 여러분의 공동창조 능력을 차단하려고 합니다. 그러나 이원성 의식을 벗어나는 확실한 방법은 실험을 계속하는 것뿐입니다. 여러분은 모든 실험에서 배우고 그리스도 분별력을 키워서 더 나은 실험을 할 수 있습니다.

내가 앞에서 말했듯이, 문제를 일으킨 의식과 같은 의식 상태에 갇혀 있는 한, 문제를 극복할 수 없습니다. 여러분이 실험하는 것이 문제가 아닙니다. 문제는 여러분이 오랫동안 이원성 필터를 통해서 공동창조 능력을 사용했다는 것입니다. 탈출구는 실험을 멈추는 것이 아니라 실험을 계속하면서 그리스도 분별력에 도달하는 것입니다. 그런 방식으로 여러분의 실험이 비실재가 아니라 실재에 기반을 두게 할 수 있습니다.

  삶이 실험임을 이해하고 실험을 한계를 벗어나는 유일한 방법으로 받아들이면, 자신에 대한 분노로 이어지는 자아에 대한 기대를 비롯한 모든 기대를 떨쳐버릴 수 있습니다. 처음부터 완벽해야 한다고 기대할 필요가 없기 때문입니다. 여러분은 실험자이고 연구원이며, 완벽할 필요가 없습니다. 여러분은 실험을 계속하면서, 무엇이 여러분의 삶을 확장하고 무엇이 축소시키는지 알게 될 때까지 배우기 위해 여기에 있습니다. 그러므로 계속 실험을 하고, 세상에서나 여러분의 정신 안에서 그 어떤 것도 여러분의 시도하려는 마음을 멈추게 하지 마세요. 내가 설명했듯이, 죽음의 의식은 폐쇄계, 즉 자기-강화하는 하향나선이 되기 때문입니다. 그리고 그것을 벗어나는 길은 뭔가 새로운 것을 시도하는 것뿐입니다. 곧 이원성 마음의 환영에 물들지 않은 뭔가를 찾는 것입니다.

  달란트에 대한 비유를 생각해 보겠습니다. 자신의 달란트를 증식한 하인들은 사랑 때문에 그렇게 했지만, 그것을 땅에 묻은 하인은 두려워서, 상실의 두려움 때문에 그렇게 한 것입니다. 거짓 교사들은 과거의 실수를 이용하여 여러분에게 상실의 두려움을 일으켜 실험을 멈추게 하려고 합니다. 하지만 실패한 실험조차 교훈을 얻는 데 사용될 수 있으므로, 실패했던 실험 때문에 여러분이 하늘나라에서 멀어진 것이 아닙니다. 여러분이 실험을 멈출 때만 여러분은 자신을 하늘나라에 들어가지 못하게 하는 것입니다.

  지금까지 여러분이 자유의지로 했던 실험이 여러분을 하늘나라에서 멀어지게 했을지도 모릅니다. 하지만 그 이유는 여러분의 실험이 반-그리스도 마음의 환영에 기반을 두었기 때문입니다. 환영에서 벗어날 수 있는 길은 실험을 멈추는 것이 아니라, 여러분의 분별력을 키워 여러분이 실험하는 것이 그리스도 실재에 바탕을 두도록 하는 것입니다. 사실 여러분은 자신을 하늘나라에서 멀어지게 하는 실험을 해왔습니다. 그러나 이 상태를 극복할 수 있는 유일한 길은 마찬가지로 더 나은 실험을 해서 여러분 자신이 하늘나라로 돌아가게 하는 실험을 하는 것입니다. 이것은 분리의 환영이 아니라 모든 생명은 하나라는 실재를 바탕으로 실험을 한다는 의미입니다.

* * *

이제 문제의 핵심으로 들어가 봅시다. 여러분은 아마도 신의 나라를 이 행성에 구현하도록 돕기 위해 자원해서 지구에 육화한 영적인 존재일 것입니다. 여러분은 사랑 때문에 이렇게 했겠지만, 이 행성에 육화한 이후 여러분의 사랑과 여러분이 가지고 왔던 선물은 거부당하고, 아마도 이 행성에 있던 더 완악한 생명흐름들은 여러분을 조롱하고 비하했을 것입니다. 이것이 여러분을 딜레마(catch-22)에 빠지게 했습니다. 이제 그 특성을 설명해 보겠습니다.

어떤 면에서는, 여러분이 자신의 즐거움을 위해 이곳에 있는 것이 아닙니다. 여러분은 이 행성이 신의 나라보다 훨씬 수준이 낮다는 것을 알고 있으므로 여기 있습니다. 그래서 여러분은 이 행성의 상황이 개선되어야 한다는 것을 알고 있습니다. 그리고 이러한 개선은 더 높은 영역에서 온 영적인 빛과 지혜를 통해서만 구현할 수 있다는 것도 알고 있으며, 이는 바로 여러분이 가져온 것들입니다. 그러나 여러분은 그 빛과 진리 모두가 이 행성의 대다수 사람에 의해 거절당하는 것을 번번이 경험했고, 그래서 도대체 어떻게 해야 개선될 수 있을지 도무지 알 수가 없습니다. 이 때문에 여러분은 쉽게 선을 넘어 분노로 이어질 수 있는 어떤 수준의 좌절을 겪었습니다. 여러분은 자신의 구원을 염려하기보다는 다른 사람들 또는 행성의 구원을 염려할지도 모릅니다.

이 모든 담화에서 내 요점은 이 좌절이야말로 분리 의식의 산물임을 보여주는 것입니다. 이 좌절은 여러분의 존재 속으로 두려움이 스며들게 했습니다. 이 두려움에는 여러 가지 변형이 있습니다. 세상의 종말이 올 것 같다거나 어떤 일에 정해진 시한(timeline)이 있을 것 같은 절박감 등을 그 예로 들 수 있습니다.

모든 것은 주기에 따라 진화하기 때문에, 내가 지금 시한이 없다고 말하는 것은 아닙니다. 하지만 분명한 점은 세상이 끝나지 않으리라는 사실입니다. 따라서 나는 살아 있는 그리스도의 제자들은 세상이 끝날 것이라는 두려움을 내려놓아야 한다고 아주 분명히 말하고 싶습니다. 내가 육화했던 당시에는 세상의 종말이라는 개념을 가지고 있었으므로, 나도 어느 정도 이러한 두려움의 영향을 받았습니다. 그렇지만 그 이면의 현실은, 어떤 생명흐름들에게는 죽음보다 삶을 선택할 수 있는 기회가 결국 이 행성에서 끝나게 된다는 것입니다. 즉 세상이 아니라 그들이 지구에 육화할 수 있는 기회가 끝나게 된다는 의미입니다. 하지만 모든 것이 자유의지 법칙에 달려 있으므로 이것이 여러분의 책임은 아닙니다.

내 요점은 단호하게 자유의지를 존중할 필요가 있다는 것입니다.

다른 사람들이 스스로를 파괴하려 하고, 심지어 대다수가 이 행성을 파괴하기를 원한다 해도 그 경험을 허용할 수 있을 정도까지 그들의 자유의지를 존중해야 합니다. 그러나 다른 사람들이 여러분의 빛과 진리를 거절하면서 여러분이 지붕에서 진리를 외치고 빛을 비추는 것을 단념시키려 할 때, 여러분은 그것을 거부함으로써 자신의 자유의지 또한 존중해야 합니다.

내가 여기서 말하는 것은 좌절과 낙담의 딜레마를 빠져나오는 데는 한 가지 방법밖에 없다는 사실입니다. 여러분은 다른 사람들을 바꾸기 위해 여기에 있는 것이 아니라고 결단해야 합니다. 여러분은 다른 사람들이 빛을 선택할 기회를 주기 위해, 단지 자신의 빛과 진리를 나누기 위해 여기에 있습니다. 그들이 여러분의 빛과 진리를 경험하기 전에는 그들에게 그런 기회가 없기 때문입니다. 하지만 그들이 여러분의 선물을 받아들이든 거절하든, 그것은 전적으로 그들의 자유의지에 달려 있습니다. 여러분은, 그들이 여러분의 선물을 받아들이게 만들기 위해서가 아니라 단지 그 선물을 주기 위해 여기에 있기 때문입니다.

여러분은 태양처럼 되기 위해 이곳에 있다고 의식을 전환할 필요가 있습니다. 태양은 끊임없이 지구에 빛을 비추고 있을 뿐, 사람들이 그 빛으로 무엇을 하든 개의치 않습니다. 그들이 그것을 받아들이나요? 아니면 거부하나요? 자, 어느 쪽이든 태양은 계속 빛나고 있으며, 그것이 여러분이 해야 할 일입니다. 살아 있는 그리스도의 역할은 신의 빛과 진리를 이 세상에 비출 수 있는 열린 문이 되는 것입니다. 사람들이 어떤 특정한 방법으로 그 빛에 반응하도록 만드는 일은 살아 있는 그리스도의 역할이 아닙니다. 그것은 그들의 자유의지에 달려 있기 때문입니다. 그러므로 살아 있는 그리스도는 다른 사람들이 그 빛으로 원하는 무엇이든 다 하도록 기꺼이 허용합니다. 그들 자신의 선택에 따라 그 빛은 그들을 깨어나게 할 수도 있고 그들을 심판할 수도 있습니다.

여러분이 언제나 빛나는 태양(S-u-n)이 될 때, 여러분은 신의 아들(S-o-n), 곧 살아 있는 그리스도(여러분이 남성의 몸 안에 있든 여성의 몸 안에 있든)가 됩니다.

이 변형을 겪으면서 여러분은 분노를 두려움 위로 들어올리게 되고, 그럼으로써 분노는 자체의 자연스러운 신의 특성인 흔들리지 않는 결단으로, 즉 현재 상태(status quo)를 받아들이지 않고 단호하게 거부하기로 돌아설 것입니다. 바로 이것이 창조주께서 형상 세계를 창조하고, 그것이 멈추지 않고 궁극적인 목표인 신의 나라를 향해 항상 초월하도록 설계한 추동력입니다. 살아 있는 그리스도는 지구의 어떤 조건도 영원하거나 바꿀 수 없는 것으로 받아들이지 않습니다. 살아 있는 그리스도는 상황이 개선될 것이라는 비전을 가지고 있지만, 다른 사람들의 선택에 전혀 집착하지 않습니다. 그러므로 살아 있는 그리스도는 빛과 진리를 절대 차단하지 않고 항상 열린 문으로 있겠다고 단호하게 결정합니다.

이것이 중요하다는 것이 보입니까? 너무나 많은 영적인 사람이 좌절의 단계를 겪었고, 세상이 그들의 빛을 원하지 않으면 그냥 그 빛을 거둬야 한다는 교묘한 거짓말에 속았습니다. 그들은 스스로 세상에서 물러나도록 애써야 하며, 결코 평온을 깨뜨려서는 안 된다는 것입니다. 이러한 사고방식은, 가장 영적인 사람들이 이 행성에 변화를 일으키는 것을 막기 위해 반-그리스도 세력이 특별히 설계한 것임을 이해하는 일이 매우 중요합니다. 그것은 여러분이 자신의 빛을 비추는 것을 멈추게 함으로써, 이 세상을 효과적으로 반-그리스도 세력의 통제 아래에 둘 수 있도록 고안되었습니다.

분노는 그리스도 의식을 얻는 데 필요한 긍정적인 자질, 즉 정체 상태를 용인하지 않고 현재 상태를 불변하는 것으로 받아들이지 않는 데서 비롯됨을 인식하기 바랍니다. 따라서 여러분이 세상에서 물러나 자신의 빛과 진리를 거둔다면, 신의 뜻을 이루는 데 아무런 도움이 되지 않습니다. 물러나는 대신 여러분은 자신의 그리스도 잠재력을 깨우고 이 행성에 오려고 한 원래의 결정을 유지해야 합니다. 그러면 여러분은 에고에 초점을 둔 자신의 정신 상태를 포함해서 이 세상의 어떤 조건도, 여러분이 빛과 진리를 위한 열린 문이 되는 것을 막도록 허락하지 않게 됩니다. 그리고 그 빛과 진리가 들어오면 이 세상을 바꿀 것입니다.

여러분이 분리의 환영을 믿을 때, 이미 이 세상에 있는 무언가로 이 세상을 구원해야 한다고 믿습니다. 그런데 여러분 존재의 더 깊은 부분에서는 이것이 불가능함을 알고 있으므로, 여러분은 또다시 자신과 세상이 진퇴양난에 빠졌다고 느낍니다. 그러나 신의 빛과 진리에는 불가능이 없습니다. 신의 빛과 진리는 세상을 바꿀 수 있고, 바꿀 것입니다. 그러나 신의 빛과 진리가 이 세상 안으로 들어올 수 있어야 그 영향력을 발휘할 수 있습니다. 이러한 일은 충분한 수의 육화 중인 사람들이 살아 있는 그리스도가 되어 열린 문이 될 때만 일어나게 됩니다.

나는 개인적인 그리스도 의식의 여정을 보여줌으로써, 다른 사람들이 내 발자취를 따르고 내가 했던 일을 할 수 있게 하려고 2,000년 전에 지구에 왔습니다. 지금까지는 이런 일을 과감히 시도한 사람이 극소수에 불과했고, 이것이 바로 지구상에 아직도 그렇게 많은 고통이 있는 이유입니다. 여러분은 열린 문이 됨으로써 그 방정식을 바꿀 수 있는 잠재력을 가지고 있습니다. 내가 시범을 보인 것이 결실을 맺을 수 있도록, 나와 함께하겠습니까?

* * *

 이 열쇠를 위한 연습으로, 나는 여러분이 용서하는 작업을 하기 바랍니다. 다른 모든 사람을 용서하고, 신을 용서하고 여러분 자신을 용서해야 합니다.
 이렇게 하기 위해서는 용서에 대한 진리의 본질을 이해해야 합니다. 그것은 많은 종교인과 영성인도 이해하지 못한 진리입니다. 누군가가 자신을 해치면 그 사람에 대한 부정적인 감정을 가지는 것이 당연하고, 자신이 다른 사람에게 해를 끼쳤을 때는 자기자신에 대한 부정적인 감정을 가져야 한다고 생각하는 사람이 많습니다.
 나는 이 세상의 모든 것은 에너지라고 말했습니다. 이는 여러분의 생각과 감정이 에너지 자극이라는 의미입니다. 생각을 하거나 감정이 생기면, 여러분은 에너지 자극을 내보냅니다. 단 몇 초 동안만 지속하는 경우가 많겠지만, 여러분이 부정적인 감정을 붙잡고 있을 때는 계속해서 에너지 신호를 내보냅니다. 이것은 과학자들이 에너지장(energy field)이라고 부르는 연속적인 자극을 발생시킵니다. 달리 말하면, 여러분에게 해를 끼친 사람에게 원한을 가질 때, 여러분은 자신의 마음과 그 사람의 마음 사이에 에너지장을 만듭니다. 그 사람이 여러분에게 무슨 짓을 했든 그것은 중요하지 않음을 명심하세요. 에너지가 연결되게 한 사람은 바로 여러분이며, 분명히 이러한 연결을 통해 에너지는 양방향으로 흐를 수 있습니다. 또한 확실히 말할 수 있는 점은, 이러한 에너지 연결이 지속될 때 여러분의 에너지장이 열리게 되어 집단의식이 유입된다는 것입니다.

이 행성에 얼마나 많은 비용서와 분노와 증오가 발생했는지를 생각해 볼 때, 여러분은 그 집단적인 충동에 자신의 에너지장이 연결되는 것을 결코 원하지 않을 것입니다. 그 누구에게든 여러분이 부정적인 감정을 유지한다면, 에너지가 유입될 수 있도록 자신을 열어 주는 것입니다. 그럼으로써 다른 사람들과 행성 차원의 반-그리스도의 세력이 여러분에게 힘을 행사할 수 있게 됩니다. 여러분의 감정이 더 강렬할수록, 반-그리스도 세력은 여러분을 더 자극해서 이원성 투쟁을 계속하게 만들고 여러분을 그 투쟁에 묶어 놓을 가능성이 커집니다. 수많은 생애를 이러한 앙갚음과 복수의 나선에 갇혀 살아온 사람들이 많습니다. 분명한 것은, 그러한 충동에 연결되어 있는 한 여러분은 살아 있는 그리스도의 제자가 될 수 없습니다.

마찬가지로, 신에 대한 행성 차원의 분노와 자신에 대한 분노의 요소들이 있습니다. 여러분이 자신에 대해 부정적인 이미지를 가지고 있으면, 행성의 여세(momentum)에 취약하게 됩니다. 실제로 여러분은 다른 사람을 해치게 한 여러분 자신의 눈 안에 있는 들보를 찾아야 합니다. 그것을 발견하여 제거할 때, 여러분이 용서를 받는다는 것을 받아들여야 하며, 과거에 했던 일에 대해 부정적인 감정을 붙잡고 있을 필요가 없습니다. 신이 여러분을 용서했음을 받아들여야 하며 여러분 자신을 용서해야 합니다.

여러분은 어떻게 용서를 하나요? 대부분의 사람이 용서하기가 어렵다고 알고 있습니다. 다른 것들과 마찬가지로, 용서를 하는 것이 지상의 조건과 관련이 있다고 생각하기 때문입니다. 다시 말해, 누가 그들에게 해를 끼쳤다면, 그 사람이 먼저 바뀌어야만 용서를 받을 자격이 있다고 생각합니다. 아니면 용서를 하기 전에, 어떤 정의가 필요하다고 생각합니다. 하지만 이것은 완전히 이원적인 관점의 용서이며, 반-그리스도 마음에서 비롯되는 용서입니다. 다음 말들을 살펴보겠습니다.

> 그러나 나는 이렇게 말한다. 악한 자를 대적하지 말라. 누가 오른뺨을 치거든 왼뺨마저 돌려대라. (마태 5:39).

> 21 그때 베드로가 예수께 와서 "주님, 제 형제가 저에게 잘못을 저지르면 몇 번이나 용서해 주어야 합니까? 일곱 번이면 되겠습니까?" 하고 묻자
> 22 예수께서는 이렇게 대답하셨다. "일곱 번뿐 아니라 일곱 번씩 일흔 번이라도 용서하여라."(마태 18장)

여기서 내가 정말로 말했던 것은, 여러분이 지속적인 용서 상태에 있어야 한다는 사실입니다. 이는 다른 사람들에게 침해를 받았다고 결코 느끼지 않는 마음 상태이기 때문에, 여러분에게 어떤 행동을 하기도 전에 그들은 이미 용서를 받은 것입니다. 이것은 여러분이 모든 기대를 극복해야 한다는 의미입니다. 용서는 일반적으로 다른 사람들을 자유롭게 하는 이타적인 행위로 여겨집니다. 그렇지만 실제로 용

서는 여러분 자신을 자유롭게 하므로, 자신에게 도움이 되는 현명한 행위라고 볼 수 있습니다.

위에서 내가 말했던 것은 여러분이 용서하지 않는 한, 여러분이 자신과 다른 사람 사이에 에너지 연결을 유지하고 있다는 사실입니다. 또한 그것은 여러분을 집단의식에 묶어 놓는 연결 고리입니다. 그러므로 용서를 하지 않으면 실제로 여러분은 자신을 해치게 됩니다. 용서하지 않는 것은 무거운 배의 닻을 끌고 산을 오르는 것과 같습니다. 내 요점은, 용서하지 않으려는 태도에 매달리면 영적인 여정이 더 어려워질 뿐이라는 것입니다. 놓아버리고 용서할 때 여러분은 자유로워져서 여정에서 훨씬 더 빨리 나아갈 수 있습니다.

용서하지 않는 문제는 악을 악으로 갚아봐야 좋을 것이 없다는 옛말로 특징지을 수 있습니다. 다른 사람은 마음이 불균형한 상태에서 여러분에게 해를 끼치는 일을 합니다. 그러면 여러분은, 아니 여러분의 에고는 불균형한 마음의 틀로 들어가는 "정당화"의 빌미로 불균형한 행동을 이용합니다. 에고는 이것이 자연스러운 반응이라고 여기고, 단지 다른 사람에게 앙갚음하고 "정의"를 실현하기 위해 정당하고 필요한 일을 하는 것뿐이라고 생각합니다. 그러나 실제로 여러분은 자신을 영원히 불균형한 마음 상태에 놓아둠으로써 자신을 해치고 있는 것입니다. 그리고 여러분에게 해를 끼친 사람과 같은 마음 상태에 있는데 어떻게 정의를 실현하기를 바랄 수 있나요?

그렇다면 어떻게 용서할까요? 방법은 한 가지밖에 없습니다. 이 세상에서 만들어진 모든 조건을 놓아버리고, 무조건 용서해야 합니다. 이것이 바로 내가 당시의 제자들과 오늘날의 제자들에게 말하는 것입니다. 용서의 방식에는 단 한 가지, 조건 없는 용서가 있을 뿐입니다.

다른 사람을 용서할 수 있기 전에 그 사람이 바뀌어야 할 필요가 없습니다. 여러분은 자신을 변화시킴으로써, 용서가 현명한 이익(enlightened self-interest)임을 볼 수 있을 것입니다. 그것은 불균형한 마음 상태에 있는 사람들과의 에너지 연결에서 여러분을 자유롭게 해주기 때문입니다.

누군가 여러분을 해칠 때, 그 사람은 카르마를 만들 것이며, 그 사람이 내보낸 것은 우주 거울에 의해 필연적으로 그 사람에게 되돌아갈 것입니다. 그것이 다음과 같은 말을 하는 이유입니다.

> 친애하는 여러분, 여러분 자신이 복수할 생각을 하지 말고 신의 진노에 맡기십시오, 바이블에도 "원수 갚는 것은 내가 할 일이니 내가 갚아 주겠다." 하신 주님의 말씀이 있습니다. (로마 12:19)

신은 각 사람이 내보낸 것이 그 사람에게 되돌아가도록 기계적인 법을 세워 놓았습니다. 이것은 아무도 피할 수 없는 궁극적인 정의이기 때문에, 다른 사람들을 정의의 심판대에 세우는 것에 대해서는 걱정할 필요가 없습니다. 그것은 변하지 않는 신의 법칙에 맡기면 됩니다. 따라서 여러분은 자신의 성장에만 관심을 가지면 됩니다. 그런 면에서, 다른 사람이 여러분을 다치게 해서 여러분이 부정적인 마음 상태로 들어간다면 여러분 또한 카르마를 만들게 된다는 점을 분명히 해두겠습니다. 우주 거울은 단지 여러분이 내보낸 것을 돌려보낼 것이기 때문입니다.

이제 다른 뺨을 돌려대라는 내 말 뒤에 있는 더 깊은 의미가 보이기 시작하나요? 누군가가 여러분에게 해를 끼치면, 그 사람이 카르마를 만들게 됩니다. 여러분이 원한을 품거나 복수를 한다면, 이 또한 카르마를 만들게 됩니다. 그러나 조건 없는 용서로 다른 뺨을 돌려대면, 그 상황에서 아무런 카르마도 만들지 않을 것입니다. 뿐만 아니라, 여러분의 조건 없는 반응은 상대방이 판단하는 데 도움을 주게 되므로, 그 사람이 다른 사람에게 해를 끼칠 기회가 실제로 줄어듭니다. 반면 여러분이 부정적인 반응을 보인다면 이원적인 투쟁에 빠지게 됩니다. 이는 단지 투쟁을 지속시키는 데 기여할 뿐, 다른 사람이 판단할 수 있도록 돕는 역할을 할 수 없습니다.

내 요점은, 다음 달에는 여러분이 결정을 내려야 한다는 것입니다. 조건 없이 용서할지 결정을 해야 합니다. 그것은 지금까지 여러분에게 해를 끼친 모든 사람을 용서하고, 신을 용서하고 여러분 자신을 용서한다는 의미입니다. 여러분이 조건 없이 용서하기로 한다면, 살아 있는 그리스도의 다음 단계의 제자로서 여러분을 환영합니다. 조건 없이 용서하지 않겠다면, 여러분은 아직 살아 있는 그리스도의 제자가 될 준비가 되지 않은 것입니다. 그렇다면 이 과정을 중단하고 조건 없이 용서할 수 있을 때 다시 돌아오라고 요청합니다.

열쇠 6을 위한 연습

여러분이 용서할 수 있도록 로자리를 낭송한 다음, 여러분이 용서하지 않은 사람들, 신을 향해 품고 있는 분노, 자기자신을 용서하지 않는 이유 등에 관해 떠오르는 대로 적어 보는 패턴을 계속하라고 요청합니다. 그런 다음 그 이유를 살펴보고, 그것들이 여러분과 나 사이에 뚫을 수 없는 벽을 만들면서, 여러분을 어떻게 붙잡고 있는지 살펴보세요. 여러분이 조건 없는 용서라는 결혼 예복을 입기 전에는 결코 결혼식에 참가할 수 없으며, 여러분의 영혼은 그리스도의 신부가 될 수 없습니다.

또한, 여러분 존재 안에 있는 분노의 요소들을 스스로 점검할 필요가 있습니다. 분노의 진동을 느낄 때, 디야니 붓다 악쇼비아께 조율해 보세요. 그는 분노와 증오의 해독제인 붓다입니다. 그의 지혜의 형태는 거울과 같은 지혜입니다. 여러분은 이 세상의 어느 것에도 방해받지 않는 거울과 같이 완전히 고요한 산속의 호수를 상상해 볼 수 있습니다.

여러분이 볼 수만 있다면, 그 지혜는 무엇이 실재이고 비실재인지에 대한 이미지를 거울처럼 비춰줄 것입니다. 따라서 그것은 여러분이 비실재에 의해 화를 내는 것을 분별하고 피할 수 있게 도와주는 거울이라고 생각할 수도 있습니다. 악쇼비아 붓다께 요청하면, 그는 여러분의 의식 안에서 무엇이 비실재인지 여러분에게 되비쳐 줄 것입니다. 실재인 어떤 것도 의식하는 자아에게 분노를 일으키지 않을 것이라고 확실히 말할 수 있기 때문입니다. 여러분의 에고만이 실재에 분노합니다. 그러므로 여러분이 무엇이 실재이고 비실재인지 볼 수 있으면, 에고가 실재인 것에 분노로 반응할 때 에고의 가면을 벗겨낼 기회를 얻게 됩니다. 따라서 분노에 대해 여러분 자신을 점검하는 습관을 길러야 합니다. 분노를 느낄 때, 악쇼비아께 조율하고 그의 만트라를 낭송하세요.

옴 악쇼비아 훔(OM AKSHOBYA HUM)

앞으로 33일 동안 계속 진행할 연습으로, 두 주 동안 하루에 한 번

'ROS04: 성모 마리아의 기적의 용서 로자리'를 낭송하는 것으로 시작하겠습니다. 그런 다음, 33일의 나머지 기간은 조건 없는 사랑의 로자리를 낭송하세요. 또한, 각 구절을 읽은 후 후렴으로 들어가기 전에, 이 열쇠를 위한 디야니 붓다의 만트라를 한 번씩 낭송하기 바랍니다.

분노에 대해 정리하면서, 분노는 결단의 왜곡(perversion)이라는 것을 생각해 보세요. 참된 결단은 모두를 위해서 행성 전체를 상승시키겠다는 의지력입니다. 두려움이 마음속으로 들어갈 때 왜곡이 일어나는데, 이것은 분리의 환영을 통해서만 일어날 수 있습니다. 이때 모두를 상승시키려는 신성한 결정은, 분리된 자아에게 기본적인 두려움을 지니고 살 수 있도록 안정감을 주려는 결정에 집중하게 됩니다. 하지만 분리된 자아는 결코 스스로 극복할 수 없는 내재된 두려움을 가지고 있으므로, 모두를 상승시키려는 결정은 상실의 두려움으로 인해 왜곡됩니다. 분리된 자아는 결코 완전히 안전하고 평화롭다고 느낄 수 없으므로 그것이 분노로 나타나게 되고, 결국 낙담과 자절을 피할 수 없습니다.

분리된 자아의 이익을 구하려는 바로 그 두려움 때문에 여러분은 평화를 느낄 수 없게 됩니다. 여러분이 분리된 자아의 이익을 구하려고 노력할수록 사실상 두려움은 더욱더 강화됩니다. 이것은 절대 끝나지 않는 나선이며, 그것을 만들어낸 의식인 분리된 자아의 환영을 초월해야만 벗어날 수 있습니다.

열쇠 7
경쟁의 쳇바퀴에서 빠져나오기

이 열쇠에서는 시기와 질투라는 영적인 독소를 다루겠습니다. 이 독소의 해독제인 디야니 붓다는 아모가싯디(Amogasiddhi)입니다. 그의 지혜는 모든 것을 성취하는 지혜이며 그의 만트라는 다음과 같습니다.

옴 아모가싯디 아(OM AMOGASIDDHI AH)

이 열쇠를 공부하면서 아모가싯디 붓다께 조율하고, 우리가 다루려는 에너지를 감지할 때 그의 만트라를 반복하기 바랍니다.

지금까지 배운 대로, 인간의 모든 속성은 신성한 속성의 왜곡이며, 시기와 질투에 상응하는 신성한 속성은 잘하려는 열망, 승리를 성취하려는 열망입니다. 시기와 질투에 가장 민감한 학생들이 잘하고 싶은 열망이 가장 크다는 사실에는 어떤 아이러니가 있습니다. 달리 말하면, 이들은 가장 열렬하고 헌신적인 학생들로서, 진정으로 자신의 영적인 스승을 따르면서 여정에서 요구되는 모든 것을 충족시키고자 하는 이들입니다. 문제는 이런 존재들이 잘하려고 집착을 할 때 발생합니다. 그것은 잘하려는 불균형한 욕망이며, 세상에서 성취한 결과에 따라 "잘하고 있다는 것"을 판단하려는 집착입니다.

불균형은 어디에서 오는 것일까요? 지금쯤이면 여러분은 모든 불균형이 분리의 환영에서 나온다는 사실을 알고 있을 것입니다. 이러한 환영은 여러분의 의식하는 자아와 창조주 사이에 "공간" 또는 거리를 만들어 내고, 그 결과 필연적으로 두려움, 즉 자신이 상실될 수도 있다는 공포로 이어집니다. 바로 이 공간, 신이 없는 두려움의 땅(no-God's land of fear)에 반-그리스도 의식이 생겨나게 되며, 신의 어떤 부분도 신과 분리될 수 없다는 기본적인 사실을 감추도록 고안된 환영을 무수히 만들어냅니다.

여러분은 이제 이 과정의 초기 단계를 넘어섰기 때문에, 문제의 핵심으로 바로 들어가 보겠습니다. 신은 무한합니다. 사실 신을 더 잘 나타내는 말은 "무한(the Infinite)"일 것입니다. 여러분의 의식하는 자아는 무한한 창조주가 개체화된 것입니다. 그래서 여러분은 무한한 동시에 한 개인(an individual)입니다. 앞에서 우리가 말했듯이, 의식하는 자아는 자신이 그렇다고 생각하는 그 정체성으로 존재합니다(the conscious self is what it thinks it is). 여러분의 의식하는 자아는 하나의 개별적인 존재로서 창조되었으며, 따라서 한 개인의 관점으로 세상을 보게 됩니다. 여러분의 의식하는 자아는 창조주의 전체적이고 무소부재한 조망 대신, 한 특정한 관점에서 창조물을 바라보는 창조자라고 말할 수 있습니다. 신은 여러분 정체성의 프리즘을 통해, 여러분 안에서 세상을 바라보고 있습니다. 그 때문에 의식하는 자아는 즉시 관점을 이동해서 창조주의 전체적인 전망으로 볼 수 있는 능력을 가지고 있습니다.

여러분이 높은 언덕에 서서 탁 트인 전경을 내려다본다고 상상해 보세요. 이제 여러분은 기능이 뛰어난 쌍안경을 통해서 앞을 보고 있습니다. 갑자기, 여러분은 대부분의 경치를 볼 수 없게 되고 전체의 작은 일부만 볼 수 있습니다. 게다가 여러분이 보는 것은 크게 확대되어 그것이 더 중요해 보입니다. 하지만 여러분은 여전히 쌍안경을 벗고 전체적인 관점에서 볼 수 있는 잠재력이 있습니다. 의식하는 자아는 언제든 자신의 관점을 바꿔서 신의 관점으로 세상을 볼 수 있습니다. 이것은 종종 신비 경험이라 불리지만, 이것이 신비로울 것은 없습니다. 대부분의 사람은 자신이 분리된 자아를 넘어서는 존재임을 잊어버렸기 때문에 그것을 신비롭게 여길 뿐입니다. 그들은 정말로 분리된 자아의 "쌍안경"을 통해서만 세상을 볼 수 있다고 생각합니다. 여러분이 이원성으로 추락하기 전에는, 이 쌍안경은 원래 실제에 대해 하나의 확대된 모습을 보여주었을 뿐입니다. 그러나 여러분이 이원성의 영향을 받게 된 이후로 여러분의 개인적인 쌍안경은 모든 것을 왜곡하고 채색해서 보여주게 되었습니다.

말하자면, 의식하는 자아는 자신의 개체성을 잃지 않으면서 자신이 나왔던 무한 속으로 다시 합쳐질 수 있습니다. 그것은 개체인 동시에 무한할 수 있습니다. 의식하는 자아는 자신이 개별적인 정체성을 통해 스스로를 표현하고 있는 무한한 존재임을 알 수 있습니다. 그것은 유한한 세계에서 자신을 표현하고 있는 무한입니다. 이것의 중요성은, 의식하는 자아가 자신이 무한과 하나임을 알 때, 결코 분리의 환영에 갇힐 수 없다는 것입니다. 신과 분리되어, 지금 존재하고 있는 것이 전부인 어떤 유한한 세계가 있다는 것이 바로 이 환영의 본질이기 때문입니다. 의식하는 자아가 이러한 환영을 믿을 때, 자신이 유한한 세계에 갇혔다는 느낌을 갖게 됩니다. 그러면 다른 존재들보다 더 나아야 한다는 환영을 포함해서, 이러한 갇혀 있다는 느낌을 벗어날 방법에 대한 온갖 종류의 환영에 취약해집니다.

실제로 한 가지 진정한 해독제는, 비록 여러분이 유한하게 보이는 세계에 살고 있지만, 그 유한한 세계조차 창조주의 존재(Being of the Creator)와 무한한 에너지로부터 창조된다는 깨달음입니다. 실제로 무한과 분리된 것은 아무것도 없으므로, 유한한 세상에 갇혔다고 느낄 이유가 전혀 없다는 의미입니다. 여러분은 내면에 있는 무한의 나라로 들어가 여러분의 참된 존재에 다시 연결되기만 하면 됩니다. 여러분이 무한한 존재의 한 표현임을 알고 있는데, 어떻게 유한한 세계에 갇혀 있다고 느낄 수 있을까요? 여러분은 분리의 환영, 즉 유한한 세계가 신과 분리되어 있거나 신이 없다는 것을 더 이상 믿지 않을 것이기 때문입니다. 그 대신 여러분이 하기로 했던 것을 할 것입니다. 곧 무한이 여러분을 통해 그 무한함을 표현하도록 하여 유한한 세계를 무한에 더 가까워지게 할 것입니다.

* * *

마이트레야께서 설명하듯이, 새로운 생명흐름은 자연스럽게 자신의 개별성을 탐구하는 데 중점을 둡니다. 그것은 특히 자신이 태어난 세상에서 자신의 창조 능력을 표현하는 일과 관련이 있습니다. 그러나 새로운 생명흐름은 항상 영적인 스승의 지도를 받는 우주 학교에서 시작합니다. 따라서 새 생명흐름은 자신은 개별 자아보다 더 큰 존재의 일부이며 깨달은 스승의 애정 어린 안내를 받고 있다는 것을 어느 정도 인식하고 있습니다. 스승의 목적은 무한과 하나가 됨으로써 영적으로 자급자족하는 지점까지 이 생명흐름을 데려가는 것입니다. 어떤 사람들은 이것을 깨달음이라고 부릅니다. 깨달음은 자신에 대한 참된 앎(self-knowledge)을 의미합니다. 즉 여러분이 유한한 세계에서 한 개체의 프리즘을 통해 그 자신을 표현하고 있는 무한한 존재임을 온전히 알고 받아들이는 것입니다.

여러분이 아직 깨닫지 못하고 이 그리스도 의식 과정을 공부하고 있는 이유는 여러분이 분리의 환영을 믿게 되었기 때문입니다. 이 환영은 의식하는 자아와 무한 사이에 틈이 있다는 느낌을 만들어 내며, 이것은 여러분의 개별성이 신의 존재(God's Being)라는 다이아몬드의 한 단면이기보다는 여러분이 신과 떨어져 있는 것처럼 보이게 믿습니다. 즉 분리의 환영을 믿을 때 여러분의 개별성은, 자신이 신과 분리되어 있다고 생각하게 만들거나, 신과 하나가 되려면 (일부 깨닫지 못한 스승들이 가르치는 것처럼) 개별성을 버려야 한다고 생각하게 만드는 걸림돌이 됩니다. 달리 말하면, 이제 여러분은 개별성을 분리와 같은 뜻이라고 믿기 시작합니다. 즉 여러분의 개별성은 여러분을 무한으로부터 그리고 무한한 다른 개체들로부터 분리시킨다고 믿게 됩니다.

여기서 내 요점은, 모든 영적인 모임 안에는 잘하기를 원하는 학생들도 있지만, 다소 쉽게 가려는 학생들도 항상 있기 마련이라는 것입니다. 잘하고 싶은 사람들이 분리의 환영을 믿게 될 때, 그들은 반-그리스도 의식에 의해 만들어진 세 가지 주된 환영에 쉽게 영향을 받게 됩니다.

- 여러분은 다른 분리된 존재들과 함께 세상에서 사는 분리된 존재입니다. 여러분은 자유의지를 가지고 있지만, 다른 존재들도 모두 마찬가지입니다. 그리고 그들의 의지가 여러분의 의지와는 별개이기 때문에, 그들이 여러분을 해치거나 스승/신의 눈에 여러분을 나쁘게 보이게 하는 일을 할 수 있습니다. 달리 말하면, 자유의지는 갈등만을 일으키는 분리된 의지를 의미합니다.
- 여러분이 다른 사람들과의 분리에 집중하게 되면, 자신과 다른 사람들을 비교할 필요가 있다고 쉽게 믿게 됩니다. 다시 말해, 잘해서 스승에게 깊은 인상을 주려면, 다른 사람들보다 더 잘해야 합니다. 이렇게 스승의 총애를 받고 싶은 욕구로 인해 경쟁심을 갖게 되고 다른 사람들 위로 올라서야 할 필요가 생깁니다.
- 분리의 환상을 믿을 때, 여러분은 필연적으로 물질세계에 주의력을 집중하게 됩니다. 따라서 이 세상에서 뭔가를 함으로써 신의 나라에 들어갈 수 있다는, 외적인 길을 향한 기본적인 환영에 쉽게 영향을 받게 됩니다. 다시 말해, 스승에게 깊은 인상을 줄 수 있는 방법, 즉 "잘 해내는 것(doing well)"이나 구원을 얻는 비결은, 이 세상에서 어떤 결과를 성취하는 것입니다. 물론 여러분은 이 세상에서 성취할 수 있는 거의 모든 것이 다른 존재들의 선택에 달려 있다고 여깁니다. 이로 인해 단순한 경쟁이 아닌, 다른 사람들을 통제해야 하는 또 다른 수준이 시작됩니다. 어떤 존재들은 이제 자신을 다른 이들보다 더 낮게 보이려면 자신을 높여야 할

뿐 아니라, 다른 존재를 낮춰야 한다는 더 깊은 환영에 갇혀버립니다. 이제 일부는 자신을 개선하는 데 집중하는 대신, 다른 존재들을 끌어내리는 데 초점을 맞추기 시작합니다. 이렇게 해서 지속적인 이원적 투쟁이 생겨납니다.

* * *

어떤 존재가 분리의 환영과 위에서 언급한 이원성 환영을 믿게 될 때, 그 존재는 이제 비교하는 것이 가능할 뿐만 아니라 필요하다고 믿게 됩니다. 방금 내가 한 말을 정말로 이해하나요?

여러분 외면의 마음은 비교한 것들을 믿고, 의식적인 생각 없이 기계적으로 다양하고 많은 종류의 비교를 하도록 평생, 심지어 몇 생애에 걸쳐 프로그램되었습니다. 여러분은 학교 성적에서 부모의 사회적인 지위나 재산에 이르기까지, 국가나 종교의 중요성까지 다른 사람들과 비교하게 되는, 비교 의식에 기반을 두고 장려하는 사회에서 성장했습니다. 다시 말해, 여러분 외면의 마음은 물질세계에서 비교하도록 너무 철저하게 프로그램되어서, 여러분의 의식하는 자아가 블랙홀과도 같은 이 비교 의식의 소용돌이에서 벗어나기 위해서는 큰 노력이 필요합니다.

살아 있는 그리스도의 학생으로서 여러분은 절대적인 자유를 향한 길을 걷고 있습니다. 이것의 한 측면은 비교하는 의식을 넘어서는 것입니다. 이것이 왜 중요할까요? 자, 여러분이 시기와 질투의 영적인 독소를 벗어나려 한다면, 비교의 환영을 뛰어넘어야 한다는 점을 정말로 분명히 해야 합니다. 왜냐하면 시기는 분명히, 여러분이 자신을 다른 사람이나 이 세상에서 규정된 어떤 기준과 비교하는 것이 가능하거나 타당하다는 환영에서 비롯되기 때문입니다. 비교하지 않는다면, 어떻게 부러워할 근거가 있을 수 있을까요?

이제 눈보라가 수십억 개의 눈송이를 만들어낼 수 있지만, 그중 어느 것도 똑같은 것이 없다는 널리 알려진 사실을 생각해 보세요. 이것은 우리의 논의와 관련해서 두 가지 의미가 있습니다. 하나는 눈송이가 상대적으로 단순한 구조라는 점입니다. 신과 함께하는 공동창조자는 눈송이에 비해 엄청나게 더 복잡한 "구조"를 가지고 있습니다. 즉, 단순한 구조보다는 복잡한 구조에서 독특한 개성을 창조할 가능성이 훨씬 더 큽니다. 그러므로 신이 눈송이처럼 단순한 구조에서 각각의 독특함을 창조할 수 있다면, 공동창조자들을 독특하게 창조하는 것은 훨씬 더 쉬운 일이 아닐까요? 내 요점은 여러분은 절대적으로 독특한 개체로서 창조되었다는 것입니다. 전체 형상 세계에서 여러분과 똑같은 존재는 없습니다. 여러분은 다른 어떤 존재도 가져올 수 없는 선물을 행성 지구에 가져올 수 있습니다. 여러분은 진실로 유일무이하게 독특한 존재입니다.

이제 두 번째 의미를 살펴보겠습니다. 눈송이를 연구하는 일에 평생을 바친 과학자를 만난다고 상상해 보세요. 이것이 특별히 이상한 일이라 할 수는 없지만, 이 과학자는 특이한 방향으로 연구를 진행했습니다. 그는 눈송이들을 비교하고 "좋은" 눈송이와 "나쁜" 눈송이로 분류하기 위해 전체적인 시스템을 갖추었습니다. 그는 눈송이의 가치를 평가할 수 있는 척도를 만들었습니다. 그리고 척도의 맨 위에는 완벽한 눈송이가 있는데, 그것을 발견하는 것이 그의 일생의 목표입니다. 따라서 그는 인류가 눈송이를 더 잘 사용하도록 돕는 것이 아니라, 자신이 만들어낸 가치의 척도에 따라 완벽한 눈송이를 찾고 눈송이들을 분류하는 것을 목표로 하는 탐구에 평생을 보냅니다.

여러분은 아마도 이렇게 인생을 보내는 것은 이상한 방식이었다고 생각할 것입니다. 그리고 이렇게 생각하는 것에는 몇 가지 이유가 있습니다. 하나는 유용한 활동이 아니라는 것입니다. 그것은 이 행성에서의 삶을 증진하도록 돕는 실용적인 가치가 없습니다. 또 다른 이유는 그것이 불가능한 탐구라는 것입니다. 생각해 보면, 눈송이들은 다 독특하다는 것을 누구나 알고 있습니다. 그렇다면 그것들을 비교하는 것이 무슨 소용이 있을까요? 독특한 대상들을 도대체 어떻게 비교할 수 있을까요? 그리고 눈송이와 같은 것에 부여하는 가치가 어떤 의미가 있을까요? 여러분은 정말로 좋은 눈송이와 나쁜 눈송이가 있다고 말할 수 있나요? 완벽함은 불완전한 것과 비교할 수 있다는 것을 전제로 합니다. 그런데 그것들이 모두 독특할 때, 어떻게 단일한 눈송이가 있을 수 있을까요?

그렇다면, 각 사람이 독특한 개인이라면, 사람들을 비교하는 것이 무슨 소용이 있을까요? 사람들의 독특함에 가치를 부여하는 것이 무슨 의미가 있을까요? 그리고 여러분은 정말로 이 세상의 기준에 따라 좋고 나쁜 사람에 대해 말할 수 있나요? 모든 공동창조자를 참으로 독특한 개인들로 창조한 신의 마음 안에 가치 판단이 있을 수 있을까요?

***

문제가 무엇인지, 즉 경쟁이 영적인 딜레마(catch-22)라는 것이 보입니까? 여러분은 무한이 개체화된 유일무이한 존재로 창조되었습니다. 여러분은 무한한 빛이 여러분의 개성이라는 프리즘을 통해 빛나도록 함으로써, 이 세상에서 여러분의 독특한 개성을 표현하려는 순수한 열망에서 물질세계로 내려와 세상에 빛을 가져오고 진리를 개별적으로 표현하기로 선택했습니다. 즉, 여러분이 창조될 때 부여된 독특함을 표현하는 개체가 되기 위해 여기에 있는 것입니다. 여러분은 이 세상에서 반-그리스도 마음에 의해 규정된 기준에 따라 살려고 여기에 있는 것이 아닙니다. 여러분은, 이 세상의 어떤 기준에 따라 다른 사람들과 비교해서 더 낫게 보이려고 여기에 있는 것이 아닙니다. 여러분의 빛과 진리를 가져오려고 여기에 있으며, 이로써 다른 사람들이 실제로 선택을 할 수 있게 해줍니다. 그들은 여러분이 가져온 것을 받아들여 이원성을 넘어서는 데 사용하거나, 아니면 그것을 거부함으로써 그들 자신을 심판에 이르게 할 수 있습니다. 여러분의 빛과 진리를 나눌 때 여러분은 임무를 다한 것이며, 더 이상 해야 할 일은 없습니다.

그러나 분리 환영을 믿게 된 후, 여러분은 이곳에 있는 이유에 대해 이원적인 관점을 채택했습니다. 여러분은 이제 단순히 여러분의 빛을 비추기 위해서가 아니라, 다른 사람들이 어떤 방식으로 반응하도록 하거나 외적인 결과를 만들어 내기 위해서 여기 있는 것이라고 믿기 시작했습니다.

미묘한 차이가 보입니까? 사실, 여러분은 다른 사람들이 어떤 특정한 방식으로 반응하게 만들려고 이곳에 있는 것이 아닙니다. 여러분은 그들에게 선택권을 주고 그들이 선택하도록 맡기려고 이곳에 있습니다. 그들은 신의 법칙에 따라 판단을 받을 것이므로 그것은 사실 여러분이 상관할 일이 아닙니다. 따라서 여러분 임무의 성공은 오직 여러분의 빛과 진리를 공유하는 것에 달려 있으며, 여러분 외면에 있는 어떤 것에 의해서도 달라지지 않습니다.

그러나 반-그리스도 환영이 여러분의 비전을 흐리기 시작했을 때, 여러분은 여기 지구에서 특정한 결과를 얻는 것이 여러분의 임무이며, 그 결과에는 다른 사람들을 변화시키는 것도 포함된다고 생각하기 시작했습니다. 갑자기, 다른 사람들의 선택에 의해 여러분 임무의 성공 여부가 달라지게 되었습니다. 이것은 이전에는 선택 사항이 아니었던 실패의 가능성을 믿게 만들었습니다. 거짓 교사들의 거짓말을 통해, 이 실패의 두려움은 이제 여러분이 신의 나라에 다시 들어가는 것과 결부되었습니다. 다시 말해, 분리의 환영을 믿게 되었기 때문에 두려움이 생겨날 수 있었고, 이로 인해 구원받아야 할 필요가 생긴 것입니다. 이것은 구원받지 못하는 것에 대한 두려움을 만들어냅니다. 왜냐하면 여러분의 구원은 여러분이 성취하는 결과에 따라 달라지고, 그 결과는 다른 사람들의 반응에 달려 있기 때문입니다. 이 두려움을 해결하기 위해, 여러분은 다음 두 가지 길 중 하나를 택했습니다.

- 여러분은 이 세상의 종교가 말하는 외적인 길을 따르면 구원이 보장되고 하늘나라에 들어가게 된다고 믿기 시작했습니다.
- 이 세상에서 어떤 결과를 성취해서 같은 결과를 얻지 못한 다른 사람들보다 여러분이 더 나아 보이게 만들면, 신이 여러분을 신의 나라에 들어가게 할 것이라고 믿기 시작했습니다. 이로 인해 다른 사람보다 여러분이 더 나아 보이게 하기 위해, 다른 사람들을 통제하고 끌어내리려는 욕구가 생겨났습니다.

그러나 어느 길이든 같은 결과로 이어졌습니다. 즉 이 세상에서 뭔가를 함으로써, 여러분이 신의 나라에 들어가는 방법을 살 수 있거나 강제로 들어갈 수 있다고 믿게 되었습니다. 이로 인해 여러분은 시기와 질투의 영적 독소에 취약해졌으며, 여러분 자신을 다른 사람들과 비교하고 이 세상의 기준과 비교하는 의식에 빠졌습니다. 일단 이 독소가 여러분의 존재 안으로 들어가면, 이 독소는 여러분을 비교와 경쟁의 쳇바퀴에 묶이게 해서, 여러분이 자신이 하는 일의 오류를 꿰뚫어 보는 것을 매우 어렵게 만들 것입니다. 항상 어떤 목표가 있고, 여러분의 코앞에 이런 당근이 매달려 있습니다. "내가 이러저러한 결과를 얻기만 한다면, 여기 있는 다른 사람들보다 나 자신을 더 나아 보이게만 할 수 있다면, 나는 신의 눈에 들 수 있을 것이다."

그러나 실제로는 신의 눈에 여러분은 이미 더할 나위가 없습니다. 단지 분리된 자아를 놓아버리고 여러분 창조주의 개체화로서 신이 창조한 정체성으로 돌아간다면 말입니다. 신의 나라는 여러분 안에 있습니다. 이는 신의 나라가 의식 상태라는 의미입니다. 신의 나라에 들어가는 것은, 이 세상에 있는 것들을 포함하여 여러분 자신 이외의 어떤 것에도 의존하지 않습니다. 따라서 그 나라에 들어갈 수 있는 유일한 방법은 여러분의 의식하는 자아가 분리 환영을 믿기 전에 가졌던 원래의 순수한 상태로 돌아가는 것입니다. 그렇게 하려면, 이원성 환영을 꿰뚫어 봄으로써 여러분 자신의 눈에서 들보를 제거해야 합니다. 이원성 환영은 들보를 이루고 있으며, 여러분이 들보를 보지 못하고 그것을 제거할 필요를 보지 못하도록 연막을 칩니다.

따라서 자신을 다른 사람들과 비교하는 대신, 자신을 여러분 자신과 비교하는 것으로 바뀌어야 합니다. 여러분은 에고의 인간적이고 세속적 정체성과는 매우 다른, 여러분의 진정한 영적 정체성을 재발견하는 과정을 시작해야 합니다. 그런 다음 여러분의 영적인 개성이 여러분 외면의 마음을 통해 얼마나 빛날 수 있는지 평가하고, 여러분의 아이엠 현존의 태양(Sun of your I AM Presence)이 아무런 방해를 받지 않고 빛날 수 있을 때까지 인간적인 정체성의 모든 층을 제거하기 위한 진지한 노력을 기울여야 합니다. 그럼으로써 여러분은 땅 위를 걷는 신의 아들(Son), 곧 태양(S-u-n)이 될 것입니다. 신이 여러분을 위해 무엇을 할 수 있는지 묻지 말고, 신이 여러분을 통해 무엇을 하고 싶어하는지 물어보세요. 그런 다음 신이 여러분을 통해 할 수 있는 일을 어떻게 제한하지 않을 수 있는지 생각해 보세요. 왜냐하면, 그리스도가 된 존재들(Christed beings)은 신이 자신을 통해 일하는 것에 결코 저항하지 않기 때문입니다. 내 아버지께서 지금까지 일하시므로, 나도 일합니다

* * *

내가 말하고 있는 것이 실제로 보이기 시작하나요? 여러분은 자신의 신성한 개성을 표현하기 위해 여기에 있습니다. 그것은 여러분이 이 세상에 가져오기를 원했던 선물입니다. 우리는 심지어 그것을 신이 이 세상에 가져오기를 원하는 선물이라고 말할 수도 있을 것입니다. 그 선물을 전달하기 위해, 신은 자신의 확장체인 여러분을 창조했습니다.

그러나 창조주는 분리되지 않은 전체이며 창조주는 전체 형상 세계라는 전반적인 관점에서 목표를 가지고 있습니다. (마이트레야는 그의

책에서 이것을 각각의 미상승 구체를 상승시켜 영적인 세계의 일부가 되게 하는 것으로 설명합니다). 따라서 창조주는 각 개체가 서로 충돌하거나 전반적인 목표에 대립하여 작용하는 방식으로 자신의 확장체들을 창조하지 않았습니다. 개별적인 눈송이들 사이에는 갈등이 없습니다. 그것들은 모두가 완전히 협력하여 눈이 내리게 합니다. 창조주는, 공동창조자들의 개별성이 동일한 전체적인 목표를 향해 함께 협력하도록, 즉 서로 보충하고 보완하도록 하는 방식으로 개별적인 공동창조자들을 설계할 수 있습니다.

달리 말하면, 각 개별적인 공동창조자는 전반적인 목표의 독특한 측면을 나타내기 위해 여기에 있습니다. 이것은 여러분과 다른 공동창조자들 사이에 경쟁이 없다는 의미입니다. 여러분만 유일한 공동창조자가 되거나 최고의 공동창조자가 되려는 목적으로 창조된 것이 아닙니다. 여러분은 독특한 공동창조자가 되기 위한 목적으로 창조되었습니다. 즉 여러분은 무엇과도 비할 수 없는 고유한 일을 하며, 이것은 다른 독특한 공동창조자의 고유한 노력과 비교할 수가 없습니다. 그러나 여러분의 고유한 기여는 더 큰 전체에 완전하게 들어맞습니다. 그것은 여러분의 기여가 다른 공동창조자들의 기여를 확대하고, 그 역도 마찬가지라는 의미입니다. 전체는 부분들의 합 그 이상입니다.

지금 내가 하는 말을 이해하겠습니까? 물질 우주 전체를 영적인 영역의 완전함으로 끌어올릴 수 있는 공동창조자는 아무도 없습니다. 각 공동창조자는 이 과정에서 고유한 역할을 하고 있으며, 여러분의 역할은 다른 사람들의 역할과 갈등하거나 그것을 훼손하지 않을 것입니다. 사실, 함께 일함으로써 두 공동창조자는 개별적인 노력의 두 배 이상을 성취할 수 있습니다. 임계수치의 공동창조자들이 그들의 빛을 자신들의 하위 존재를 통해 빛나게 할 때만, 세상은 들어올려질 것입니다. 다이아몬드에는 많은 단면이 있고 각각의 단면이 독특한 역할을 해서 아름답습니다. 어느 한 단면이 없다면 다이아몬드는 완전하지 않을 것입니다. 그렇지만 전체 다이아몬드는 단순히 단면들을 모아 놓은 것 이상입니다. 모든 공동창조자가 자신의 영적인 정체성에 다시 연결될 때, 그들은 지상에서 신의 몸, 즉 진실로 그 부분들의 합보다 더 큰 전체를 형성할 것입니다. 신의 목표는 영적인 세계의 공동체와 같은 공동체가 지구에서 형성되는 것을 보는 것입니다. 그 안에서 사람들은 하나가 되며, 그럼으로써 이미 위에서 이루어진 것이 이곳 지상에서도 실현됩니다.

내 요점은 여러분이 자신의 본질인 무한한 측면에 다시 연결될 때 모든 갈등, 비교와 경쟁에 대한 생각이 그냥 사라진다는 것입니다. 다른 사람들과 자신을 비교하는 대신, 여러분은 진정한 자신이 되는 일에 초점을 맞추고, 자신의 고유한 재능을 표현하고 자신의 독특함을 즐기는 데 집중합니다. 여러분은 더 이상 비교할 필요가 없습니다.

이렇게 할 때, 여러분의 노력은 다른 사람들의 노력에 위협이 되거나 그것을 깎아내리지 않을 것입니다. 오히려 여러분의 노력은 다른 사람들의 노력을 증진하고, 협력을 통해 부분들의 합을 넘어서는 전체를 형성한다는 것을 알 수 있습니다. 내가 왜 다음과 같이 말했다고 생각하나요?

단 두세 사람이라도 내 이름으로 모인 곳에는 나도 함께 있기 때문이다. (마태 18:20)

"나"는 무엇일까요? 그것은 우주적 그리스도의 상징으로, 모든 것이 그 이상(MORE)이 되어 무한에 더 가까워지도록 돕기 위해 설계된 의식입니다. 그리스도는 사람들이 하나됨의 참된 정신으로 함께할 때만 존재하며, 그곳에서 그들의 개성은 서로를 높입니다. 사람들이 내 이름으로 모일 때 그들이 그리스도의 의미를 진실로 이해한다면, 그리스도와 하나가 되고 서로 하나가 되기 위해, 분리된 자아, 그들의 에고를 제쳐 놓을 것입니다. 그렇게 함으로써, 전체는 부분들의 합보다 더 커지게 되고, 이것은 그들이 자신의 달란트를 증식했다는 의미입니다. 그러므로 살아 있는 그리스도는 돌아와서, 몇 가지 일에 충실했던 하인들에게 더 많은 것을 다스리게 하는 보상을 해줄 것입니다.

이것이 지닌 의미가 지대한 영향을 가져올 수 있다는 것이 보입니까? 한 예로, 종교 단체들의 운명을 살펴보겠습니다. 영적인 운동의 참된 의미는 서로가 하나됨을 추구하여 물질세계에서 더 큰 연합을 이루기 위해 사람들이 함께 모이는 것입니다. 그러면 이 연합은 영적인 영역에 이르는 길을 열어 주는 성배(chalice)를 형성하고, 그곳에 상승 호스트로부터 오는 영적인 빛과 진리가 부어질 것입니다. 그뿐 아니라, 이것은 위에서처럼 아래에서도, 하나됨의 무한 8자 형상의 흐름이 영적인 영역으로 직접 연결되는 길을 열어 줄 수도 있습니다. 이러한 영적인 공동체 안에서, 사람들은 각기 다른 역할을 할 수 있지만, 다른 사람보다 더 중요하거나 더 가치 있는 사람은 아무도 없습니다.

이제 대부분의 영적, 종교적 조직들이 어떻게 기능하는지 그 현실을 살펴보겠습니다. 그들은 지도자와 추종자로 명확하게 구분되어 있습니다. 지도자는 소수의 엘리트(아마도 단 한 사람)이고 대다수는 추종자 그룹에 속합니다. 지도자는 회원들을 넘어서는 특별한 능력을 갖춘 것처럼 보이며, 반면에 회원들은 스스로 생각하거나 행동할 필요가 없고 단지 지도자가 하라는 대로 해야 합니다.

이러한 시스템은 상대적으로 극소수만을 들어올리므로, 모든 사람의 그리스도 잠재력을 부인한다는 것을 볼 수 있나요? 다른 사람들 위로 올려진 사람들조차 스스로 그리스도 잠재력을 부인한다는 것을 알 수 있습니다. 왜냐하면, 그리스도는 다른 이들 위에 있지 않으며, 모든 생명과 하나(ONE)이고 모든 생명을 들어올리려 하기 때문입니다. 따라서 내가 다음 인용문에서 표현했듯이, 그리스도가 지도자의 위치에 있을지는 몰라도 그는 진정으로 전체를 들어올리기 위해 일합니다.

> 그러면 왕은 '분명히 말한다. 너희가 여기 있는 형제 중에 가장 보잘것없는 사람 하나에게 해준 것이 바로 나에게 해준 것이다' 하고 말할 것이다. (마태 25:40)

내 요점은, 다른 사람들에게 뭔가를 할 수가 있다면, 여러분은 스스로에게 이미 그렇게 했을 수밖에 없다는 것입니다. 따라서 다른 사람들을 비하하고 자신을 들어올리려 할 때, 여러분은 이미 자신을 깎아내린 것입니다. 여러분이 자신을 비하하지 않았다면, 왜 여러분이 다른 사람들보다 더 중요하게 보일 필요가 있을까요? 분리의 환영으로 만들어진 감옥에 자신을 이미 가두지 않았다면, 굳이 왜 비교를 해야 할까요?

* * *

이제, 시기하는 에너지와 그것이 생겨나는 비교의 환영에서 완전히 벗어나는 것이 그리스도 제자의 목표라는 것이 이해가 되나요? 여러분의 목표는 에고에 의해 정의된 분리된 개성에서 벗어나, 마음껏 자유롭게 진정한 자신이 되어 여러분의 신성한 개성을 표현하는 것입니다. 이렇게 하면, 여러분이 하는 모든 일은 행성 지구를 포함하여 물질 우주를 위해 창조주가 가진 전반적인 목표에 더 많은 도움이 될 것입니다. 그 목표는 온 우주가 빛으로 충만해져서 영적인 영역으로 상승할 수 있도록 들어올리는 것입니다.

경쟁의 환영에서 벗어날 때, 여러분은 다른 사람들과 비교하여 자신을 높이려고 이곳에 있는 것이 아님을 알게 됩니다. 여러분은 자신이 그 환영에서 벗어난 것처럼 그들도 이원성 환영에서 벗어나도록 돕기 위해 이곳에 있습니다. 그렇다면 다음과 같은 내 말의 의미를 이해할 것입니다.

> 너희 중에 으뜸가는 사람은 너희를 섬기는 사람이 되어야 한다. (마태 23:11)

> 예수께서는 자리에 앉아 열두 제자를 곁으로 부르셨다. 그리고 이렇게 말씀하셨다. "첫째가 되고자 하는 사람은 꼴찌가 되어 모든 사람을 섬기는 사람이 되어야 한다."(마가 9:35)

> 너희 중에 누구든지 으뜸이 되고자 하는 사람은 모든 사람의 종이

되어야 한다. (마가 10:44)

다른 사람들과 비교하여 언제나 자기자신을 높이는 것이 분리된 자아, 곧 에고의 목표임이 보입니까? 따라서 에고 중심적인 사람들은 자신을 지도자로 세우거나 어떻게든 일반 대중과는 다른 계급에 속하는 존재로 자리매김하려 하고, 다른 사람보다 자신을 더 중요하게 보이려고 노력합니다.

살아 있는 그리스도는 모든 생명의 하나됨을 인식하고 있으므로, 다른 사람들보다 높은 위치에 있는 존재가 될 필요가 없습니다. 따라서, 자기자신을 올릴 수 있는 유일한 방법은 전체를 들어올리는 것입니다. 이제 전체가 자신의 더 큰 자아로 여겨지기 때문입니다. 그렇다면 더 이상 다른 사람에게 위협을 느끼지 않는 지점에 어떻게 도달할 수 있을까요? 자, 먼저 분리된 자아의 심리를 이해하는 것으로 시작하겠습니다.

* * *

분리된 자아인 에고의 심리는 분리 환영을 기반으로 생겨난다는 것을 알아야만 이해할 수 있습니다. 의식하는 자아가 실재를 볼 때, 자신이 무한한 존재의 확장체임을 알게 되며, 따라서 다음 말의 참뜻을 깨닫습니다.

> 예수께서는 그들을 똑바로 보시며 "그것은 사람의 힘으로 할 수 없는 일이다. 그러나 신께서는 무슨 일이든 하실 수 있다."라고 말씀

하셨다. (마태 19:26)

다시 말해, 의식하는 자아는 이 세상에 온 이유를 성취하는 것이 전적으로 가능함을 알고 있습니다. 대조적으로, 의식하는 자아가 분리의 환영을 받아들이면, 분리된 자아의 필터를 통해 세상과 자신을 바라봅니다. 따라서 분리가 실재라고 믿게 되는데, 이것은 이제 자신이 이 세상에 온 이유를 충족할 수 있을지 의심할 수밖에 없다는 뜻입니다. 이제 필연적으로 의식하는 자아는 목표를 이루지 못할 수도 있고 영적인 영역으로 돌아갈 수 없을지도 모른다는 두려움에 취약해집니다.

근본적인 역학이 보입니까? 의식하는 자아는 창조주의 확장체입니다. 의식하는 자아가 이것을 깨달을 때, 자신이 언제든지 영적인 영역으로 다시 상승할 수 있으며, 무한한 존재가 유한한 세상에서 자신을 표현하는 열린 문이 됨으로써 목표를 성취할 수 있음을 알고 있습니다. 의식하는 자아는 결코 실패할 수 없습니다. 왜냐하면 자신이 무한한 존재와 하나임을 알고 나면, 무한한 존재의 확장체로서 의식하는 자아에게는 모든 것이 가능하기 때문입니다.

여러분이 지구에서 반드시 특정한 결과를 얻기 위해서 이곳에 있는 것이 아님을 알고 있나요? 여러분 임무의 필수적인 부분은 물질적 진동 스펙트럼 안에 더 많은 영적인 빛을 가져오는 것입니다. 그렇게 함으로써 여러분은 행성 지구를 포함하여 이 전체 구체(sphere)를 들어올리는 데 기여하게 됩니다. 여러분의 주된 과제는 열린 문이 되는 것이며, 모든 상황에서 최대한의 빛을 표현하는 것입니다. 이것은 여러분 외부의 어떤 것에도 의존하지 않는 작업이므로, 여러분 자신이 열린 문이 된다면 임무에 실패할 수가 없습니다.

여기서 핵심은, 여러분이 목표를 달성하고 영적인 영역으로 다시 상승하는 방법은 실제적인 자기의식으로 돌아가는 것뿐이라는 점입니다. 즉 여러분의 의식하는 자아가 분리의 환영을 벗어 던지고 무한한 창조주의 개체화로서 진정한 자신을 받아들이는 것입니다. 이것이 구원에 이르는 유일한 길입니다. 그것은 단 한 가지, 즉 의식하는 자아가 분리된 자아로부터 자신을 분리하고 에고를 죽게 하는 일만을 요구합니다. 의식하는 자아가 분리된 자아로부터 자유로워지면, 실제로는 신의 나라로 들어가지 않을 것입니다. 왜냐하면 자신이 이미 신의 나라에 있고 언제나 그 나라에 있었음을 알게 되기 때문입니다. 신의 나라는 단지 의식의 상태, 즉 여러분의 근원, 여러분의 창조주와 하나가 된 상태에 대한 비유입니다.

하지만 의식하는 자아가 자신을 분리된 존재로 여기면, 이것을 구원을 위해 실행 가능한 길로 볼 수 없습니다. 의시하는 지이는 분리된 자아의 필터를 통해 모든 것을 보게 됩니다. 즉 분리된 자아를 실재라고 생각하고, 그 분리된 자아를 유지시키고 신의 눈에 들게 만들어 하늘나라에 들어가는 것을 목표로 하게 된다는 의미입니다. 여기서 미묘한 변화가 보입니까? 의식하는 자아는 이제 분리된 자아를 죽게 하는 대신 그것을 구하는 것을 자신의 과제로 여깁니다. 그리고 이것은 이루어질 수 없으므로, 의식하는 자아는 불가능한 목표를 추구하는 쳇바퀴에 자신을 묶어 놓은 것입니다.

분리의 필터를 통해서 보게 되면, 신의 나라는 분리된 자아와 멀리 떨어져 있는 실제적인 장소라고 여겨집니다. 분리된 자아는, 물질세계에서 발견되는 수단을 통해 스스로 자격을 부여함으로써 그 먼 나라에 들어가야 합니다. 그리고 물질세계 역시 신의 나라와 떨어져 있는 것처럼 보입니다. 이제 분리된 자아의 왜곡된 논리가 보입니까? 분리된 자아는 그 자신이 신의 나라로부터 분리된 세상 안에 사는 분리된 존재라고 믿고 있습니다. 그렇지만 또한 이 분리된 존재가 멀리 떨어진 하늘나라에 들어가는 것이 가능하며, 이 분리된 세상에서 뭔가를 함으로써 들어갈 자격을 얻을 수 있다고 믿고 있습니다.

여러분의 의식하는 자아가 이 필터를 통해 세상을 볼 때, 분리된 자아를 이 세상에서 우월한 지위로 격상시키면 신의 나라에 들어갈 수 있는 자격을 얻을 수 있다는 환상에 취약해집니다. 그런데 이것이 왜 결함이 있는 논리인지 이제 알겠나요? 이 세상에서 분리된 자아를 높이기 위해 여러분이 하는 모든 일은, 분리된 자아가 진짜이고 다른 분리된 자아들로부터 분리되었다는 환영을 더욱 강화하는 데에만 도움이 될 것입니다. 다른 사람들과 비교해서 더 특별하다고 생각할수록 분리된 자아는 그들에게서 더 분리됩니다. 그리고 이것은 분리된 자아가 실재라는 환영을 강화할 뿐입니다. 그러므로 여러분은 자신을 다른 사람들보다 높이는 데 성공할수록, 이원성의 정글 속으로 더 깊이 빠지게 됩니다. 여러분은 자신의 "우월한" 능력을 사용하여 자신을 가두는 금박 입힌 새장을 만들고 있는 것입니다.

사실 신의 나라는 분리된 것이 없는 상태입니다. 왜냐하면 "그가 없이는 아무것도 만들어진 것이 없기 때문"에, 모든 생명은 한 분이신 창조주의 표현, 즉 하나됨으로 받아들여집니다. 그러므로 하늘나라에 들어가는 유일한 방법은 분리된 자아의 환영을 극복하는 것입니다. 따라서 여러분이 분리된 자아를 높이려고 할수록, 의식하는 자아가 분리의 환영을 극복하고 에고를 죽게 하는 일이 더 어려워진다는 것이 논리적입니다. 분리된 자아의 구원을 위한 자격을 갖추려고 노력할수록, 여러분에게서 구원을 더 밀어낼 뿐입니다. 이것이 바로 다음 인용문에서 내가 표현했던 것입니다.

> 23 예수께서는 제자들에게 이렇게 말씀하셨다. "나는 분명히 말한다. 부자는 하늘나라에 들어가기가 어렵다.
> 24 거듭 말하지만, 부자가 신의 나라에 들어가는 것보다는 낙타가 바늘귀로 빠져나가는 것이 더 쉬울 것이다."
> 25 제자들이 이 말씀을 듣고 깜짝 놀라서 "그러면 구원받을 사람이 어디 있겠습니까?" 하고 물었다.
> 26 예수께서는 그들을 똑바로 보시며 "그것은 사람의 힘으로 할 수 없는 일이다. 그러나 신은 무슨 일이든 하실 수 있다." 하고 말씀하셨다. (마태 19장)

"부자"는 이 세상에서 자신이 많은 것을 성취했다고 생각하는 사람으로 해석할 수 있습니다. 그는 분리된 자아를 구원의 자격이 있는 어떤 우월한 위치까지 끌어올렸다고 터무니없는 생각을 하고 있습니다. "바늘귀"는 실제로 예루살렘 주변에 있는 마을 성곽에 있는 작은 문이었습니다. 내 제자들은 낙타가 그 문을 절대로 통과할 수 없다는 것을 알았습니다. 그래서 그들은 아무도 구원받을 수 없을 것 같아 갑자기 두려워졌습니다. 그리고 그것 외에도, 그들은 외적인 길을 믿는 문화에서 자라났으며, 외부의 종교를 충실하게 따르면 구원이 보장된다고 믿었습니다. 그들이 마침내 이 믿음을 꿰뚫어 보았고, 따라서 자연스럽게 외부의 종교를없이 어떻게 구원받을 수 있는지 궁금해하기 시작했습니다. 내 대답은 분리된 자아를 놓아버리고 신과 다시 연합해야만 구원받을 수 있다는 암호화된 메시지였습니다.

* * *

여러분은 이제 분리된 자아는 결코 분리의 환영을 꿰뚫어 볼 수 없다는 것을 이해해야 합니다. 여러분의 의식하는 자아만이 이 환영을 꿰뚫어 볼 수 있습니다. 하지만 의식하는 자아조차도, 분리된 자아의 필터를 통해 세상과 자신을 보는 한, 결코 그렇게 할 수 없습니다.

이것은 분리된 자아는 분리의 환영에 필연적으로 수반되는 두려움을 결코 극복할 수 없을 것이라는 의미입니다. 이 두려움은 분리된 자아가 신의 힘과 분리되었기 때문에 이 세상에서 여러분의 목표를 성취할 능력도, 이 세상을 넘어설 능력도 없다는 사실에서 비롯됩니다. 달리 말하면, "그것은 사람의 힘으로 할 수 없는 일이기" 때문에 분리된 자아는 구원받을 수 없는 것입니다. 그리고 비록 분리된 자아가 이것을 볼 수는 없지만, 신과 분리되어 있다고 느끼기 때문에 자신이 신의 힘에 의지할 수 없다는 것을 알고 있습니다. 따라서 분리된 자아는 불가피하게 물질세계에서 자신이 이용할 수 있는 힘을 사용해서 모든 일을 하려고 할 수밖에 없습니다.

여러분은 이제 핵심적인 역학을 알고 있습니다. 여러분의 의식하는 자아는 자신이 이 세상에서 어떤 목적을 가지고 있다는 것을 결코 완전히 잊을 수 없고, 많은 종교에서 구원에 필요하다고 말해 온 이 세상 너머의 뭔가를 간절히 원하고 있다는 것도 잊을 수 없습니다. 분리된 자아는 여러분을 이 바람으로부터 관심을 돌리게 만들 수 있으며, 이것은 대부분의 사람에게 여전히 꽤 효과적으로 작동하고 있습니다. 사람들의 관심을 단지 이 세상에 집중시키기 위해 세상에 얼마나 많은 계책이 만들어졌는지 생각해 보세요. 그러나 더 성숙한 존재들에게는 주의를 돌리는 전략이 더 이상 효과가 없으며, 그들은 분명히 이 세상 너머에 있는 목표들을 중요하게 여길 것입니다. 의식하는 자아에 대한 통제력을 잃지 않기 위해, 분리된 자아는 외적인 길을 꾸며내고, 이 세상에서 여러분의 목표를 달성할 수 있으며 이 세상에서 뭔가를 함으로써 구원받을 수 있다고 여러분에게 속삭입니다.

물론 이것은 불가능한 목표이지만, 분리된 자아는 결코 이것을 볼 수 없을 것입니다. 왜 그것이 불가능한지도 알 수 없을 것입니다. 즉 분리된 자아는 여러분이 신이 창조한 독특한 영적인 존재이며 그 개성을 표현하도록 되어 있다는 것을 결코 볼 수 없습니다. 그 결과, 분리된 자아는 자신이 볼 수 있는 것, 말하자면 이 세상을 기반으로 구원에 이르는 길을 정의합니다. 그러나 사실 여러분은 오지 상위 **존재**(Higher Being)와 하나가 되고 신과 하나가 되어서 신이 여러분을 통해 일할 수 있게 해야만, 여러분의 목표를 성취할 수 있습니다. 다음 인용문들의 행간에서 이 내용을 설명하고 있습니다.

> 나는 무슨 일이나 내 마음대로 할 수 없고 그저 신께서 하라고 하시는 대로 심판할 따름이다. 내가 이루고자 하는 것은 내 뜻이 아니라 나를 보내신 분의 뜻이기 때문에 내 심판은 올바르다. (요한 5:30)

> 너는 내가 아버지 안에 있고 아버지께서 내 안에 계시다는 것을 믿

지 않느냐? 내가 너희에게 하는 말도 나 스스로 하는 말이 아니라 아버지께서 내 안에 계시면서 몸소 하시는 일이다. (요한 14:10)

여러분이 신과 함께할 때, 여러분을 통해 신은 모든 것을 할 수 있습니다. 마찬가지로, 구원에 이르는 유일한 길은 신과 하나가 되는 것이며, 이로써 여러분은 어디에 있든지 신의 나라에 있게 됩니다. 그러나 분리된 자아는 이것을 알 수 없으므로, 이 세상을 기반으로 여정을 정의합니다.

이것은 다른 분리된 자아들과 비교해서 분리된 자아를 높이는 것이 (신과 하나됨에 이르는) 핵심 열쇠라는 개념으로 이어집니다. 왜냐하면 분리된 자아의 마음에서는, 여러분의 분리된 자아가 다른 사람들의 분리된 자아보다 훨씬 높아지면 신은 단지 여러분의 분리된 자아를 받아들여야 한다는 것이 논리적이기 때문입니다. 분리된 자아는 이 세상에서 스스로 자격을 갖추면 구원될 수 있다고 믿습니다. 다시 말해 분리를 포기하지 않고 분리를 어떤 궁극적인 상태로 끌어올림으로써 하나됨(oneness)의 나라에 들어갈 수 있다고 믿습니다.

내 요점은, 이 비교하고 경쟁하는 관점은 필연적으로 내재된 두려움, 곧 여러분의 분리된 자아가 다른 사람들에 비해 만족스럽지 못할 수도 있다는 두려움을 가질 수밖에 없습니다. 그리고 이것은 어쩔 수 없이 시기와 질투로 이어집니다. 왜냐하면 이 세상에서 규정된 어떤 비교 기준을 충족시키지 못하면, 이 세상에서 실패하고 다음 세계에 도달하지 못할까 봐 두려워하면서, 끊임없이 자신을 다른 사람들과 비교하고 있기 때문입니다. 다시 말해, 실패의 두려움과 외적인 길을 분리할 수 없습니다. 분리의 환영과 그것에서 나온 외적인 길을 믿는 한, 여러분에게 이 두려움은 피할 수 없는 동반자가 될 것입니다. 그리고 바로 이 실패의 두려움이 독특함 안에서 잘하려는 건설적인 열망을 왜곡시키고, 그 열망을, 비교하면서 잘하려는 비건설적인 욕망으로 바꾸어 버립니다.

분리된 자아는 두려움에 기반을 두고 있으므로, 분리된 자아에게 가장 좋은 것, 즉 다른 분리된 자아들보다 자신을 더 나아 보이도록 하는 일을 하려고 합니다. 이로 인해 여러분의 독특성을 표현하는 데 집중하는 대신, 의식하는 자아를 현혹하여 이 세상에서 가장 좋아 보이는 일을 하는 데 초점을 맞추게 합니다. 여러분은 그야말로 진정한 여러분이 되어 자신의 빛과 진리를 나눔으로써 모두를 들어올리기보다는, 이제 다른 사람들보다 자신의 분리된 자아를 더 나아 보이게 하는 것에 집중하게 됩니다. 그렇게 함으로써 여러분 자신과 모든 생명을 끌어내립니다. 하지만 동시에 여러분은 이것이 실제로 자신의 구원으로 이어지리라고 믿습니다. 여러분은 심지어 다른 사람들이 여러분을 따라 유일한 참된 종교를 믿게 만들 수 있다면, 그들 또한 구원될 것이라고 믿을 수도 있습니다. 이로써 유혹이 감쪽같이 마무리됩니다.

분리된 자아는 자신과 같지 않은 사람들을 영원한 지옥으로 가게 된다고 단죄함으로써 스스로를 구원하려 합니다. 이와 대조적으로, 그리스도는 모두가 구원될 수 있도록 모든 생명을 높이려고 합니다.

* * *

시기하는 에너지의 가장 미묘한 영향력은, 살아 있는 그리스도의 제자들에게 가장 핵심적인 요구 사항을 따르지 못하게 한다는 것입니다. 이 요구 사항에 관해 설명했던 인용문을 다시 한번 살펴보겠습니다.

> 1 남을 판단하지 말라. 그러면 너희도 판단받지 않을 것이다.
> 2 남을 판단하는 대로 너희도 신의 심판을 받을 것이고 남을 저울질하는 대로 너희도 저울질을 당할 것이다.
> 3 어찌하여 너는 형제의 눈 속에 있는 티는 보면서 제 눈 속에 있는 들보는 깨닫지 못하느냐?
> 4 제 눈 속에 있는 들보도 보지 못하면서 어떻게 형제에게 '네 눈의 티를 빼내어 주겠다.' 하겠느냐?
> 5 이 위선자야, 먼저 네 눈에 있는 들보를 제거해라. 그래야 눈이 잘 보여 형제의 눈에서 티를 빼낼 수 있지 않겠느냐?"(마태 7장)

여기서 내가 말하고 있는 것은, 여러분이 다른 사람들과 비교하는 의식에 빠져, 자신의 눈에서 들보를 찾지 않고 다른 사람들을 판단하는 데 모든 관심을 집중하는 한, 그리스도 의식의 여정을 한 걸음도 내디딜 수 없다는 것입니다.

생명에 대한 이런 접근 방식이 왜 그렇게 문제가 되는지 이제 보입니까? 내가 설명했듯이, 이 세상의 모든 것은 자유의지를 중심으로 돌아가고 있습니다. 여러분은 자신의 선택에 책임이 있으며, 다른 사람들의 선택에는 책임이 없습니다. 그것은 그들에게 책임이 있습니다. 따라서 여러분의 구원과 영적인 길에서의 진전은 다른 사람들의 선택에 의존하지 않습니다. 그것은 전적으로(EXCLUSIVELY) 여러분 자신의 선택에 달려 있습니다. 여러분이 구원을 받을 수 있는 유일한 방법은 여러분의 의식을 바꾸는 것입니다. 여러분이 이 행성에서 다른 모든 사람의 의식을 변화시킨다 해도, 그것은 여러분의 구원에 아무런 영향을 미치지 않을 것입니다.

여러분의 에너지장이 시기의 독소에 영향을 받거나 시기로 가득할 때, 여러분은 다른 사람들의 잘못에 초점을 맞추고 자신의 눈에 있는 들보를 무시하기 위한 완벽한 구실로 여깁니다. 달리 말하면, 여러분을 구원에 이르게 할 수 있는 단 한 가지, 즉 여러분 자신의 의식을 바꾸지 않는 것에 대한 완전한 핑곗거리를 얻었다고 생각합니다.

여기서 교묘한 유혹을 볼 수 있습니까? 여러분은 이 세상을 영적인 영역의 빛으로 들어올리는 데 도움을 주려는 참된 소망을 가지고 이 세상에 왔습니다. 이렇게 하기 위해서는 많은 사람이 깨어나야 합니다. 이것은 그들이 자신의 눈에서 들보를 제거함으로 의식을 바꿔야 한다는 의미입니다. 그렇지만 다른 사람들의 눈에 있는 티끌을 제거하는 것은 여러분이 할 일이 아닙니다. 사람들에게 자신의 눈에서 기꺼이 들보를 제거하는 사람의 본보기가 되는 것이 여러분의 일입니다.

여러분이 할 일은 분리된 자아를 통해 그렇게 하도록 사람들에게 강요하는 것이 아니라, 자신의 상위자아와 어떻게 연합할 수 있는지 보여줌으로써 그들에게 영감을 주는(INSPIRE) 것입니다. 비교 의식과 시기의 독소에 갇혀 있을 때, 여러분은 지구에서의 자신의 진정한 임무를 사실상 고의로 방해하고 있는 것입니다. 그것은 다른 사람들을 돕기 위해 아무것도 하지 않는 것이며, 따라서 신의 나라로 돌아가는 것이 위태로워집니다.

사실, 시기심은 여러분이 실패할지도 모른다는 두려움으로 이어집니다. 이 두려움은, 다른 사람들보다 더 나아 보이면 실패할 수 없을 것이라는 이원적 논리를 만들어냅니다. 그리고 분리된 자아는 신의 능력에 접근할 수 없으므로, 이 세상의 힘만을 사용할 수 있습니다. 그것은 단순히 자신을 높이는 것이 아니라 다른 사람들을 깎아내리려는 유혹을 받는다는 뜻입니다. 그리고 충분히 많은 사람이 이런 마음의 틀에 갇혀 있으면, 모두가 하강하는 사회와 문화가 생겨납니다.

그것이 바로 영적인 관점에서 볼 때, 완전히 기능을 못하는 문명 안에서 여러분이 자라온 이유입니다. 진정한 문명은 아이들 각자가 자신의 상위자아에 다시 연결되어 자신의 영적인 개성을 표현하는 방법을 배우도록 돕는 데 초점을 맞춥니다. 이로 인해 사회 전체에 도움이 될 빛과 아이디어를 가져올 수 있습니다. 반면에 여러분은 사람들 각자의 그리스도 잠재성을 부인하는 사회에서 자랐습니다. 그런 사회는 이 세상에서 쾌락과 소유를 추구하는 물질주의의 길을 따르게 하거나, 이 세상의 종교를 따름으로써 구원을 추구하는 잘못된 영적인 길을 따르도록 사람들을 가둬 놓습니다. 다시 말해, 여러분은 모든 사람이 사회가 규정한 이원론적 기준에 따라 좋은 사람이 되는 것을 추구하는, 즉 공통적인 대중의식이 최저 수준까지 하강한 문화에서 성장했습니다. 이제 이렇게 아래로 끌어내리는 대중의식에서 어떻게 벗어날 수 있을지 고민하기 시작할 때이며, 그것은 자신을 다른 사람들과 비교하거나 사회가 정의한 기준에 따라야 할 필요성을 극복하는 데서 시작됩니다. 개인적인 그리스도 의식의 여정은 인기 경연대회가 아닙니다.

열쇠 7을 위한 연습

이 열쇠를 위한 연습으로, 여러분이 고통스러울 수도 있는 작업을 해야 하지만, 그것은 그리스도 의식의 여정에서 절대적으로 필요한 단계입니다. 여러분의 삶을 살펴보고, 자신이 경쟁이나 비교하는 의식과 전반적으로 어떻게 연관되어 있는지, 다양한 방법으로 어떻게 다른 사람들과 경쟁하거나 그들을 깎아내리고 있는지 생각해 보기 바랍니다. 이것을 확인해 보기 위해, 로자리를 낭송한 후에 무엇이 떠오르든 그것을 기록하는 패턴을 계속하세요.

여러분이 대체로 어떻게 경쟁과 연관되었는지 숙고하는 데 필요한 만큼 시간을 보내기 바랍니다. 당연한 말이지만, 여러분의 정신적 에너지와 감정적 에너지가 여전히 이 불가능한 목표를 추구하는 데 매여 있음을 발견한다면, 나는 여러분이 마음뿐만 아니라 외적인 환경에서도 필요한 변화를 이루어 나가기 바랍니다. 여기에는 여러분이 하는 일, 사업, 스포츠 또는 다른 일에 참여하는 것을 다시 생각해 보거나 변경해야 하는 것이 포함될 수도 있습니다.

이 단계를 거치고 난 후, 다음 단계를 밟아야 합니다. 그것은 영적인 여정에 대한 여러분의 접근 방식이 경쟁 의식과 시기의 독소에 영향을 받았는지를 생각해 보는 것입니다. 확실히 말할 수 있는 것은, 자신이 종교적이거나 영적이라고 생각하는 사람 중에서 실제로 경쟁의 형태로 영성에 접근하는 경우가 상당히 많다는 것입니다.

이것은 명확하게 드러날 수도 있고 미묘하게 나타날 수도 있습니다. 가장 분명한 것은, 영적인 조직에서 일하든, 영적 수행을 하든, 심지어 돈을 기부하든, 외적으로 여러분이 얼마나 일을 많이 하고 있는가 하는 관점에서 다른 이들과 여러분 자신을 비교하는 것입니다. 단지 남에게 뒤지지 않으려고 오래된 게임을 하는 또 다른 형태로, 영적인 일에 관여하는 사람들도 있습니다.

하지만 이것을 넘어서, 인정받을 수 있는 수단으로 자신의 영적인 활동을 이용하는 더 교묘한 게임이 있습니다. 이것은 종종 어떤 그룹에 참여하거나 영적 지도자나 스승의 승인을 구함으로써 다른 사람들에게 인정받으려는 것일 수 있습니다. 그러나 결국, 이 모든 것은 신에게 인정받으려는 것이며, 그것은 충분히 많은 다른 사람이나 충분히 지위가 높은 영적인 스승이 여러분을 인정하면, 신도 똑같이 인정해야 한다는 이원적 논리에 기반을 두고 있습니다. 그러나 이 행성의 모든 사람은 속일 수 있어도, 결코 신을 속일 수는 없을 것입니다.

다음 단계로, 여러분이 이 세상의 겉모습에 따라 판단함으로써 다른 사람들을 끌어내리려고 하는 사고방식에 어떻게 연관되었는지 생각해 볼 필요가 있습니다. 어떤 기준에 따라 다른 사람들을 판단하고 그들을 깎아내리기 위해서 여러분이 종교나 영적인 가르침을 어떻게 사용했는지 살펴보기 바랍니다. 그런 다음, 여러분이 다른 사람들에게 한 일은, 이미 여러분 자신에게 한 일이라는 것을 깨달아야 합니다. 곧 여러분은 자신을 비하한 것이며, 그것은 실제로 여러분의 참된 정체성을 부정하는 것입니다. 말하자면 여러분은 독특한 영적인 존재이며 창조주의 개체화이기 때문에, 단지 여러분이 다른 누군가가 되기 위한 노력을 멈추고 이미 있는 그대로의 자신을 받아들인다면, 본질적으로 창조주의 사랑과 인정을 받을 가치가 있다는 말입니다.

이 열쇠에서 내가 설명하려고 했듯이, 분리된 자아만이 신으로부터 인정을 받아야 한다고 생각합니다. 의식하는 자아가 이원성 환영을 넘어서면, 그 자신이 신의 개체화이기 때문에 신의 인정을 받을 필요가 없음을 알게 됩니다. 따라서 단지 외적일 수밖에 없는 세속적인 신(god)의 승인을 구하지 말고, 참된 신(God), 즉 내면의 신(God)과의 하나됨을 추구해야 합니다.

이 열쇠를 위해 'ROS12: 성모 마리아의 기적의 양육 로자리'를 활용하세요. 여러분이 먼저 신과의 하나됨을 구할 때, 매우 심오한 이 로자리가, 여러분이 온전히 양육되리라는 것을 진정으로 받아들이는 데 도움을 줄 것입니다. 그리고 양육 받는다고 느낄 때, 여러분은 신과 함께라면 모든 것을 성취할 수 있으며, 따라서 비교나 질투가 전혀 필요 없음을 알게 될 것입니다.

물론 아모가싯디 붓다를 잊지 마세요. 그의 지혜, 모든 것을 성취하는 지혜를 깊이 생각하고 기원하기 바랍니다. 모든 것을 성취하는 지혜를 가질 때, 시기할 필요가 있을까요? 또한, 그의 만트라를 사용하세요.

옴 아모가싯디 아(OM AMOGASIDDHI AH)

그리고 이 열쇠를 실행하는 동안, 각 절을 마치고 양육의 성모 송(Hail Mother of Nurturance)으로 들어가기 전에 디야니 붓다의 만트라를 한 번씩 낭송하기 바랍니다.

양육받고 있음을 느끼고 신과 함께 모든 것을 성취할 수 있음을 알면, 원래 자유롭게 창조되었던 진정한 여러분이 되어 아무런 두려움이나 시기 없이 독특한 개성을 표현할 수 있습니다. 사랑하는 여러분, 이것이 진정한 자유, 곧 여러분의 진정한 자아가 되는 자유입니다. 나와 함께합시다!

열쇠 8
자만의 미묘한 덫에서 빠져나오기

이 열쇠에서는 자만의 영적인 독소, 특히 영적인 자만과 지적인 자만에 대해 다루겠습니다. 자만의 해독제인 디야니 붓다는 라트나삼바바(Ratnasambhava)이며, 그의 지혜는 평등의 지혜입니다. 그의 만트라는 다음과 같습니다.

옴 라트나삼바바 트람(OM RATNASAMBHAVA TRAM)

다시 말하지만, 이 과정을 공부하면서 이 붓다에게 조율하고, 자만의 에너지와 환영을 처리할 때 그의 만트라를 반복해서 낭송하세요.

자만이란 정확하게 무엇일까요? 그것은 자신의 눈 안에 있는 들보를 볼 필요가 없다는 생각, 심지어 살펴볼 것도 없고, 있을 수도 없다는 그런 믿음입니다. 다시 말해, 자신은 변화하고 성장할 필요가 없으며 자기를 초월할 필요도 없다는 것입니다. 왜냐하면 자신은 더 나아갈 수도 없고 그럴 필요도 없는 일종의 궁극적인 단계에 도달했기 때문입니다. 이미 구원을 받았기 때문에, 구원의 자격을 얻기 위해 자신을 초월할 필요가 없다는 의미입니다. 이 세상의 어떤 기준에 따라, 심지어 신의 눈에도, 여러분이 다른 사람보다 우월하다는 것입니다.

그러나 모든 존재가 신의 존재(God's Being)에서 창조되었다면, 모두가 신의 눈에 동등한 가치로 창조되었다는 의미가 아닐까요? 무한함(Infinite)에서 나온 한 확장체가 무한함의 또 다른 확장체에 비해 어떻게 더 우월할 수 있을까요? 무한함을 어떻게 비교할 수 있을까요? 따라서 우리는 자만심이 환영과 무지에서 생겨난다는 것을 알 수 있습니다. 가장 교만한 사람들은 그야말로 가장 무지한 사람들입니다. 그렇다고 그들이 이 세상에서 가장 조금 알고 있다는 의미는 아닙니다. 그들이 자신이 누구이고 어디에서 왔는지에 대한 실재를 알지 못한다는 의미입니다. 그러므로, 평등의 지혜에 대해 생각해 보세요. 이 지혜는 모든 존재가 모두(all)의 안에 있는 전체(All)이신 하나의 신(One God)에게서 왔다고 말합니다.

자만은 주로 성숙하기 시작한 사람들에게 영향을 주기 때문에, 영적인 여정의 모든 함정 중에서 가장 위험한 것 중의 하나입니다. 이들은 그리스도 의식의 여정을 시작할 준비가 되어 있는 사람들이지만, 너무나 쉽게 자만의 막다른 골목에 봉착하며, 자신이 매우 종교적이거나 영적이라고 생각합니다. 그들은 신께서 그들에게 이 세상에서 하기를 원하는 모든 것을 하고 있으며, 이미 다음 세상으로 들어갈 자격이 있다고 생각합니다. 따라서 그들은 더 이상 성장하기를 거부합니다. 하지만, 이미 말했던 것처럼, 지속적인 성장, 끊임없는 자기초월이야말로 그리스도 의식의 핵심입니다. 그러므로 자만은 더욱 성숙한 학생들이, 이제 진정으로 그 길을 따를 준비가 되었을 때, 그리스도 의식의 여정에서 벗어나도록 영향을 미칩니다.

자만심은 결국 그 사람을 참된 영적인 스승에게 다가갈 수 없게 하고, 따라서 그 사람은 배울 수가 없게 됩니다. 자만심에 의해 눈이 먼 사람들은 대체로 다음 접근 방식 중 하나를 취합니다.

- 그들은 외부의 종교가 정의한 기준에 따라 참된 영적인 스승을 거부합니다. 이것이 바로 율법학자들과 바리새인들이 나를 거부했던 이유입니다.
- 그들은, 종교는 아니지만, 이 세상이 규정한 일련의 기준에 의해 참된 영적인 스승을 거부합니다. 그 한 예로, 영적인 세계가 존재한다는 것을 부정하기 때문에 영적인 스승의 존재나 그들이 필요하다는 것을 부정하는 물질주의 과학을 들 수 있습니다.
- 그들은 일련의 개인적인 기준에 근거하여 참된 영적인 스승을 기절합니다. 이로 인해, 많은 경우 특정한 스승이 필요가 없을 정도로 자신의 수준이 높다고 믿게 됩니다. 어떤 스승도 완벽한 스승에 대한 그들의 기준에 합당하지 않기 때문입니다.
- 그들은 어떤 스승도 따를 필요가 없다고 거부하고 스승이 필요하지 않다고 믿습니다.
- 그들은 많은 잘못된 스승 중 한 명을 따르고, 그 스승을 우상화함으로써 어떤 궁극적인 지위에 올려놓습니다.
- 그들은 자신의 눈 안에 있는 들보를 살펴보기를 꺼리기 때문에 참된 영적인 스승을 받아들이지 않습니다. 참된 영적인 스승은 학생이 들어야 할 것, 즉 에고에 의해 비전이 막혀버린 학생이 볼 수

없는 것이 무엇인지 말해 줍니다.
- 그들은 정확하게 자신의 에고가 듣기 원하는 것을 말해 주는 잘못된 스승을 따릅니다. 그것은 그들이 다른 사람들보다 특별하다고 느끼게 만듭니다.

자만의 영향을 받는 사람들이 전적으로 무지하거나 눈이 먼 것은 아니라는 점에 유의하세요. 그들 중 많은 사람이 영적인 여정에 대해 수준 높은 이해를 하고 있으며, 어떤 형태로든 살아 있는 그리스도를 알아볼 수 있는 사람들이 많습니다. 그러나 자만은 사람들이 그리스도의 두 번째 도전에 실패하게 하는 주된 이유입니다. 그 도전은 살아 있는 그리스도가 여러분을 이원성의 환영 너머로 데려가도록 허락할지, 아니면 그 환영을 고수하면서 살아 있는 그리스도를 강제로 그틀에 넣으려고 할지에 관한 것입니다. 후자가 바로 베드로가 했던 일이며, 그가 자만심에 의해 영향을 받은 사람의 전형적인 예라는 근거가 될 수 있습니다. 따라서 베드로에 기반을 둔 교회도 역시 자만심에 깊은 영향을 받고 있습니다. 교회가 변화하기를 싫어하고 자신의 단점을 인식하지 못한다는 사실로 이것을 알 수 있습니다.

* * *

존경하는 동료인 마스터 모어(MORE)는 "사람들이 더 잘 알고 있다면, 더 잘할 수 있을 것이다."라고 말했습니다. 따라서 영적인 여정의 본질은 더 잘 알려고 노력하는 일입니다. "아하" 경험을 하고 "지식의 열쇠"를 사용하여 갑자기 더 잘 알게 되면, 여러분은 쉽게 더 잘할 수 있게 됩니다. 여러분은 자신의 눈 안에 있는 들보를 제거하게 되고 자신에게 최선의 이익이 되는 것을 자발적으로 하게 됩니다.

문제는, 자만이 사람들을 이미 잘 알고 있다고 생각하게 만들기 때문에, 사람들이 더 잘 알지 못하게 막아버린다는 사실입니다. 그들은 자신이 알아야 할 필요가 있는 모든 것을 알고 있고, 심지어 모든 것을 안다고 생각합니다. 더 잘 알려고 하지 않는다면, 어떻게 더 잘할 수 있을까요? 이것은 사람들의 마음을 닫아버리고 "아하 경험"의 토대가 되는 열린 마음을 갖지 못하게 하는 또 하나의 딜레마가 됩니다. 그래서 나는 이렇게 말했습니다.

> 내가 분명히 말한다. 너희가 생각을 바꾸어 어린이처럼 되지 않으면 결코 하늘나라에 들어가지 못할 것이다. (마태 18:3)

이것을 선불교에서는 "초심자의 마음"이라고 부르며, 이것이 없으면 여러분에게 이원성 의식을 벗어날 수 있는 여지가 없습니다. 자만은, 이 세상의 것들을 잘 알기 때문에 자신의 수준이 높다고 생각하게 만들고, 초심자의 마음을 닫히게 만든다는 것이 보입니까? 그러나 이 세상의 것들은 이원성 의식에 의해 정의되며, 이원성 의식을 사용한다면 이원성 의식을 벗어날 수 없습니다.

처음부터 내가 말했듯이, 그 여정의 핵심은 여러분이 지금 보지 못하는 것을 보게 되는 것입니다. 그래야만 여러분이 성장할 수 있습니다. 그러므로 자만은 인류의 참된 영적인 스승들에게 가장 큰 도전 과제 중의 하나입니다. 학생들이 더 이상 볼 것이 없다고 믿거나 자신의 눈에서 티끌조차 찾아볼 마음이 없을 때, 학생들이 볼 수 없는 것을 보도록 어떻게 도울 수 있을까요?

불행한 현실은, 자만의 영향을 받은 대부분의 학생이 신성한 안내를 따르는 참된 여정을 벗어나 고난의 학교에 합류한다는 것입니다. 그들은 고난이 아주 극심해져서 그것을 무시하거나 설명할 수가 없게 되어야만 거울을 들여다보고 자신을 변화시켜야 할 필요성에 눈을 뜨게 됩니다. 그리고 그때도, 일부 사람들은 참된 길로 돌아가지 않습니다. 그들은 단지 최악의 고난을 피하는 데 필요한 최소한의 변화만 추구할 뿐입니다. 그런 식으로, 그들은 삶에 대한 그들의 자만과 분리된 관점을 유지하려고 합니다. 진지하게 그것을 버리고 참된 스승들로부터 배우는 데 마음을 열려고 하지 않습니다. 나는 이 과정을 공부하는 사람들 모두가 자만의 함정을 벗어나기를 바라지만, 그렇게 하는 것은 나의 선택이 아니라 여러분의 선택입니다.

지금 내가 모든 사람이 자만의 영향을 받는다고 말하는 것일까요? 자, 여기 괜찮은 가설이 하나 있습니다. 지구상에서 이 과정을 공부하고 있다면, 여러분은 자만의 영향을 받고 있습니다. 만일 여러분이 자만의 영향을 받지 않는다면, 여러분은 지금 나와 함께 여기 위에 있어야 하기 때문입니다.

여러분이 비록 개인적으로는 자만심이 없을지 모르지만, 실재와 비실재 사이를 구분하기 어렵게 만드는 무지의 회색 안개처럼 이 행성 위에 드리워 있는 집단의식의 영향을 받지 않고 육화 상태에 있기란 어렵다는 것이 분명한 현실입니다. 그러므로 비록 여러분이 개인적인 자만을 극복했다 하더라도, 집단의식 일부를 가지고 있을 가능성이 있습니다. 영원히 상승하지 않는 한, 자만은 어떤 식으로든 여러분을 유혹하기 때문에, 현명한 제자는 자만의 미묘한 에너지에 항상 주의

합니다.

* * *

영적인 여정에서 직면하는 주된 도전이 분리의 환영임을 이제 깨달았을 것입니다. 어떤 의미에서 그것은 유일한 도전이라고 할 수 있습니다. 분리의 환영에서 에고가 태어났으며, 에고는 결코 그 환영을 극복할 수 없습니다. 이것은 에고가 결코 구원받을 수 없다는 의미입니다. 에고는 이것을 알 수 없으며, 따라서 에고가 하는 모든 것은 불가능한 일을 하려는 시도입니다. 그렇지만 에고는 자신이 신의 권능으로부터 단절되었음을 알고 있으며, 이것은 에고에게 결코 극복할 수 없는 두려움을 불러일으킵니다. 따라서 에고가 하려는 모든 일은 불가능한 일일 뿐만 아니라, 자신이 결코 벗어날 수 없는 두려움을 다루기 위한 것이기도 합니다. 물론 에고는 이것을 볼 수 없으므로, 만일 이것이나 저것을 성취할 수 있다면 두려움이 사라질 것이라는 목표를 항상 추구합니다. 그것은 마치 수레를 끄는 당나귀가 자신의 코 앞에서 흔들거리는 당근을 쫓아가는 것과 같습니다. 다시 말해, 에고는 이 세상을 넘어서야만 극복할 수 있는 두려움을 보상하기 위해 이 세상의 것들을 이용하려고 합니다. 따라서 또 다른 한 층의 딜레마(catch-22)가 더해집니다.

문제는, 의식하는 자아가 에고의 "현실 왜곡의 장(reality distortion field)"에 발을 들여놓았기 때문에, 자신을 포함한 모든 것을 이원성 환영과 낮은 진동의 베일을 통해 본다는 것입니다. 이것을 에너지 베일이라고도 부를 수 있으며, 이것은 흔히 사용되는 말인 "악(evil)"의 기원입니다. 유일한 해결책은 의식하는 자아가 반-그리스도 마음의 이원성 환영을 꿰뚫어 보기 시작하여, 점차 분리의 베일에서 자신을 분리하는 것입니다. 의식하는 자아는 이원성이 비실재임을 볼 수 있으므로, 현실 왜곡의 베일 밖으로 나가서 신의 실재와 하나가 될 수 있습니다. 물론 이 하나됨은 의식하는 자아가 그리스도 의식을 성취할 때만 이루어질 수 있습니다. 이는 다양성의 세상에서 통합하는 요소인 그리스도의 마음과 하나됨을 이룬다는 의미입니다. 이렇게 되면, 의식하는 자아는 보편적인 그리스도 마음의 확장체가 되며, 살아 있는 그리스도를 실현하게 됩니다.

* * *

우리가 자만을 어떻게 극복할 수 있을까요? 자, 다른 모든 것처럼 자만도 환영에 기반을 두고 있음을 의식하는 자아가 알아야 합니다. 자신이 모든 것을 이루었다고 생각하는 것이 자만의 본질이기 때문에, 이를 극복하는 방법은 그런 생각이 환영이고, 진실이 아님을 깨닫는 것입니다. 물론 에고는 여러분이 이것을 깨닫게 되기를 정말로 원하지 않으며, 문제는 에고가 여러분의 깨달음을 막기 위해 무슨 일이든 다한다는 것입니다. 여기에는 두려움을 쫓아버리려고 자만심이 생겨났는데, 오히려 자만심이 두려움을 계속 이용하게 되는 상황도 포함됩니다. 알다시피, 자만은 실제로 구원받지 못한다는 두려움을 밀어내는 방법입니다. 따라서 자만심이 큰 사람은 그 자만의 대상이 되는 이 세상의 조건이 무엇이든, 그것 때문에 자신의 구원이 보장된다는 믿음에 매달릴 것입니다.

그러므로 여러분은 자만을 극복해야 하지만, 동시에 구원받지 못할 것이라는 두려움을 해결해야 하는 이중적인 문제를 가지고 있습니다. 그러나 그리스도 진리는 평등의 지혜를 통해 여러분을 이 두 가지에서 자유롭게 해줄 수 있습니다. 왜냐하면, 여러분이 창조주의 확장체이기 때문에 다른 모든 사람과 평등하다는 사실을 본다면, 자신이 다른 사람들보다 더 낮다는 개념이 의미가 없음을 알게 되고, 동시에 여러분, 곧 의식하는 자아(Conscious You)가 상실될 수 있다는 개념도 역시 아무런 의미가 없음을 알 수 있기 때문입니다.

앞의 열쇠에서, 우리는 시기심에 대해 말했습니다. 시기심은 구원받지 못하고 신에게 받아들여지지 못하는 에고의 두려움에서 생겨난 결과라고 설명했습니다. 에고는 이 두려움을 다루기 위해, 다른 사람들보다 여러분이 낫다면, 신은 여러분을 받아들일 수밖에 없다는 환영을 만들어냅니다. 여러분이 이것을 믿을 때, 비록 두려움을 완전히 벗어날 수는 없어도 어느 정도 피할 수는 있습니다. 두려움을 다루는 방법의 근거가 자신이 다른 사람들보다 더 나아 보이게 하는 것이기 때문에, 여러분은 자신을 다른 사람들과 비교해야 할 필요에 얽매이게 됩니다. 그러나 다른 사람들이 여러분보다 더 나아 보일 수도 있으므로, 여러분이 더 우월하게 보여야 하는 미묘한 균형은 깨질 수도 있습니다. 즉, 에고에게 원초적인 두려움으로부터 안도감을 주는 그 균형감은 매우 취약하며 다른 사람들에 의해 쉽게 무너질 수 있습니다. 원초적인 두려움을 다루기 위한 더 실제적인 방법이 있을까요?

자, 그것은 바로 여러분이 우월하다는 환영의 다른 층을 만들고, 그것을 더 이상 다른 사람들과 경쟁할 필요가 없는 방식이 되게 하는 것입니다. 그러면 여러분은 다른 사람들이 따라잡을 수 없는 일종의 우월한 지위에 올라서게 됩니다.

이 기본 환영에는 수많은 유형이 있는데, 몇 가지만 들어보겠습니다. 중동에 있는 한 작은 민족이 신의 선택을 받은 민족일 수 있고 그들만 구원받을 수 있다는 믿음이 있습니다. 이것은 유대인과 심지어 일부 그리스도교인들이 오늘날까지 받아들이고 있는 믿음입니다. 오직 특정한 종교의 구성원들만 구원을 받고 다른 모든 사람은 지옥에 간다는 믿음이 있습니다. 심지어 지금도 대부분의 그리스도교인이 이 믿음을 받아들이고 있습니다. 어떤 인종의 구성원들이 다른 모든 인종보다 우월하다거나, 어떤 나라의 시민이 다른 모든 나라의 사람보다 우월하다는 믿음이 있습니다. 왕족이나 귀족 같은 특정한 계급으로 태어난 사람들이 다른 사람들보다 더 우월하다는 믿음이 있습니다. 가장 많은 돈을 가진 사람들은 그들만의 계급에 속하거나 권력을 가진 사람들의 비밀 클럽에 속한 사람들이 우월하다는 믿음이 있습니다. 심지어 어떤 사람들은 지적으로 우월하며, 세상이 어떻게 존재하게 되었는지에 대해 신보다 더 잘 알고 있으며, 따라서 이 지구상의 어떤 철학을 통해서 신이 존재하지 않는다고 정의할 수 있는 권리를 가지고 있다는 많은 유형의 믿음이 있습니다.

여러분은 다른 유형들도 많이 알고 있을 수 있습니다. 하지만 그것들은 모두 이 세상의 어떤 기준으로 분명하게 정의된 그룹에 속함으로써 다른 사람들에 의해 흔들리거나 위협받을 수 없다는 의미에서 우월하다는 개념에 바탕을 두고 있습니다. 따라서 두려워할 필요가 없고, 심지어 "구원"도 보장됩니다. 물론 더 미묘한 메시지는, 여러분이 자신의 눈 안에 있는 들보를 찾을 필요가 없다는 것입니다. 여러분의 구원은 이미 보장되어 있으며 자신을 점검할 필요가 없기 때문입니다. 일단 이 자만의 에너지 소용돌이에 휘말리게 되면, 여러분은 완전히 눈이 멀게 됩니다. 다른 사람들의 눈에 있는 티끌은 쉽게 볼 수 있지만, 여러분 자신의 눈 안에 있는 들보는 전혀 볼 수 없고, 볼 마음도 없습니다. 여러분은 이제 배울 수 없게 되었습니다.

그렇다면 이런 환영은 무엇이 잘못된 것일까요?

* * *

마이트레야께서 매우 상세하게 설명하듯이, 물질 우주에 영원한 것은 없습니다. 만물이 성장하는 것이 신의 기본적인 법칙이며, 진화의 힘은 멈춰 있는 모든 것에 도전하게 됩니다. 형상 세계에서 대부분의 존재가 실제로 성장하고 있으며, 그럼으로써 생명의 강을 형성하고 있습니다. 이것은 끊임없이 자신을 초월하면서 창조주의 전체 의식과의 하나됨으로 더 가까이 다가가고 있는 의식의 흐름입니다. 성장하기를 거부하는 존재들은 단지 그대로 머물러 있을 수 없습니다. 생명의 강은 끊임없이 앞으로 흐르기 때문에, 성장을 거부하는 존재들은 불가피하게 뒤처지게 됩니다. 그 결과, 여러분이 지구상에서 우월한 계급이라는 자만심을 가질 수는 있지만, 이 지위는 영원히 지속될 수 없습니다. 예를 들어 다른 많은 사회에서 봉건 유럽의 왕족과 귀족 계급과 역사를 통해 일어난 것처럼, 앞으로 나아가는 생명 자체의 힘은 필연적으로 우월성 환영을 위협합니다.

이 결과 중 하나는, 자만심이 실제로 여러분을 구원받지 못한다는 두려움에서 자유롭게 해주지 못하며, 단지 일시적인 안도감을 줄 뿐이라는 사실입니다. 여러분이 지불해야 할 대가는, 자만심에 의해 여러분이 이원성 쳇바퀴에 묶이게 된다는 것입니다. 왜냐하면 여러분은 끊임없이 우월성에 대한 환영을 방어해야 하기 때문입니다. 그리고 이것은 상당히 많은 육체적인 자원과 정신적인 자원을 소모합니다. 자만에 눈먼 사람들은 자신의 우월감을 방어하는 데 너무나 많은 주의를 기울이기 때문에, 실제로 성장하는 데 기울일 관심이 별로 남아 있지 않습니다. 자신의 아름다움을 통해 자부심을 느끼는 사람들을 예로 들어보겠습니다. 그들은 아름다움에 대한 기준을 가지고 있고, 그것에 맞춰 살기 위해 아주 열심히 노력해야 합니다. 그들의 우월감이 십 년이나 이십 년 계속될 수는 있겠지만, 노화라는 가혹한 현실에 의해 결국 그들의 자만심은 산산조각 나버릴 것입니다.

  그렇지만 자만이 무의미하다는 것을 충분히 이해하려면, 이 행성의 모든 주류 종교에 의해 강화된 환영을 다룰 필요가 있습니다. 이제 여러분이 볼 수 있어야 하는 분명한 사실은, 이 행성의 거의 모든 종교가 전적으로 반-그리스도 의식에 기초하거나 강하게 영향을 받은 이원적인 종교라는 것입니다. 그 종교들은 에고의 원초적 두려움에, 즉 여러분이 신에게서 분리되었고 구원받아야 하며, 구원의 자격을 얻기 위해서는 이 세상의 특정한 조건에 따라 살아야 한다는 두려움에 바탕을 두고 있습니다. 그러므로 이 종교들은 여러분이 "유일한 참된 종교"의 충실한 신자라면, 자신의 눈에서 이원성의 들보를 제거하지 않아도 구원이 보장된다고 약속합니다. 따라서 여러분은 구원받지 못한다는 에고의 두려움을 제쳐 놓을 수 있지만, 필연적으로 그 종교의 구성원이 아닌 사람들보다 더 우월하다고 느끼면서 영적인 자만의 소용돌이에 들어가게 됩니다. 이것은 또한 감지되는 모든 실제적인 위협에서 자신의 종교를 방어해야 할 필요성에 여러분을 가둬 버립니다.

그래서 종교는 일반적으로 에고나 에고의 두려움을 보지 않고도 에고의 원초적인 두려움을 극복할 수 있다고 약속합니다. 문제를 일으킨 의식을 뛰어넘지 않고도 문제를 해결할 수 있다고 합니다. 여러분도 이제는 알 수 있겠지만, 이것은 불가능합니다. 이것은 완전한 오류입니다.

그런데 이런 거짓 약속이 왜 그렇게 매력적으로 보일까요? 그것은 에고가, 구원받는 것이 무엇을 의미하는지에 대한 개념을 포함한 모든 것을 왜곡시켰기 때문입니다. 현실이 왜곡된 에고의 범주에서는, 구원을 받는다는 것이 파라다이스, 하늘나라 또는 에덴 정원이라고 부를 수 있는, 어떤 영원한 상태에 들어간다는 의미처럼 보입니다. 지구상에서의 삶은 취약하고 변화무쌍할 수 있지만, 그 너머에는 평화와 행복과 지복의 영원한 상태가 있다는 것이 그 바탕에 깔린 믿음입니다.

마이트레야께서 자세히 설명하듯이, 사실은 에덴 정원이나 다른 어떤 낙원의 개념도 정적인 상태가 아닙니다. 에덴은 우주의 학교이며 신비 학교로, 새로운 공동창조자가 그리스도 의식을 향해 성장해서 영적으로 자립할 수 있도록 하는 곳입니다. 여러분이 그리스도 의식에 이르게 되면, 모든 생명, 곧 생명의 강과 하나가 됩니다. 따라서 그리스도 의식은 정적인 의식의 상태가 아닙니다. 그리스도 의식은 모든 생명과 같은 속도로 성장하는 의식 상태입니다. 그것은 모든 생명보다 느리게 성장하면서, 근본적으로 더 빠르거나 더 늦은 속도로 뒤처지게 되는 분리의 상태와는 대조적이라고 할 수 있습니다. 그 차이점은 그리스도 의식에 도달할 때, 모든 생명과의 하나됨은 여러분에게 진실로 완전한 평화를 준다는 것입니다. 그것은 여러분이 평화롭게 되고, 신 의식(God consciousness)이라는 궁극적인 목표를 향해 성장해 가는 것이 더없이 행복한 역동적인 평화입니다. 그리스도 의식을 달성하면 여정이 끝나는 것이 아니라, 오히려 여정을 즐길 수 있게 된다고 말할 수 있습니다.

마이트레야께서 설명하듯이, 여러분의 의식하는 자아는 창조주 의식이 개체화된 존재입니다. 여러분은 창조주가 내면에서 이 세상을 경험할 수 있게 하고, 또한 창조주가 이 세상에서 자신을 표현할 수 있는 열린 문이 되기 위해 형상 세계로 내려왔습니다. 이 과정에서 여러분은 개별화된 존재로 시작하여 완전한 신 의식으로 성장해 갈 수 있는 기회를 얻게 됩니다. 이것은 여러분이 초기의 자아감을 초월해서 창조주와 하나됨을 이루는 지점까지 올라갈 때 일어납니다. 이때 여러분의 개성은 사라지는 것이 아니라 영원하게 되며, 여러분은 스스로의 힘으로 창조주가 되는 것입니다. 다시 말해서, 여러분은 만들어지고 있는 신이며, 이것이 바로 다음 구절에서 내가 표현한 것입니다.

34 예수께서는 이렇게 말씀하셨다. "너희의 율법서를 보면 신께서 '내가 너희를 신이라 불렀다.' 하신 기록이 있지 않으냐?

35 이렇게 경전에서는 신의 말씀을 받은 사람들을 모두 신이라고 불렀다. 경전 말씀은 영원히 참되시다.

36 아버지께서는 나에게 거룩한 일을 맡겨 세상에 보내주셨다. 너희는 내가 신의 아들이라고 한 말 때문에 신을 모독한다고 하느냐?

(요한 10장)

물론 지구나 물질 우주의 어느 곳에서도 물질적인 육체로 있는 한, 궁극적인 신 의식에 이를 수는 없습니다. 따라서 여러분은 삶의 본질이 영원한 자기 초월임을 깨달아야 합니다. 그리고 그것은 계속해서 미래에도 그럴 것입니다. 신과 하나됨이라는 궁극적인 목표가 있기는 하지만, 그 목표조차도 정적이지 않다는 것을 인식해야 합니다. 왜냐하면 스스로 창조함으로써 자신을 초월하는 창조주가 아니면 무엇이 신이겠습니까?

여기서 내 요점은, 영적인 여정에 대한 개념, 그리스도 의식의 개념, 그리고 구원의 개념이 의미하는 것이 무엇인지에 대해 진지하게 재고해야 한다는 것입니다. 이 과정을 공부하기 시작한 사람 대부분은 사실상 불가피하게 주류 종교와 그들의 구원에 대한 왜곡된 견해로부터 영향을 받았을 것입니다. 그러므로 여러분이 추구하는 것이 일종의 영속적인 상태라는 미묘한 믿음을 지니고 있을 가능성이 큽니다. 그뿐만 아니라, 이 상태는 바람직하다고 여겨집니다. 즉 그것은 여러분과 대부분의 사람이 현재 가지고 있는 것보다 더 낫고 우월해 보인다는 뜻입니다.

여기서 미묘한 속임수가 보입니까? 많은 성실한 영적인 사람들이 더 높은 의식 상태에 도달하기 위해 할 수 있는 모든 것을 하고 있습니다. 하지만 그들의 노력이 내가 여기서 말한 두 가지 환영으로 물들어 있다면, 그들은 절대로 그 의식 상태에 도달할 수 없습니다. 그들은 그리스도 의식에 도달할 수 없습니다. 그리스도 의식에는 어떤 것도 정체되어 있지 않기 때문입니다. 그리고 삶을 끊임없는 자기 초월의 과정으로 본다면, 비교하는 것이나 우월성과 열등성의 이원성은 아무런 의미가 없습니다.

냉엄한 현실은 영적인 여정을 걷게 된 여러분의 동기에 대해 다시 생각해 볼 필요가 있다는 것입니다. 언젠가는 더 이상 성장이 필요 없는 우월한 의식 상태에 도달할 것이라는 교묘한 믿음이 여러분을 사로잡고 있지 않나요? 이러한 의식 상태에 도달하면 그렇지 못한 사람들에 비해 여러분이 우월해질 것이라는 미묘한 믿음에 이끌리고 있지는 않나요?

내가 여기서 정말로 말하는 싶은 것은, 영속성과 우월성은 환영이며, 그것은 이원성의 동전, 곧 맘몬(mammon)이라는 같은 동전의 양면입니다. 여러분이 또한 우월성을 추구하는 것에 얽매여 있지 않고는 영속성을 얻는다는 꿈을 지속할 수 없습니다. 이것은 자만에 스스로 묶여 있다는 의미이기도 합니다. 내가 여러 번 말했듯이, 여러분은 두 주인을 섬길 수 없습니다. 여러분은 신과 맘몬을 동시에 섬길 수 없습니다. 그러므로 "오늘 여러분이 누구를 섬길지 택해야 할(여호수아 24:15)" 때입니다.

* * *

여러분이 다른 관점에서 이것을 볼 수 있도록 한 번 더 시도해 보겠습니다. 우리는 자만의 본질이 분리의 환영임을 보았습니다. 하지만 대부분의 사람에게 지구상에 신이 없다는 것이 명백해 보이는데, 왜 분리가 환영일까요?

우리는 형상으로 이루어진 세상이 시작되는 순간에 창조주 외에는 아무것도 없었음을 보았습니다. 다른 것은 아무것도 없었기 때문에, 창조주는 자신의 존재로부터만 창조할 수 있었습니다. 달리 말하면,

신은 그 자신과 분리된 것을 창조할 수 없었습니다.

우리는 창조주께서 어떤 형태든 취할 수 있는 마터 빛으로 자신을 나타냄으로써 시작했다는 사실을 알고 있습니다. 따라서 형상 세계에 있는 모든 것은 창조주의 빛으로부터 창조되었으며, 창조주 존재의 현현입니다. 곧 창조주는 모든 곳에 현존한다는 의미입니다. 그리고 창조주가 어느 곳에나 있다면, 행성 지구를 포함해서 창조주가 있지 않은 곳을 찾을 수가 없습니다.

그러므로 실제로 신은 지구상에 존재합니다. 그런데 대부분의 사람이 신의 현존의 실재를 보지 못한다는 것이 논리적인 결론입니다. 그렇다면 사람들은 왜 명백한 것을 보지 못할까요? 자, 지구는 언제나 둥글지만 사람들은 지구가 평평하다고 생각했던 것처럼, 그들은 실재를 보지 못하게 하는 특정한 의식 상태로 들어갔기 때문입니다. 그 이유는, 사람들이 물질을 구성하는 진동 너머를 볼 수 없기 때문입니다. 따라서 그들은 물질이 창조주까지 거슬러 올라갈 수 있는 더 정묘한 에너지(finer energies)가 구현된 것임을 알 수 없습니다.

그러면 어떠한 의식의 상태가 사람들의 눈을 멀게 하는 것일까요? 그것은 이원성 마음, 반-그리스도 마음, 죽음의 의식이며, 이는 분리의 환영에서 생겨납니다. 여기서 내가 강조하고 싶은 것은, 분리의 환영이 원초적인 두려움을 일으킨다는 기본적인 사실입니다.

알다시피, 창조주는 존재하는 모든 것이며, 창조주가 생명의 근원 자체입니다. 영원한 생명을 얻는 방법은 오직 한 가지인데, 그것은 창조주와 하나됨을 통해서입니다. 결국은 궁극적인 평화는 창조주와의 하나됨을 통해서만 얻을 수 있다는 논리적 결론에 이를 수 있습니다.

우리가 보았듯이, 여러분의 의식하는 자아는 창조주 존재의 확장체입니다. 여러분의 생명흐름은, 개체화된 존재로부터 시작하여 마침내 여러분이 자기의식이 완전한 신 의식을 성취할 때까지 성장하는 것을 목적으로 물질 우주로 내려왔습니다. 여러분의 의식하는 자아는 그 본성과 설계에 의해 신과의 일체감에 이를 수 있는 잠재력을 가지고 있습니다. 그리고 그 하나됨을 얻을 때 여러분 또한 궁극적인 평화를 찾게 된다는 것이 논리적 결론입니다. 완전한 신 의식에 도달해야만 평화를 얻는 것은 아닙니다. 그리스도 의식을 얻는 것으로 충분합니다. 그로 인해 분리의 환영과 이원성 의식을 넘어서 볼 수 있습니다. 그러면 진정한 여러분은 신으로부터 분리되지 않았고 분리될 수 없다는 것을 알 수 있습니다. 물질 자체를 포함한 모든 것 안에서 창조주의 현존을 보기 때문입니다.

그러므로 영적인 여정은 눈이 먼 상태를 극복하는 과정이라고 말할 수 있습니다. 우리는 신이 개체화된 존재이지만, 눈이 멀어서 이곳 지구에서 모든 것 안에 신이 있음을 보지 못합니다. 여러분은 모든 것이 변장한 신이라는 평등의 지혜를 통해 이 환영을 극복할 수 있습니다. 여러분이 영적인 실명을 극복하지 못하게 막고 있는 것은 무엇일까요? 그것은 분리의 환영을 믿기 시작한 후, 여러분이 분리된 자아, 에고를 창조했다는 사실입니다. 그때 여러분은 불평등의 "지혜", 즉 자만의 영적인 독소를 받아들이게 되었습니다.

에고는 이 환영에서 태어났으므로, 결코 분리의 환영을 극복할 수 없습니다. 만일 에고가 "이봐, 분리는 환영이야"라고 말할 수 있다면, 다음과 같은 논리적인 결과에 이를 수밖에 없습니다. "하지만 분리가 환영이라면, 분리된 자아인 나는 진짜가 아니라는 의미이며, 실제로 나는 존재하지 않는다!" 에고가 이것을 인정한다면 그 즉시 에고는 존재하지 않게 될 것입니다. 그런데 존재하기를 멈추는 것은 에고가 지닌 원초적인 두려움입니다. 따라서 에고가 결코 참된 평화의 유일한 근원인 신과의 하나됨을 이룰 수 없다는 것은 틀림없는 사실입니다. 따라서 에고는 절대로 두려움을 극복할 수 없고, 평화를 얻을 수도 없습니다. 이원성의 환영이 여러분의 존재 안에 남아 있는 한, 결코 평화를 얻을 수 없습니다. 왜 에고가 결코 평화로울 수 없는지 이제 알겠습니까?

* * *

실제로 에고는 우리처럼 분리의 환영을 벗어나서 볼 수 있는 감각이 없으므로, 그 자신이 실재가 아니라는 사실을 볼 수가 없습니다. 에고는 신의 실재를 볼 수 없으며, 따라서 분리는 실재가 아니라는 사실을 볼 수 없습니다. 그러나 의식하는 자아는 실제로 분리를 넘어서서, 자신이 태어난 곳인 신의 실재에 조율할 수 있습니다. 그러므로 의식하는 자아는 분리가 실재가 아님을 알 수 있으며, 이는 의식하는 자아가 에고를 "소멸(uncreate)"할 수 있다는 의미입니다. 따라서 에고는 생존 본능에 의해, 의식하는 자아가 어디에나 존재하는 신의 실재를 깨닫고 신의 나라가 내면에 있음을 깨닫지 못하게 하려고 저항할 것입니다. 에고는 의식하는 자아가 이원성 환영을 꿰뚫어 볼 수 없게 하는 딜레마(catch-22)를 만들어서 그렇게 할 것입니다. 그 딜레마는 분리된 자아를 신이 받아들일 수 있게 할 수 있다는 인상을 만들어 내는 외적인 길입니다.

그래서 아주 오랫동안 여러분의 분리된 자아는 여러분이 외적인 길을 따르게 하려고 애써왔으며, 여기서 자만이 생겨납니다. 신에게 받아들여지려는 분리된 자아의 시도에서 생겨난 궁극적인 결과가 바로 자만입니다. 자만은, 이 세상이 규정한 기준에 합당하게 살기 때문에 결국은 분리된 자아가 신에게 받아들여질 수 있다고 느끼도록 만듭니다. 그러므로 여러분은 분리로 인해 생겨난 두려움, 즉 분리된 자아가 사라질 수 있다는 두려움을 가지고 살아가게 됩니다.

그런데 이 자만감은 "이 세상의 것들"에 기반을 두고 있으며, 이 세상에서는 현재 모든 것이 이원성으로 채색되어 있습니다. 결과적으로 모든 것에는 반대되는 것이 있고 모든 행위에는 반작용이 있으므로, 에고의 자만은 끊임없이 뭔가에 위협을 받게 될 것입니다. 달리 말하면, 에고는 자만을 사용하여 균형감을 만들 수 있지만, 언제나 위협을 받고 있으므로 이것은 진정한 평화가 아닙니다. 따라서 에고는 모든 위협에서 자만의 근원을 지키기 위해 상당한 양의 정신적인 자원을 사용해야 합니다. 그래서 많은 사람의 경우, 이것은 문자 그대로 그들의 삶을 집어삼켜 버립니다.

이제는 내가 무슨 말을 하려고 하는지 여러분이 볼 수 있었으면 합니다. 여러분은 영적인 구도자이며, 영적인 여정의 초기 단계를 넘어섰습니다. 그러므로 여정에서 쏟은 노력이 여러분을 그리스도 의식에 더 가까워지게 했을 것이고, 시작하기 전보다 이 목표에 더 가까워졌을 것입니다. 그러나 냉엄한 현실은, 가장 열정적인 학생들이 영적인 여정을 따르기 위해 할 수 있는 모든 것을 한 것처럼 보이지만, 정작 그리스도 의식에서 가장 멀리 떨어져 있다는 사실입니다. 이것은 많은 영적인 구도자와 심지어 스스로 영적인 스승이라 일컫는 사람들이 인정하지 못하는 사실이기도 합니다. 하지만, 내가 했던 말을 생각해 보세요.

> 그런데 첫째가 꼴찌가 되고 꼴찌가 첫째가 되는 사람이 많을 것이
> 다. (마가 10:31)

문제는, 이러한 사람들이 행하는 일이 외적인 길을 따르고 있다는 것입니다. 그들은 자신들이 한 모든 공부, 영적인 기법의 실천, 모든 노고를 통해 분리된 자아가 신에게 받아들여질 수 있게 하는 방향으로 나아가고 있다는 믿음을 강화하고 있을 뿐입니다. 결국, 분리된 자아가 그렇게 많은 영적인 일을 했다면 신은 그것을 받아들일 수밖에 없다고 믿기 때문입니다.

가장 성숙해야 하는 생명흐름들이 영적인 자만의 막다른 골목에서 길을 잃게 되는 모순을 볼 수 있습니까? 자만은 사람들이 그것을 보지 못하거나 그것이 무엇인지를 알 수 없을 정도로 매우 교묘합니다. 따라서 가장 앞서가는 학생이 되어야 할 사람들이 자만으로 눈이 멀어버렸고, 그 결과 그들은 살아 있는 그리스도가 나타났을 때 받아들이지 못한 율법학자들과 바리새인들처럼 되었습니다. 그들은 항상 살아 있는 그리스도를 알아보지만, 그리스도의 두 번째 도전에 실패하게 됩니다. 자만으로 인해, 살아 있는 그리스도가 그들을 자신의 멘탈 박스 밖으로 데리고 나가도록 할 마음이 없기 때문입니다. 그들의 생각에 그 멘탈 박스는 분리된 자아를 하늘에 닿을 수 있게 해주는 바벨탑과도 같습니다.

따라서 내가 수십 년 또는 평생 영적인 여정을 따르는 데 아주 열심이었던 사람들에게 다가가기가 더 어렵다는 것은 슬픈 사실입니다.

그들은 이미 구원을 확보했다고 생각하는데, 살아 있는 그리스도가 왜 필요하겠습니까? 그리고 그들이 어떻게 그 모든 노력과 성취를 놓아버리고 떠나야 한다고 말하는 스승을 따를 수 있을까요? 즉 다시 태어나 모든 것을 다시 시작하기 위해, 그들이 분리된 자아가 높였던 감각을 죽게 내버려둘 수 있을까요? 도대체 왜 지구상에서 이룬 모든 것을 갑자기 포기해야 한다고 할까요? 자, 간단히 대답하면, 여러분이 지구상에서 이룬 것으로는 지구 너머로 여러분을 데려갈 수 없습니다. 하늘에서 내려온 존재만이 하늘나라로 다시 올라갈 수 있습니다. 지구상에서 창조된 자아는 결코 살아 있는 그리스도의 결혼식에 참가할 수 없습니다.

* * *

이러한 것을 생각해 볼 때 다음과 같은 결론에 이를 수밖에 없습니다. 나는 영적인 여정에 대한 여러분의 접근방법에 대해 반드시 재고해야 하고, 그 일이 중요하다고 말하고 싶습니다. 분명한 사실은 여러분이 외적인 가르침을 따라 길을 올라갈 때, 외적인 길의 환영을 유지하거나 심지어 강화하기 위해 외적인 가르침을 사용하는 방법을 에고에게 교육하고 있다는 것입니다. 한 생명흐름이 더 성숙해질수록 에고는 더욱 교묘해지고, 자만의 근원인 외적인 길을 더 잘 방어하게 된다는 것은 냉혹한 사실입니다.

요점이 보입니까? 이 과정은 개인적인 그리스도 의식에 이르는 여정입니다. 그리고 이 여정에 대한 접근 방식이 자만으로 영향을 받는다면 그것이 아무리 미묘하더라도 그리스도 의식 상태에 도달할 수 없습니다. 진정한 내면의 여정이 아닌 외적인 길을 따랐기 때문에 목표에서 벗어난 것을 여러분이 육화에서 벗어난 후에야 알 수 있도록 영적인 여정을 힘들여 가게 하는 일에 나는 관심이 없습니다. 내 관심은, 여러분이 참된 여정에 굳게 정박하고 아직 육화해 있는 동안 그리스도 의식을 성취하도록 돕는 데 있습니다. 그리고 그 목표를 달성하기 위해, 여러분의 에고가 아무리 저항하더라도 나는 여러분에게 완전한 진리를 전해 줄 수밖에 없습니다.

또한 바로 이 점이 가장 수준 높은 학생들에게도 스승이 필요한 이유를 보여준다는 사실을 알 수 있나요? 여러분이 아직 지구에 있다는 바로 그 사실이 여러분이 어떤 형태의 멘탈 박스를 가지고 있음을 보여줍니다. 여러분이 길을 올라갈수록, 그 멘탈 박스는 더 미묘해지고, 따라서 그 틀을 구성하는 환영을 꿰뚫어 보기가 더 어려워집니다. 하지만 진정한 영적인 스승은 여러분의 개인적인 멘탈 박스 안에 있지 않으므로, 여러분을 눈멀게 하는 환영을 꿰뚫어 볼 수 있습니다. 그리고 그것이 바로 가장 "수준이 높은" 학생에게도 상승한 스승이 필요한 이유입니다. 따라서 정말로 수준이 높은 학생들은, 자신이 매우 수준이 높아서 스승이 필요 없다고 생각하는 사람들과는 달리, 자신에게 스승이 필요하다는 것을 인정하는 사람들입니다.

우리는 이제 이 과정에서 결정적인 전환점 중의 하나에 이르렀습니다. 실제로 여러분이 진정한 그리스도 의식의 여정에 들어설지 아니면 교묘하게 포장된 외적인 길에 머물지를 결정할 지점에 왔습니다.

그리스도 의식의 여정에서 기본적인 사실은, 참된 여정이 에고를 딜레마에 빠지게 하고 여러분의 에고가 수세에 몰리게 된다는 점입니다. 에고가 직면하는 두 가지 문제는 다음과 같습니다.

- 에고는 의식하는 자아로부터 숨어 있어야만 살아남을 수 있습니다. 의식하는 자아가 마침내 에고를 보게 되면, 에고는 자아를 지배하는 힘을 잃을 것입니다. 에고를 보기 위해서, 의식하는 자아는 단지 신의 실재에 조율할 수 있는 내재된 능력을 사용하기만 하면 됩니다. 다시 말해, 에고를 보려면, 의식하는 자아는 그저 보기만 하면 됩니다. 즉 에고는 의식하는 자아가 자신을 보지 못하도록 막아야 한다는 의미입니다. 에고는 의식하는 자아로부터 숨어 있어야 합니다.
- 일단 참된 길을 발견하고, 참된 기법을 실천하면서 참된 영적인 가르침을 공부하기 시작하면, 의식하는 자아는 필연적으로 에고를 드러낼 통찰력을 얻어서 우리 상승 마스터들과 동일한 감각으로 평가하고 분별하고 조율할 수 있도록 진전을 이룰 것입니다. 그래서 에고가 아무것도 하지 않으면 점차 노출될 것이라고 쉽게 예측할 수 있습니다. 하지만 여러분이 진정으로 그 여정을 이해한다면, 에고 또한 여러분의 진전을 가로막기 위하여 적극적으로 뭔가를 함으로써 위험을 무릅쓰게 될 것입니다. 여러분의 의식하는 자아가 에고의 특징인 변화에 저항하는 것을 볼 수 있게 되어, 에고가 노출될 수도 있습니다.

그래서 여기서 딜레마를 볼 수 있습니다. 에고는 하지 못할 일이 없지만, 여러분의 진전을 가로막기 위해 에고가 무엇을 하든 여러분의 의식하는 자아가 그것을 보기만 한다면 에고는 노출될 것입니다. 내 요점은, 여러분이 이제 이 역학을 의식적으로 깨달음으로써 앞을 향해 양자 도약을 할 수 있다는 것입니다. 그러면 여러분의 의식하는 자아는 이 깨달음을 사용하여 실제로 에고를 드러낼 수 있습니다. 여러분이 분명히 알아야 할 사실은 진정한 여정은 완전한 내면의 평화에서 벗어나게 하는 모든 것을 포기하는 것이 전부라는 것입니다. 여러분의 의식하는 자아에게 이러한 내면의 평화 상태는 자연스러운 상태입니다. 그것은 의식하는 자아가 진정한 자기 인식에 이를 때 나타나는 자연스러운 결과이기 때문입니다.

여러분이 신의 존재에서 나온 확장체이고 모든 것이 신의 존재로부터 창조되었다는 것을 알아차릴 때, 모든 생명의 하나됨을 깨닫게 됩니다. 그리고 모든 생명이 하나임을 볼 때, 생명은 실제로 그 자체를 해칠 수 없다는 것을 알게 됩니다. 따라서 이원성에 갇힌 사람들이 여러분을 십자가에 못 박고 여러분의 육체를 죽인다 해도, 진정한 여러분을 해칠 수 없습니다. 즉 여러분은 아무것도 두려워할 필요가 없다는 의미입니다. 그리고 여러분이 이 진리를 안다면, 그 진리가 여러분을 모든 두려움에서 자유롭게 할 것입니다. 여전히 여러분이, 이원성에 갇힌 사람들의 자유의지 선택에 좌우될 수 있는 육신 안에 있는 동안에도 마찬가지입니다.

내 요점은, 그리스도 의식에 이르는 참된 여정을 가기 위해서는 실제로 여러분을 이원적 투쟁에 갇히게 하는 모든 것을 놓아버려야 한다는 것입니다. 즉 그 여정은 모든 비실재를 놓아버리는 것, 포기하는 것이 전부라는 의미입니다. 에고는 이 포기에 저항할 것입니다. 이것이 왜 그런지 알겠습니까? 에고는 이 세상의 것들을 사용하여 자신을 하늘에 도달하게 해줄 바벨탑을 쌓으려고 하기 때문입니다. 에고는 영적인 우월감을 유지하기 위하여 영적인 여정에 대한 지식을 포함해 자신이 이 세상에서 얻었다고 느끼는 것을 계속 모으고 그것에 집착합니다. 따라서, 에고가 구원의 기반이라고 여기는 것을 여러분이 놓아버린다면, 이것이 에고에게는 문자 그대로 생사가 걸린 문제가 됩니다. 그러면 에고는 모든 것에 필사적으로 매달릴 것입니다.

결과적으로, 여러분의 의식하는 자아는 이 내적인 저항을 찾는 습관을 길러 에고를 드러내는 데 사용할 수 있습니다. 에고가 저항해서 스스로를 드러내도록 자극하기 위해, 이 세상의 어떤 것이든 놓아버리는 의도적인 실습을 해볼 수도 있습니다. 이것은 여러분의 의식하는 자아가 에고의 측면들을 보고 그것들을 포기하는 과정을 가속할 수 있습니다. 따라서 지금까지 에고가 상실의 두려움을 통해 여러분을 조종하는 데 사용해 왔던 에고의 딜레마를 이용하여 여러분은 이제 에고에게 압력을 가하는 것입니다. 에고가 아무것도 하지 않는다면, 노출되어 죽을 것입니다. 만일 저항한다면, 그것은 단지 에고를 더 빠르게 드러내 줄 뿐입니다. 이것이 바로 살아 있는 그리스도의 참된 제자의 표시입니다. 즉 에고에게 압력을 가해, 참된 영적인 스승에 대한 에고의 저항을 에고가 드러나도록 몰아붙이는 도구로 사용하려는 의지입니다. 그럼으로써 여러분은 에고를 있는 그대로 볼 수 있고, 그런 다음 에고는 환영이므로 떠나보낼 수 있습니다.

이와 대조적으로, 반-그리스도 마음의 거짓된 제자들은 아주 교묘하고 정교한 이원성 논리로, 의식하는 자아가 진리를 받아들이려는 것을 에고가 원하지 않는다며 거부하거나 해명하려 할 것입니다. 달리 말하면, 거짓 제자들은 살아 있는 그리스도와 진리의 메시지를 거부하기 위한 이원성 논리를 찾아낼 것입니다. 그들은 자신의 눈 안에 있는 들보를 찾아야 한다는 것과 스스로 달라질 필요가 있다는 것을 거부할 것입니다. 그렇게 하는 것은 거짓된 여정의 쳇바퀴에 그들을 더 단단히 붙들어 맬 뿐입니다. 그것은 분리된 자아를 신이 받아들여야만 한다거나 그런 논리를 펼칠 정도로 우월한 지위로 끌어올리려는 자만의 여정입니다.

그들은 스스로 선포한 그 어떤 정교한 논리로도 신을 속일 수 없다는 것을 알지 못합니다. 왜냐하면 신은 결코 이원성 마음에 영향을 받지 않기 때문입니다. 그러므로 이원성 논리는 그들에게 논리적으로 보일지라도 신에게 영향을 미치지 않습니다. 신은 실제로 업신여김을 받지 않으며, 자만이나 에고에 도취되어 스스로를 가장 "높은 수준"이라고 여기는 사람들이라도 특별히 대우하지 않습니다.

이것이 어떻게 자만과 연결되는지 보입니까? 이 여정의 본질은 에고의 비실재와 그리스도의 실재를 분별하는 것입니다. 하지만 자만심은 이러한 인식의 변화에 저항하게 만듭니다. 여러분은 에고의 환영을 점검하는 것에 저항하고, 자신의 눈 안에 있는 들보를 보는 것에도 저항합니다. 그리고 참된 영적인 스승을 인정하지 않고, 살아 있는 그리스도가 여러분을 현재 멘탈 박스를 넘어서도록 해주는 것을 거부합니다. 하지만 자만이 어떻게 새로운 비전에 대한 저항을 일으키는지 이해하게 되면, 실제로 그 저항을 사용하여 자만을 드러내고, 따라서 자만의 비실재를 있는 그대로 볼 수 있습니다. 일단 의식하는 자아가 자만이 비실재임을 알면 자만으로부터 분리될 것이고, 따라서 에고 일부가 죽게 됩니다. 반면에 여러분은 자신의 근원과 더 높은 하나됨으로 다시 태어나게 됩니다.

* * *

내가 말했듯이, 모든 영적인 독소는 신의 특성에 대한 왜곡입니다. 그리고 여러분에게 평화에 대한 열망으로 나타나는 신의 평화의 특성이 왜곡된 것이 바로 자만입니다. 내가 말했듯이, 여러분에게는 그 이상의 것에 대한 열망이 내재되어 있으며, 그것이 물질세계를 넘어서 영적인 여정을 추구하도록 여러분을 계속 이끌어 갑니다. 그러나 그 이상이 되려는 욕구는 실제로 궁극적인 평화에 대한 갈망입니다.

　에고가 자만심을 통해 실제로 추구하는 것이 궁극적인 평화의 상태임이 보입니까? 그렇지만 에고는 단지 물질 우주의 에너지만 사용할 수 있으므로, 결코 결실을 맺을 수 없는 방법으로 이 평화를 구축하려 합니다. 에고는 끊임없이 변하고 영원하지 않은 이 세상에서 영원한 평화를 만들어 내려고 노력하고 있습니다. 스스로를 어떤 우월한 지위로 들어올려서 평화를 만들려고 합니다. 그러나 에고의 우월감은 모든 것에 그 반대 극이 있는 이원성 의식에 기반을 두고 정의됩니다. 따라서 에고는 평화의 감각을 구축할 수 있지만, 언제나 위협을 받게 됩니다.

　여러분의 의식하는 자아는 궁극적인 평화에 대한 열망을 지니고 있으므로, 평화를 얻으려는 에고의 시도에 쉽게 흔들리게 됩니다. 그 궁극적인 평화는 오직 한 가지 방법으로만 얻을 수 있습니다. 우선 전체 생명의 나아가는 흐름인 생명의 강과 하나가 되고, 그런 다음 여러분의 근원인 창조주와 하나가 되는 것입니다. 미묘한 차이가 보입니까? 에고는 평화가 영속적인 상태, 아무것도 변하지 않는 상태라고 생각합니다. 그러나 진정한 평화는 끊임없는 자기 초월의 상태이며, 생명의 강과 하나된 상태입니다.

　에고와는 달리, 의식하는 자아는 실제로 영원한 평화, 이 세상의 어떤 것에도 위협받지 않는 평화를 얻을 수 있습니다. 그러나 분리의 환영을 포기해야만 그렇게 할 수 있습니다. 여러분이 이 환영을 붙잡고 있는 한, 이 세상의 것을 통해 평화를 추구하려는 에고의 두려움을 피할 수 없게 됩니다. 그것은 불평등에 바탕을 둔 우월성에 의한 불안정한 평화이기 때문입니다.

진정한 평화를 얻으려면, 평등의 지혜를 생각해 보세요. 이 지혜를 진정으로 이해할 때, 여러분은 모든 것이 평등함을 깨닫게 됩니다. 모든 것이 신이고, 모든 것이 신의 존재로부터 창조되었기 때문입니다. 그렇게 해서 여러분은 어떤 궁극적인 상태를 향한 갈망을 극복할 수 있습니다. 변화하지 않는 형태의 궁극적인 상태란 없음을 깨닫기 때문입니다. 지금 자신이 가진 것과 분리된 어떤 궁극적인 상태를 찾는 한, 평화는 찾을 수 없습니다. 지금 여러분이 가진 것, 지금 있는 그대로의 여러분이, 바로 궁극적인 상태임을 깨달아야만 평화를 찾을 수 있습니다. 왜냐하면, 그것이야말로 신의 지속적인 자기 초월 과정의 일부이고 그 이상(MORE)이 되려는 춤이기 때문입니다. 따라서 유일한 궁극적인 상태는 끊임없는 자기 초월의 상태입니다. 신의 나라가 여러분 안에 있고 신의 나라가 가까이 있다는 내 말을 곰곰이 생각해 보세요. 여러분이 자신의 외면에서 그 나라를 찾거나 심지어 미래에서 찾는다면, 결코 신의 나라를 찾을 수 없을 것입니다.

오로지 불평등한 환영을 놓아버릴 때만 그 나라를 찾게 됩니다. 바로 그 환영이, 신의 나라가 여러분이 있는 곳에 있지 않다는 믿음을 일으키기 때문입니다. 자신이 신의 나라 밖에 있다고 생각하는 것이 어떻게 가능한지 잘 생각해 보세요. 여러분이 불평등을 믿고 있기 때문이 아닐까요? 그래서 바로 지금 여러분이 있는 곳이, 저 멀리 있다고 여기는 신의 나라보다 낮은 지위에 있다고 생각할 수 있는 것입니다. 그러나 창조물 중에서 신이 없이 생겨난 것은 아무것도 없습니다. 즉 모든 것이 신의 존재에서 나왔으므로, 모든 것이 신과 같다는 의미입니다. 실제로 신의 나라는 어디에나 있으며, 여러분은 이제 모든 것이 그 나라임을 알고 있습니다. 따라서, 지금 여기가 바로 그 나라임을 알아차릴 때만 신의 나라를 찾을 수 있습니다! 여러분은 자신이 신의 나라에 있다는 사실을 인식하고 있습니다. 왜냐하면 신이 여러분과 다른 모든 것으로 그 자신을 표현하고 있음을 여러분이 알고 있기 때문입니다.

난공불락의 영구적인 평화 상태가 여러분의 궁극적인 목표라는 것을 곰곰이 생각해 보고 인정하세요. 그런 다음, 있는 그대로의 존재만이 그러한 평화, 이해를 뛰어넘는 평화를 얻을 수 있다는 사실을 깨달아야 합니다. 즉 진정한 여러분은 창조주의 개체화인 의식하는 자아임을 의식적으로 인지하고 받아들여야 합니다. 그리고 여러분은 바로 그 무한한 창조주의 존재에서 나왔으므로, 여러분은 이 유한한 세상의 어떤 것에도 위협받을 수 없습니다. 여러분은 이 세상에 있지만, 이 세상에 속하지 않습니다. 이 깨달음에 진정한 평화, 비이원적인 평화의 열쇠가 놓여 있습니다.

＊＊＊

자만은 타락한 천사들의 특징입니다. 그들은 이 행성에 자만이라는 에너지 소용돌이의 근원을 만들어낸 자들입니다. 그 이후로 그것은 많은 사람에 의해 강화되었으며, 심지어 그중에는 그리스도 의식의 여정을 따랐던 사람도 많았을 것입니다. 명백히 밝혀야 할 점은, 타락한 의식의 요소가 여러분의 존재에 남아 있다면, 살아 있는 그리스도의 참된 제자가 될 수 없습니다. 따라서 타협하지 않고 인정사정없이 그것을 드러내야만, 의식하는 자아가 자만으로부터 자신을 분리할 수 있습니다.

그런 면에서, 자신이 신보다 더 잘 안다고 믿기 시작하면서 일부 천사들이 추락하게 되었음을 이해하는 것이 중요합니다. 그들이 그렇게 믿었던 것은 이원적인 마음의 필터를 통해 모든 것을 보기 시작했기 때문입니다. 여러분도 알다시피, 이 마음에는 항상 하나는 좋고 다른 하나는 나쁘다는 두 반대 극성이 있습니다. 그래서 일단 이 세계관을 채택하게 되면, 여러분이 어떤 한 극성에 속하는 경우, 여러분은 옳을 수밖에 없고, 다른 극성에 속한 사람들은, 심지어 신일지라도, 모두 틀릴 수밖에 없다는 결론이 뒤따릅니다.

따라서 이로 인해 추락이 일어났으며, 추락한 이후에 이 천사들 중 일부는 자신이 옳고 신이 틀렸다는 것을 증명하기 위해 결코 성공할 수도 없고 끝나지도 않을 투쟁에 휘말리게 되었습니다. 지구에서도 많은 정치적, 과학적, 종교적 이론이나 철학이 신의 잘못을 증명하려는 욕망, 심지어 신이 없다는 것을 증명하려는 욕망에서 출발합니다.

여러분은 이 미묘한 이원적 환영을 드러낼 필요가 있습니다. 그것을 돕기 위해, 내가 말하고 있는 것에 대한 예를 들어보겠습니다. 자만심은 분명히 다른 사람들보다 우월하다는 느낌, 우월 콤플렉스로 이어집니다. 하지만 여러분은 그 반대인 열등 콤플렉스 또한, 자만심에서 생겨난다고 생각해 본 적이 있나요?

이것이 왜 그럴까요? 신이 그 자신의 독특한 확장체로 여러분을 창조했기 때문입니다. 따라서 여러분은 다른 존재에 비해 우월하지 않고 열등하지도 않습니다. 앞의 열쇠에서 보았듯이, 여러분은 독특하며, 독특함에는 비교할 여지가 없습니다. 즉 열등감이나 우월성에 관한 가치 판단의 여지가 없다는 것입니다. 이것이 평등의 지혜입니다. 여러분은 독특함에서 다른 모든 고유한 존재와 동등하며, 열등-우월의 이원성이 필요하지 않기 때문입니다.

그러나 이원성 마음에 발을 들여놓으면, 여러분은 실재를 볼 수 없습니다. 여러분은 실재에 이원성 이미지를 겹쳐 놓게 되고, 이 관점에서는 두 가지 극성이 있을 수밖에 없습니다. 따라서 이원성 마음에서는 가치 판단을 해야만 독특함이 존재할 수 있습니다. 이것은 이 세상이 정의한 기준에 따라 우월하고 열등한 것을 평가하는 기준을 만들어냄으로써 이루어집니다. 그러나 진짜 요점은, 이 기준이 사실상 여러분이 신보다 더 잘 알고 있다고 말한다는 것입니다. 말하자면 이제 여러분은 신이 창조한 것에 대해, "정말로" 어떤 존재가 다른 존재에 비해 우월하다고 보기 때문입니다. 뱀이 이브에게 말했듯이, 여러분은 이제 선과 악에 대한 지식을 가지게 되었으며, 그것은 상대적인 선과 악을 뜻합니다.

이러한 기준을 적용함으로써, 여러분은 자신이 신보다 더 잘 알고 있다고 믿는다는 것을 보여줍니다. 그리고 이것은 타락한 천사들의 교만과 같습니다. 따라서 자신이 열등하다고 생각하더라도, 여전히 신보다 더 잘 안다고 여기는 것입니다. 즉 열등감은 신께서 창조한 것을 깎아내리는 자만심의 결과입니다.

여러분은 자신의 고유한 개성을 다른 모든 존재와 동등하다고 보는 대신에, 여러분의 개성이 그들과 분리되어 있다고 생각합니다. 즉 다른 존재보다 더 좋거나 더 나쁘다고 생각합니다. 자신을 모든 생명과 하나라고 보는 대신, 여러분 자신이 생명과 분리되어 있다고 봅니다. 즉, 모두를 들어올리기 위해 여러분의 개성을 표현하는 대신, 이원성의 필터를 통해 보게 된 여러분의 개성을 사용하여, 분리된 자아를 다른 존재들보다 더 나쁘거나 더 좋은 독특한 위치에 둡니다. 하지만 개성을 다른 사람들과 비교한다는 것은 말이 되지 않습니다. 참된 개성은 독특하며, 따라서 비교를 하는 의미가 없기 때문입니다.

당연히 살아 있는 그리스도의 제자가 되려면, 여러분은 영적인 사람들이 자신이 다른 사람들보다 더 낫다고 느끼게 하는 여러 가지 교묘한 수단을 극복해야 합니다. 하지만 여러분은 또한 많은 영적인 사람에게 거짓된 겸손한 느낌이 들게 하는 반대 극단도 피해야 합니다. 이때 여러분은 비록 자신을 비하하는 경우라도 여전히 자만에 갇혀 있다는 것을 알 수 있습니다. 신은 여러분을 충분히 가치 있게 창조하셨기 때문에, 여러분이 자신을 가치 없다고 판단한다면, 신이 창조한 것에 대해 신보다 더 잘 알고 있다고 말하는 것입니다.

많은 종교인이나 영적인 사람들이 자만의 위험을 인식하게 되었지만, 그들은 자신을 보잘것없는 사람으로 낮추고, 자신이 가치가 없다고 여긴다는 의미에서 완전한 "겸손"을 추구하며 다른 극단으로 나아갔습니다. 그러나 이것마저도 자만입니다. 왜냐하면 이야말로 신이 창조물이 아무것도 아니라고 말하는 것이 아닐까요?

실제로, 창조주가 여러분을 창조했을 때 가치가 없는 존재를 창조한 것이 아닙니다. 신은 그 자체로 고유한 확장체를 창조하였으며, 신이 여러분을 창조했다는 사실만으로도 여러분은 본질적으로 가치가 있습니다.

내가 이렇게 말하는 이유는, 우월감은 열등감 없이는 존재할 수 없기 때문입니다. 그 둘은 같은 동전의 양면입니다. 실제로 우월감은 저변에 깔린 열등감을 감추고 있을 뿐입니다. 자만심이 강한 사람일수록 열등감이 더 깊습니다. 그들은 열등감을 감추고 다루기 위해 자만이 필요합니다. 하지만 더 많이 자만할수록, 균형을 잡기 위해 열등감 속으로 더 깊이 빠져듭니다.

열등감은 어디에서 오는 것일까요? 그것은 분리의 환영에서 옵니다. 분명한 점은, 신과 분리된 것은 그 나라에 들어갈 수 없으며, 에고는 자신이 들어갈 가치가 없다고 느낄 것입니다. 그러므로 에고가 원초적인 두려움을 결코 피할 수 없듯이, 원초적인 열등감도 결코 벗어날 수 없습니다. 에고는 상대적인 우월감을 만들어냄으로써 열등감을 보상하려는 몸부림에 영원히 갇혀 있다는 의미입니다.

이것은 딜레마의 상황을 나타냅니다. 여러분이 자만을 극복하기 위해서는 반드시 자만을 환영으로 보아야 하는데, 그러면 우월감이 산산조각 나게 되기 때문입니다. 문제는 자만이 아직 의식하는 마음에 의해 인식되지 못했던 열등감을 드러내며, 종종 그 사람의 자존감을 무너뜨리고 우울한 상태로 몰아간다는 것입니다.

그래서 항상 그렇듯이, 여러분은 자존감을 무너뜨리지 않으면서 자만심을 극복할 수 있도록, 중도(Middle Way)를 취하기 위해 노력해야 합니다. 여러분은 분리된 자아의 비현실적인 관점, 곧 분리된 자아가 우월하거나 열등하다는 두 가지 견해를 모두 극복해야 합니다. 그 대신 자신에 대한 실제적인 관점, 말하자면 여러분의 진정한 자아, 여러분의 의식하는 자아는 창조주 존재(Creator's Being)의 독특한 확장체라는 관점을 채택해야 합니다. 나는, 여러분의 의식하는 자아가 신과 함께하는 공동창조자라는 자신의 진정한 정체성을 의식하고 받아들이기를 바랍니다. 다시 말해, 이 세상의 것에 근거한 현재의 자존감 대신, 영적인 존재로서의 여러분의 진정한 개성에 근거한 새로운 자존감을 구축해야 합니다. 그리고 이 자존감은 이 세상의 어떤 것에도 위협받지 않습니다. 그것은 이원적인 것이 아니므로 반대 극성이 없으며, 평등의 지혜에 근거하기 때문입니다.

열등감과 우월감의 이원성을 어떻게 극복할 수 있을까요? 이를 위해서는 여러분의 에고가 신보다 더 잘 알고 있다는 믿음을 극복해야 합니다. 열등감이나 우월감을 느낄 수 있는 것은 에고일 뿐, 진정한 여러분에게는 이러한 느낌이 전혀 필요하지 않음을 알아차려야 합니다. 진정한 여러분은 단지 이 세상에서 자신의 독특한 개성을 표현하는 일에 집중하며 존재할 뿐이므로, 어떤 가치 판단에도 주의를 기울일 여지가 없습니다. 진정한 여러분은 우월감과 열등감의 환영을 태워 버리는 평등의 지혜를 봅니다. 따라서, 자신을 다른 사람들과 비교하는 것에 대한 모든 걱정이 사라지며, 여러분은 진정한 자신으로 존재하는 것에만 초점을 둡니다.

* * *

한층 더 깊이 들어가서, 열등감-우월감의 이원성으로 인해 진정한 여러분이 길을 잃게 된다는 것을 깨달아야 합니다. 여러분의 의식하는 자아가 분리의 환영에 갇히게 되면, 필연적으로 여러분은 우월감으로 자신을 방어함으로써 열등감을 회피할 필요를 느끼게 됩니다. 이것은 여러분의 시간과 주의를 다 먹어 치울 것입니다. 그뿐만 아니라 심지어 여러분이 자신의 영적인 개성을 부정하고 이 세상에서 그것을 표현하는 것을 멈추도록 여러분을 프로그램할 것입니다.

여러분은 이 세상에 독특한 선물을 가져다줄 목적으로 창조되어 이 세상으로 보내진, 더 큰 영적인 존재의 확장체입니다. 마이트레야께서 자세히 설명하셨듯이, 여러분은 영적인 빛을 이 세상에 가져와서, 이 구체가 영적인 세계의 일부가 될 수 있도록 빛으로 채우고 상승시키기 위해서 이곳에 있습니다. 그러므로 여러분은 자신의 독특한 영적인 정체성을 표현함으로써 이 세상에 빛을 가져오고, 이 세상을 신의 나라에 더 가까워지게 합니다.

오늘날 지구는 삶의 모든 측면이 이원적인 마음에 의해 깊은 영향을 받는 행성입니다. 그러므로 여러분이 여기에 있는 또 다른 목적은 여러분의 영적인 정체성을 표현하여, 그 이상이 있음을, 즉 이원적인 마음을 넘어서는 뭔가가 있음을 보여주는 것입니다. 담대하게 자신의 그리스도 의식을 표현함으로써, 이원성을 벗어나는 방법이 있다는 것을 보여줄 수 있습니다. 바로 이것이 2,000년 전 내 임무의 주된 목적이었습니다.

이제 여러분은 지구상에 이원적인 마음에 완전히 갇혀 있는 존재들이 많다는 사실을 알아야 합니다. 그들은 자신들이 이 행성을 소유하고 있다고 생각합니다. 그리고 신이 그들에게 지구를 주었거나, 아니면 신이 없다고 생각합니다. 따라서, 누군가가 이원성 환영을 벗어나 이원적인 마음을 넘어서는 무언가가 있다고 보여주는 것을, 이 존재들은 절대로 원하지 않습니다. 그들은 지구에서 많은 사람이 자신의 그리스도 의식을 표현하는 것을 절대로 원하지 않습니다. 결국 이 존재들은 여러분의 빛을 원하지 않으며 여러분의 진리를 원하지도 않습니다. 그래서 여러분이 그것을 나누지 못하도록 무슨 일이든 다 할 것입니다.

알다시피, 그들은 여러분이 히말라야의 동굴 안에 앉아 있는 한, 높은 의식 상태에 도달하더라도 개의치 않습니다. 그들은, 내가 했던 것처럼, 여러분이 시장에 나가서 사람들을 일깨우는 것을 원하지 않습니다. 그들은 여러분이 이런 일을 하지 못하도록 막기 위해서 무슨 일이든 할 것입니다. 이전 시대였다면, 2,000년 전에 나를 죽였듯이, 그들은 사람들을 죽였을 것입니다.

여기서 내 요점은, 여러분이 전생에 자신의 영적인 빛과 그리스도의 진리를 나누려고 했을 때 잔인하게 거절당한 경험을 했다는 것입니다. 그리고 이로 인해 열등감, 즉 세상이 여러분의 빛과 진리를 원하지 않는다는 느낌, 세상이 여러분을 원하지 않는다는 느낌을 가지게 되었습니다. 그러므로 이것을 보상하기 위해, 많은 영적인 사람이 세상의 기준에 따르는 영적이고 종교적인 삶을 영위함으로써 지신의 영적인 재능이 열등하다는 느낌을 피하려는 이원적인 게임으로 빠져들었습니다. 다시 말해, 지구상의 어느 종교를 부지런히 따르며, 항상 세상의 기준이 요구하는 일을 하면서 평생을 보낸 충실한 영성인이 많다는 것입니다. 그렇게 함으로써 그들은 세상에서 자신의 진정한 자아가 거절당하는 열등감과 고통을 물리칠 수 있었습니다. 하지만 동전의 다른 면은 미묘한 우월감을 일으킨다는 것입니다. 그래서 세상이 받아들일 수 있는 자아, 곧 분리된 자아가 우월하다는 믿음을 형성했습니다.

그러므로 여러분은 거절당했다는 이 오래된 상처를 드러내고 이 감정들을 해결해야 합니다. 어떻게 하면 이렇게 할 수 있을까요? 자유의지를 완전히 이해해야만 가능합니다. 그러면 자유의지를 온전히 존중하게 됩니다.

여러분은 자유의지에 대한 마이트레야의 가르침을 다시 한번 공부할 필요가 있으며, 앞의 열쇠에서 보았듯이, 다른 사람들을 변화시키기 위하여 이곳에 있는 것이 아님을 깨달아야 합니다. 여러분은 오로지 자신의 독특한 선물을 나누기 위해, 여러분 상위자아의 태양이 하위자아를 통해 빛나게 하려고 여기에 있습니다. 이것은 다른 사람들이 여러분의 선물을 거절할 권리가 있으며, 이원성에 의해 눈먼 사람들이 그것을 거절할 가능성이 크다는 사실을 존중해야 한다는 의미입니다. 하지만 그들이 거부하는 것이 여러분이나 여러분 선물의 가치에 대한 반영이 아니라는 사실도 알아야 합니다. 그들이 거절하는 것은 전적으로 그들의 의식 상태에서 나온 결과입니다!

이것이 왜 그런지 알겠습니까? 여러분이 빛을 비출 때, 이원성의 안경을 통해 세상을 보는 사람에게 그 빛이 어떻게 보일까요? 자, 여러분의 영적인 빛은 분리되어 있지 않습니다. 그것은 이 세상의 어떤 것과도 같지 않다는 의미이며, 그것이 바로 사람들에게 이원성을 넘어서 볼 기회를 주는 이유입니다. 하지만 이원성에 갇힌 사람은 그 빛을 순수한 것으로 볼 수 없습니다. 그 사람이 보는 것은 그의 에너지장을 통과한 빛이며, 따라서 그의 이원적인 진동으로 채색된 빛입니다. 이것은 그 사람이 보는 것이 여러분이 나눠주는 순수한 빛이 아니라 이원성으로 채색되어 이원적인 하나의 극성으로 나타나는 빛이라는 의미입니다. 그러나 이원적으로 보이더라도, 여러분의 빛은 여전히 매우 강렬할 것이며, 따라서 그 사람의 균형 감각을 방해합니다. 그 사람은 이것을 이원성을 초월할 기회로 보지 않고 자신을 위협하는 것으로 봅니다. 그 빛이 이원성에 의해 채색되었기 때문에 이미지가 그 위에 투사되어, 그것은 그 사람의 자만심과 같은, 그 사람의 균형감을 이루는 기반 자체와 반대되는 것으로 보입니다.

그것이 바로 율법학자들과 바리새인들이 단순히 나를 무시할 수 없었던 이유입니다. 내가 표현한 빛은 너무나 강렬해서 그들에게 두려움을 일으키고 그들의 자만심을 자극했기 때문에, 나를 침묵시키는 일은 그들에게 생사가 걸린 문제가 되었습니다. 내 요점은, 사람들이 자만으로 더 깊이 눈이 멀수록 그리스도 빛을 더 큰 위협으로 보게 된다는 사실입니다. 즉 사람들이 여러분의 빛을 거부할 때, 그것은 여러분과는 아무런 상관이 없으며, 전적으로 그들 자신의 이원적인 의식 상태와 관련이 있습니다. 그들은 여러분을 거부하는 것이 아니라, 그들의 이원적 환영으로 인해 그들 자신의 마음속에 생겨난 여러분의 이미지를 거부하는 것입니다.

이 사실을 인식할 때, 여러분은 자신의 자유의지를 완전히 존중할 수 있으며, 세상이 거부하든 받아들이든 여러분에게 어떤 영향도 미치지 못하게 하겠다고 결정할 수 있습니다. 세상이 여러분의 선물을 거절하든 받아들이든 상관없이, 여러분은 자신의 빛을 비추며, 여러분의 진리를 모두에게 널리 알릴 것입니다. 여러분은 사람들이 햇빛을 받아들이든 거절하든 상관없이 빛나는 태양이 될 것입니다. 그래야만 여러분은 지구상에서 살아 있는 그리스도가 될 수 있습니다.

내가 여러분을 도와 여기서 성취하도록 하려는 것은, 여러분이 세상에 받아들여지든 거부되든 상관없이 완전한 내면의 평화를 누리는 마음의 상태로 들어가게 하는 것입니다. 여러분은 자신이 누구인지 알고, 자신이 신의 존재의 독특한 개체화이며, 지구상에 있으면서 자신의 빛을 비출 권리가 있음을 완전히 받아들입니다. 여러분은 이원성의 환영을 꿰뚫어 보고, 지구상의 모든 사람이 여러분의 선물을 거절할지라도, 자신이 잘못되었거나 자신의 선물이 가치가 없다는 의미가 아님을 알게 됩니다. 그렇지만 누군가는 항상 여러분의 선물을 받아들일 것입니다. 여러분은 창조주의 무한한 존재(Creator's infinite Being)의 확장체이므로 무한히 가치가 있습니다.

반면, 지구상의 모든 사람이 여러분의 분리된 자아를 받아들인다고 해도, 그것이 분리된 자아를 신의 눈에 들게 만들 수는 없습니다. 따라서 여러분은 분리된 자아의 우월성을 입증하려는 모든 게임을 넘어설 수 있습니다. 여러분은 창조될 때 의도되었던 대로의 진정한 자신이 되고, 삶의 모든 측면에서 그것을 마음껏 표현하며 펼칠 수 있습니다. 그리고 세상이 여러분을 받아들일지 거부할지에 마음 쓰지 않고, 진정한 자신이 되는 것에 초점을 맞출 때, 여러분은 완전한 내면의 평화를 얻게 됩니다. 여러분은 또한 이곳에 온 이유를 성취하게 됩니다. 그것은 여러분의 분리된 자아를 비롯한 그 누구도 닫을 수 없는 열린 문이 되는 것입니다!

* * *

여기서 요점이 보입니까? 자만은 잘 해내고 싶고, 진정한 여러분이 되고 싶고, 이 세상에서 완전함을 표현하여 평화를 얻으려는 열망의 왜곡이라고 말할 수도 있습니다. 다시 말해, 여러분은 자신의 영적인 정체성을 표현해야만 완전해질 수 있습니다.

> 하늘에 계신 아버지께서 완전하신 것같이 너희도 완전한 사람이 되어라. (마태 5:48)

하지만 언제나 그렇듯이, 분리의 두려움은 참된 열망을 왜곡시킵니다. 따라서 여러분의 영적인 완전함을 표현하려는 열망은 거부에 대한 두려움으로 물들게 되어, 이 세상에서 받아들여지고 싶은 욕망으로 변합니다. 그러므로 여러분은 거절당하는 두려움을 피하려고 이 세상의 "완전함"에 대한 기준에 자신의 행동을 맞추기 시작합니다. 물론 그 기준은 이원성 의식에 의해 규정됩니다. 그런데 여러분은 바로 이원성 의식 너머에 뭔가가 있음을 증명하려고, 여러분의 영적인 정체성을 표현하려고 여기에 있는 것입니다. 그러므로 이원적인 기준에 맞춰 자신의 영적인 정체성을 표현하려고 할 때, 여러분은 이곳에 온 처음의 목적을 포기하는 것입니다.

따라서 여러분은 거절당하는 두려움을 뒤로하고, 자만보다는 완전함을 표현하려는 욕구를 높일 필요가 있습니다. 여러분은 지구상에서 규정된 어떤 기준에 따라 완벽함을 표현하려고 여기에 있는 것이 아닙니다. 여러분은 자신의 영적인 정체성의 고유한 완전함을 표현하기 위해 여기에 있습니다. 그것은 이 세상과 세상의 이원적인 기준을 넘어서기 때문에 그야말로 완전하며, 그래서 그 완전함은 지구상의 어떤 기준에도 들어맞지 않습니다. 여러분은 이미 진정한 여러분, 창조되려고 했던 존재가 되기 위해 여기에 있습니다. 이것은 "사느냐 죽느냐(To be, or not to be)"라는 햄릿의 유명한 질문에 숨겨져 있는 수수께끼입니다.

여러분은 완벽한 인간이 되기 위해 여기에 있는 것이 아닙니다. 왜냐하면 그것은 외적인 길 이면에 놓인 거짓말, 세상이 정한 완벽함의 기준에 맞춰 살면 분리된 자아가 신에게 받아들여질 것이라는 거짓말이기 때문입니다. 여러분은 신이 창조한 완전한 존재가 되기 위해 여기에 있습니다. 즉 이제 열린 문이 되어 여러분의 존재를 통해 신의 완전함이 빛나게 하기 위해서입니다.

1 정말 잘 들어두어라. 양 우리에 들어갈 때 문으로 들어가지 않고 딴 데로 넘어 들어가는 사람은 도둑이며 강도다.
2 양 치는 목자는 문으로 버젓이 들어간다.
7 예수께서 또 말씀하셨다. "정말 잘 들어두어라. 나는 양이 드나드는 문이다.
9 나는 문이다. 누구든지 나를 거쳐서 들어오면 안전할뿐더러 마음대로 드나들며 좋은 풀을 먹일 수 있다. (요한 10장)

* * *

인류를 보면, 사람들이 극도로 자기중심적인 의식부터 더 영적인 의식에 이르기까지 다양한 의식 수준에 있음을 쉽게 알 수 있습니다. 여기서 더 영적이라는 말은 신-중심의 더 큰 자아에 중심을 두고 있다는 의미입니다. 내가 왜 대중에게 비유로 가르쳤을까요? 당시에는 그리스도 의식의 여정을 이해할 준비가 된 사람들이 거의 없었기 때문입니다. 그리고 현시대에는 더 많은 사람이 준비되어 있지만, 여전히 참된 여정을 받아들이는 사람은 말할 것도 없이, 그 길을 이해할 수 있는 사람도 적은 비율에 지나지 않습니다.

이것은 살아 있는 그리스도의 제자들에게 흥미로운 딜레마를 만들어냅니다. 그 여정의 핵심은 평균적인 사람 이상으로, 대중의식 이상으로 자신을 높여야 한다는 것입니다. 대부분의 사람은 여정을 이해하지 못하기 때문에, 여정과 그 여정을 따르는 사람들을 거부하거나 조롱하는 경향이 있습니다. 그러므로 그 여정을 가려면 여러분이 일반 대중에게서 떨어져 있다는 사실에 연연하지 않아야 합니다. 사실 여러분을 다른 모든 사람처럼 행동하게 만들고 그 여정을 거부하게 만들려는 대중의식의 인력에서 벗어나기 위해 여러분은 열심히 노력해야 합니다.

이것은 엘리트주의가 지닌 본질적인 위험을 초래합니다. 영적인 사람들은 "우리는 대부분의 사람이 하고 싶지 않거나 할 수 없는 일을 하므로 그들보다 더 낫다. 우리는 참된 길을 이해하고 세상을 구하고 있지만, 그들은 단지 먹고 마시고 희희낙락할 뿐이다."라는 생각을 쉽게 할 수 있습니다. 사실 영적인 사람은 쉽게 친구를 찾을 수 없이 동료들로부터 받아들여지지 않는 "부적응자"인 경향을 분명히 가지고 있습니다. 실제로 어떤 사람들은 영적인 여정이 그들의 에고에게 우월감을 구축할 수 있는 기반을 제공한다는 바로 그 이유로 영적인 여정을 따릅니다. 달리 말하면, 이 사람들은 영적인 여정을 보통 사람으로부터 거리를 두는 방법으로, 인생의 초기에 거절당함으로써 쌓인 열등감을 보상하는 방법으로 이용합니다. 이것은 지속적이고 미묘한 도전이며, 여러분이 그에 대한 문제를 보지 못한다면, 그리스도 의식의 여정에서 서서히 머뭇거리게 되고 어떤 지점에서 멈춰버리게 됩니다.

다르다는 느낌, 사람들 사이에서 눈에 띈다는 느낌, 여정에 있지 않

열쇠 8: 자만의 미묘한 덫에서 빠져나오기

거나 여러분만큼 멀리 따라오지 않은 사람들보다 우월하다는 느낌을 강화하기 위해 여정을 이용하려는 유혹을 어떻게 극복할 수 있을까요? 살아 있는 그리스도가 실제로 누구인지를 여러분이 인식해야만 극복할 수 있습니다. 살아 있는 그리스도를 위한 좌우명은 이것입니다. "그것은 나에 관한 것이 아니다!"

살아 있는 그리스도는 자신이 구원을 확보하거나 다른 사람들과 비교하여 분리된 자아를 들어올리기 위하여 육화하지 않았음을 분명하게 알고 있습니다. 살아 있는 그리스도는 모든 생명의 하나됨을 보여주기 위해 여기에 있습니다. 즉 그리스도는 보통 개인적이라고 여겨지는 그런 목표를 위해 일하는 것이 아니라는 의미입니다. 그리스도가 개인적인 목표를 위해 일한다고 말할 수 있지만, 그리스도는 자신을 모든 생명과 하나로 보기 때문에, 모든 사람을 들어올리고 지상에 신의 나라를 구현하는 것을 개인적인 목표로 하며 일을 합니다. 신의 목표가 곧 여러분의 개인적인 목표가 되는 것입니다.

즉, 영적인 엘리트 의식이나 영적인 자만의 유혹을 극복하는 유일한 방법은, 분리된 자아가 죽도록 하여, 더 낫거나 부족하다는 개념이 아무 의미가 없는, 하나됨의 감각을 개발하는 것입니다. 다시 말하지만, 이것이 평등의 지혜이며, 모든 생명이 근본적으로 하나라는 비전으로 이어집니다.

나는 이 과정에 있는 학생 중 일부는 엘리트 의식을 가지고 있고, 이 길을 이해할 수 있다는 점에서 자만심을 가질 수 있으며 대부분의 사람보다 우월하다고 느낄 수 있다는 점에 대해 충분히 이해합니다. 나는 이것을 많은 학생이 겪는 하나의 단계로 보고 있습니다. 따라서 나는 이렇게 느끼는 것에 대해 누구도 비난하지 않습니다. 그렇지만 나는 그것을 무한정 지속하기보다는 시간제한이 있다는 의미에서 하나의 단계로 봅니다. 그리고 이제는 그 단계가 끝났다고 결정할 때가 되었습니다. 여러분은 다음 단계로 들어가서 자신의 상위자아와의 하나됨을 위해, 다음에는 신과의 하나됨을 위해, 그다음에는 모든 생명과의 하나됨을 위해 일할 준비가 되었기 때문입니다.

그리고 여러분이 아직 그 시점에 있지 않다면, 이 과정을 제쳐두고 밖으로 나가서 여러분의 에고가 듣고 싶어하는 것을 들려줄 거짓 교사를 찾아보라고 제안합니다. 그렇게 한다고 여러분을 비난하지 않을 것입니다. 나는 단지 여러분이 고난의 학교를 실컷 경험하고 참된 길로 돌아오겠다고 결정하기를 기다릴 것입니다.

열쇠 8을 위한 연습

이 열쇠를 위한 도전 과제는, 여러분의 자만을 드러내어 그것이 무엇인지 보는 것입니다. 그러면 그것을 놓아버릴 수 있습니다. 하지만 죄책감이나 보잘것없는 느낌이 드는 반대쪽 극단에 빠지지 않고, 여러분의 자만을 드러내야 합니다. 달리 말하면, 중도(the Middle Way)에 머물러야 합니다. 자만을 극복하려는 목적은, 여러분을 보잘것없는 사람처럼 만들어서 여러분의 진아(Self)를 부정하게 하는 것도 아니고, 자만심을 가졌다고 죄책감을 느끼게 하려는 것도 아닙니다. 나는 여러분이 자만하지 않고 자신을 비하하지도 않고, 단지 이원성을 넘어서기를 바랍니다. 내 목적은, 여러분이 신과 함께하는 고유한 공동창조자이며 여러분의 빛과 진리를 나누기 위하여 이곳에 있음을 받아들이는 데 도움이 될 현실적인 자존감을 주는 것입니다.

여러분이 이렇게 할 수 있도록, 33일 집중 기도 동안 성모 마리아의 구술문을 읽거나 듣고 'ROS16: 성모 마리아의 자존감의 회복을 위한 로자리'를 낭송하라고 요청합니다. [구술과 로자리는 부록을 보세요.] 각 절과 후렴 사이에 이 열쇠를 위한 디야니 붓다의 만트라를 낭송하세요. 로자리를 낭송한 후, 다음 주제들에 관해 떠오르는 것들을 여러분의 노트에 기록하세요.

- 여러분의 삶에서 자만이나 열등의 요소들, 특히 여러분의 성장 배경이 되었던 것들, 예를 들어, 국가, 종교, 가족 배경, 학업 성취, 사회적 지위, 재산 등에 대한 자부심 같은 것들에 초점을 맞추면서 시작해 보세요. 그것들을 드러낸 다음, 하나하나 자세히 기록하세요. 그것들이 왜 실재가 아닌지 그리고 그것들이 왜 여러분을 그리스도 의식에서 멀어지게 하는지, 여러분 내면의 조율과 내 가르침을 통해 그 이유를 밝혀보세요. 그런 다음 그것들을 놓아버리세요.
- 여러분이 영적인 여정에 들어서는 데 영향을 주었거나 영향을 미치고 있는 자만심이나 열등감의 요소들을 드러내세요. 여러분은 소수의 사람만 이해할 수 있는 여정을 따르고 있고, 복잡한 가르침을 이해할 수 있고 다른 사람들보다 더 많은 영적인 수행을 하는 것 등에 대해 자부심을 가지고 있습니까?
- 이 여정에 대한 여러분의 접근이, 잘 적응하지 못해서인지 다른 사람들보다 낮다고 느끼고 싶은 마음의 영향을 받고 있는지 생각해 보기 바랍니다. 이 여정에 대한 여러분의 접근 방식에 엘리트 의식의 요소는 없을까요?
- 여러분이 이 여정을 따르고 영적인 공부를 할 때, 외부의 가르침

을 사용하여 우월감을 구축하는 방법을 에고에게 교육하고 있다는 것을 생각해 보세요. 이것에 대해 기꺼이 숨김없이 생각해 보고, 성모 마리아와 나 그리고 여러분의 그리스도 자아에게 이 영적인 자만의 모든 요소를 여러분에게 드러내 달라고 요청하세요. 그것들을 적고 나서 그것들이 왜 실재가 아닌지를 적어보세요. 그런 다음 그것들을 놓아버리세요.

- 마지막으로 이 과정에 대한 여러분의 반응을 솔직하게 살펴보세요. 이 과정과 내 가르침을 평가해 보았거나, 내가 뭔가 다르게 말했어야 했다고 느꼈거나, 이 과정이 생각한 만큼 정교하지 않다고 생각했거나, 여러분의 높은 경험에 비추어 너무 기초적이라고 여겼거나, 이와 유사한 느낌을 가져 본 적이 있나요? 그렇다면 이런 느낌은 자신이 신보다 더 잘 안다고 생각하고 따라서 그리스도보다 더 잘 알고 있다고 생각하는 타락한 천사들의 의식에서만 나올 수 있다는 것을 기꺼이 인정해야 합니다. 나는 지금 여러분이 타락한 천사라고 말하는 것이 아닙니다. 단지 의식하는 자아가 타락한 천사의 의식을 취해 이 필터를 통해 세상을 보고 있다는 것입니다. 살아 있는 그리스도의 제자가 되기 위해서는, 반드시 그것을 벗어 버려야 합니다. 그런 점에 유의하면서, 또한 이 과정에 대한 여러분의 반응이 그 반대였는지, 즉 이 과정은 너무 어렵고 여러분은 이것을 추구할 만한 자격이 없다고 여기지는 않았는지 생각해 보세요. 이것 또한 타락한 천사의 의식이라는 것을 인정해야 합니다. 이 의식은 단지 열등감에 반대되는 이원적인 극성일 뿐입니다. 뿐만 아니라, 나는 의식하는 자아가 신의 존재에서 나오며, 따라서 그리스도 의식의 여정을 충분히 따를 수 있다는 것을 알고

있으므로, 여러분은 그리스도보다 더 잘 알고 있다고도 생각합니다.

주의를 기울여 이 연습을 한다면, 여러분은 영적으로 훨씬 자유로워지는 것을 느낄 것입니다. 실제로 33일보다 시간이 더 필요하다고 느낀다면, 얼마든지 그렇게 하세요. 이것은 이 과정에서 아주 중요한 단계입니다. 그러므로 에고의 교묘한 자만이 여러분에게 이것을 할 필요가 없다거나 이미 통달했다고 믿게 함으로써 여러분을 서두르게 하지 마세요. 자만은 미묘하고 눈에 보이지 않는다는 바로 그 이유 때문에 위험합니다.

그러므로 여러분의 에고가 이제 앞으로 나아가야 할 때라고 말할 때, 여러분의 의식하는 자아는 이때야말로 한 걸음 물러나서, (에고는 그것을 여러분이 발견하기를 원하지 않지만), 이제 드러낼 준비가 되었고 그것을 드러내기 위하여 다시 한번 살펴봐야 할 때라는 것을 알아야 합니다. 이제 에고의 술수를 꿰뚫어 보고, 여러분의 진전에 대한 에고의 저항을 사용하여 에고를 드러냄으로써 전례 없는 진전을 이룰 때입니다.

열쇠 9
흑백 무지

우리는 이 열쇠와 다음 열쇠들에서 무지의 영적인 독소에 대해 다룰 것입니다. 이 독소에 대한 해독제인 붓다는 바이로차나(Vairochana)이며 그의 지혜는 모든 곳에 존재하는 지혜(All-pervading Wisdom)입니다. 그의 만트라는 다음과 같습니다.

옴 바이로차나 옴(OM VAIROCHANA OM)

다음 가르침을 공부하면서 그것을 사용하세요.

영적인 여정을 걷기 시작하기 전에 극복해야 할 첫 번째 장애물이 바로 무지인 것 같습니다. 인류를 보면, 결국 대부분의 사람이 영적인 여정에 대해 무지하다는 것을 알 수 있습니다. 그들은 신의 존재를 부인하거나, 아니면 진정한 내면의 여정 대신 구원에 이르는 외적인 길을 약속하는 주류 종교를 맹목적으로 따르고 있습니다. 그런데 나는 왜 먼저 무지의 독소에 대해서 이야기하면서 시작하지 않았을까요? 자, 그 이유는 무지에 다양한 층이 있기 때문입니다. 이 과정에 열린 사람들은 영적인 여정을 처음 접하는 것이 아니기 때문에, 그들은 이 행성의 사람 대부분에게 영향을 주고 있는 외적인 무지나 순수한 (innocent) 무지를 대체로 극복했습니다. 이제 우리는 두 가지 종류의 무지에 대해 정의해 볼 수 있습니다.

- 그저 알지 못하는 것은 **순수한 무지**입니다. 예를 들면, 여러분은 어쩌면 양자역학의 최근 발견에 대해서 그저 무지할 수 있습니다.
- **교묘한(sophisticated) 무지**는 여러분 존재의 상위 부분에서 어떤 것을 실제로 알고 있지만, 여러분의 의식하는 마음이 그것을 인식하기를 거부하거나 그 지식에서 나오는 것을 선택하기를 거부할 때를 말합니다. 어떤 의미에서는 더 잘 안다고 말할 수 있지만, 실제로는 더 잘하기를 거부하는 것입니다. 실질적인 예를 들어보면, 흡연이 여러분의 건강에 위험하다는 사실을 알지만 어떤 사람들은 어쨌든 계속 담배를 피웁니다.

왜 나는 아직도 이것을 무지라고 할까요? 진정으로 더 잘 안다면, 의식하는 자아(conscious self)는 정말로 더 잘 할 것이기 때문입니다. 자신이 알고 있는 것을 어떻게 인정하지 않고 있는지 그리고 이것이 자신을 어떻게 해치는지 의식적으로 보게 된다면 말입니다. 문제는 의식하는 자아가 하나 또는 다수의 이원적인 환영을 믿게 되면, 의식하는 자아는 실제로 자신이 더 잘 알고 있다는 것을 "볼" 수가 없습니다. 그래서 실제로 더 잘 알고 있지만, 여러분이 이것을 의식적으로 인정하지 않을 때, 교묘한 무지라고 말할 수 있습니다. 그들은 자신의 눈 안에 있는 들보를 실제로 보지 않거나, 그것이 무엇인지 보려고 하지 않습니다.

여러분은 이제 내가 왜 더 명백한 영적인 독소들에 대해서 이야기 하면서 시작했는지, 더 깊은 무지를 덮고 있는 에너지를 어느 정도 정화할 때까지 더 교묘한 독소인 교묘한 무지를 남겨두었는지 알 수 있습니다. 따라서 이전의 열쇠들에서 실제로 연습을 했다면, 우리는 이제 교묘한 무지를 다룰 토대가 마련된 것입니다.

* * *

교묘한 무지는 사람들이 아무것도 알지 못해서 일어나는 문제가 아닙니다. 문제는 사람들이 알고 있는 것이 많든 적든, 그것이 그들이 알아야 할 모든 것이거나, 모든 것을 알고 있다고 생각하게 만든다는 것입니다. 따라서 그들은 자신의 멘탈 박스를 확장하거나 초월하는 데 열려 있지 않습니다. 이것은 그들이 인류의 영적인 스승들로부터 자신을 차단한다는 의미입니다. 그들은 살아 있는 그리스도가 정신적인 독소로부터 그들을 자유롭게 하려고 다가올 때, 살아 있는 그리스도를 거부해도 아무 문제가 없을 만큼 자신이 충분히 알고 있다고 생각합니다. 하지만, 이 무지는 두 가지 다른 형태를 취할 수 있습니다. 즉, 그 무지는 두 가지 서로 다른 생각의 형태로 이어질 수 있습니다. 우리는 이 열쇠와 다음 열쇠에서 그것들을 다룰 것입니다. 지금은 내 웹사이트에서 발췌한 것을 읽으면서 시작하려고 합니다. 이것을 전에 읽었을 수도 있지만, 여러분이 이 과정을 따라온 결과 더 깊이 이해할 수 있으므로, 다시 공부하기를 요청합니다. 더 깊은 이해의 층들을 보게 될 것입니다.

에고가 세상을 흑백논리로 생각하기를 바라는 이유

에고의 상대적이고, 이원적인 사고방식의 가장 명백한 예는 흑백사고라고 할 수 있습니다. 에고의 이 책략은 반-그리스도의 마음에 내재되어 있는 기본적인 이원성을 노골적으로 사용하게 합니다. 흑백사고는 모든 면에서 상반되는 두 가지를 규정합니다. 즉 일치되는 부분이나 타협의 가능성이 없다는 의미입니다. 서로 반대되는 것들은 함께 존재할 수 없을 뿐만 아니라 서로를 상쇄하거나 그렇게 보이기 때문에, 중간지대가 없습니다. 반대되는 하나는 절대적으로 선한 것으로 규정되고 다른 쪽은 절대적으로 악한 것으로 규정되기 때문에 그들 사이에는 피할 수 없는, 죽음을 향한 투쟁이 전개됩니다.

에고는 사람들로 하여금 신을 만족시키고 구원받을 수 있는 유일한 길이 선의 편에 서서 악과 싸우는 것이라고 믿게 만듭니다. 두 종교나 이데올로기의 정의가 바로 이 시나리오의 극단적인 결과인데, 양쪽 모두 자신만이 참되다고 주장하며 각 추종자들에게 상대편과 싸우는 일이 그들의 의무라고 믿게 만듭니다. 십자군 전쟁에서처럼, 같은 신의 이름으로 두 그룹의 종교인이 서로를 죽이도록 하면, 이 세상의 지배자가 궁극적으로 승리하게 되는 것입니다.

이렇게 에고가 조종한 결과, 사람들은 세상에 대해서 아주 단순한 견해를 채택하게 됩니다. 그들이 속한 종교는 완전히 참되고 다른 모든 종교는 완전히 거짓이라는 것입니다. 그 사이에는 어떠한 미묘한 차이(nuance)도 끼어들 여지가 없으므로, 사람들이 거의 필연적으로 극단주의자나 광신주의자가 되어버립니다. 실제로 사람들이 스스로 생각할 필요가 없게 되므로, 이것은 삶에 대한 아주 쉬운 접근 방식입니다. 그들은 단지 사회의 지도자들이 만든 규정들을 받아들일 뿐, 그리스도의 기준에 따라 그들의 지도자가 과연 옳은지 분별하기 위한 어떤 개인적인 시도도 하지 않습니다. 그들은 이 지도자들이 절대적으로 옳고 신도 그들에게 동의하리라 믿습니다.

삶에 대한 이러한 접근 방식은, 사람들이 일단 특정한 신념 체계가 절대적으로 좋은 것이라고 받아들이게 되면, 결코 의문을 제기하지 않게 되는 결과로 이어집니다. 따라서 그들은 자신들의 종교 지도자들이 절대적으로 옳다고 규정한 것을 맹목적으로 따르게 됩니다. 그리고 바로 이것이 몇몇 역사상 최악의 잔학행위들을 초래했습니다. 나는 이 시나리오를 다음과 같이 설명했습니다.

> 그대로 버려두어라. 그들은 눈먼 길잡이들이다. 소경이 소경을 인도하면 둘 다 구렁에 빠진다. (마태 15:14)

하지만 눈먼 지도자들을 내버려두는 대신, 사람들은 무비판적으로 그들을 따라갑니다. 그들은 삶에 대한 흑백 정의(black-and-white definition)가 신의 진리와 일치하지 않을 수도 있다는 사실에 대해 결코 의심을 품지 않습니다. 결과적으로, 많은 사람이 상대적인 두 가지 반대되는 것 사이에서 이러한 이원성 투쟁에 그들의 모든 에너지와 관심을 쏟으며 한 생애 또는 더 많은 생애를 보냅니다. 그런 사람들은 적이나 희생양을 설정하고 적을 파괴함으로써 신의 일을 해야 한다고 믿습니다.

사람들이 이런 극단적인 흑백 사고에 갇혀 있는 한, 그들은 선을 위해 일하고 있고 구원을 받을 것이라고 절대적으로 확신합니다. 하지만 분명한 현실은, 스스로 정의한 적과 싸우기 위해서 하는 모든 일은 그들을 이원성 의식 상태에 더 확고하게 가두는 역할을 할 뿐입니다. 분명히 이것은 하늘나라에 들어가는 유일한 길인 그리스도 의식의 결혼 예복을 입지 못하게 만듭니다.

극단주의자들은 자기 잘못을 인정하기가 대단히 어려울 수 있습니다. 신을 위한 일로 여겼던 일이 신의 대의를 위한 것이 아니라, 반-그리스도 세력이 만든 이원적인 투쟁을 강화하는 역할을 했을 뿐임을 그들은 인정할 수 없을 것입니다. 그런 사람들은 그들의 접근 방식이 타당한지 의문을 제기하는 사람들에게 매우 방어적이며 적대적인 경향을 가집니다. 이것이 바로 율법학자들과 바리새인들이 내가 죽기를 원했던 이유이며, 오늘날에도 그런 이유로 자신들의 "진리"를 방어하는 데 광신적으로 된 사람들이 있습니다.

슬픈 사실은, 이러한 사람들에게 영적인 스승이 다가가기 어렵다는 것입니다. 율법학자들과 바리새인들이 그리스도의 더 높은 길을 보여주려는 내 시도를 어떻게 거부했는지를 보면 이 사실을 알 수 있습니다. 그들은 말 그대로 흑백 관점으로, 살아 있는 그리스도를 거부하고 그 행위를 정당화했습니다. 이것은, 그들이 살아 있는 신보다 그들 자신의 우상을 내세웠다는 의미입니다. 그들은 신의 절대적인 실재를 직접 경험하지 못하는 것을 정당화하기 위해 상대적인 이미지를 사용했습니다. 실재에 대한 경험은, 나를 위해 자신의 필멸의 정체감을 기꺼이 놓아버리려는 모든 사람에게 내가 주려고 했던 것입니다.

* * *

    내가 이전에, 에고가 구원에 대한 잘못된 여정을 만든다고 한 말을 기억할 것입니다. 에고는 흑백 논리를 사용하여, 구원을 받는 것은 유일하고 참된 종교에 소속되어 그 종교의 외적인 요구 사항을 충족하는 문제라는 인상을 만들어냅니다. 그들은 자신을 에고와 더 많이 동일시할수록 이 환영을 믿는 데 더 쉽게 빠져듭니다. 자신의 눈 안에 있는 들보를 뽑아내는 힘든 노력 대신, 미리 정의된 교리를 믿고 일련의 외적인 규칙들을 따르기만 하면 되는 것은 너무 쉬워 보입니다.

    영적인 여정의 시작 단계에서, 사람들은 구원에 대한 흑백 접근 방식을 받아들이기가 쉽습니다. 따라서, 그것이 사실상 종교적이든, 정치적이든 과학적이든 상관없이 그들은 자신의 특별한 신념 체계를 매우 열성적으로, 심지어 광신적으로 따르게 되며 절대로 그것에 의문을 던지지 않습니다. 그렇기 때문에 어떤 사람들은 신의 적을 죽이면, 즉시 구원받을 것이라고 믿는 일이 가능합니다.

    이제 더 성숙한 영적인 구도자들이 이해해야 할 가장 미묘한 것 중 하나가 남아 있습니다. 흑백 사고방식으로 눈이 멀게 되면, 사람들이 완전히 자기중심적이고 이기적으로 되는 극단적인 결과로 나타날 수 있습니다. 그들은 종종 자신이 원하는 것을 할 수 있는 최고의 권리를 가지고 있으며, 그들에게 반대하는 사람들은 누구나, 즉 나머지 인류 모두가 잘못되었다고 믿습니다. 그들은 원하는 것은 무엇이든 잡아먹는 포식 동물과 같이 행동하기 시작합니다. 자신의 행동이 다른 사람들에게 어떤 영향을 주는지, 자신에게 어떤 영향을 주는지 장기적인 면에서 고려하거나 더 높은 원리와 비교하려고 하지 않습니다.

과거에 인류는, 정글의 법칙이 지배하던 원시적인 사회의 예에서 알 수 있듯이, 오늘날보다 훨씬 낮은 의식 수준에 있었습니다. 오늘날의 세계에서도, 범죄 조직의 지도자로부터 소아성애자들 또는 연쇄 살인범에 이르기까지 많은 범죄자에게서 이런 수준의 의식을 볼 수 있습니다.

완전히 이기적인 사람들을 어떻게 더 높은 영적인 수준으로 끌어올릴 수 있을까요? 에고의 상대적인 논리의 궁극적인 결과가 바로 극단적인 이기심입니다. 그리스도 마음 안에서 여러분은 모든 생명이 하나임을 알 수 있습니다. 따라서 다른 사람을 해치는 일은 여러분 자신을 해치는 일입니다. 여러분이 반-그리스도 마음에 완전히 갇혀 있을 때는 자신을 해치지 않고 다른 사람들을 다치게 할 수 있다고 생각합니다. 심지어 다른 사람들에게 어떤 영향을 미치든 상관없이 무엇이든 원하는 대로 할 권리가 있다고 생각합니다. 여러분은 에고의 상대적인 논리를 사용하여 이것을 정당화합니다. 그 논리는 완전한 이기심을 포함해서, 정말로 무엇이든 정당한 것처럼 보이게 할 수 있습니다.

사람들이 어떻게 이 의식 수준 위로 올라설 수 있을까요? 그들은 에고의 상대적인 논리를 넘어서는 무언가가 있고, 더 높은 기준에 따라 옳고 그른 무언가가 있다는 것을 깨달음으로써 올라설 수 있습니다. 여기서 요점이 보입니까? 완전히 이기적일 때는, 에고의 상대적인 논리를 넘어서는 것을 전혀 볼 수 없으므로, 원하는 것은 무엇이든 할 권리가 있다고 생각합니다. 총체적인 이기심에서 벗어나는 과정을 시작하려면, 자신의 행위를 평가하기 위한 더 높은 기준이 있다는 것을 반드시 깨달아야 합니다. 그래야만 어떤 유형의 자기중심적인 행위를 제한하겠다고 선택할 수 있습니다.

이기심에 빠진 대부분의 사람에게, 이 깨달음은 누군가가 "그들에게 신의 두려움을 집어넣을" 때만 비로소 찾아옵니다. 다시 말해, 이 사람들은 장기적인 결과라는 것이 있다는 사실을 깨닫기 시작합니다. 그들의 영혼(souls)은 이번 생에서 그들이 하는 일에 따라 내세에까지 영향을 받을 수 있으며, 하늘나라에서 보상을 받거나 아니면 지옥에서 영원히 불타게 될 것입니다. 따라서 순전히 이기적인 동기에서, 이 사람들은 더 높은 기준에 따라서 단기적으로 이기적인 행동을 수정하기 시작합니다.

이 사람들은 여전히 자신을 에고와 동일시하기 때문에, 에고의 상대적인 논리의 한계를 아직은 알 수 없습니다. 그래서 그들에게는 지옥을 피하고 하늘나라로 들어가는 방법에 대해서 명확한 규칙을 가진 아주 단순한 흑백의 신념 체계가 필요합니다. 여기에 미묘한 점이 있습니다. 사람들이 이기적인 행동을 바꾸기 시작할 때, 그들은 진정한 진보가 가능한 전환점에 도달하게 됩니다. 하지만, 이 사람들에게는 자신의 에고에 속아 광신주의의 막다른 길로 들어갈 실제적인 위험이 도사리고 있습니다. 그들의 신념 체계가 신의 적으로 정의한 것과 싸우면서 그들은 신에게 봉사하고 있다고 생각합니다. 물론 이것은, 그런 사람들의 진전을 중단시킬 것입니다.

하지만 사람들이 광신주의에 빠지지 않는다면, 흑백의 신념 체계에 따라 실제로 영적인 진보를 이룰 수 있습니다. 그 이유는 어떤 유형의 행동이 여러분을 지옥으로 보낼 것이라고 믿을 때, 이기적인 행동을 수정하기 위한 매우 강력한 동기를 얻게 되기 때문입니다. 이것은 영혼(soul)이 카르마를 덜 만들게 하며, 따라서 그 영혼은 적어도 이원적 투쟁의 하향적 끌어당김에서 점차 벗어날 수 있게 됩니다. 여러분이 완전히 이기적일 때, 여러분이 하는 모든 일은 다른 모든 사람을 상대로 투쟁한다는 느낌을 강화하는 부정적인 카르마를 만들어냅니다. 이 중압감을 어느 정도 완화할 때 비로소 더 이기적인 믿음을 꿰뚫어 볼 수 있으며, 따라서 에고의 환영에서 상당히 자유로워질 수 있습니다.

* * *

내 요점은, 비록 대부분의 근본주의 그리스도교인이 이 웹사이트를 악마의 작업으로 보고 거부하겠지만, 실제로 근본주의 신념 체계를 따라가면서 진전을 이룬 사람들이 있다는 것입니다. 문제는 이 진전이 한동안만 지속된다는 점입니다. 영적인 여정에서 흑백 접근 방식은 여러분을 결코 일정 수준 이상으로 인도할 수 없습니다. 그리고 이 접근 방식은 여전히 에고의 상대적인 논리에 매우 크게 영향을 받고 있으므로, 여러분을 판단과 교만의 하향나선으로 데려가기 시작하는 막다른 골목이 될 수 있습니다. 이것은 단지 이기심의 하향나선보다 조금 더 나을 뿐입니다.

흑백 신념 체계의 문제는 자동으로 가치 판단을 내포하고 있다는 점입니다. "우리 교회의 신자들은 자동적으로 선하고 다른 사람들은 모두 나쁘다." 이것은 필연적으로 사람들이 자신의 에고에 의해 정의된 상대적인 기준에 따라 다른 사람들을 판단하게 만듭니다. 내가 했던 말을 살펴보겠습니다.

1 남을 판단하지 말라. 그러면 너희도 판단받지 않을 것이다.
2 남을 판단하는 대로 너희도 신의 심판을 받을 것이고 남을 저울질하는 대로 너희도 저울질을 당할 것이다. (마태 7장)

겉모양을 보고 판단하지 말고 공정하게 판단하여라. (요한 7:24)

"겉모습에 따라" 판단하는 것은 에고에 의해 만들어진 상대적이고 이원적인 기준에 근거하여 판단한다는 의미입니다. 의로운 판단을 내린다는 것은 그리스도 마음의 비전에 따라 절대적인 진리를 분별한다는 의미입니다. 에고에 기반해서 판단할 때, 자신이 다른 사람들보다 낫다고 느낄 수밖에 없으며, 이것은 영적인 교만으로 이어지고, 여러분을 이원적인 의식에 묶이게 합니다.

요점이 보입니까? 에고는 상대적인 기준을 원합니다. 왜냐하면 그것은 다른 사람들보다 더 나은 겉모습을 만들 수 있게 해주기 때문입니다. 그러면 여러분이 다른 사람들보다 더 낫기 때문에, 구원이 보장된다는 환영을 만들 수 있습니다. 이전 담화에서 설명했듯이, 그리스도 마음에는 그런 가치 판단이 없습니다. 신의 법칙과 정렬되어 있는 것이 실재이며, 신과 정렬되지 않은 것은 비실재입니다. 그리스도는 선과 악이라는 상대적인 용어를 사용하지 않습니다. 그리스도는 하나의 극단(선)에서 반대의 극단(악)까지 점차 이어지는 상대적인 척도로 비교하지 않습니다. 그리스도 마음은 겉모습에 근거하여 판단하지 않으며, 단지 어떤 것이 실재인지 아닌지에 대해서만 관심을 가집니다.

에고와의 동일시(ego-identification)에서 가장 깊은 수준은 전적으로 이기적이 되는 것이라고 말할 수도 있습니다. 여러분은 삶이 여러분과 세상 사이의 싸움이라고 생각하면서, 이원적인 투쟁과 완전히 동일시하게 됩니다. 이것의 위로 올라서게 되면, 가장 극단적인 이기적 행동에 빠지게 되는 것을 멈추게 되지만, 이것은 여전히 "초보적인" 방식으로 행동하는 사람들보다 여러분이 더 낫다고 느끼게 합니다. 낮은 수준에서는, 그렇게 하는 것에 대해 신이 보상할 것이라고 생각하면서, 자신의 종교에 대한 모든 위협을 없애려고 종교에 몰두할 수도 있습니다. 그다음 단계에서, 종교와 관련된 여러분의 동기는 종교의 우월성을 입증하는 것이며, 따라서 여러분이 매우 선한 사람이어서 신이 여러분을 구원해야만 한다는 겉모습을 만들게 됩니다.

* * *

문제는 세상이 흑백이라고 생각하는 한, 일정 수준 이상으로 성장할 수 없다는 것입니다. 흑백 사고는 두 가지 극단을 가진 하나의 척도를 설정하고, 사람들이 두 가지 극성 중에서 하나를 선택해야 한다고 생각하게 만듭니다. 다시 말해, 세상이 신과 악마 사이의 서사적 투쟁에 빠져 있다면, 구원받기 위해서는 분명히 신의 편을 선택해야 합니다. 하지만 이 투쟁이 흑백 관점에서 정의될 때, 신의 측면을 선택하는 일은 이 세상에서 특정한 종교를 선택한다는 의미처럼 보일 것입니다. 그리고 일단 그 종교를 선택하게 되면, 여러분은 그 모든 교리를 비판 없이 받아들여야 합니다. 그렇게 하지 않으면, 악마가 여러분을 지옥으로 끌고 갈 것이기 때문입니다.

이러한 사고방식은 분명히 구원에 대해 두려움에 기반을 둔 접근 방식으로 이어지며, 이로 인해 두 가지 문제가 발생하게 됩니다. 하나는 여러분의 존재 안에 두려움이 남아 있는 동안은, 여러분은 결코 신의 나라에 들어갈 수 없다는 것입니다. 그래서 나는 이렇게 말했습니다.

> 36 "선생님, 율법서에서 어느 계명이 가장 큰 계명입니까?" 하고 물었다.
> 37 예수께서 이렇게 대답하셨다. "네 마음을 다하고 목숨을 다하고 뜻을 다하여 주님이신 너희 신을 사랑하여라."(마태 22장)

두려움을 극복할 때까지, 여러분은 그리스도 의식을 입을 수 없습니다. 그런데 두려움을 어떻게 극복할 수 있을까요? 한편으로는 이성적인 마음을 사용하여 두려움은 지식의 결핍에 기반을 두고 있다는 것을 사고함으로써, 또 한편으로는 신의 초월적인 실재를 직접 경험함으로써, 여러분은 모든 두려움을 몰아내는 완전한 사랑을 경험할 것입니다. 여기서 문제는 여러분이 흑백 신념 체계에 갇혀 있는 한, 어느 쪽이든 두려워할 것이라는 점입니다.

여러분의 신념 체계는 여러분이 두려움을 일으키는 믿음에 대해 사고하며 의문을 제기하지 못하도록 강력하게 저지할 것입니다. 그리고 이 행성의 모든 흑백 신념 체계는 여러분이 신을 직접 경험할 수 없다고 말합니다. 즉 여러분에게 외부의 교회가 필요하고 여러분과 신 사이를 중재하는 사제들이 필요하다는 것입니다. 신의 나라는 여러분 안에 있다고 내가 말했을 때, 흑백 사고를 하는 유대교 사람들이 나를 죽인 이유가 바로 그것입니다.

그러므로 두려움 자체는 흑백 신념 체계를 폐쇄계로, 즉 여러분의 마음을 가두는 함정으로 만듭니다. 그렇게 여러분의 마음에 감옥을 만들고, 일단 의식하는 자아가 그 안으로 들어가면, 에고는 열쇠를 없애 버립니다. 의식하는 자아는 언제든지 밖으로 나갈 수 있지만, 그렇게 하기 위해서는 기꺼이 그 두려움에 맞서고 흑백 신념 체계가 환영에 기반을 두고 있다는 사실을 직면해야만 합니다.

알다시피, 흑백 신념 체계의 심리적 효과는 두 가지 극성을 가진 척도에 여러분의 관심을 집중시킨 다음, 그 척도 어딘가에서 진리를 찾아야 하는 것처럼 보이게 한다는 것입니다. 다시 말해, 그 상대적인 척도를 넘어서는 것은 아무것도 없어 보입니다. 하지만 여러분이 두 극성을 가진 신념 체계를 가지고 있는 때는 언제나 예외 없이 이원적인 신념 체계를 가지고 있습니다. 그리고 그러한 신념 체계에서는 상반되는 두 가지 극성 모두가 반-그리스도 마음에 의해서 정의됩니다.

그리스도교를 포함한 대부분의 종교가 세상을 선과 악, 신과 악마 사이의 서사적 투쟁으로 정의한다는 사실을 고려할 때 이것은 깜짝 놀랄 만한 발언이 될 수 있습니다. 내가 말했듯이, 흑백 신념 체계에 따라 극단적이고 이기적인 행위를 극복할 필요가 있는 영적인 여정의 단계가 있습니다. 그러나 앞으로 더 나아가고 성장하기 위해서는 그 단계를 반드시 넘어서야 하는 지점에 이르게 됩니다. 오직 여러분이 모든 흑백 신념 체계에 의해 정의된 두 극단을 넘어서는 그리스도 마음에 도달해야만 이렇게 할 수 있습니다!

요점이 보입니까? 이전 담화에서 설명했듯이, 신의 실재는 상대적인 저울로 잴 수가 없으며 반대 극성을 가지고 있지 않습니다. 신의 실재 밖에 있는 것은 실재가 아니기 때문에, 신의 실재에는 반대되는 것이 없습니다. 실재가 없는 것이 실재의 반대가 될 수는 없습니다.

따라서 그리스도 마음속에는 실재인 것과 비실재처럼 보이는 것이 있을 뿐입니다. 왜냐하면 자유의지의 법칙에 따라 신의 실재 밖에서는 일시적인 모양을 취하도록 허락되었기 때문입니다. 하지만 이 비실재는 이원성에 갇힌 공동창조자의 마음 안에만 존재할 수 있습니다.

반-그리스도 마음에 발을 들여놓을 때 비로소 반대되는 것이 생길 수 있습니다. 이 마음의 틀에서는 선과 악, 진실과 거짓 같은 두 가지 상반되는 것들이 있는 것처럼 여겨집니다. 이렇게 상반되는 것들은 서로를 상쇄하고, 하나가 다른 것을 파괴할 수 있으므로, 둘 다 실재처럼 보입니다. 이것이 악에 대한 두려움을 일으키는 원인입니다. 이원적인 마음의 틀 안에 있는 사람들은 악이 실재이고, 악이 그들을 지배할 수 있는 실제적인 힘을 가지고 있다고 생각하기 때문입니다. 여러분이 그리스도 마음에 도달하여 악은 실재가 아니며 그 겉모습은 여러분을 지배할 힘이 없다는 것을 알 때, 여러분의 두려움은 모두 사라집니다. 하지만 악을 선과 마찬가지로 동일한 실재라고 믿는 한, 여러분은 두려움을 극복할 수 없습니다. 여기서 미묘한 문제는, 악은 상대적인 선과 동일한 실재를 가지고 있다는 사실입니다. 그러므로 신의 절대적인 선을 보기 위해서는, 그리스도 마음을 사용해야 합니다.

여기서 내 요점은, 흑백 신념 체계가 여러분으로 하여금 상대적인 선을 향해서 나아가야 하고 그것의 반대인 악은 피해야 한다고 생각하게 만든다는 것입니다. 그것은 어떤 진술이 진실 아니면 거짓이어야 한다고 생각하게 만듭니다. 즉 여러분은 자신의 신념 체계가 진리라고 정의한 신념 체계의 편이여야 하고 그것과 반대되거나 그것을 넘어서는 것은 모두 피해야 한다는 의미입니다.

사람들은 상대적인 선을 향해 움직이면서, 그들이 신에게 더 가까이 다가가고 있다고 생각합니다. 이것은 사실이기도 하고 아니기도 합니다. 여러분이 이기적인 행동에서 벗어나면, 극단적인 형태의 자기중심적인 행동에서 멀어지게 됩니다. 단지 가능성일 뿐이지만, 이것은 여러분에게 이원성을 넘을 수 있는 잠재력을 제공하여 여러분을 신에게 더 가까이 갈 수 있게 해줍니다. 여기서 여러분이 상대적인 극단(에고에 의해 선으로 정의된)으로 계속 다가가서 필연적으로 자만심에 갇히게 될지, 아니면 도약을 해서 이원성의 극단 너머에 도달할지가 중요한 문제입니다.

그리스도 진리를 이원성의 신념 체계 안에 억지로 밀어 넣을 수는 없습니다. 따라서 두 대극이 있는 척도에서는 그리스도 진리를 결코 찾을 수 없습니다! 그리스도 진리는 이원성을 초월해 있기에, 이 세상의 흑백 신념 체계를 넘어서야만 발견할 수 있습니다. 내가 말했듯이, 영혼이 어느 정도의 성숙에 도달해야만, 자신의 신념 체계에 의문을 제기하고 세상이 흑백이 아님을 깨달을 준비가 되는 것입니다.

나는 흑백논리 사고에 대해 훨씬 더 많이 말할 수 있지만, 여러분이 이해해야 할 가장 중요한 사실은 그것이 여러분의 마음을 가두는 함정이 된다는 사실입니다. 일단 여러분이 어떤 흑백 신념 체계를 받아들이면, 에고는 여러분이 왜 그 너머를 보지 말아야 하는지에 대해 물샐틈없이 완벽해 보이는 주장을 언제나 제시할 수 있습니다. 그리스도교가 유일하게 참된 종교이고, 성서는 결코 오류가 없는 신의 말씀이며, 성서에 대해 그들이 문자적으로 해석한 것만이 유일한 참된 해석이라고 믿는 근본주의 그리스도교인들이 많습니다. 따라서 그들은 현재 믿음을 넘어서는 것은 모두 악마에 대한 것이므로 그것에 대해 생각하는 것조차 피해야 한다고 여깁니다. 이것이 바로, 내가 육화해서 지구에서 활동했을 때 유대교 근본주의자들이 나를 거부했듯이, 그들이 이 웹사이트를 거부하는 이유입니다.

마찬가지로, 과학적인 사고방식을 가진 많은 사람이 물질 우주를 넘어서는 것은 아무것도 없다고 생각합니다. 따라서 "초자연적인" 원인을 제안하는 모든 신념 체계는 비과학적이며 마음의 주관적인 산물이라고 합니다. 흑백 접근 방식의 효과는 언제나 여러분이 성장하지 못하도록 마음을 닫아버리는 것입니다. 이전 담화에서 내가 말했듯이, 여러분은 반-그리스도 마음을 통해서 만들어진 진리에 대한 설명에 안주하고, 진리의 영(Spirit of Truth)을 직접 경험하는 데 도달하지 못하는 것을 정당화하기 위해 그것을 사용합니다.

수십억의 사람이 흑백 신념 체계에 갇혀 있습니다. 그러나 이 웹사이트에 열려 있는 사람들은 대부분 종교/삶/구원에 대한 이러한 접근 방식의 오류를 이미 보기 시작했습니다. 그들은 참된 종교가 오직 하나뿐이며 "우리 쪽은 언제나 옳고 다른 쪽은 항상 잘못되었다."라는 주장이 환영임을 꿰뚫어 보기 시작했습니다. 그들은 삶이 흑백논리 사고가 말하는 것처럼 그렇게 단순하지 않으며, 더 정교한 접근이 필요하다는 것을 깨닫기 시작했습니다. 그들은 또한 흑백논리 접근 방식에서 흔히 볼 수 있는 극단주의와 광신주의에서 거리를 두기 시작했으며, 때로는 가치 판단과 자만심조차 멀리하게 되었습니다.

우리는 그런 사람들이 에고의 흑백 환영을 꿰뚫어 보기 시작했다고 말할 수도 있습니다. 그러나 이것이 분명히 더 높은 수준을 나타내기는 하지만, 영적인 구도자들은 자신들이 아직은 상대적인 에고의 논리를 넘어서지 못했음을 깨닫는 것이 매우 중요합니다. 나는, 에고가 내재된 모순을 가지고 있으며 모든 상황에서 두 가지 상반되는 관점을 만들려고 한다고 말했습니다. 흑백 사고가 그런 반대되는 것들을 정의하는 것이 분명하지만, 이러한 형태의 사고는 또한 그 자체의 극성을 형성합니다. 다시 말해, 흑백 사고는 그 자체에 반대되는 것이 있으며, 사람들이 흑백 사고를 넘어서기 시작할 때, 반대 극단으로 뛰어드는 경우가 아주 흔합니다. 다음 담화에서 우리는 이 극단을 살펴볼 것입니다. 나는 진지한 구도자들이 필요 이상으로 이 극단에 갇혀 있지 않기를 바랍니다. [인용 끝]

* * *

  이 과정에 열려 있는 모든 사람은 분명히 흑백 사고의 더 명백한 영향을 극복했습니다. 여러분은 근본주의 그리스도 교회나 공산당의 일원은 아닐 것입니다. 그러나 흑백 사고는 극복하는 데 시간과 노력이 들 수 있는 미묘한 영향을 미칠 수 있음을 알아야 합니다. 또한 이 행성의 사람 대부분이 종교, 정치 이데올로기, 또는 과학적 물질주의 등 흑백 신념 체계의 영향을 받고 있다는 것도 생각해 볼 필요가 있습니다. 따라서 살아 있는 그리스도의 제자로서, 여러분은 다른 사람들이 그것을 극복하도록 돕기 위해 흑백 사고를 이해할 필요가 있습니다.

  흑백 사고의 가장 위험한 영향은, 안전한 아이디어와 안전하지 못한 아이디어를 명확하게 구분한다는 것입니다. 만일 안전하지 못한 아이디어에 대해 생각하면, 지옥에 떨어지거나 아니면 종교적인 미치광이(물질주의자에게는 지옥보다 더 나쁜 운명)가 될 것입니다. 그리고 이것은 분명히 사람들의 마음을 멘탈 박스에 가두어 놓는 효과를 가지고 있습니다. 우리는 이미 두려움을 다루었지만, 여기서 다시 한 번 생각해 보고, 여러분이 생각하기를 꺼리는 어떤 아이디어나 믿음이 없는지 생각해 보기 바랍니다.

내가 설명했듯이, 이 세상에는 분명히 거짓 교사들이 있습니다. 그들은 사람들을 무지에 갇혀 있게 함으로써, 그들이 그리스도 의식(Christhood)을 성취하거나 표현하는 것을 막기 위해 끊임없이 노력하고 있습니다. 그러므로 이제 여러분은 이 거짓 교사들이 어떻게 일하는지 깊이 생각해 볼 필요가 있습니다. 여러분은 먼저, 이 존재들은 육화했든 육화하지 않은 존재든 이원성에 갇혀 있으며 이원성에 눈이 멀었다는 사실을 인식해야 합니다.

한 걸음 뒤로 물러서서 여기서 내가 암시하는 것이 무엇인지 더 깊이 생각해 보기 바랍니다. 여러분은 악마와 같은 일종의 궁극적인 악의 존재가 있다는 이미지를 가지고 있을지도 모릅니다. 이것에 대해서는 나중에 더 말하겠지만, 이 시점에서 여러분이 이해했으면 하는 점은 인류를 속이려는 존재들이 많다는 것입니다. 사실, 그러한 존재들은 다양한 그룹을 이루고 있습니다. 그리고 그들은 끊임없이 서로 경쟁하고 있으며, 그것이 바로 그들이 아직도 이 행성을 완전히 점령하지 못한 주된 이유입니다.

그들은 왜 경쟁할까요? 그 이유는 그들이 분리되어 서로 대적하고 있기 때문입니다! 왜 서로 대적하면서 분리되어 있을까요? 그들은 언제나 반대되는 양극성을 가진 이원성 의식에 갇혀 있기 때문입니다. 따라서 그들은 자신들 내부에서 분열되어 있습니다. 즉 그들은 자신들에 맞서 분열된 집안이며, 그 결과 필연적으로 서로 충돌할 수밖에 없습니다. 그러므로 그들을 우주를 위한 신의 목적에 거스르게 만드는 바로 그 의식이, 그들이 결국 성공할 수 없다는 것을 보장하는 상반되는 힘을 만들어낼 것입니다. 그들은 일시적으로 성공할 수 있지만, 궁극적으로는 결코 이길 수 없습니다.

여기서 여러분은, 이 거짓 교사들은 내가 방금 설명한 것을 알 수 없다는 것을 이해할 필요가 있습니다. 왜 그럴까요? 왜냐하면, 다른 존재들의 자유의지를 침해함으로써 신의 목적에 반하는 일을 하고 있다는 바로 그 사실이 그들이 이원성에 갇혀 있다는 것을 입증하기 때문입니다. 그들은 이원성 의식에 눈이 멀었기 때문에, 그 너머를 전혀 볼 수 없습니다. 그들은 그리스도의 실재를 절대로 볼 수가 없습니다.

여기서 미묘한 차이에 주목하기 바랍니다. 율법학자들과 바리새인들은 이원성에 완전히 눈이 멀었지만, 여전히 그들은 내가 위협적인 존재라는 것을 인지할 수 있었습니다. 그들은 나를 살아 있는 그리스도로 인정하지는 않았지만, 내 진리에 의해 충분히 위협을 느꼈고 나를 침묵시켜야만 한다는 것을 알았습니다. 그래서 그들은 내 실재는 볼 수 없었지만, 자신들의 믿음을 위협하는 존재로 보았기 때문에 나를 도저히 무시할 수 없었습니다. 그들은 적극적으로 나를 침묵시켜야만 했습니다.

내 요점은, 거짓 교사들은 살아 있는 그리스도를 위협적인 존재로 인식할 수는 있지만, 그리스도 가르침의 실재는 인식할 수 없다는 것입니다. 즉, 그들은 반-그리스도 마음의 상대적이고 이원적인 사고를 넘어서는 것을 볼 수 없다는 의미입니다. 이것이 왜 중요할까요? 악마에 대한 전통적인 개념은 상당히 원시적이고 사람들을 겁주려고 의도적으로 설계되었다는 것을 여러분이 이해하기를 바라기 때문입니다.

악마는 때때로 거의 신만큼이나 강력한 존재로 그려집니다. 적어도 이 세상에서 악마는, 신과 신의 대리자들의 최선의 노력에도 불구하고 그것에 대항하여 적어도 이 세상에서 여러분을 지옥으로 데려갈 수 있는 힘을 가졌다는 의미에서 그렇게 여겨집니다.

그래서 악마가 사람들을 속이려 한다는 것을 이해하기 시작하면, 여러분은 아마도 무의식적으로 악마의 힘이 막강하다는 생각을 받아들이고 악마는 신만큼 영리하다고 생각할지도 모릅니다. 달리 말하면, 악마는 여러분보다 훨씬 더 영리하기 때문에, 악마가 퍼뜨리는 아이디어에 대해 생각하는 것조차도 피해야 지옥에 떨어지지 않는다는 것입니다. 그것을 의식적으로 감지하지는 못하겠지만, 정말 많은 그리스도교인이 실제로 이렇게 생각하고 있습니다. 그것이 바로 그들이 정통성이라는 멘탈 박스에 머물고 있는 이유이며, 그래서 그들이 자신의 주님이라고 주장하는 나조차도 그들에게 다가갈 수가 없습니다.

여러분은 이제 내가 여기서 말하는 것을 깨닫고 이 교묘한 두려움을 산산조각 내야 합니다. 악마와 모든 거짓 교사는 그야말로 매우 영리하지만, 그들의 능력은 어느 수준에, 말하자면 이원적인 마음의 수준에 한정되어 있습니다. 내가 말했듯이, 그들은 그리스도의 실재를 인지할 수 없습니다. 이것은 그들이 이원성에 완전히 눈이 멀었다는 의미입니다. 그들의 사고 과정은 전적으로 이원성 영역에서만 일어나며, 그들은 이원성이 실재가 아니라는 것을 볼 수 없습니다. 그들은 이원적인 마음을 사용해서 자신의 관점을 주장하는 데 매우 뛰어나기 때문에, 종종 그들만큼 정교한 마음을 가지지 못한 사람들을 속여서 그들을 따르게 할 수 있습니다. 이브가 뱀의 거짓말을 꿰뚫어 보지 못했듯이, 사람들은 그들의 상대적인 주장을 꿰뚫어 볼 수 없습니다.

요점이 보입니까? 이원적인 마음에는 언제나 두 상반되는 것이 있지만, 그중 어느 것도 궁극적인 실재가 아닙니다. 그것들은 서로에 대한 관계에서만 존재합니다. 즉 그것들은 그리스도의 유일한 실재, 신의 실재로부터 분리되었기 때문에 실재가 아니라는 의미입니다. 따라서 가장 뛰어난 거짓 교사조차도 단지 그들의 이원적이고 상대적인 철학이 다른 어떤 이원적 철학보다 더 낫다고 주장하는 일을 하고 있을 뿐입니다. 즉 그들은 단순히 다른 모든 비실재적인 아이디어에 반대하며 또 하나의 비실재적인 아이디어를 주장하는 논쟁을 하고 있을 뿐입니다.

자, 여러분이 어떻게 생각할지 모르겠지만, 나는 이것이 매우 현명하다고 생각하지는 않습니다. 나는 이것이 아주 미성숙한 형태의 "지성(intelligence)"이라고 생각합니다.

내 말을 오해하지는 마세요. 나는 지상의 사람들에게 아주 교묘하고, 따라서 매우 위험한 도전을 하는 거짓 교사들을 가볍게 여기려는 것이 아닙니다. 그렇지만 여기서 여러분이 알았으면 하는 점은, 이 존재들은 여러분을 지배할 수 있는 어떤 마법적인 힘을 가지고 있지 않다는 것입니다. 그들이 여러분보다 더 정교한 마음을 가지고 있을지라도, 그것이 무조건 여러분을 속일 수 있다는 의미는 아닙니다.

내 요점이 보이기 시작하나요? 거짓 교사들은 여러분이 자신의 마음을 이원성 영역에 머물도록 허용하는 동안에만 여러분을 속일 수 있습니다. 이원성의 영역에서만 속일 수가 있으므로, 이원적인 마음의 상대적인 논리에 능숙한 사람들은 이런 비실재적인 형태의 사고에 능숙하지 않은 사람들을 속일 수 있습니다.

그렇지만 내가 2,000년 전에도 설명하려고 했던 것처럼, 모든 사람이 이원적인 사고에 대한 해독제인 "지식의 열쇠" 또는 협조자(Comforter)에 접근할 수 있습니다. 그리스도 마음의 실재에 기꺼이 도달하고자 한다면, 거짓 교사들이 아무리 뛰어나 보여도, 그들이 사용하는 주장이 신의 실재와 전혀 관련이 없음을 즉시 명백하게 드러내 주는, 완전한 실재를 찾을 수 있습니다. 그리고 일단 완전한 실재를 보게 되면, 여러분은 결코 그들에게 속아 넘어갈 수가 없습니다. 이원성의 비실재성을 정말 알게 되면, 다시는 그 논리에 완전히 속지 않을 것입니다. 그리고 이 과정을 찾기 위해서 여러분이 이미 해왔던 것처럼, 진리의 영을 흘깃 보는 경험만으로도 여러분은 이것을 알게 될 것입니다.

다시 말해, 악마는 이원성 의식보다 위에 있으면서, 의도적으로 이원성 의식을 사용하여 사람들을 함정에 빠뜨리는 것이 아닙니다. 거짓된 교사들은 모두 이원성 의식에 완전히 갇혀 있으며, 더 "정교하게" 상대적인 논리를 사용할수록 더 깊이 갇힙니다. 따라서 가장 "강력한" 거짓된 교사들이 실제로는 가장 무지한 사람들입니다. 이것은 여러분이 기꺼이 지식의 열쇠를 활용한다면, 어렵지 않게 그들보다 더 현명해질 수 있다는 의미입니다. 여러분은 그들의 환영을 꿰뚫어 봄으로써 그들이 여러분을 지배할 힘을 갖지 못할 만큼 통찰력을 가질 수 있습니다.

그렇다면 어떻게 거짓 교사들의 환영을 꿰뚫어 볼 수 있을까요? 이원적인 마음이 어떻게 작동하는지 이해함으로써, 그들이 어떻게 이원적인 사고를 사용하여 여러분의 마음을 특정한 멘탈 박스에 가두는지 알 수 있습니다. 예를 들어보겠습니다.

* * *

거짓된 교사들의 주된 목표는 여러분을 무지 속에 가두는 것입니다. 하지만, 그렇다고 해서 여러분이 아무것도 알지 못하기를 원한다는 의미는 아닙니다. 더 정교한 거짓 교사들은 사람들을 아무것도 모르는 상태에 영원히 가둬 둘 수는 없음을 알고 있기 때문입니다. 생명 자체의 힘 때문에, 중세 유럽의 봉건사회와 같이 아무것도 모르는 사람들을 기반으로 하는 사회는 결국 붕괴될 것입니다. 그리고 분명한 사실은, 정보화 시대인 현대에 사람들을 이러한 형태의 무지에 가두는 것은 대부분의 거짓 교사에게도 더 이상 가능하지 않다는 것입니다.

그래서 거짓 교사들의 다음 전략은 사람들의 지식 추구를 만족시키는 것입니다. 그렇게 하는 방법은, 미리 정의된 멘탈 박스를 만든 다음, 일단 사람들이 그 안에 들어가면 그 틀을 규정한 기본 환영에 결코 질문을 던지지 않도록 사람들을 조종하는 것입니다. 달리 말하면, 사람들은 그 멘탈 박스가 그들에게 필요한 모든 지식을 줄 수 있고, 그 틀 밖으로 나가는 것이 불필요하거나, 불가능하거나, 완전히 위험하다고 느끼게 됩니다. 앞에서 논의한 것처럼, 그들은 교만이나 두려움에 사로잡혀 있습니다. 사람들은 이제 자신이 모든 것을 알고 있다는 교묘한 무지에 갇히지만, 그들의 지식은 모두 이원적인 환영에 근거한 것입니다. 아니면 적어도 그것은 이원성으로 심하게 채색되어 있어 사람들을 신의 나라에 들어가지 못하게 만들 것입니다. 이러한 닫힌 멘탈 박스를 만드는 주된 방법의 하나가 바로 흑백 사고입니다.

그런데 이것이 어떻게 이원성을 사용할까요? 한 예로, 근본주의 그리스도교를 생각해 보면, 그것은 성서가 신의 무오류의 말씀이며 문자 그대로 해석해야 한다는 근본적인 가정에 기반하고 있습니다. 일단 이러한 기본적인 가정을 받아들이고 그것에 질문을 던지지 않는다면, 그들은 멘탈 박스에 갇히게 됩니다. 그리고 나를 통하지 않고는 구원받을 수 없으며, 그들은 자신의 구원에 온전히 책임질 필요가 없는 죄인이라는 생각과 같은 특정한 결론이 뒤따를 수밖에 없습니다. 그렇게 해서 그들은 자신의 눈에 있는 들보를 무시할 수 있게 됩니다.

여러 번 말했듯이, 이원성 의식의 중요한 특징은 그것의 이원적인 특성 때문에 두 개의 상반되고 서로 배타적인 아이디어를 만들어 내는 것입니다. 따라서 지구상에는 그야말로 반대가 없는 아이디어나 철학이나 신념 체계란 없습니다. 이것에 대해 생각해 보세요! 역사를 돌아보면, 때때로 어떤 핵심 아이디어에 근거한 새로운 철학 학설이 등장했다는 것을 알 수 있습니다. 그러나 대부분의 경우 머지않아 곧바로 다른 학설이 등장하며, 새로운 학설은 먼저 있던 학설의 기본적인 패러다임을 부정하는 것에 근거하고 있습니다. 이것은 물론 상대적이고 이원적인 논리를 매우 능숙하게 사용하는 거짓된 교사들의 산물입니다. 한 그룹이 한 철학을 생각해 내면, 그것을 반증하는 상대적인 논리를 사용할 줄 아는 다른 그룹이 언제나 생겨납니다.

이원적인 마음이 다른 신념 체계와 명백히 반대로 보이는 신념 체계를 정의할 수 있는 수많은 기회를 제공한다는 것은 물론 중요합니다. 그러나 이것은 단지 속임수의 첫 단계에 지나지 않습니다. 이원적인 마음은 모두 반대되는 것을 가지고 있는 수많은 사고 체계를 만들어 내지만, 그것은 또한 더 크고 더 일반적인 형태의 이원성이 생겨나게 합니다. 이것은 가치 판단입니다. 그리고 이것은 사람들로 하여금 한쪽 끝에는 선이나 옳은 것을, 다른 쪽 끝에는 악이나 잘못된 것을 가지고 있는 상대적인 척도에 모든 것이 배치되어야 한다고 생각하게 만듭니다.

이것은 이제 사람들로 하여금 자신의 신념 체계는 단지 가능한 많은 신념 체계 중의 하나가 아니라 절대적인 선이나 옳은 것을 나타내지만, 반대되는 신념 체계는 절대적인 악이나 잘못을 나타내는 것이라고 믿게 만듭니다. 따라서 절대 악을 파괴해서 절대 선을 지키는 것이 그들의 신성한 의무가 되어, 심지어 악을 대표하는 사람들을 죽이는 것을 정당화하는 지점까지 갑니다. 거짓 교사들의 주장과는 달리, 사람들은 이런 식으로 속아 넘어가 결코 궁극적인 결과를 가져올 수 없는 이원적 투쟁을 끝없이 추구하게 됩니다. 왜 그럴까요? 그것은 이원적인 투쟁이기 때문입니다. 즉 그 어떤 노력도 상반되는 충동을 일으키고 그 어떤 행위도 반대되는 반응을 가져오기에, 궁극적인 결과를 얻을 수가 없습니다.

이 속임수가 얼마나 교묘한지 이제 보입니까? 내가 행간에 설명했듯이, 인류는 점차 의식이 높아지는 과정에 있습니다. 전체 행성이 사람들을 이원성 환영에서 점차 자유롭게 해줄 상승나선을 타고 있습니다. 이것은 거짓된 교사들이 이 행성에서 힘을 잃게 된다는 의미입니다. 여러분은 역사에서 이것을 볼 수 있습니다. 예를 들면, 유럽의 봉건 사회가 모든 사람에게 더 큰 자유와 권리를 주는 사회에 어떻게 길을 내주었는지 볼 수 있습니다.

우리는 대부분의 사람이 전적으로 자신과 자신에게 임박한 상황에만 초점을 맞추고 있다는 것을 알고 있습니다. 그리스도 의식은 모든 생명을 높이려 하므로, 이것은 분명히 그리스도 의식이 아닙니다. 하지만 사람들이 성숙해지기 시작하면서 생명에 그 이상이 있음을, 삶에 더 높은 목적이 있음을 깨닫습니다. 그들은 종종 인류의 진보를 보기 시작하고, 그들 자신이 적극적인 역할을 하면서 그 진보의 일부가 되는 것을 보기 시작합니다. 이것은 그리스도 의식의 아주 초기 단계로, 여러분은 개인적인 열망이나 상황을 넘어서는 그 이상이 있음을 보기 시작합니다. 즉 여러분은 대의명분을 찾기 시작합니다. 불행하게도, 이 단계에 있는 많은 사람이 흑백 사고에 속아서 이원적인 명분을 지지하고, 거짓된 교사들이 정의하는 상대적인 선과 상대적인 악 사이의 거대한 투쟁에 참여하게 됩니다. 따라서 그들은 실제로 인류가 전진하는 데 기여하는 대신, 거짓된 교사들에게 힘을 실어주는 이원적 투쟁을 영속하게 만들 뿐입니다. 실제로 선을 위해 싸우는 대신에, 그들은 다른 상대적인 아이디어에 반대하는 또 하나의 상대적인 아이디어에 대항해서 싸울 뿐입니다. 그 결과는 진전이 없거나 거의 제자리걸음입니다.

역사적인 예로, 두 그룹의 종교인들이 같은 신의 이름으로 서로를 죽였던 십자군 전쟁을 생각해 보세요. 양쪽 모두 자신들만이 유일한 참된 종교를 가졌기 때문에, 자신들이 옳다고 똑같이 확신했습니다. 지나고 나서 보면, 둘 다 옳을 수 없다는 사실을 쉽게 볼 수 있습니다. 나는 여러분이 일단 한 걸음 물러서서 더욱 큰 그림을 보기를 바랍니다. 실제로 양쪽 모두가 삶에 대해 이원적인 접근 방식을 취했기에, 어느 쪽도 옳지 않았습니다. 원래의 내 가르침은 비이원적이었지만, 공식적인 그리스도 교회가 그것을 이원적인 교리로 바꾸었습니다. 마찬가지로, 처음에 이슬람은 신성한 계시에 기반했지만, 모하메드의 의식이 이원적 사고에 의해 깊이 영향을 받았으므로, 이슬람의 가르침은 이른 초기 단계부터 이원성에 물들었습니다.

내 요점은, 살아 있는 그리스도의 제자로서 여러분은 이러한 이원적인 투쟁으로 끌려가면 안 된다는 것입니다. 여러분이 이원성 환영에서 벗어나야 다른 사람들과 사회가 이원적 투쟁을 극복하고 진정한 진전을 이루도록 도울 수 있습니다.

* * *

이제 흑백 사고의 더 교묘한 영향에 대해 생각해 볼 때입니다. 이 형태의 사고는 여러분의 마음을 경계가 명확하게 규정된 멘탈 박스 안에 가둔 다음, 틀 밖에 있는 아이디어에 대해 생각하는 것을 두려워하거나 꺼리게 만듭니다. 바로 이 때문에 흑백 사고는 영적인 딜레마의 명백한 예가 됩니다. 여러분은 환영에 의해 정의된 멘탈 박스에 갇히게 되어, 여러분이 환영을 꿰뚫어 볼 수 있도록 멘탈 박스 밖에서 여러분을 도울 수 있는 아이디어들을 보기를 두려워합니다. 그것이 환영이라는 것을 보기 두려워한다면, 도대체 어떻게 환영을 벗어날 수 있을까요? 다시 말해, 여러분이 틀 밖에서 아이디어를 보기를 두려워한다면 결코 그 틀을 벗어날 수 없습니다. 그리고 거짓된 교사들은 바로 이런 상태에 사람들이 머물기를 바랍니다.

보다시피, 다른 그룹의 거짓된 교사들 사이의 경쟁으로 인해, 그들은 많은 멘탈 박스를 정의해 왔습니다. 때때로 한 그룹의 거짓 교사들이 사회에서 힘을 얻고, 중세의 가톨릭 상자와 같은 이전 멘탈 박스에서 사람들을 끌어내어 과학적 물질주의와 같은 새로운 틀로 끌어들입니다. 그러나 사람들은 여전히 그들이 기꺼이 관심을 기울이고자 하는 아이디어에 한계를 만드는 틀 안에 있으며, 이것이 이원적 사고를 벗어나 궁극적인 자유를 얻지 못하게 방해합니다.

앞에서 말했듯이, 많은 사람이 악마에게 속을 수 있다는 것을 두려워하게 되었으며, 따라서 그들은 자신의 멘탈 박스 밖에 있는 아이디어에 대해서는 감히 생각도 못하게 되었습니다. 이것이 어떻게 작동하는지 이제 알겠습니까? 거짓된 교사들은, 여러분의 모든 아이디어가 환영에 근거한 이원성 영역에 있는 한, 여러분에게 영향을 줄 수 있습니다. 그렇기 때문에, 거짓된 교사들은 멘탈 박스를 정의한 다음, 여러분이 그 너머를 보기를 두려워하게 만들어야 합니다. 그것이, 이원성 환영에서 자유롭게 해줄 그리스도 진리를 여러분이 찾지 못하게 할 수 있는 유일한 방법입니다!

내 요점은, 인류의 거짓 교사들이 대부분의 사람을 교묘하게 조종하여, 살아 있는 그리스도의 진리를 실제로 위험하다고 여기도록, 심지어 악마의 일로 여기고 거부하도록 프로그램된 마음의 틀에 가두었다는 것입니다. 바로 이런 논리로 판단하며 율법학자들과 바리새인들은 나의 살아 있는 진리를 거부했습니다.

결론은, 살아 있는 그리스도의 제자로서 여러분은 이 속임수를 꿰뚫어 볼 수 있어야 하며, 새로운 아이디어, 여러분의 현재 멘탈 박스에 들어맞지 않는 아이디어에 대해 생각하지 못하도록 막고 있는 것은 거짓된 교사들뿐임을 알아차려야 합니다.

여기서 정말 미묘한 속임수가 보입니까? 현재의 신념 체계라는 안전한 틀 밖에 있는 아이디어에 대해 생각하게 만드는 것은 악마이며, 이러한 아이디어는 다 위험하다는 교묘한 믿음을 조장하기 위해, 흑백 사고가 수천 년 동안 사용되었습니다. 악마는 실제로 이원성 환영에 의해 정의된 멘탈 박스에 여러분을 밀어 넣은 다음, 결코 그 틀에 대해 의문을 품지 못하게 막으려고 합니다.

그 음모가 보입니까? 거짓 교사들은 오랫동안 이 작업을 해왔으며, 그 결과 세상의 모든 신념 체계가 이원성에 의해 영향을 받고 있습니다. 거짓 교사들의 주된 목표는 어느 쪽이든 관계없이 사람들을 이원성의 멘탈 박스에 머물게 하는 것입니다. 사람들이 이원성의 영향을 받는 신념 체계에 머무는 한, 그들의 신념 체계는 자기-충족적인 (self-fulfilling) 예언이 됩니다. 즉 그 누구도 한 걸음 물러나서, 이원성은 비실재이며 이원성의 황제는 아무것도 입고 있지 않다는 것을 볼 수 없게 됩니다. 이제 왜 이원적 사고에 대한 대안이 있다는 것을 보여줄 육화한 사람들이 필요한지 알겠습니까?

확실히, 이 세상에는 어떤 다른 아이디어들보다 더 파괴적인 아이디어나 신념 체계가 있다는 것이 사실입니다. 따라서 어떤 사람은 자신이 자라온 체계보다 더 파괴적인 새로운 신념 체계에 의해 현혹될 수 있습니다. 마찬가지로, 거짓 교사들 사이에도 경쟁 그룹이 있으므로, 여러분을 거짓된 가르침으로 끌어들이려는 사람들이 있습니다. 따라서 나는 여러분에게 이 세상에 떠도는 모든 아이디어에 비판 없이 마음을 열라고 말하지 않습니다.

사실, 나는 이 세상에 있는 새로운 아이디어에 여러분의 마음을 여는 것을 지지하지 않습니다. 그것들은 이원성 환영에 근거하고 있거나 오염되었기 때문입니다. 대신, 그리스도 분별력의 개념을 이해함으로써 지식의 열쇠에 도달할 것을 권장합니다.

알다시피, 이원성 영역에서는 모든 아이디어에 그 반대되는 아이디어가 있습니다. 따라서 진리를 찾는 것은, 이원성의 영역에서 다른 아이디어보다 더 참된 아이디어를 찾는 문제가 아닙니다. 이원성 마음은 불가피하게 상대적인 척도를 설정합니다. 그래서 여러분은 이 세상의 아이디어들을 보면서, 한쪽 끝은 완전히 거짓인 아이디어를 나타내고 다른 쪽 끝은 더 높은 수준의 진리인 아이디어를 나타내는 저울로 그것들을 잴지 모릅니다. 하지만 여러분이 여기서 알아야 하는 점은, 한 아이디어가 이 저울에 들어맞는다면, 그 아이디어는 최소한 어느 정도 이원성에 영향을 받았다는 것입니다. 살아 있는 그리스도의 제자로서 여러분의 역할은, 그리스도 마음의 실재와 반-그리스도 마음의 비실재를 분별하는 지식의 열쇠를 얻어 여러분 자신을 이원적인 생각 위로 들어올리는 것입니다. 반-그리스도의 마음이 이원적인 체계의 한계 안에서 마치 진리인 것처럼 아무리 교묘하게 위장을 하고 있더라도 말입니다.

* * *

나는 거짓된 교사들은 이원성 의식에 갇혀서 눈이 멀었다고 말해 왔습니다. 그들 대부분은 한 이원적 신념 체계가, 다른 모든 이원적 신념 체계보다 우월하며 궁극적인 체계라고 주장하기 위한 투쟁에 완전히 갇혀 있습니다. 하지만 거짓된 교사 중 일부는, 실제로 이 이원적인 투쟁이 궁극적인 결말로 이어질 수 없음을 알게 되었습니다. 즉 그 모든 것이 헛되며 투쟁이 무의미함을 알게 된 것입니다. 그래서 그들은 투쟁을 믿는 대신, 그것을 의도적으로 분할-정복 전략(divide-and-conquer strategy)의 하나로 사용하는 법을 배웠습니다. 그들은 이원성을 사용하여 사람들을 서로 싸우는 파벌로 나눕니다. 그럼으로써 사람들을 통제하고 생명 에너지를 훔쳐서, 그것으로 그들 자신의 분리된 존재를 유지할 수 있습니다. 그러므로 이 존재들조차 이원성에 의해 눈이 멀었으며, 그것은 이원성 환영의 더 깊은 층일 뿐입니다. 만일 그들이 이원성에 의해 눈이 멀지 않았다면 모든 생명이 하나임을 보게 되기에, 자신들이 다른 사람을 해침으로써 스스로를 해치고 있음을 알게 될 것입니다.

내 바람은, 여러분이 단지 이원적 투쟁이 쓸모없다는 것을 볼 뿐만 아니라 그 위로 올라서는 것입니다. 그래서 가장 "교묘한" 거짓 교사들조차 보지 못하는, 이원성의 베일 뒤에 있는 그리스도의 실재를 볼 수 있게 되는 것입니다. 그리스도의 진정한 목표는, 그리스도 교회가 묘사하는 것처럼, 그리스도교뿐만 아니라 어떤 특정한 신념 체계를 지상에서 우월한 체계로 격상시켜, 모든 사람을 그 구성원이 되게 하고 경쟁하는 모든 체계를 없애버리는 것이 아닙니다. 그리스도교를 지배적인 신념 체계로 전환시킨 이 의식은 다음의 내 진술들을 이원적으로 잘못 해석한 것에 근거하고 있습니다.

> 15 예수께서는 그들에게 이렇게 말씀하셨다. "너희는 온 세상을 두루 다니며 모든 사람에게 이 복음을 선포하여라.
> 16 믿고 세례를 받는 사람은 구원을 받겠지만 믿지 않는 사람은 단죄를 받을 것이다. (마가 16장)

> 예수께서는 말씀하셨다. "나는 길이요 진리요 생명이다. 나를 거치지 않고서는 아무도 아버지께 갈 수 없다. (요한 14:6)

사람들이 흑백 사고에 갇혀 있을 때, 이런 진술들이 마치 그리스도교라는 외부의 종교가 구원에 이르는 유일한 길이며, 따라서 모든 사람이 그리스도교인이 되기를 바란다는 말처럼 들린다는 것을 알 수 있나요? 그렇지만 여러분은 이제 이 말들 안에 담긴 비이원적인 진리를 파악할 수 있나요?

사실 그리스도는 의식의 상태, 이원성을 초월하는 상태를 나타냅니다. 이원적인 마음은 신으로부터, 즉 아버지(the Father)로부터 분리되어 태어나기 때문에, 이원성에 갇혀 있는 한 그 누구도 아버지께로 올 수가 없습니다. 스스로를 외적인 신으로부터 분리되었다고 여긴다면, 어떻게 신의 나라에 들어갈 수 있을까요? 아버지께 가는 절대적으로 유일한 방법은 이원적인 자아를 죽게 하고 그리스도 마음을 입는 것입니다. 그럼으로써 "나와 내 아버지는 하나입니다."라고 확언하는 것입니다.

따라서 내가 모든 사람에게 전하고자 하는 복음은, 구원받기 위해서 외부 종교의 회원이 되어야 한다는 것이 아닙니다. 이원성을 넘어서서 그리스도 마음을 입어야만 구원받을 수 있다는 것이 비이원적인 복음입니다. 이것을 믿고 그리스도 마음을 입어, 나와 하나됨을 이룬 사람은 구원을 받습니다. 반면에 이 진리를 받아들이지 않는 사람들은 이원성 마음의 "바깥 어두운 곳"에 남아 스스로를 비난할 것이며, 이원적인 갈등으로 인해 필연적으로 "땅을 치며 통곡할" 것입니다.

전반적인 요점은, 기존의 모든 신념 체계에 질문을 던지고 내가 제시하는 어떤 아이디어에 대해서도 생각해 볼 수 있도록 여러분에게 남아 있는 흑백 사고를 모두 극복할 필요가 있다는 것입니다.

열쇠 9를 위한 연습

이 열쇠를 위한 연습으로서 33일 집중 기도 동안 'ROS07: 성모 마리아의 기적의 하나됨 로자리'를 낭송하기 바랍니다. 또한 각 절마다, 그리고 후렴 전에 한 번씩 이 열쇠를 위한 디야니 붓다의 만트라를 낭송하세요.

옴 바이로차나 옴(OM VAIROCHANA OM)

로자리를 낭송한 후, 여러분의 삶이 흑백 사고에 의해 어떻게 영향을 받았는지, 그리고 여러분의 사회가 어떻게 영향을 받았는지를 생각하고 적어 보세요. 그런 다음 여러분이 접해 왔던 흑백 환영을 정당화하기 위하여 사용해 온 이원적인 믿음을 찾아보세요. 다른 사람들이 삶에 대한 이런 불균형한 접근 방식에서 벗어날 수 있도록 여러분이 개인적으로 어떻게 도울 수 있는지 알려 달라고 내게 요청하세요. 기본적인 가정들을 보고 여러분의 현재 신념 체계가 실제로 어떻게 그 가정들을 지지하거나 정당화하는지 여러분이 볼 수 있게 도와 달라고 내게 요청하세요.

열쇠 10
모호한 무지

이 열쇠에서는 무지의 영적 독소의 또 다른 형태를 다룰 것입니다. 이 독소의 해독제인 디야니 붓다 역시 바이로차나(VAIROCHANA)입니다. 이 열쇠를 공부하면서 그의 만트라를 사용하세요.

옴 바이로차나 옴(OM VAIROCHANA OM)

내가 설명했듯이, 영적으로 완전히 눈이 먼 상태에서 완전한 그리스도 의식으로 깨어나는 것은 점진적인 과정입니다. 사람들이 자신에게만 몰두하다가 깨어나기 시작할 때 일반적으로 명분을 찾습니다. 하지만 흔히 흑백 사고에 근거해서 명분에 접근하는 단계를 거치며, 명분에 반대하는 적과 싸우면서 이원적 투쟁에 빠지게 됩니다. 때로 그들은 많은 생애 동안 이런 방법으로 명분을 추구하다가 비로소 흑백 사고의 한계를 보게 됩니다. 그리고 유일한 절대적인 진리가 있다거나, 이 세상에서 절대적인 진리를 찾을 수 있다는 생각에 의문을 가질 수 있는 지점까지 성숙하게 됩니다.

이것은 다음 단계로 이어지며, 마침내 그리스도 분별력의 중도를 찾기 전에, 내가 회색 사고(gray thinking)라고 부르는 과정을 거치게 됩니다. 따라서 내 웹사이트에 있는 회색 사고에 대한 가르침을 공부하기 바랍니다. 이 가르침은 중도를 찾는 방법을 더 깊이 이해할 수 있는 토대가 됩니다.

에고는 왜 여러분이 세상을 회색이라 생각하기를 원하는가

이전 담화에서 설명했듯이, 에고는 전적으로 이원성의 영역에서 작동합니다. 이원적인 사고의 가장 낮은 측면에서는 결국 세상을 흑백으로 보게 됩니다. 즉 여러분은 항상 옳고, 여러분에게 반대하는 사람은 항상 틀렸다고 봅니다. 그 이유는 간단합니다. 사람들은 하나의 신념 체계를 유일하게 옳고 오류가 없는 것으로 규정합니다. 즉 그것이 전적으로 옳고 오류의 영향을 전혀 받지 않는다고 생각합니다. 이 담화에서 내가 사용하는 용어로 말하면, 사람들은 자신의 신념 체계가 전적으로 그리스도의 진리에서 나온 것이며, 반-그리스도 마음의 환영에 영향을 받지 않는다고 생각합니다.

실제로 이런 사고는 자신을 의심의 여지가 없는 권위자로 세우려는 에고의 욕망에서 나옵니다. 그것은, 여러분이 유일하고 참된 신념 체계를 가지고 있으므로 구원이 보장된다는 외적인 환영을 만들려는 시도입니다. 그것은 또한 많은 사람에게 자신의 신념 체계에 속하지 않는 사람들보다 자신이 더 낫다는 느낌을 줍니다. 잘 살펴보면, 오늘날에도 많은 사람이 삶에 대해 이런 접근 방식에 빠져 있습니다. 그들은 의로움에 대해 매우 분명하게 지각하고 있으며, 다른 사람들을 판단하면서 자신이 다른 사람들보다 더 낫다고 느낍니다. 물질주의라는 종교를 포함한 모든 종교의 근본주의자들이 그 명백한 실례입니다.

그런 사람들과 대화를 해본 적이 있다면, 그들과 정상적인 대화를 계속하는 일이 매우 어렵다는 것을 알 수 있습니다. 그리고 그들의 신념을 반박하거나 넘어선다고 보이는 주제에 대한 논의는 사실상 불가능합니다. 그들의 신념이 제한적이거나 심지어 틀렸음을 알려주려고 하면, 대개 그들은 매우 적대적으로 반응합니다. 극단적으로, 이슬람교를 지키기 위해 자살 폭탄테러를 감행하는 무슬림 근본주의자의 예에서 볼 수 있듯이, 그들은 신념 체계를 위협하는 누구든 죽이려고 합니다. 또는 영적인 존재인 신이 물질세계의 어떤 것을 위해 사람들이 서로 죽이기를 원하기라도 한다는 듯이, 성지를 수호하려 했던 십자군의 예를 들 수 있습니다. 여러분이 덜 극단적이면, 그들은 여러분을 악마로 취급하거나 다른 몇 가지 부정적인 이름표를 붙이고는 대화를 거부할 것입니다. 물론, 이것은 그 사람들을 영적인 스승에게 다가갈 수 없게 만듭니다.

* * *

이렇게 마음이 완전히 닫힌 상태에 있는 사람들을 어떻게 하면 끌어낼 수 있을까요? 자, 그 상황은 사실, 그들의 의식하는 자아가 결정하기를 거부했다는 것입니다. 의식하는 자아는 스스로 만든 요새로 물러났고, 에고를 경비원으로 지정했습니다. 에고의 역할은 의식하는 자아가 깨어나 다시 결정하는 일이 일어나지 않도록, 어떤 것도 뚫고 들어갈 수 없는 요새의 성벽을 구축하는 일입니다. 그런데 중세의 성들이 그랬듯이, 외부 세력을 막기 위해 지은 요새는 동시에 주민들을 그 안에 가둬버리며, 그 결과 감옥이 되어버립니다.

에고는 아무 생각 없이 프로그램된 대로 수행하는 컴퓨터 역할을 하며, 불가피하게 그 사람을 점점 더 극단적인 흑백 사고로 몰아가는 결과를 낳습니다. 따라서 그 사람은 다른 사람들과 계속 갈등을 겪게 되며, 그 갈등이 극에 달하면 마침내 의식하는 자아가 깨어나 다음과 같이 인식할 수도 있습니다. "더 이상 이렇게 할 수는 없어. 뭔가 더 나은 방법이 반드시 있을 거야!"

의식하는 자아가 그 상황에 대해 적어도 어느 정도의 책임을 지려고 한다면, 그때는 하향 추세를 되돌릴 수 있으며, 에고가 구축한 감옥에서 점차 빠져나오는 상향 여정을 시작할 수 있습니다. 하지만 이런 성장을 방해할 수 있는 세 가지 주요한 요인이 있습니다.

- 의식하는 자아가 결정을 내리지 않아도 되도록 "방어"하기 위해 고안된 요새로서 정신적인 감옥이 만들어졌습니다. 따라서 의식하는 자아는 감옥의 안전과 편안함에 감정적으로 집착할 수 있습니다. 이것은 결정을 내릴 위험을 무릅쓰고 싶지 않거나 요새가 만들어진 신념에 대한 집착으로 나타날 수 있습니다. 취약하다는 느낌을 피하고자 이런 안도감에 매달릴 수도 있습니다.
- 에고는, 아무런 결정도 내리지 않으면 실수를 할 수 없다는 거짓말을 의식하는 자아가 믿기를 바랍니다. 그러나 사실 여러분은 자유의지를 가지고 있으므로, 결정하지 않는 것도 여전히 결정을 내리는 것입니다. 여러분이 결정을 내리지 않으면, 에고가 여러분을

대신해서 결정하도록 허락하는 것입니다. 에고의 결정은 모두 잘못된 것입니다. 왜냐하면 에고의 결정은 여러분이 신과의 하나됨에 더 가까이 가도록 만들지 못하기 때문입니다.

- 에고의 생존 본능은, 에고 자신이 여러분과 세상을 어떤 형태로든 통제할 수 있다고 느껴지는 벽 안에 여러분을 가두려고 할 것입니다. 그래서 에고는 여러분이 영적인 여정에서 새로운 차원으로 올라서는 것을 적극적이고 공격적으로 막게 됩니다.

여정에서 새로운 차원으로 올라간다는 의미는 무엇일까요? 자, 영적인 여정을 여러 수준이나 단계로 구분할 수 있는 많은 타당한 방법이 있습니다. 이와 관련해서 내가 말하고 있는 것은, 여러분이 이원적인 사고의 오류를 보기 시작하는 지점에 이르렀다는 점입니다. 여러분은 개별적인 나무들로 인해 눈이 멀기보다는 숲 자체를 보기 시작합니다. 이때가 바로 그리스도의 비-이원성의 진리에 의식적으로 나아갈 수 있는 때입니다.

에고와 이 세상의 세력은 이원성을 넘어서기 시작하는 모든 사람에게 대대적인 공격을 가할 것입니다. 그들은 여러분을 이원적인 사고에 가둬 두기 위해 생각할 수 있는 모든 일을 다 합니다. 그러나 그들이 이렇게 할 수 있는 방법은 반-그리스도 마음의 이원성을 이용하는 것뿐입니다. 이것은 대부분의 영적인 구도자가 알고 있는 것보다 훨씬 더 교묘하므로 가공할 만한 무기입니다.

*　*　*

이전 담화에서 설명했듯이, 많은 사람이 하늘나라와 지옥에 대해 말하는 종교로 개종함으로써 극단적인 이기심에서 벗어나기 시작했습니다. 그들은 보통 종교인이라 불리는 사람들인데, 여전히 흑백 논리적인 사고에 매우 깊이 사로잡혀 있습니다. 그들 대부분이 나에게 도달할 수 없으며, 이 웹사이트를 노골적으로 거부할 것입니다.

오늘날, 많은 사람이 종교에 대한 흑백 접근 방식의 한계를 보기 시작했습니다. 그들 중 일부는 여전히 기존 종교의 구성원이지만, 더 보편적인 영성을 추구하거나 뉴에이지 단체에 속한 사람들도 있습니다. 이 모든 사람에게 공통적인 점은 그들이 종교에 대해 흑백 논리와 두려움에 기반을 둔 비판적인 접근 방식을 넘어서기 시작했다는 것입니다. 따라서 바로 그들이 이른바 영적인 구도자들입니다. 그들은 흑백 교리에서 발견할 수 있는 것보다 삶의 영적인 측면에 대해 알아야 할 것이 더 많음을 깨닫고, 적극적으로 더 높은 이해를 구하고 있습니다. 이들은 이 웹사이트나 다른 수단을 통해서 상승 호스트가 이 시대에 제공하고 있는 가르침에 열린 사람들입니다.

내 요점은, 영적인 구도자들이 행성 지구를 회복시키고 인류를 더 높은 수준으로 끌어올릴 수 있는 가장 큰 가능성을 나타낸다는 것입니다. 문제는, 현재로서는 이것이 단지 잠재력에 지나지 않는다는 점입니다. 그것이 명백한 현실이 되지 못하는 이유는, 너무 많은 영적인 구도자가, 흑백 사고와는 완전히 달라서 이원성을 뛰어넘는 것으로 생각되는, 이원적인 사고의 한 형태에 갇혀 있기 때문입니다. 그렇지만 그것은 실제로 흑백 사고의 반대 극단일 뿐입니다.

여기에 모든 진지한 영적인 구도자가 이해하기를 바라는 개념이 있습니다. 여러분은 어슴푸레한 중간 영역(twilight zone)과도 같은 행성에 살고 있습니다. 어떤 영적인 빛이 인류 의식의 높은 밀도를 꿰뚫기 시작했습니다. 하지만 아직 너무 많은 어둠이 남아 있고, 빛과 어둠이 모호한 음영으로 섞여 있어서 무엇이 실재이고 비실재인지 구별하기가 매우 어렵습니다. 그러므로 인간 에고와 이 세상의 지배자는 여전히 교묘한 이원성 의식을 사용해서 실재와 비실재 사이의 구분을 흐리게 할 수 있습니다.

결과적으로 이 행성에는 인간 에고에 의해 왜곡될 수 없는 어떤 개념도, 진리도, 영적인 가르침도 없습니다. 에고는 어떤 아이디어든 다른 이원적인 아이디어가 있는 척도에 올려놓음으로써, 그것을 이원적인 개념으로 만들려고 합니다. 일반적으로는 다른 아이디어에 반대되는 아이디어를 설정함으로써 그렇게 합니다. 그 결과, 여러분이 영적인 여정에서 큰 걸음을 내디딜 때마다, 여러분의 에고는 두 가지 극단을 만들고 그중 어느 한쪽으로 향하도록 분열시키는 끝없는 게임을 반복할 것입니다. 여러분이 하나의 극단을 충분히 경험했다고 생각하면, 에고는 즉시 여러분을 반대 극단으로 뛰어들게 할 것입니다. 여러분이 이원적인 사고를 벗어나 중도를 찾음으로써 더 높은 고지로 올라가지 못하게 하는 것이 그 목적입니다.

내가 말했듯이, 대부분의 영적인 구도자가 종교에 대한 흑백 접근 방식을 충분히 경험했습니다. 그들은 광신주의에서 벗어나 "우리 종교만 유일하게 참된 종교이며, 따라서 우리는 항상 옳다. 우리와 의견이 다른 사람들은 나쁜 사람들이며 지옥으로 가게 된다."라는 말에서 가치 판단의 오류를 봅니다. 그들 대부분이 이런 접근 방식에서 벗어났으며, 올바른 방향으로 가고 있습니다. 문제는 에고가 그런 사람들을 반대 극단으로 치닫게 할 것이고, 너무 많은 경우에 이것이 성공적이라는 것입니다.

흑백 사고의 반대쪽 극단은 무엇일까요? 그것은 모든 것이 회색처럼 모호(gray)하기 때문에 어떤 것도 흑과 백이 아닌 사고의 형태입니다. 이 회색 사고가 여러 가지 문제를 일으키지만, 주요한 내용을 간략하게 살펴보겠습니다.

- 종교인들은 진정한 종교가, 그들 자신의 종교 하나뿐이라고 생각하는 경향이 있습니다. 이것은 필연적으로 종교적인 편협함을 초래하게 됩니다. 영적인 구도자들은 종교적인 편협에서 벗어났지만, 많은 사람이 종교적인 관용이 모든 종교를 동등하게 타당한 것으로 받아들여야 한다는 의미라고 믿게 되었습니다. 즉 어떤 생각이 진실인지 거짓인지 평가할 필요가 없다는 것입니다. 그냥 믿고 그렇게 믿도록 내버려두라는 것입니다.
- 많은 종교인이 다른 종교의 구성원들에게 비판적이고 너그럽지 못합니다. 대부분의 영적인 구도자는 판단하지 않는 것을 미덕으로 여기지만, 극단적인 결과는 그들이 거의 모든 유형의 믿음이나 행동을 받아들일 수 있다고 보는 것입니다. 아니면 적어도 다른 사람들의 신념이나 행위에 대해 반대하는 의견을 절대로 말해서는 안 된다고 생각합니다.
- 많은 종교인은 그들과 의견이 다른 사람들에게서 위협을 느끼고, 종종 적대감과 분노로 반응합니다. 분명히 이것은 내가 그들을 사랑한 것처럼 서로 사랑하라는 내 계명을 따르지 못하게 하고, 그것은 위선을 낳습니다. 그들은 자신이 그리스도교인이라고 주장하지만, 사랑으로 행동하지 않습니다. 영적인 구도자들은 대부분 그

런 위선을 간파하고 진심으로 모든 사람을 사랑하려고 합니다. 하지만 그들은 또한, 사랑한다는 것은 친절해야 하고 절대로 사람들의 환영에 도전해서는 안된다는 의미라고 생각합니다.

이러한 접근 방식의 최종 결과는 많은 영적인 구도자가 신의 일을 하고 행성의 의식을 높이기 위해서는, 단지 흑백 사고의 명백한 극단주의를 피하기만 하면 된다고 믿게 되었다는 것입니다. 그들은 관대하고 사랑하는 것만으로 충분하다고 생각하지만, 이것은 단지 의식하는 자아가 스스로 결정을 하지 못하게 하려고 만들어진 또 다른 요새임을 알지 못합니다. 그들은 과거 삶에서 흑백 사고에 갇혀 있을 때 비판적이었던 에고가, 이제 모든 이를 사랑하고 모든 이에게 친절한 에고로 변했다는 것을 알아차리지 못합니다. 진정으로 에고를 극복하는 대신, 그들은 에고라는 카멜레온이 새로운 세계관에 맞추어 색깔을 바꾸도록 허락했습니다. 즉 모호하게 되는 것이 흑백으로 있는 것보다 우월해 보이는 미덕이 된 것입니다. 위에서 제기한 요점들을 더 자세히 살펴보겠습니다.

* * *

"인류의 타락"을 일으킨 것은 이원성 의식이었습니다. 이원성 의식의 본질은 신의 실재와 단절되어 있다는 것입니다. 따라서 이원성 의식은 선과 악에 대한 자체적인 정의를 설정하는데, 그것은 그리스도 마음이 보는 실재와 일치하지 않는 정의입니다. 에고는 이렇게 "진리"에 대한 상대적인 정의에서 태어났기 때문에, 신의 실재와 이원성 비실재를 분별할 필요를 전혀 느끼지 못합니다. 다만 에고는 현재 절대로 확실하다고 받아들이는 이원성 신념 체계에 따라 무엇이 옳은지 그른지 분별할 필요가 있다고 생각할 뿐입니다. 에고는 신의 실재를 반-그리스도 마음에 의해서 만들어진 신념 체계로 대체해 왔습니다.

이전 담화에서 설명했듯이, 선이든 악이든, 사람이 만든 기준에 따라 이원성 의식으로 하는 모든 일은 신과의 하나됨에서 더 멀어지게 할 뿐입니다. 이원성 의식으로는 이원성 의식을 극복할 수 없습니다. 따라서 여러분이 그리스도 진리인 실재와 반-그리스도 마음에서 나온 비실재를 분별하려 하지 않는다면, 진정한 영적인 진보를 결코 이룰 수 없습니다.

내 요점은, 의식하는 자아가 기꺼이 그 책임을 받아들여, 신의 진리와 이원성 "진리"의 비실재를 분별하는 능력을 연마하지 않으면, 진정한 영적인 진전을 이룰 수 없다는 것입니다. 여러분은 비록 겉모습은 달라도 많은 종교인과 본질적으로 똑같은 형태의 독선(self-righteousness)으로 에고가 여러분을 조종하도록 허용하게 됩니다. 이 행성에는 진정으로 종교적이고 영적인 사람이라고 주장하는 수백만의 사람이 있지만, 아직도 그들은 이원적인 사고의 오류를 보지 못하고 있습니다.

흑백 접근 방식을 취하는 사람들은, 오직 하나의 참된 신념 체계가 있으며 다른 것은 모두 거짓이라고 완전히 확신합니다. 그 결과, 그들은 신의 절대적인 진리와 이원성 환영을 분별할 필요가 없게 됩니다. 그들의 신념 체계가 무엇이 완벽한 진리인지 정의하기 때문에, 그들은 스스로 생각할 필요가 없습니다. 하지만, 모든 신념 체계가 똑같이 유효하다고 생각하는 사람들 또한 그리스도 진리와 이원성 환영을 분별하기를 거부하고 있는 것입니다. 거짓된 아이디어가 없다면, 여러분은 분별할 필요가 없습니다. 여러분은 단지 마음에 들고 에고에 도전하지 않을 신념 체계를 찾기만 하면 됩니다. 그러면 여러분의 에고가 여러분에게 확실히 구원받을 수 있다고 느끼게 해줄 것입니다.

내 요점은, 흑백 사고와 회색 사고 모두가 사람들에게 비-이원성 실재와 이원성 환영을 분별하려고 노력하지 않는 태도에 대한 "완벽한" 핑계를 제공한다는 것입니다. 이것은 삶에 대한 아주 편안한 접근 방식입니다. 하지만 그것은 의식하는 자아가 자신의 상황에 대해 책임지기를 거부한다는 사실에서 생겨납니다. 이전 담화에서 말했듯이, 여러분은 신과 함께하는 공동창조자이고, 창조적인 능력을 잃어버릴 수가 없습니다. 여러분은 그리스도 마음을 통해서 공동창조하거나 아니면 반-그리스도 마음을 통해서 창조를 저해하게 됩니다. 따라서 끊임없이 분별력을 예리하게 연마하면서, 실재와 비실재를 최대한 분별하는 것이야말로 여러분의 본질적인 책임입니다.

지구상에서 일어나는 현재 상황에서는 분별하는 일이 절대 쉽지 않다는 것을 잊지 마세요. 하지만 여러분이 완벽할 필요는 없습니다. 다만 기꺼이 노력하면 됩니다. 이 책임을 회피하는 사람들은, 유일하고 참된 교회에 속해 있거나, 누구도 판단하지 않기 때문에 확실히 구원받을 의로운 사람 중에 있다고 아무리 확신한다 해도, 결코 영적인 진전을 이룰 수가 없습니다.

이전에 말했듯이, 에고는 거짓된 길을 만든 다음, 그 길을 따르면 구원이 보장된다고 사람들을 설득하려고 한다는 것에 주목하세요. 흑백 접근 방식을 취하는 종교인들과 회색 접근 방식을 취하는 영적인 구도자들 모두가 이 거짓된 길을 따르고 있습니다. 즉 쉬운 길이기 때문에 많은 사람이 택하는 넓은 길을 따르고 있는 것입니다. 그 길은 의식하는 자아에게 책임을 지고 결정을 내릴 것을 요구하지 않습니다. 그 길을 따르면 분별을 하지 않아도 구원받을 수 있다는 인상을 줍니다.

내가 2,000년 전에 말했듯이, 이 접근 방식은 여러분을 그리스도 의식으로 인도할 수 없으므로, 여러분을 결코 신의 나라에 들어가게 해줄 수 없습니다.

> 잘 들어라. 너희가 율법학자들이나 바리새인들보다 더 옳게 살지 못한다면 결코 하늘나라에 들어가지 못할 것이다. (마태 5:20)

율법학자들과 바리새인들의 의로움의 의미는 그들만이 참된 종교에 속한다는 믿음에 기반을 두었습니다. 그러나 그 믿음의 배후에는 이 세상에서 외적인 조건을 규정할 수 있다는 한층 더 깊은 믿음이 있었습니다. 그래서 여러분이 이러한 조건에 따라 산다면, 신은 여러분을 그의 나라로 들여보내야만 한다는 것입니다. 이러한 조건을 정의하는 것이 에고의 기본적인 프로그램이며, 이것이 오류임을 에고는 결코 보지 못합니다. 의식하는 자아는 이 접근 방식의 오류를 볼 수 있는 잠재력을 가지고 있지만, 그것을 분별하기 위해 책임을 기꺼이 맡기로 결정할 때만 가능합니다.

여러분이 그리스도 의식의 여정, 즉 구원에 이르는 참된 여정을 걸을 때, 거짓된 개념들이 있다는 것을 알게 되는데, 그것들은 반-그리스도 마음에서 생겨나기 때문입니다. 따라서 여러분이 그런 개념에 도전하지 않는다고 해서 관용을 보여주고 있는 것이 아닙니다. 하지만 이것이 여러분이 흑백 접근 방식을 취하는 사람들처럼 행동해야 한다는 뜻은 아닙니다. 그들은 판단하는 태도를 보여주며, 그들과 의견이 다른 모든 사람을 정죄하고 비난합니다.

여러분이 그리스도 의식에 이르기 시작하면, 어떤 생각에 의해서도 더 이상 위협을 받지 않으므로, 여러분이 다른 사람들을 판단하거나 비난할 필요가 없습니다. 그 대신 여러분은 이제 외적인 개념을 넘어서 볼 수 있고, 사람들이 환영을 극복할 수 있도록 진정으로 도와줄 수 있습니다. 여러분은 다른 사람들을 결코 판단하거나 비난하지는 않지만, 자기 파괴적이거나 다른 형태의 생명을 향한 파괴적인 생각과 행동에 대해서는 자유롭게 도전합니다.

* * *

내가 말했듯이, 많은 사람이 다른 사람들에 대하 비판적인 경향에서 벗어나기 시작했습니다. 자유주의 그리스도교와 많은 뉴에이지 운동에서 이런 사람들을 찾아볼 수 있습니다. 그런 사람들은 누구에게나 친절한 것을 미덕으로 삼았습니다. 그들은 다른 뺨을 돌려대고 남에게 대접을 받고자 하는 대로 너희도 남을 대접하라는 내 요청을 언급하면서, 그것을 정당화하곤 합니다. 이전에 말했듯이, 영적인 여정에는 단계가 있으며, 흑백 신념 체계를 따르는 것이 도움이 될 때가 있습니다.

마찬가지로, 많은 사람이 반대의 극단으로 가서, 개인적 판단을 하지 않는 상태(non-judgmental)로 될 할 필요가 있다고 생각하는 단계도 있습니다. 하지만 이 단계는 짧아야 하는데, 에고가 그들에게 그 단계가 영원해야만 한다고 설득하도록 허용해서, 너무 많은 사람이 거기에 갇혀 있습니다.

그들 중에는, 에고에 집중하는 반-그리스도 마음의 설득을 받아들여서, 인간으로서 이상적인 행동은 항상 부드럽게 말하고 친절해야 하는 것이고 여기는 사람들이 많습니다. 그들은 종종 붓다와 나 같은 영적인 지도자의 행동을 언급하면서 그것을 정당화합니다. 그러나 실제로 붓다나 내가 항상 부드럽게 말한 것은 아니었습니다. 우리는 친절을 실천했지만, 그것은 인간적이거나 이원적인 형태의 친절은 아니었습니다.

이원적인 친절이 무엇일까요? 어떻게 한 가지 이상의 친절이 있을 수 있을까요? 사람들이 이원성에 갇혀 있을 때 친절을 특정한 방식으로 정의하는데, 보통 친절이란 부드러운 목소리로 말하고 사람들에게 결코 도전하지 않는 것이라고 말합니다. 이로 인해 늘 온화한(gentle) 사람들은 항상 친절할 것이라고 믿는 사람들이 많습니다. 그런 사람들은 종종 나와 붓다도 언제나 이런 식으로 행동했다고 믿고 있습니다. 하지만 실제로 붓다와 나 자신 둘 다 에고의 환영에서 사람들을 자유롭게 하려고 왔습니다. 따라서 우리는 자주 에고와 그 환영에 도전했습니다.

성서를 객관적으로 살펴보면, 내가 부드럽게 말하는 사람이 아니었다는 것을 알게 될 것입니다. 나는 율법학자들과 바리새인들에게 도전하고 환전상의 좌판을 뒤엎었습니다. 나는 내 제자들에게도 도전했으며, 불친절하거나 심지어 일관성 없다고 여겨질 수 있는 방식으로 행동한 때도 많았습니다. 그 이유는 다른 모든 진정한 영성 지도자들과 마찬가지로, 나는 신성한 친절(Divine kindness)을 실천했기 때문입니다.

신성한 친절은 이원적인 친절과는 근본적으로 다른 접근 방식을 취합니다. 신성한 친절은, 붓다도 실천했던 그리스도 분별력에 기반을 두고 있으며, 사람들이 이원성 환영에 갇혀 있을 때, 그 환영을 명확하게 보는 것입니다. 친절의 궁극적인 형태는 사람들이 더 이상 갇혀 있지 않도록 이원성 환영에서 스스로 벗어나도록 돕는 것입니다. 그러나 에고는 바로 사람들의 눈을 멀게 하므로, 에고나 외부의 지도자를 맹목적으로 따르는 대신, 스스로 다시 생각할 수 있도록 종종 사람들을 흔들어 깨울 필요가 있습니다.

내 요점은, 여러분이 그리스도 분별력을 얻기 시작하면, 부드러운 말투와 온화함이 반드시 진정한 친절은 아님을 알게 된다는 것입니다. 사실, 성서에는 행간을 기꺼이 읽으려는 사람들을 위한 중요한 단서가 있습니다.

> 사랑에는 두려움이 없습니다. 완전한 사랑은 두려움을 몰아냅니다.
> 두려움은 징벌을 생각할 때 생기는 것입니다. 그러므로 두려움을 품는 사람은 아직 사랑을 완성하지 못한 사람입니다. (요한 4:18)

진정한 사랑, 즉 신성한 사랑(Divine Love)은 이원성을 초월하며, 그것이 바로 완전한 사랑에 두려움이 없는 이유입니다. 이 분열되지 않은 완전한 사랑은 여러분의 두려움을 몰아낼 것입니다. 문제는, 여러분이 자신을 에고와 동일시하는 한, 완전한 사랑을 받아들일 가치가 없다고 생각하기 때문에 그 사랑을 받아들이기를 두려워한다는 것입니다. 하지만 완전한 사랑을 받을 자격이 없는 것은 에고뿐이며, 의식하는 자아는 언제나 자격이 있습니다. 그렇지만, 여러분이 스스로 자격이 있다고 받아들이기 전까지는, 에고에서 오는 두려움을 떨쳐버릴 그 사랑을 받아들일 수 없습니다.

두려움에는 왜 고통이 따르는 것일까요? 고통은 의식하는 자아와 신 사이의 분열에서 생겨납니다. 이것은 에고에 의해 야기된 것이 아니라 에고에 의해 유지되는 분열입니다. 따라서 의식하는 자아가 이 분열을 극복할 때까지, 여러분은 고통 속에 있게 될 것입니다. 그리고 에고의 이원적인 "진리"가 아니라, 그리스도의 하나인 진리(one truth of Christ)에 기반해서 분별하는 능력을 받아들이겠다고 결정하기 전까지는, 신과 여러분 사이의 분열을 극복할 수 없습니다. 에고에 의해 구축된 정체감을 기꺼이 내려놓고 그리스도 안에서 여러분의 진정한 정체성에 도달할 때만, 여러분은 사랑 안에서 완전해질 수 있습니다. 나는 이렇게 말했습니다.

> 누구든지 제 목숨을 살리려고 하는 사람은 잃을 것이며 나를 위하여 제 목숨을 잃는 사람은 얻을 것이다. (마태 16:25)

이원적인 정체감을 내려놓음으로써, 여러분은 자신의 상위 존재인, 아이앰 현존과 다시 정렬할 수 있습니다. 그러면 여러분은 항상 신성한 친절을 실천할 수 있을 것입니다. 성서에서 내 행동을 보면, 어떤 사람들에게는 부드러웠지만 어떤 사람들에게는 맞서서 이의를 제기했던 때도 있었음을 알게 됩니다. 이원적인 마음은 이것을 다루기 위해 내 행동을 분석하고 패턴을 정의할 것입니다. 그런 다음 외적인 특성을 설정하고, 이런 유형의 상황에서는 부드러워야 하고, 저런 유형의 상황에서는 도전적으로 대해야 한다고 말할 것입니다. 그러나 사실 내 행동은 외적인 특성이나 지적인 분석에 근거한 것이 아니었습니다. 그것은 전적으로 개별적인 영혼의 상태에 따라 달랐습니다. 나는 내가 만난 모든 사람에게 여정에서 그 사람이 다음 단계로 나아가는 데 필요한 것을 주었습니다. 그리고 그들에게 필요한 것은 특정한 이원성 환영을 뛰어넘을 수 있게 해주는 것이었습니다.

여기에 미묘하지만 매우 중요한 요점이 있습니다. 에고와 이원성 마음은 자신의 환영을 간파할 수 없으므로, 신성한 친절을 결코 체계화할 수 없습니다. 이원성 의식으로 이원성 의식을 극복할 수는 없습니다. 하지만 의식하는 자아가 여기에서 본질적인 진리를 볼 수 있기를 바랍니다. 신성한 사랑, 신성한 친절은 에고가 가늠할 수 있는 것을 넘어섭니다. 그것은 오직 그리스도 마음을 통해서만 실천할 수 있습니다.

친절과 사랑이 자신의 행동에 대한 궁극적인 지침이 되어야 한다고 받아들인 사람들이 많이 있습니다. 그러나 그들이 그리스도 마음에 도달하지 못하면, 그들은 에고가 정의한 친절과 사랑을 실천할 수밖에 없습니다. 에고는 필연적으로 친절과 사랑을 이원적인 개념으로 바꿀 것입니다. 그리고 에고는 친절과 사랑을 실천하는 방식을 규정하는 외적인 체계를 만들려고 노력할 것입니다. 이것은, 온화한 사람들은 어떤 경우든 다 친절할 것이라고 대다수가 믿게 만듭니다. 그러나 내가 다른 관점으로 설명하려 했듯이, 이것은 단지 그리스도 분별력을 행사하기를 거부하는 것입니다.

결론은, 자신의 에고에 의해 막다른 골목으로 교묘하게 끌려온 선의의 영적인 구도자들이 많다는 것입니다. 이들은, 두려움에 기반해서 흑백 사고방식으로 종교에 접근하는 사람들이 가진 분노와 비판을 넘어서려고 진지하게 노력하고 있습니다. 하지만 반대의 극단으로 뛰어든다 해도, 일정한 지점을 넘어서 영적인 성장을 이루지는 못할 것입니다. 그것은 단지 여러분을 또 다른 형태의 이원적인 사고에 가두게 됩니다.

* * *

이제 이원적인 사고의 중심적인 특성이 보입니까? 그것은 이 세상에 체계를 설정한 다음, 그 체계에 근거하여 아이디어와 사람들을 판단합니다. 다음의 내 말을 명심하기 바랍니다.

> 신은 영이시다. 그러므로 예배하는 사람들은 영적으로 참되게 신께 예배드려야 한다. (요한 4:24)

이 세상에서 멘탈 박스를 만들어, 무한한 신의 영을 그 안에 끼워 넣을 수는 없습니다. 에고가 신을 담거나 제한할 수 있는 체계를 만들 수는 없습니다. 그러나 에고에게는 신이 하나의 개념에 불과하므로, 에고는 이것을 결코 이해할 수 없습니다. 따라서 여러분의 에고가 신을 멘탈 박스에 넣으려고 하는 것을 허락하는 한, 진리의 영(Spirit of Truth)을 직접 경험하는 것을 여러분 스스로 차단하는 것입니다.

근본주의자들은 오직 하나의 참된 종교가 있다는 그들의 믿음에 근거해서 모든 것을 판단합니다. 그리고 많은 비-근본주의자는 잘못된 개념이 없거나 분별할 필요가 없다는 그들의 믿음에 근거해서 모든 것을 판단합니다. 다시 말해, 에고는 언제나 특정한 개념이나 생각을 절대 확실한 것으로 정의함으로써 신념 체계를 설정합니다. 즉 의문을 던져서는 안 된다는 것입니다.

흑백 논리로 생각하는 사람들은 진정한 종교는 하나뿐이며, 다른 모든 종교는 거짓이라고 말합니다. 모호한 회색 사고를 하는 사람들은 우리가 모든 사람에게 항상 친절해야 한다고 말하고, 친절함을 온화하고 부드럽게 말하는 것으로 정의하고 있습니다. 그러나 이 두 가지 유형의 사고방식 모두가 에고와 에고의 필요에서 비롯된 것입니다. 에고는, 확실한 신념 체계에 머무르는 한 구원이 보장되는 것처럼 보이게 할 조건을 만들어 내야 할 필요가 있기 때문입니다. 사실, 내가 자세히 설명했던 것처럼, 이 세상에는 여러분의 구원을 보장할 수 있는 조건이 그야말로 전혀 없습니다.

여러분의 구원을 보장할 수 있는 유일한 길은, 그리스도 의식을 상징하는 신의 나라에 들어가는 것입니다. 그러나 그리스도 의식은 이 세상에서 만들어진 어떤 신념 체계에 끼워 맞춰지거나 제한될 수 없습니다. 따라서 그리스도 의식에 이르는 방법은 모든 외적인 신념 체계를 넘어서는 것뿐입니다. 그리스도 마음에 도달하기 위한 토대로 신념 체계를 이용할 수 있습니다. 그것은 모든 참된 신념 체계들의 올바른 기능입니다. 하지만 여러분은, 특정한 신념 체계로 들어가 외적인 신념과 실천을 따르면 구원이 보장될 것이라는 에고의 믿음을 절대로 받아들여서는 안 됩니다.

이 담화의 첫 부분에서, 사람들이 무오류의 신념 체계를 정의하고 그것이 오류나 환영으로 인해 영향을 받지 않는다고 생각하는 경향이 있다고 말했습니다. 실제로, 이 세상의 모든 신념 체계는 반-그리스도 마음에 의해 영향을 받습니다. 그 이유를 간략히 살펴보면, 사람들이 에고에서 벗어나지 않는 한, 어떠한 신념 체계든 무의식적으로 에고의 정신적인 이미지를 받아들이게 되기 때문입니다. 그리고 사람들이 자신의 신념 체계가 유일하게 참된 것이거나 다른 것보다 더 낫다고 주장한다면, 그들은 이원성 위로 올라서지 못했음을 입증하는 것입니다. 따라서 그것은 그들의 신념 체계가 반-그리스도 마음에 의해 크게 영향을 받았다는 확실한 증거를 보여줍니다.

다음 담화에서는, 단지 이 세상의 신념 체계를 따르면 구원받을 수 있으므로, 그리스도 마음을 얻으려고 노력할 필요가 없다고, 에고가 사람들을 어떻게 설득하려고 하는지 더 자세히 살펴보겠습니다. 나는 모든 진정한 영적인 구도자가 이 점을 이해하기 위해 진지한 노력을 기울이기 바랍니다. 그것은 자신은 영적이라고 믿지만 에고의 환영을 이용하여 영성의 겉모습을 구축하는 위선자들과 진정한 영적인 진전을 이루는 이들을 나누는 경계선(dividing line)이기 때문입니다.

* * *

우리는 이제 에고와 이원성 의식이 어떻게 작동하는지 이해해야 할 중요한 지점에 이르렀습니다. 이 논의를 시작하기 위해 다음 구절을 참조하겠습니다.

> 36 예수께서는 이렇게 대답하셨다. "내 왕국은 이 세상 것이 아니다. 만일 내 왕국이 이 세상의 것이라면 내 부하들이 싸워서 나를 유대인들의 손에 넘어가지 않게 했을 것이다. 내 왕국은 결코 이

세상의 것이 아니다."

37 "아무튼 네가 왕이냐?" 하고 빌라도가 묻자. 예수께서 대답하셨다. "내가 왕이라고 네가 말했다. 나는 오직 진리를 증언하려고 태어났으며 그 때문에 이 세상에 왔다. 진리 편에 선 사람은 내 말을 귀담아듣는다."

38 빌라도가 예수께 물었다. "진리가 무엇인가? (요한 18장)

이 구절을 사용하여 본디오 빌라도에 대한 부정적인 이미지를 강화한 사람들이 많습니다. 실제로 빌라도는 흑백 사고를 꿰뚫어 보기 시작하고 인간의 에고가 "진리"를 에고의 자기중심적인 행동을 정당화하는 것처럼 보이는 방법으로 정의하기가 얼마나 쉬운지를 깨달은, 그 시대는 물론이고 오늘날 이 세상의 많은 사람에 대한 상징일 뿐입니다. 이 세상의 모든 것이 이기적인 믿음과 열망에 의해 어떻게 영향을 받는지 보기 시작할 때, 이 세상의 부정성과 이기주의를 극복할 방법이 없는 것처럼 여겨지고, 거의 절망적인 느낌에 빠지기 쉽습니다. 다음 인용문에 이러한 느낌이 묘사되어 있습니다.

2 헛되고 헛되다. 설교자는 말한다. 헛되고 헛되다. 세상만사 헛되다.

3 사람이 하늘 아래서 아무리 수고한들 무슨 보람이 있으랴! (전도서 1장)

이러한 두려움은 많은 영적인 사람을 세상에서 물러나게 만들었습니다. 그들은 세상을 개혁하려는 노력을 포기하고, 더 높은 의식 상태에 도달함으로써 이 세상에서 벗어나는 데 집중하게 되었습니다. 이 접근 방식은 이해할 만하지만, 이 또한 그리스도 의식에 완전히 반대되는 접근입니다. 그러므로 이 방식은 여러분을 하늘나라로 더 가까이 데려가는 것이 아니라 더 멀리 떼어놓습니다. 내가 설명해 보겠습니다.

  살아 있는 그리스도는 무엇일까요? 영적인 죽음의 상태에 있는 사람들을 깨워서 영적인 생명의 의식으로 다시 태어날 수 있게 해주기 위해 이 세상에 오는 존재입니다. 따라서 그리스도의 제자들은 세상에서 물러나 세상에 참여하기를 거부하는 사람들이 아닙니다. 그 대신 그들은 흑백 사고와 모호한 사고를 기꺼이 넘어서고자 하는 사람들이며, 결과적으로 다른 사람들도 그렇게 할 수 있도록 도울 수 있습니다. 그들은 기꺼이 진리를 찾아왔기 때문에 다른 사람들이 진리를 찾도록 도울 수 있습니다. 나는 내 제자들이 이원적 투쟁에 참여해야 한다고 말하는 것이 아닙니다. 여러분은 이원적이지 않은 방식으로 토론에 참여할 수 있도록 더 높은 방법을 찾아야 합니다. 그렇게 하려면 여러분은 그리스도의 진리를 찾아야 하며, 이것이 무엇을 의미하는지 살펴보겠습니다.

* * *

  내가 이원성 의식의 핵심이 무엇이라고 했습니까? 그것은 신과 분리되어 있다는 환영에 기반하고 있습니다. 이 환영에서 에고가 태어납니다. 그러므로 에고는 항상 자신이 신과, 다른 모든 에고와, 물질세계로부터 분리되어 있다고 봅니다. 달리 말하면, 에고는 모든 사람, 모든 것과 분리되어 있습니다.

　나는 앞에서 신을 알 수 있는 유일한 방법은 신이 되는 것, 신과 하나가 되는 것이라고 말했습니다. 에고는 이런 하나됨을 절대로 경험할 수 없습니다. 그렇다면 에고는 어떻게 해야 할까요? 에고는 신을 하나의 개념, 곧 멀리서도 연구할 수 있는 주제로 만듭니다. 그렇지만 멀리서 어떤 주제를 공부할 때 실제로 어떻게 하나요? 진짜를 경험할 수 없으므로, 그 주제에 대한 정신적인 이미지를 만들어야만 합니다. 따라서 에고는 처음 두 계명을 어길 수밖에 없습니다.

> 1 이 모든 말씀은 신께서 하신 말씀이다.
> 2 너희 신은 나 야훼다. 바로 내가 너희를 이집트 땅 종살이하던 집에서 이끌어 낸 신이다.
> 3 너희는 내 앞에서 다른 신들을 섬기지 말라.
> 4 너의는 위로 하늘에 있는 깃이나 아래로 땅 위에 있는 것이나, 땅 아래 물속에 있는 어떤 것이든지 그 모양을 본떠 새긴 우상을 섬기지 못한다 (출애굽 20장)

　이제 이 계명들 뒤에 숨어 있는 영적인 의미를 볼 수 있습니까? 에고의 핵심은 모든 것에 대한 정신적인 이미지를 만드는 것입니다. 그런 다음 그 이미지를 무오류의 지위에 올려놓고, 우상화합니다. 그것은 여러분이 초월하기를 거부한다는 의미이며, 여러분은 이 세상 너머에 있는 참된 신을 경험하지 못하도록 그 이미지에 무한정 갇히게 될 것입니다. 따라서 정확하게 이해한다면, 실제로 처음 두 계명은 사람들에게 자신의 에고를 초월하라고 말하고 있습니다. 왜냐하면, 그것만이 이 계명들을 어기지 않을 유일한 방법이기 때문입니다.

사람들에게 지구는 평평하며 심지어 우주의 중심이라고 믿게 했던 종교적 미신과 같은, 중세 유럽에 만연했던 미신을 생각해 보세요. 이런 미신은 무엇에 근거를 두고 있을까요? 그것은 사람들이 정신적인 이미지를 만든 다음 그것을 무오류의 지위에 올려놓은 것에 기반을 두었습니다. 즉 그것에 결코 의문을 던져서는 안 되고, 멘탈 박스 밖에 있는 어떤 것과도 비교할 필요가 없다는 의미였습니다.

상승 호스트가 과학적인 방법을 공개한 배경에는 어떤 목적이 있었을까요? 그것은 실험을 통해 사람들에게 그들의 정신적인 이미지, 즉 그들의 이론을 자신의 마음 밖에 있는 것과 비교함으로써 미신을 극복하는 도구를 주려는 것이었습니다. 물론 과학도 에고에 의해 오용될 수 있지만, 그럼에도 과학적인 방법은 중세의 멘탈 박스 밖으로 인류를 끌어올렸으며, 더 발전할 수 있는 길을 열어 주었습니다.

그렇다면 나의 전반적인 요점은 무엇일까요? 그것은 에고가 모든 것에 대한 정신적인 이미지를 만들고, 의식하는 자아가 이 이미지를 자신과 동일시하여 받아들이기 시작할 때, 이원성 환영으로 만들어진 멘탈 박스에 갇히게 된다는 것입니다. 에고는 자신을 탄생시킨 기본적인 분리를 결코 극복할 수 없으므로, 자신의 정신적 이미지가 환영임을 절대로 볼 수 없습니다. 따라서 의식하는 자아가 에고의 정신적인 이미지에 의문을 제기하지 않는 한, 의식하는 자아는 그 이미지에 갇혀 있을 것입니다.

이것은 정말로 무엇을 의미할까요? 의식하는 자아는 신의 존재의 확장체이기에 실제로는 신으로부터 결코 분리될 수 없다는 의미입니다. 그러나 의식하는 자아는 자신이 생각하는 그대로 존재합니다. 따라서 의식하는 자아가 에고의 환영에 근거해서 자신이 신으로부터 분리되었다고 생각하는 한, 실제로 신과 분리됩니다. 왜 그럴까요? 에고는 모든 것에서 분리되어 있으므로, 모든 것에 대한 정신적인 이미지를 만든다는 것을 기억하세요. 즉 여러분의 에고는 여러분의 의식하는 자아에 대한 정신적인 이미지를 만듭니다. 여러분의 의식하는 자아가 이 이미지, 필멸의 정체감을 받아들이는 한, 여러분은 정말로 그 분리된 존재처럼 생각하고 행동할 것입니다.

그렇다면 그리스도 의식에 이르는 길은 어떤 여정일까요? 그것은 하나의 이원성 환영을 극복한 다음 또 다른 이원성 환영을 극복해 가는 점진적인 과정입니다. 즉 임계치에 이른 의식하는 자아가 이원적인 마음을 넘어서서 보고 진리의 영인 자신의 상위 존재를 실제로 경험할 때까지, 에고의 정신적인 이미지를 떨쳐 나가는 것입니다. 에고는 결코 분리를 극복할 수 없기에, 진리의 영을 결코 경험할 수 없다는 것을 기억하세요. 하지만 의식하는 자아는 신의 존재의 확장체이므로, 실제로 영(Spirit)을 직접 경험할 수 있습니다. 그러므로 에고는 영원히 자신의 정신적인 이미지를 통해 신과 관계를 맺겠지만, 의식하는 자아는 신과 관계를 맺기 위한 정신적인 이미지가 필요하지 않습니다. 그 대신, 신의 존재에 대한 직접적인 경험을 통해 신과 관계를 맺을 수 있습니다. 따라서 그리스도 의식의 여정은 의식하는 자아가 모든 것에 대한 에고의 정신적 이미지에서 스스로를 분리해 가는 과정입니다. 이로써 결국 의식하는 자아는 그 이미지에 근거해서 자신을 인지하는 것을 멈추고, 그 대신 자신을 실제로 영적인 존재로 받아들일 수 있습니다. 즉 자신을 지구상의 어떤 것에도 묶이지 않는 존재, 반-그리스도 마음이 만든 어떤 정신적인 이미지에도 묶이지 않는 존재로 받아들입니다. 오히려 여러분은 그리스도 마음을 통해 자신의 신성한 개성을 자유롭게 표현할 수 있습니다.

그렇다면 이 과정의 근간이 되는 것은 무엇일까요? 지적인 추론을 통해서는 결코 이것을 성취할 수 없습니다. 영적인 개념을 아무리 많이 알고 있더라도, 이 세상의 모든 영적인 가르침을 다 연구했다 하더라도, 여러분은 깨달음에 더 가까이 갈 수 없습니다. 문제를 일으킨 것과 같은 수준의 의식으로는 그 문제를 해결할 수 없으므로, 모든 것을 아는 일과 무지를 극복하는 일은 같은 것이 아닙니다. 무지는 궁극적으로 한 가지 방법으로만 극복될 수 있으며, 그것은 바로 진리의 영을 직접 경험하는 것입니다. 이러한 경험은 에고의 멘탈 박스 밖에 뭔가가 있다는 사실을 부정할 수 없는 방법으로 증명합니다. 그리고 여러분이 그러한 경험을 계속하면, 점차 자신이 에고의 멘탈 박스 밖에 있다는 것을 받아들이기 시작하며, 따라서 여러분은 더 이상 그 틀이 필요하지 않게 됩니다. 그때가 바로 여러분이 유령(ghost)을 포기하고 십자가 위에서 여러분 필멸의 정체성을 죽게 할 수 있는 때입니다. 그럼으로써 이제 의식하는 자아는 다른 이들을 자유롭게 하는 데 봉사할 수 있는 불꽃으로, 그리스도가 된 존재(Christed Being)로 다시 태어납니다.

＊＊＊

내가 여기까지 여러분을 이끌고 온 이유를 알겠습니까? 그리스도 분별력을 어떻게 키우기 시작할까요? 이 세상에서 발견되는 정신적 이미지에 기꺼이 의문을 제기하고 그 불일치를 봄으로써 그리스도 분별력을 키워나갈 수 있습니다. 그러면 진리의 영을 직접 경험하는 길이 열리게 됩니다. 그렇지만 이것이 실제로 무엇을 의미할까요? 여러분의 정신적인 이미지에 의문을 던지는 것은 단지 지적인 연습의 또 다른 형태가 아닐까요?

글쎄요, 지적으로 그것에 접근한다면 그럴 수 있습니다. 하지만 내가 제안하는 것은, 지식의 열쇠를 사용하여 그것에 접근하라는 것입니다. 그것은 바로 여러분의 직관입니다. 여러분은 마음을 넘어 진리를 경험하는 아하(Aha) 순간을 제공하는 직관적인 경험의 바탕을 마련하는 방법으로, 논리적이고 합리적인 마음을 사용하는 것을 배웁니다.

이것이 무엇을 의미할까요? 그것은 진리에 대한 근본적인 진실을 깨달아야 한다는 의미입니다. 즉 이 세상에는 진리와 같은 것이 존재하지 않는다는 것입니다. 마이트레야께서 그의 책에서 이것을 더 상세히 설명하지만, 중심 개념은 이 세상에서 사용되는 말도 상대적이며 사람마다 서로 다른 해석을 한다는 것입니다. 상승 마스터 학생 중에는, 이 시대에는 상승 호스트가 다른 모든 영적인 가르침을 대체하는 새로운 영적인 가르침을 제시하기 위해 직접적인 계시를 사용한다고 믿는 학생들이 있습니다. 이전의 가르침은 모두 결함이 있고 불완전하지만, 이제 우리는 궁극적인 가르침, 마침내 완전하고 오류가 없는 가르침을 전하기 위해 직접적인 계시를 준다는 것입니다.

이것은 우리의 진정한 목적을 완전히 오해한 것입니다. 우리는 우상을 갖지 말라는 계명에 표현된 진리를 이해합니다. 이것은 단지 시각적인 이미지뿐만 아니라, 신성한 경전과 같이 언어에 기반을 둔 이미지에도 적용됩니다. 완전하고 절대로 오류가 없는 가르침을 언어로는 전할 수가 없습니다. 물론 가르침이 이원성 환영에 의해 어느 정도 영향을 받을 수는 있지만, 분명한 사실은, 이 세상의 어떤 가르침도 신을 오류 없이 완전하게 묘사할 수 없습니다. 왜냐하면 신은 이 세상을 초월한 진리의 영이기 때문입니다.

나는 왜 신의 나라가 여러분 안에 있다고 했을까요? 여러분이 신과의 관계에서 외적인 가르침에 근거를 두는 한, 결코 신을 찾을 수 없을 것이기 때문입니다. 여러분이 외적인 가르침을 넘어서서 직접적인 경험을 할 때만 신을 찾을 수 있을 것입니다. 그리고 이 경험은 오직 여러분의 마음 안에서만 일어날 수 있습니다.

따라서 영적인 가르침을 주는 참된 목적은 신에 대한 완전한 묘사를 제공하기 위해서가 아닙니다. 언제나 외적인 가르침 너머에 있는 실재에 도달할 수 있고 실제로 그것을 경험할 수 있는 지점까지 사람들의 의식을 높일 수 있는 기반을 제공하는 것이 그 목적입니다. 그 어떤 가르침도 신이 아닙니다. 신은 이 세상과 분리되어 있지 않지만, 언제나 이 세상의 무엇이든 초월해 있으며 그 이상입니다.

어떤 영적인 가르침이 궁극적인지에 대해 논쟁하는 것이 얼마나 부질없는지 알겠습니까? 너무나 많은 신실한 영적인 구도자가 이런 마음 상태에 갇혀 있으며, 그것은 그들이 실제로 참된 진전을 이루지 못하게 할 뿐입니다. 진리에 대한 하나의 표현이 우월하다는 것을 증명하려는 이원적 논쟁을 멈추고, 모든 표현을 초월한 진리의 영을 직접 경험하기 전까지, 여러분은 그리스도 의식의 여정을 시작할 수조차 없을 것입니다.

* * *

이것이 흑백 사고와 모호한 사고를 포함하여, 무지라는 주제와 어떻게 관련되어 있을까요? 무지를 극복하는 것이 알지 못하는 뭔가를 알게 되는 문제라고 생각하는 사람이 많습니다. 따라서 그들은 완전하고 절대 오류가 없는 가르침을 추구하며, 그것을 찾아 공부하면 자동으로 무지를 극복하게 된다고 생각합니다. 그들은 마음을 그릇으로 보고, 그 안에 충분한 지식을 쏟아부어 그것을 채운다면 결국 무지를 극복할 것이라고 생각합니다.

실제로 무지의 극복은 기계적인 과정이 아니라 창조적인 과정입니다. 무지를 극복하는 것은 자신과 세상을 보는 방법을 근본적으로 전환한다는 의미입니다. 이러한 전환은 현재의 멘탈 박스를 넘어 실재를 직접 경험함으로써만 일어날 수 있습니다. 어떤 의식적인 준비를 하지 않는 듯이 보이지만 확실히 이러한 경험을 한 사람들도 있습니다(그들은 실제로 과거의 여러 생에서 준비를 했습니다). 그렇지만 여러분은 이러한 경험을 위한 바탕을 마련하기 위해 많은 것을 할 수 있으며, 그 주요 요소들은 다음과 같습니다.

- 여러분의 마음은 현재 여러분이 모든 것을 보는 방식에 영향을 미치는 멘탈 박스 안에 있다는 것을 인정해야 합니다. 이 틀은 결코 여러분에게 실재에 대한 궁극적인 지식을 줄 수 없습니다. 이것을 지적으로 이해하기만 해도 올바른 방향으로 한 걸음 내딛는 것입니다.
- 여러분은 틀을 넘어서고, 더 많이 알아야 하겠다는 열망을 키워야 합니다.
- 틀 밖에 실재가 있으며 여러분이 그것을 알 수 있다는 것을 인식

해야 합니다. 그러나 이것은 지적인 이해를 통해서가 아니라 직접적인 경험을 통해서만 일어날 수 있습니다. 여러분은 지성을 넘어서야만 이 경험을 할 수 있습니다. 즉 바다의 고요함을 보지 못하게 가려버리는 파도와 같은, 항상 분석하는 지적인 마음을 중립적으로 해야 한다는 뜻입니다.

사람들이 흑백 사고에 갇혀 있을 때, 자신이 멘탈 박스에 갇혀 있다는 사실을 보지 못하거나 인정할 수 없다는 것을 알겠습니까? 그들은 자신의 신념 체계가 절대적이라는 확신에 매달려, 자신의 멘탈 박스가 실재에 대한 왜곡되고 제한된 관점을 제공한다는 것은 생각조차 하지 않으려 합니다. 그러나 사람들이 모호한 사고라는 반대 극단으로 가게 되면, 모든 멘탈 박스의 바깥에 궁극적인 실재가 있다는 것을 인정하지 않습니다. 이들은 사람들이 멘탈 박스를 만들었다는 것을 종종 볼 수 있지만, 대안이 있다는 것은 알지 못합니다. 흑백 사고는 사람들이 궁극적인 틀로 여기는 하나의 멘탈 박스에 매달리게 하지만, 모호한 사고는 사람들이 모든 것은 단순히 믿음의 문제일 뿐이며, 궁극적인 실재는 없다고 믿게 합니다.

이제 두 가지 접근 방식 모두가, 여러분이 진리의 영을 직접 경험하는 것을 차단하고 있음을 알 수 있습니다. 즉 여러분은 두 접근법을 모두 넘어서야 한다는 의미입니다. 그렇게 한 다음, 여러분은 또한 다른 사람들이 그것들을 넘어설 수 있도록 도와야 합니다. 그것만이 이 세계가 이원적인 투쟁을 넘어서도록 도울 수 있는 유일한 방법이기 때문입니다.

* * *

이제 이 담화에서 내가 정말로 말하고 싶은 요점을 말하겠습니다. 나는 에고가 진리의 영을 결코 경험할 수 없으므로 직접적인 경험의 대체물로써 정신적인 이미지를 만든다고 말했습니다. 결론적으로 사람들은 이원성 의식이 창조한 수많은 환영이 삶의 모든 측면에 영향을 주는 행성에 살고 있다는 것입니다. 그리스도의 제자가 되려면, 여러분의 마음이 그러한 정신적인 이미지들에서 벗어나야 하며, 이 과정을 성취하기 위해서는 살아 있는 그리스도의 실제적인 역할을 이해해야 합니다.

상승 호스트가 직접적인 계시를 통해 제공하는 가르침조차 신에 대해 완벽하게 설명할 수 없다는 개념 뒤에 있는 진정한 의미를 이해했습니까? 그 의미는 일단 가르침이 말로 표현되면, 그 가르침은 이원성 의식이 작동할 수 있는 영역으로 들어간다는 것입니다. 즉 에고와 거짓 교사들은 어떠한 영적인 가르침이나 개념도 왜곡시킬 수 있습니다.

이것에 대해 생각해 보세요. 영적인 가르침은 신과 같지 않습니다. 사실, 영적인 가르침은 단지 사람들이 신을 직접 경험하지 못하기 때문에 주어지는 것입니다. 만일 지금 신을 직접 경험하고 있다면, 이 과정을 포함해서 신을 묘사하는 영적인 가르침이 왜 필요하겠습니까? 특정한 곳으로 여행하는 것에 대해 생각한다고 상상해 보세요. 그리고 여러분은 그곳에 있는 자연경관을 아주 생생하게 묘사하는, 그것이 어떻게 보이는지 아주 상세하게 묘사하는 여행안내 책자를 집어 들었다고 생각해 보세요. 여러분은 그 생생한 묘사에 근거하여, 직접 그 자연경관을 경험하고 싶다는 열망을 키우고 그곳을 여행하게 됩니다. 그 경이로움을 직접 경험할 때, 여러분은 여전히 그 경관이 어떻게 보이는지 설명하는 안내 책자를 읽어야 할까요? 물론 아닙니다. 지금 직접 경험할 수 있는 것에 대한 설명을 읽어야 하는 이유가 있을까요?

요점이 보입니까? 영적인 가르침은 직접 경험할 수 있는 곳으로 여러분을 안내하기 위한 것입니다. 그것은 결코 그 경험을 대체할 수 없습니다. 그러나 에고는 이것을 이해할 수가 없습니다. 따라서 여러분이 따르는 영적인 가르침을 목적을 위한 수단이 아니라, 목적 그 자체로 삼으려고 합니다. 에고와 거짓 교사들은, 그것이 아무리 정확한 사실이라 해도, 어떤 영적인 가르침이든 외적인 길의 이미지를 강화하는 데 사용할 수 있습니다. 그것은 여러분이 외적인 가르침을 따르기만 하면 미래에 언젠가 구원을 받는다는 것입니다. 이것은 사실, 직접적인 경험을 추구하는 것을 의미하는 창조적인 작업을 할 필요가 전혀 없는, 기계적인 길입니다. 창조성의 진정한 의미는, 여러분이 진리의 영, 자신의 상위 존재의 영을 경험하고 그 영이 여러분의 하위 존재를 통해 무한한 창조력을 표현하게 하는 것이기 때문입니다.

그렇다면 이제 살아 있는 그리스도의 역할은 무엇일까요? 그리스도가 인류에게 최종적이고 오류가 없는 가르침을 주려고 이 세상에 온다는 것은 왜곡된 견해입니다. 사실 살아 있는 그리스도는 사람들의 멘탈 박스에 도전하기 위해서 이 세상에 오는 것입니다. 그 이유는 사람들이 영을 직접 경험하지 못하도록 멘탈 박스가 막고 있기 때문입니다.

이것의 참된 의미를 알고 있나요? 상승 호스트인 우리는 지난 세기에 직접적인 계시를 통해 여러 가르침을 주었습니다. 우리가 지원한 모든 조직에서, 일정한 비율의 학생들이 그 가르침을 최종적이고 오류가 없는 계시로 탈바꿈시켰으며, 그로 인해 그 가르침은 막다른 골목, 또 하나의 "무오류" 멘탈 박스가 되어버렸습니다. 여기서 여러분이 알아야 할 점은, 살아 있는 그리스도는 이 세상에 어떤 무오류의 진리를 가져오려고 하는 것이 아니라는 사실입니다. 이러한 진리는 결코 말로 표현될 수 없기 때문입니다. 무오류의 진리는 오직 진리의 영뿐입니다. 그러나 이 영은 결코 말에 담길 수가 없으며 직접적인 경험을 통해서만 알 수 있습니다. 결론은, 이 세상에서 살아 있는 그리스도에게는 어떤 절대적인 진리도 없다는 것입니다. 살아 있는 그리스도는 일관되게 말로 표현되는 진리를 가지고 있지 않습니다. 그 대신, 살아 있는 그리스도는 사람들이 만든 모든 멘탈 박스에 도전할 것이며, 심지어 상승 호스트가 준 영적인 가르침이 근거하고 있는 틀에도 도전할 것입니다.

여러분은 이 개념에 대해 기꺼이 숙고해 볼 마음이 있습니까? 그것은 대부분의 영적인 구도자가 가진 기본적인 환영 중 하나인, 궁극의 영적인 가르침을 찾는 꿈에 대한 도전임을 알고 있나요? 여러분은 그것이 또 다른 환영에 도전하는 것임을 알고 있나요? 그것은, 진정한 영적인 스승은 이전에 했던 어떤 말과도 결코 모순되지 않는, 전적으로 일관된 메시지를 가져야 한다는 환영입니다.

살아 있는 그리스도가 모순된 말을 하는 것이 충분히 가능한 이유를 여러분은 알고 있나요? 살아 있는 그리스도는 사람들의 환영에 도전하여 그들이 현재 자신의 멘탈 박스를 뛰어넘어 진리를 직접 경험하게 해주려고 이곳에 있습니다. 따라서 살아 있는 그리스도가 하는 말은 무오류의 진리를 획일적으로 표현하는 것에 기반을 두지는 않습니다. 그것은, 특정한 사람이나 특정한 그룹 사람들을 흔들어 깨워 현재의 멘탈 박스 너머를 보게 하려면 무엇을 해야 하는지에 대한 평가를 기반으로 합니다. 그러므로 살아 있는 그리스도의 말은 초월이라는 일관된 결과를 가져오는 것을 목적으로 하지만, 진술의 실제 형태는 사람들의 현재 멘탈 박스에 맞추게 됩니다.

 2,000년 전에 지구를 걸어서 돌아다녔을 때, 나는 영원히 지속될 수 있는 가르침을 전하려고 하지 않았습니다. 유대인들은 외적인 법률에 대한 문자적인 해석을 엄격하게 고집했으며, 나는 그런 것을 포함한 그들의 멘탈 박스에 도전하기 위해 특별하게 준비한 말을 많이 했습니다. 나는 그들에게 살아 있는 그리스도는 이 세상의 어떤 가르침이나 법보다 위에 있다는 것을 보여주려고 했습니다. 그것은 오늘날의 상승 마스터 학생 다수가 아직도 이해하지 못하고 있는 사실이기도 합니다. 예를 들어, 나는 다음과 같이 말했습니다.

> 1 그 무렵 어느 안식일에 예수께서 밀밭 사이를 지나가시게 되었는데 제자들이 배가 고파서 밀 이삭을 잘라 먹었다.
> 2 이것을 본 바리새인들이 예수께 "저것 보십시오, 당신의 제자들이 안식일에 해서는 안 될 일을 하고 있습니다." 하고 말했다.
> 3 예수께서 이렇게 대답하셨다. "너희는 다윗의 일행이 굶주렸을 때 다윗이 한 일을 읽어 보지 못하였느냐?
> 4 그는 신의 집에 들어가서 그 일행과 함께 제단에 차려 놓은 빵을 먹지 않았느냐? 그것은 사제들만 먹을 수 있었고 다윗과 그 일행은 먹을 수 없는 빵이었다.

5 또 안식일에 성전 안에서는 사제들이 안식일의 규정을 어겨도 그것이 죄가 되지 않는다는 것을 율법 책에서 읽어 보지 못하였느냐?
6 잘 들어라. 성전보다 더 큰 이가 여기에 있다.
7 '내가 바라는 것은 나에게 동물을 잡아 바치는 의례가 아니라 이웃에게 베푸는 자선이다.' 하신 말씀이 무슨 뜻인지 알았더라면 너희는 무죄한 사람들을 죄인으로 단정하지는 않았을 것이다.
8 사람의 아들이 바로 안식일의 주인이다. (마태 12장)

흑백 사고에 갇힌 사람들은 참된 영적인 스승이 전적으로 일관되어야 한다고 요구하고, 모순이 보이면 그 스승을 거부합니다. 회색 사고를 하는 사람들은 진리가 없다고 말합니다. 그들은 참된 스승과 거짓 교사가 있을 수 있다고 생각하지 않으므로, 참된 스승을 알아볼 수가 없습니다. 이 이원성을 넘어서서 그리스도 분별을 얻기 시작하는 사람들은, 참된 스승은 모순된 말을 할 수도 있지만 여전히 일관된 목표를 추구하고 있음을 알게 될 것입니다.

어떤 사람이 특정한 멘탈 박스에 갇혀 있으면, 스승은 그 틀을 구성하고 있는 환영에 도전하는 말을 해야 합니다. 하지만 그 스승이 또 다른 멘탈 박스에 갇힌 사람을 만나면, 두 번째 사람의 멘탈 박스에 도전하는 다른 말을 해야 합니다. 두 말을 비교해 보면, 선형적이고 분석적인 마음으로 그것을 보는 사람들에게는 서로 모순되는 것처럼 보일 수도 있습니다. 그러나 외적인 말 뒤에는, 진리의 영을 직접 경험할 수 없게 만드는 멘탈 박스에 항상 도전함으로써, 그 사람이 현재 어떤 멘탈 박스에 갇혀 있든 상관없이 돕겠다는 일관된 목표가 있습니다. 그런 점에서, 참된 스승이 여정의 첫 단계에서 어떤 말하고 나중의 단계에서 그것과 반대로 보이는 말을 할 가능성이 충분히 있습니다. 다시 말하지만, 그 목적은 지금 여러분이 어떤 멘탈 박스 안에 있든 여러분을 흔들어서 바깥으로 나오게 하는 것입니다. 그럼으로써 항상 자신의 현 수준을 초월하게 하고, 지금 모든 것을 알고 있다는 생각에 절대 갇히지 않게 해주는 것입니다.

여러분이 이 진리를 내면화하고 받아들일 수 있다면, 바로 그리스도 의식의 본질인 분별력을 키우는 데 필수적인 한 걸음을 내디딘 것입니다. 그것은 겉모습에 관한 판단을 벗어나 이 세상의 모든 이원적 겉모습 뒤에 있는 분리되지 않은 진리를 볼 수 있게 해주는 분별력입니다. 그리고 이것은 우리가 다음 열쇠에서 다룰 정말로 교묘한 무지를 극복하는 데 도움이 될 것입니다.

열쇠 10을 위한 연습

33일의 집중 기도 동안 'ROS11: 성모 마리아의 모든 곳에 존재하는 지혜 로자리'를 낭송하기 바랍니다. 각 절마다, 그리고 후렴 전에 이 열쇠를 위한 디야니 붓다의 만트라를 낭송하세요.

옴 바이로차나 옴(OM VAIROCHANA OM)

로자리를 낭송한 후, 여러분의 현재 멘탈 박스에 대해 생각해 본 다음, 그 틀의 어떤 측면이 여러분이 진리의 영을 경험하지 못하게 막고 있는지 모두 드러내 달라고 나에게 요청하세요. 문제가 명확해지고 나면, 어떤 방법으로든 분석하지 말고, 생각이 떠오르는 대로 적어 보세요.

또한, 여러분이 일상생활에서 분별력을 갖도록 도와달라고 나와 바이로차나 붓다에게 요청하여, 모든 상황에서 실재와 비실재를 보기 시작할 수 있기를 바랍니다.

열쇠 11
참으로 교묘한 무지

이 열쇠에서는 가장 미묘한 형태의 교묘한 무지(sophisticated ignorance)를 다루겠습니다. 이 독소의 해독제인 디야니 붓다는 바이로차나(VAIROCHANA)입니다. 그의 지혜는 모든 곳에 존재하는 지혜(All-pervading Wisdom)입니다. 이번 가르침을 공부하면서 그의 만트라를 낭송하세요.

옴 바이로차나 옴(OM VAIROCHANA OM)

어떤 의미에서, 나는 이 과정의 시작부터 교묘한 무지에 대해 말해 왔다고 할 수도 있습니다.

- 그리스도 의식에 이르는 여정의 핵심은 여러분이 볼 수 없는 것을 보게 되는 것, 즉 여러분 자신의 눈 안에 있는 들보를 보게 되는

것이라고 말했습니다.
- 그리스도의 두 번째 도전은 살아 있는 그리스도로 하여금 여러분의 현재 멘탈 박스 너머로 여러분을 인도하도록 허락할 것인가고 말했으며, 그것은 여러분이 그 틀의 한계를 기꺼이 보고 인정해야 한다는 의미입니다.
- 외적인 길과 내면의 여정에 대해 이야기하면서, 여러분은 외적인 길의 모든 환영을 놓아버리고 떠나야 한다고 말했습니다.

그렇지만 여러분의 현재 수준에서 그것은 정확하게 무엇을 의미할까요? 교묘한 무지의 가장 위험한 측면은, 그것이 여러분이 옳다고 절대적으로 확신하게 만들지만, 실제로는 여러분이 잘못되었다는 것입니다. 여러분은 신의 실재에 정렬하고 있지 않습니다. 왜냐하면 여러분이 마음속에서 환영을 "실재"의 지위로 끌어올려 놓았기 때문입니다. 그리고 이런 믿음을 가지고 있으면, 살아 있는 그리스도가 여러분의 현재 멘탈 박스 너머로 여러분을 인도하려고 할 때, 여러분은 틀림없이 그리스도에게 주의를 기울이지 않을 것입니다. 여러분은 그 틀이 완전하고 오류가 없다고 확신하기 때문에, 그 틀을 뛰어넘을 필요가 없다고 생각합니다. 그것은 여러분이 스승을 거부해야 한다는 의미입니다. 실제로, 교묘한 무지를 가지고 있으면 그리스도 의식의 여정을 어떻게 걸어갈지에 대해 여러분이 스승보다 더 잘 안다고 생각하게 됩니다. 여러분은 궁극적인 지식과 믿음 또는 이해를 얻었으며, 그것에 의문을 제기할 필요가 없다고 생각합니다. 이것은 흑백 사고와 모호한 사고에 갇힌 사람들에게서 발견되는 전형적인 반응입니다. 두 형태의 사고 모두에, 에고가 편안한 영역에 머물면서 스승을 거부하는 것에 대한 정당성을 충분히 제공하고 있기 때문입니다.

그렇다면 여러분의 현재 멘탈 박스에 무슨 문제가 있는 것일까요? 여러분이 정말로 삶과 영적인 여정에 대한 궁극적인 이해를 발견했을 수도 있지 않을까요? 글쎄요, 앞의 열쇠에서 보았듯이, 궁극의 영적인 가르침 같은 것은 없습니다. 하지만 여러분이 이 점을 확실하게 이해하도록, 여러분이 자신의 현재 멘탈 박스에 의문을 제기할 필요가 있는지를 결정할 수 있는 간단한 방법을 제안해 보겠습니다. 내가 영적인 영역에서 이 과정을 들려주는 동안, 여러분은 지금 지구상에 앉아서 이 책을 읽고 있다는 사실을 생각해 볼 필요가 있습니다. 이것은 나는 상승했지만, 여러분은 아직 상승하지 못했다는 의미입니다. 그래서 여기서 중요한 질문은 이것입니다. 나는 상승했는데 여러분은 왜 상승하지 못했을까요?

논리적인 대답은, 여러분이 아직 알아내지 못한 것을 나는 분명히 알아냈다는 것입니다. 왜 그럴까요? 혹시 여러분은 상승을 하기 위한 모든 지식을 가지고 있지만, 단지 지구를 떠날 시기가 되지 않아서 그런 것이 아닐까요 (이렇게 에고는 스승이 제기하는 모든 논점에 대해 항상 이유를 댈 수 있으며, 이것이야말로 에고를 드러내는 좋은 방법입니다). 그러면, 간단한 테스트 하나를 고려해 보겠습니다. 지금 이 순간, 여러분은 자신을 영적인 영역으로 끌어올릴 수 있습니까? 그렇게 할 수 있다면, 우리가 "얼굴을 맞대고" 이 대화를 계속할 수 있도록, 이곳으로 와서 나를 만나보세요.

여러분이 아직도 이것을 읽고 있다면, 그것이 의미할 수 있는 것은 한 가지뿐입니다. 아무리 여러분의 지식이 수준이 높다고 생각되더라도, 그것이 마음대로 여러분을 영적인 영역으로 올려줄 만큼 충분히 수준이 높지 않다는 것입니다. 여러분은 이곳에 오기 전에 가야 할 여정이 있습니다. 그렇지 않다면 여러분은 이미 이곳 영적인 영역에 있을 것입니다!

여러분의 의식하는 자아가, 나는 상승했지만 여러분은 상승하지 못했다는 것을 기꺼이 인정한다면, 두 가지 결론을 받아들일 수 있어야 합니다. 하나는, 나는 상승했기 때문에 여러분이 알지 못하는 뭔가를 정말로 알고 있다는 것입니다. 따라서 여러분은 자신의 에고를 포함해, 물질층 또는 감정, 멘탈, 에테르 영역에서 발견되는 많은 거짓 교사들보다는 나에게 귀를 기울여야 합니다.

또 다른 결론은, 나는 상승했으므로, 여러분의 의식하는 자아가 아직 파악하지 못했고 여러분의 에고는 결코 이해하지 못할 어떤 것을 나는 틀림없이 알아냈을 것입니다. 그렇다면 그것은 무엇일까요? 자, 영적인 여정에 대한 궁극적인 비밀을 알려주겠습니다.

이제, 궁극적인 비밀을 알려주겠다는 내 말에 여러분의 내면에서 어떤 종류의 반응이 일어났는지 잠시 생각해 보기 바랍니다. 어떤 특정한 생각이나 느낌이 일어났는지 알아차릴 수 있나요? 그랬다면, 그것이 무엇인지 알아내기 위해 탐색해 보세요.

어떤 감각을 알아챘든지, 그것은 에고에서 나온 것입니다. 어떻게 이렇게 말할 수 있을까요? 앞의 열쇠에서 설명했듯이, 에고는 항상 신에게 받아들여질 수 있는 궁극적인 비밀을 찾으려는 불가능한 탐구를 하고 있기 때문입니다. 그러면 궁극적인 비밀은 무엇일까요?

그것은 그 어떤 궁극적인 비밀도 없다는 것입니다!

갑자기 더 높은 의식 상태로 여러분을 데려갈 마법의 공식은 없습니다. 구원, 상승, 깨달음 또는 여러분이 뭐라고 부르고 싶어하든, 그것에 대한 자격을 자동으로 제공하는 그 어떤 외적인 길도 없습니다.

영적인 영역에 도달하는 핵심 열쇠는 내가 생명의 강이라고 부르는 지속적인 성장 과정입니다. 그리고 이 성장의 본질은 여러분의 멘탈 박스, 여러분의 정체감을 계속해서 확장하는 것입니다. 여러분은 자신의 신념과 심지어 자신을 바라보는 방식에 대해서도 끊임없이 의문을 제기해야 합니다. 여러분은 오래된 정체성을 기꺼이 죽게 해서, 물과 불로, 즉 더 높은 정체감으로 다시 태어날 수 있습니다. 그러나 이것은 하늘이 열리며 번쩍이는 빛을 보고 천사들이 노래하는 것을 듣거나, 사람들이 무엇을 상상하든, 어떤 극적인 순간에 일어나는 것이 아닙니다. 이것은 바울이 말했듯이, 매일 옛사람을 벗고 새 사람을 입는 선택을 하는 결과로 일어납니다. 바울은 이렇게 말했습니다. "나는 매일 **죽습니다!**"

그러므로 이제 여러분은 에고가 가장 소중하게 간직하고 있는 환영 중의 하나, 즉 갑자기 여러분을 전혀 다른 사람으로 바꿀 수 있는 어떤 궁극적인 절정 경험을 위해 노력하고 있는 것에 대해 기꺼이 질문을 해야 합니다. 영적인 여정, 심지어 내면의 여정을 찾고자 하는 사람은 누구나 이 환영을 다루는 것에 틀림없이 마음이 끌릴 것이라고 확실하게 말할 수 있습니다. 그리고 여러분이 깨어 있는 의식에 가까운 마음의 층에서 그것을 극복했다 하더라도, 이제는 더 깊이 파고 들어가 더 깊은 수준에서 그것을 극복해야 할 때입니다.

궁극적인 돌파구라는 이러한 꿈은 에고가 의식하는 자아의 코앞에 매달아 놓은 당근입니다. 의식하는 자아가 이 환영을 믿는 한 여러분은 계속 당근을 쫓아갈 것이며, 그러면 성장에 이르는 참된 열쇠로부터 더 멀어지게 될 것입니다. 그 열쇠가 무엇일까요? 그것은 자신의 외면에서 경험을 추구하는 것을 멈추고 자신의 내면에서 신의 나라를 찾는 것입니다. 즉 자신의 정체감을 확장하기 위한 걸음을 매일 조금씩 밟아가야만 그 나라에 도달할 수 있음을 깨달아야 합니다. 그러면 마침내 신과 함께하는 공동창조자로서 자신을 온전히 받아들이게 되어, 하나됨의 상태, 즉 신의 나라에서 여러분 자신을 발견하게 될 것입니다.

에고는 여러분의 멘탈 박스를 완성하여 구원이 보장되는 어떤 궁극적인 상태에 도달하는 것을 추구한다고 말할 수 있습니다. 그러나 구원의 진정한 비결은 여러분의 멘탈 박스를 끊임없이 확장하는 것입니다. 즉 결코 현재의 틀을 붙잡고 있지 않는다는 뜻입니다. 여러분은 더 큰 자유를 얻을 수 있다는 것을 알고, 기꺼이 그것을 놓아버립니다. 궁극적인 확장이 있으며, 그것은 신 의식(God consciousness)입니다. 그러나 여러분에게 더 중요한 중간 단계는 그리스도 의식에 도달하는 것입니다. 그리스도 의식은 여러분이 영적인 영역을 인식할 수 있게 해줍니다. 그럼으로써 여러분은 여전히 육체에 있는 동안에도 신의 나라에 있게 됩니다.

그리스도 의식(Christhood)에 이르는 길은 기계적인 과정이 아니라 의식적으로 자아를 확장하는 창조적인 과정임을 알겠습니까? 여러분은 자신이 물질세계에서 공동창조하는 것을 통해 자신을 정의할 책임이 있으며, 따라서 여러분의 정체성을 그리스도 의식을 성취한 존재(Christed Being)로 정해야 합니다. 이것은 외적인 행위의 결과로 이뤄지는 것이 아니며, 설령 이 과정을 따른다 해도 자동으로 이뤄지지는 않습니다.

* * *

여러분이 영적인 사람들을 보면, 그들 중 많은 사람이 소위 "지고의 신비 체험"이라 부르는 것을 추구하고 있음을 알게 될 것입니다. 어떤 사람들은 최고의 신비 경험을 하기 위한 정확한 시간에 그곳에 있기 위해서, 이 행성에서 영적인 장소라고 여기는 곳으로 여행을 합니다. 다른 사람들은 명상, 피정 또는 다른 영적인 과정에서 그런 경험을 추구합니다. 그런 경험을 줄 수 있는 궁극적인 영적인 스승을 찾는 사람들도 있고, 끊임없이 최고의 화학적인 경험을 찾는 사람들도 있습니다. 하지만, 여러분은 그들 모두가 자신의 외부에 있는 어떤 것의 결과로 인한 경험을 찾고 있다는 사실을 알 수 있나요?

자, 나는 여러분의 의식하는 자아가 에고의 궁극적인 환영에서 정말로 깨어나기 시작하면, 중독자가 중독성 물질을 끊을 때 경험하는 금단 증상과 비슷한 것을 느낀다는 것을 아주 잘 알고 있습니다. 여러분은 대단한 영적인 해결책을 쫓아다니는 것에 실제로 중독되었을 가능성이 상당히 큽니다. 그리고 여러분은 그 중독을 극복하는 회복 기간을 반드시 거쳐야 합니다.

여러분이 내 말을 이해하고 받아들이는 것은, 즉 내가 지금 하고 있는 일은, 영적인 여정에서 모든 신비를, 즉 모든 재미를 제거하고 있는 것입니다. 종교와 영성에 관련된 신비가 필요하다고 생각하는 사람이 얼마나 많은지 살펴보겠습니다. 많은 영적인 구도자가 신비 학교와 신비한 여정에 대하여 이야기합니다. 그들은 대부분의 사람이 알지 못하는 것을 알고 있거나 비밀스러운 입문 과정을 걷는다는 느낌을 좋아합니다. 그들은 아직 미지의 무언가가 그들 앞에 있는 입문의 여정이라는 개념을 좋아하지만, 다른 한편으로는 그들이 자신보다 못한 사람들보다 앞서 있다고 느낍니다.

나는 지금 정말로 신비는 없다고 말하고 있습니다. 여정은 한 번에 한 걸음씩 작은 걸음을 내딛는 매우 실천적인 과정입니다. 그것은 언제나 여러분이 다음으로 극복해야 할 환영을 찾고, 그것이 왜 환영인지를 보고 나서 그것을 의식적으로 떨쳐버리는 문제입니다. 이것이 바로, 옛 정체감을 죽게 하고 옛것을 한 단계 넘어서는 새로운 정체성으로 다시 태어남으로써, 여러분의 여정에서 진전을 이루는 방법입니다.

하지만 신비에 대해서는 어떨까요? 내가 지금 여러분의 비전을 갑자기 넓힐 수 있는 획기적인 경험은 없다고 말하는 것일까요? 글쎄요, 분명히 돌파의 경험은 있지만, 여정에서 더 나아갈수록 그것에 극적인 요소가 줄어듭니다. 상승하지 않는 상태와 상승 사이의 마지막 변화는 일부 사람들, 특히 상승 마스터 학생들이 생각하는 것만큼 극적이지 않습니다. 이것이 왜 그런지 이해하는 것이 너무나 중요합니다.

여러분은 자신의 여정을 되돌아보며 어떤 극적인 돌파 경험을 해왔다고 깨달을 수도 있습니다. 영적인 구도자들은 여정을 처음 발견했을 때, 완전히 새로운 세상, 완전히 새로운 세계관이 그들에게 열린 것을 느끼며 그러한 극적인 경험을 했던 경우가 많습니다. 여러분은 그 초기 단계 이후에는 극적인 경험이 거의 없거나 전혀 경험하지 못했다고 느꼈을지도 모릅니다. 여러분은 심지어 틀림없이 뭔가 잘못된 것만 같고 여러분이 처음에 가졌던 것을 잃어버린 것처럼 느낄 수도 있습니다. 사실, 여정이 일상화되거나 무뎌지는 느낌, 흐지부지해진 듯한 실망감이 바로 여러분이 이 과정을 시작하게 만든 동기의 일부였을지도 모릅니다. 즉 여러분이 놓치고 있다고 생각하는 극적인 드라마를 내가 제공해 줄 수 있기를 바라며 이 과정을 시작했는지도 모릅니다. 그래서 여러분에게 무슨 일이 일어났는지 설명해 보겠습니다.

어떤 종류이든 극적인 경험의 기계적인 측면은 무엇일까요? 그것은 대비(contrast)입니다! 극적인 효과를 위해서는 대비가 있어야 합니다. 즉 두 개의 반대되는 것이 있어야 한다는 의미입니다. 그리고 이렇게 반대되는 것들을 언급하는 것만으로도 경종이 울리기 시작해야 합니다. 에고의 본성이 바로 무엇입니까? 에고는 항상 두 개의 반대 극성을 가지는 이원성에 근거하고 있습니다.

그런데 영적인 여정을 발견한 것이 왜 그렇게 극적인 경험이었을까요? 그것은 여러분이 영적인 여정에 대해 전혀 알지 못하는 문화에서 자랐기 때문입니다. 여러분은 아주 깊은 무지 속에서 자랐고, 영적인 여정을 발견한 것은 극적인 대비를 제공했습니다. 여러분은 대비의 강도가 여러분의 무지의 깊이에 따라 결정되었다는 것을 알 수 있나요? 어둠이 더 깊을수록, 빛이 비치기 시작할 때 대비가 더 극명합니다!

여러분은 아마 헤로인 중독자들이 첫 번째 주사를 맞을 때 극적인 경험을 하게 되고 그 궁극적인 경험을 쫓아다니며 그들의 남은 삶을 보낸다는 말을 들어본 적이 있을 것입니다. 이유는 사람들의 정상적인 의식 상태와 마약에 대한 경험 사이에는, 첫 번째 경우에만 궁극적인 대비가 있을 수 있기 때문입니다. 분명히 말하지만, 그것은 진정한 영적인 경험이 결코 아닙니다. 여기서 내 요점은, 이와 유사하게,

여정을 발견하면서 아주 극적인 경험을 했거나 그런 궁극적인 경험을 추구하는 데 중독된 영적인 사람들이 있다는 것입니다.

분명히, 나는 그들 중에 여러분이 있지 않기를 바랍니다. 이러한 추구는 여러분을 결코 그리스도 의식에 이르게 할 수가 없기 때문입니다. 왜 그럴까요? 실제로, 그리스도 의식의 본질은 여러분이 에고를 넘어서는 것입니다. 즉 죽음의 의식과, 반-그리스도 의식을 넘어선다는 뜻입니다. 그리고 이러한 의식의 본질은 무엇일까요? 그것은 이원성이며, 항상 두 개의 반대되는 극성이 있습니다. 그리고 정확히 말하자면, 항상 두 개의 대극이 있으므로, 반드시 수많은 대비를 제공할 것입니다. 반-그리스도 의식은 여러분에게 극적인 경험을 제공할 수 있지만, 그리스도 의식은 그런 경험을 결코 제공할 수 없다는 의미입니다.

왜 그럴까요? 그리스도 의식은 이원성을 넘어서기 때문입니다. 그리스도 의식에는 반대되는 극성이 없으며, 오직 신과의 하나됨, 모든 생명과의 하나됨만 있습니다. 이것은 매우 즐겁고 평화로운 상태입니다. 사실, 불교에서는 그것을 지복(至福)이나 니르바나라고 부르고 나는 그것을 신의 나라라고 불렀습니다. 그러나 이 지복은 지구상에서 대부분의 사람이 갈망하는 그런 행복은 아닙니다. 지구상에서 행복이란 현재 이원적인 개념으로 이해되고 있습니다. 행복은 불행의 반대이지만, 지복에는 반대되는 것이 없습니다. 지복에는 대비가 없으며, 이는 어둠에서 빛으로 가는 극적인 전환이 있을 수 없다는 의미입니다.

지금 내가 하는 말을 이해하겠습니까? 여러분이 처음으로 영적인 여정을 발견했을 때는, 여러분의 마음과 에너지장 속에 잘못된 신념과 불완전한 에너지가 많이 있었습니다. 여러분에게 어둠이 많이 있었고, 그렇기 때문에 빛을 처음 보았을 때 빛과 어둠 사이에서 극적인 대비를 경험했습니다. 이런 대비가 여러분에게 지고의 체험처럼 보였던 것입니다. 하지만 여러분은 이러한 경험의 강도가 여러분의 존재 속에 있는 어둠의 양에 직접 비례한다는 것을 알겠습니까? 어둠이 짙을수록 대비가 더 크기 때문에, 경험이 더 강렬하다는 것을?

그러면 그리스도 의식의 여정은 결국 무엇에 관한 것일까요? 그것은 여러분의 잘못된 신념들을 극복하고 모든 낮은 진동으로부터 여러분의 에너지장을 정화하는 일입니다. 그래서 여러분이 성공적으로 여정을 걸으면, 여러분의 존재에서 어둠의 강도가 감소할 것입니다. 즉 여러분이 획기적인 경험을 할 때, 빛과 어둠 사이의 극적인 대조가 더 이상 없을 것이고, 따라서 그 경험은 아무래도 강도가 점점 약해질 것입니다. 사실, 그것들은 점차로 완벽하게 자연스러워 보이기 시작할 것입니다.

이것이 바로 여러분이 정말로 진전을 이루었다는 신호임을 알 수 있습니까? 그러나 에고와 거짓된 스승들은 항상 여러분의 진보를 무산시키는 방법을 찾고 있습니다. 그래서 그들은 궁극적인 돌파의 경험(ultimate breakthrough experience)을 추구해야 한다는 아주 영리한 개념을 만들어냈습니다. 그리고 그들은, 여러분에게 극적인 경험이 없다면 더 이상 진보하고 있지 않은 것이라고 믿게 할 수 있습니다. 따라서 여러분은 자신이 분명히 뭔가 잘못하고 있다고 믿게 되며, 이것은 여러분이 다음과 같은 극단적인 경우나, 극단 사이의 막다른 골목으로 쉽게 빠져들 수 있음을 의미합니다.

- 여러분은 자신이 하는 일이 효과가 없다고 느끼고, 아마도 여정을 포기하거나 결코 돌파할 수 없을 것이라는 사실에 스스로 체념하면서 낙담하게 됩니다.
- 여러분은 돌파의 경험을 강제로 가져올 궁극적인 방법을 찾기 시작하며, 이로써 하늘나라를 힘으로 얻으려고 애쓰게 됩니다. 이것은 실제로 어떤 사람들에게는 어둠의 세력들이 자신의 존재 안으로 들어오도록 열어 주는 "작용"을 하게 됩니다. 그 결과 다시 한 번 명암의 대비를 줄 수 있는 충분한 어둠이 있게 되는 것입니다. 하지만 이러한 극적인 효과가 진정한 영적 진보와 같은 것은 아닙니다. 따라서 이 사람들은 그리스도 의식에 가까이 다가가지 못합니다. 왜냐하면 그들은 위로, 아래로, 다시 위로, 다시 아래로 끝없이 왔다갔다하는 시소 게임에 단단히 묶여 있기 때문입니다

사실상 그리스도 의식의 여정에서는 높이 올라갈수록 여러분의 존재에서 어둠이 제거되기 때문에, 극적인 경험을 가져오는 대조가 더 약해진다는 것을 알기 바랍니다. 따라서 여러분은 극적인 경험을 하겠다는 꿈을 버리고, 그 대신 "궁극적인" 경험, 즉 흔들리지 않고 지속되는 마음의 평화를 찾기 시작할 필요가 있습니다. 그것만이 진실한 지복의 상태이며, 대극이 없는 상태입니다.

이것은 "궁극적"이라는 말의 새로운 의미를 보여줍니다. 이원적인 의미에서 궁극적인 경험이란 최대의 극적인 효과를 제공하는 경험이며, 최대의 대비를 통해서만 나올 수 있습니다. 비이원적인 의미에서 궁극적이라는 말은 반대되는 것이 제거되거나 그것을 초월하게 되어 더 이상 대조가 없는 것을 나타냅니다.

* * *

　여러분의 물리적 감각이 대조에 대한 이러한 욕구에 어떤 영향을 미치는지 생각해 보는 것도 도움이 됩니다. 감각은 물질세계의 현상들을 감지하도록 설계되어 있고, 이 세상은 낮과 밤처럼, 수많은 대비를 제공하는 차이들을 특징으로 하고 있습니다. 여러분은 시곗바늘과 같이 매우 느리고 점진적인 움직임에 눈이 쉽게 속는다는 것을 알고 있거나 경험했을 수도 있습니다. 만일 어떤 것이 완전히 느리게 움직이면, 여러분의 눈이 그 움직임을 감지할 만한 충분한 대비가 없게 됩니다. 이 사실은 여러분의 물리적 감각이 대비를 감지하도록 설계되었음을 나타냅니다. 또한 자신을 육체와 동일시하는 사람들이 왜 대비를 제공하는 경험에 중독될 수 있는지 설명해 줍니다. 이것이 바로 영적인 스승들이 육체와 감각의 영향력을 극복해야 할 필요성을 강조해온 이유이며, 여러분은 마음을 자유롭게 하여 감각 너머의 경험을 할 수 있습니다. 하지만 나는 여러분에게 금욕적인 단련을 시킬 의도는 없습니다. 여러분이 정말로 해야 할 일은, 에고와 거짓된 스승들이 감각적인 경험에 기초한 사고방식을 확대하여 극적인 경험을 끝없이 탐구하게 만드는 방법을 보는 것이기 때문입니다.

　많은 영적인 구도자가 그것을 신 의식, 깨달음 또는 무엇이라고 부르든, 어떤 궁극적인 의식의 상태가 있다고 생각하면서 그들의 의식을 확대해야 한다는 개념에 사로잡혀 있습니다. 그들은 이것이 매우 극적인 의식 상태이기 때문에, 그들이 그것에 더 가까이 갈수록, 더 극적인 경험을 할 것이라고 생각하는 것 같습니다. 신이 궁극적이라면, 신에게 더 가까이 갈수록 여러분의 경험은 더 극적이어야만 한다는 것입니다. 그러나 다시 말하지만, 극적인 경험은 대비가 있을 때만 가능하며, 대비를 보인다는 것은 거리가 있다는 의미입니다. 따라서 정상적인 의식 상태가 신으로부터 멀리 떨어져 있는 경우에만 신에 대한 극적인 경험을 할 수 있습니다.

그러나 그리스도 의식이란 신과 하나됨의 상태입니다. 하나됨 안에는, 대비를 제공할 수 있는 분리가 없기 때문에 대비되는 것이 없습니다. 분리와 하나됨 사이에는 대비가 있다고 생각할 수 있지만, 한 번의 극적인 도약으로 하나됨에 이를 수는 없습니다. 그것은 한 번에 한 걸음씩 나아가야만 도달할 수 있습니다. 이 과정의 시작 단계에서는 각 단계마다 대비가 나타나지만, 더 멀리 나아갈수록 그 대비가 줄어들 것입니다. 여러분이 자신 안에서 신을 더 가까이서 볼수록, 신 의식을 더 자연스럽게 느끼게 되어 그 경험이 덜 극적이게 됩니다. 어느 날 여러분은 더 이상 대비를 느끼지 못하고 마침내 자신이 도착했음을 깨닫게 될 것입니다. 하나됨은 너무나 자연스럽게 나타나기 때문에 그 차이점을 거의 알아차릴 수가 없습니다. 내가 했던 말을 살펴보겠습니다.

> 모든 골짜기는 메워지고 높은 산과 작은 언덕은 눕혀져 굽은 길이 곧아지며 험한 길이 고르게 되는 날. (누가 3:5).

그러므로 그리스도 의식을 극적인 신비 경험이라기보다는 아주 훌륭한 평형장치(great equalizer)라고 생각해 보세요. 이것이 평등의 지혜이며, 대비되어 나타나는 모든 현상에 존재하는 지혜입니다.

* * *

무지는 여러분이 실재와 비실재의 차이를 구별하지 못한다는 의미이며, 따라서 여러분은 환영들에 갇혀 있는 것입니다. 진리를 알게 되면, 진리가 여러분을 자유롭게 하겠지만, 과연 진리가 무엇일까요? 이전의 열쇠에서 논의한 내용을 다시 살펴보고 좀 더 자세히 살펴보겠습니다. 다음 구절을 다시 한번 보겠습니다.

> 37 "아무튼 네가 왕이냐?" 하고 빌라도가 묻자. 예수께서 대답하셨다. "내가 왕이라고 네가 말했다. 나는 오직 진리를 증언하려고 태어났으며 그 때문에 이 세상에 왔다. 진리 편에 선 사람은 내 말을 귀담아듣는다."
> 38 빌라도가 예수께 물었다. "진리가 무엇인가?"(요한 18장)

빌라도는 진리가 무엇인지 알지 못하기 때문에 무지한 상태에 있는 사람을 나타냅니다. 그러나 적어도 빌라도는, 율법학자들과 바리새인들처럼 그들 자신의 잘못된 믿음을 절대적인 진리로 끌어올리지 않고, 자신이 모른다는 것을 기꺼이 인정했습니다. 그러므로 그들은 진리를 알고 있다고 생각했지만, 실제로는 진리를 전혀 인식하지 못했습니다. 다음으로 생각해 볼 질문은, 바로 이것입니다. "진리가 무엇인가?" 다시 한번, 다음 인용구를 보겠습니다.

> 22 너희는 무엇인지도 모르고 예배하지만, 우리는 우리가 예배드리는 분을 잘 알고 있다. 구원은 유대인에게서 오기 때문이다.

23 그러나 진실하게 예배하는 사람들이 영적으로 참되게 아버지께 예배를 드릴 때가 올 터인데 바로 지금이 그때이다. 아버지께서는 이렇게 예배하는 사람들을 찾고 계신다.
24 신은 영적인 분이시다. 그러므로 예배하는 사람들은 영적으로 참되게 신께 예배드려야 한다."(요한 4장)

여기에 영적인 구도자들이 이해하기 매우 어려울 수 있는 개념이 있습니다. 진리는 지식과 같지 않으며, 지혜나 이해와도 같지 않습니다. 왜 그럴까요?

여러분은 물질세계가 어떻게 작동하는지 알고자 하는 진지한 열망에 기반한, 과학적 사고방식의 영향을 많이 받는 사회에서 성장했습니다. 이로 인해 세계를 이해하는 것이 지식을 축적하는 문제라는 미묘한 패러다임이 생겨났습니다. 우리가 충분한 지식을 모을 수만 있다면, 결국 생명의 비밀도 밝혀낼 것이라고 생각합니다. 이와 같은 태도를 가진 영적인 구도자를 많이 볼 수 있습니다. 영적인 가르침을 충분히 연구한다면, 특히 매우 복잡하고 이해하기 어려워 보이는 것들을 익힌다면, 그들은 마침내 돌파 경험을 하게 되고 궁극적인 진리를, 즉 그들이 원하는 무엇이든 줄 수 있는 비밀의 공식을 발견할 수 있다고 생각합니다. 이것이 왜 불가능한 꿈일까요?

자, 영화관에 대한 비유를 다시 한번 살펴보겠습니다. 여러분의 육체적 감각과 현재의 과학적인 도구를 통해 볼 수 있는 것은, 영화 화면으로 보는 것과 동일합니다. 하지만 아무리 영화를 자주 보고 화면을 주의 깊게 연구하더라도, 여러분은 무슨 일이 일어나고 있는지 완전히 이해하지 못할 것입니다. 화면의 이미지는 실제로 어디에서 오는 것일까요? 원인은 무엇일까요? 화면에 나오는 사람들이 왜 저렇게 움직이는 것일까요? 이것을 이해하려면, 여러분은 물질 영역인 화면을 넘어서 살펴보고 더 깊은 원인을 찾아야 합니다.

화면에서 일어나는 일의 원인을 화면 수준에서 찾을 수 있다고 생각하면, 절대로 그 원인을 알아낼 수 없습니다. 여러분은 화면의 이미지가 영사실에서 투영된다는 사실을 인식해야 합니다. 하지만 더 나아가서 영화 작가가 쓴 대본을 기초로 어디에선가 일련의 배우들이 영화를 녹화했다는 것을 이해할 필요가 있습니다. 즉, 영화 화면으로 사람들을 볼 때 눈에 보이는 현상들을 연구하는 것이 아니라, 작가의 마음속으로 들어가야만 그들의 행동을 이해할 수 있다는 의미입니다.

여기에서 요점은, 이 세상에 있는 영적인 가르침은 모두 이 세상에서 발견되는 말이나, 개념과 이미지로 표현된다는 것입니다. 그리고 "진리"가 말이나 이미지로 표현될 때, 그것은 이 세상에 그려지게 되는 것입니다. 즉 마치 영화 화면 위의 이미지처럼 눈으로 볼 수 있는 현상이 된다는 뜻입니다. 하지만 신은 영(Spirit)입니다. 신은 이 세상을 초월해 있습니다. 앞에서 논의했듯이, 이 세상의 말과 이미지로 신을 정확하게 혹은 완전하게 묘사할 수가 없습니다. 신을 알 수 있는 유일한 방법은 신이 되는 것, 즉 신과 하나가 되는 것이기 때문입니다. 그것이 바로 영적으로 참되게 신을 예배하라는 권고 뒤에 숨어 있는 뜻입니다. 여러분은, 신은 영이므로 이 세상에서 발견되는 가르침이나 의례를 통해서는 신을 온전히 예배할 수 없다는 것을 알고 있습니다. 여러분은 이 세상에 있는 모든 것을 넘어서서 신의 영(God's Spirit)을 직접 경험해야 합니다. 궁극적인 진리는 영적인 가르침으로 표현될 수 없으며, 심지어 "무오류의 신의 말씀"으로도 표현될 수 없습니다. 따라서, 영적인 가르침의 목적은 궁극적인 진리를 제시하는 것이 아니라, 가르침을 넘어 진리의 영을 직접 경험하게 하는 디딤돌이 되는 것입니다. 나는 스스로를 그리스도교인이라 부르는 모든 사람이 이 사실을 이해하기를 바라지만, 지금으로서는 여러분이 그것을 충분히 이해하는 것으로 만족할 것입니다.

대부분의 영적인 구도자는 신비 경험을 흘끗 한 번은 해본 적이 있으며, 이것이 그들이 영적인 길을 가고 있는 이유입니다. 그리스도의 두 번째 도전의 참된 의미를 이해하고 그것을 자신의 경험에 적용하는 것이야말로 모든 구도자가 해야 할 과제입니다. 여러분도 기억하겠지만, 그리스도의 두 번째 도전은, 살아 있는 그리스도가 여러분을 현재의 멘탈 박스 너머로 인도하도록 허락할지, 아니면 살아 있는 그리스도와의 만남을 여러분의 틀에 억지로 끼워 넣을지 여부입니다. 여러분은 그리스도와의 만남을 억지로 틀에 끼워 넣음으로써 그 틀을 강화하고 의식하는 자아를 붙잡게 됩니다. 그래서 의식하는 자아가 현재의 정체감을 받아들이게 만들고, 그 틀을 넘어서거나 초월하지 못하게 할 것입니다.

따라서 여기에 많은 진지한 구도자에게서 볼 수 있는 패턴이 있습니다. 어떤 사람들은 이전에 종교적인 신념이나 영적인 신념이 없었지만, 갑자기 그들을 그 여정으로 일깨우는 어떤 영적인 경험을 하게 됩니다. 종교적이거나 영적인 신념을 가지고 있었지만, 그 이상(more)이 있음을 알게 되는 경험을 한 사람들도 있습니다. 어떤 경우든 그 역학은 동일합니다. 여러분이 영적이고 신비롭고 직관적인 돌파 경험을 하게 될 때, 여러분의 의식하는 마음은 무한에 닿고 진리의 영에 도달합니다. 하지만 여러분의 의식하는 마음은 현재의 신념, 현재의 정체감, 즉 여러분의 현재 멘탈 박스에 의해 제한됩니다. 따라서 의식하는 자아는 신의 무한한 영에 대한 경험을 온전히 헤아리거나 통합할 수가 없습니다. 그것은 물질계의 일상적인 경험을 훨씬 초월한, 너무 다른 경험이기 때문에 어떻게 해야 할지 도저히 알 수가 없습니다.

무한한 영(the Infinite)을 경험하는 것은 여러분의 정체감에 위협이 될 수도 있습니다. 그러나 여러분은 의식하는 자아가 개인적인 정체감이라고 묘사될 수도 있다는 것을 이해해야 합니다. 따라서 (개인적인 정체감을 지닌) 의식하는 자아가 정말 유일하게 지닌 두려움이 자신의 정체감을 잃는 일입니다.

그렇다면 여러분의 에고는 무엇일까요? 그것도 역시 개인적인 정체감입니다. 따라서 에고가 유일하게 정말 두려워하는 것은 정체감의 상실입니다. 에고의 경우에 그것은 존재의 상실을 의미합니다. 에고와 의식하는 자아의 차이는, 에고는 분리로부터 태어난다는 것이며, 그것은 결국 실재하지 않는다는 의미입니다. 에고의 정체감은 전저으로 분리의 환영에 기반을 두고 있으므로, 에고가 정말로 정체감을 잃어버린다면, 더 이상 존재하지 않게 될 것입니다.

의식하는 자아는 신의 존재의 확장체로서, 그것은 궁극적으로 실재이며 결코 없어질 수 없음을 의미합니다. 의식하는 자아는 이 순간에도 에고의 환영을 포함해서 "이 세상의 것들"에 의해 영향을 받는 특별한 정체감의 필터를 통해 그 자신을 봅니다. 하지만 의식하는 자아는 "필멸의" 정체감을 잃는다 해도 계속 존재할 것입니다. 그것은 신의 공동창조자로서 무한하거나 영적인 정체성에 더 가까운 더 높은 정체감으로 다시 태어날 것입니다.

문제는, 의식하는 자아가 에고의 환영, 즉 신과의 분리에 근거한 정체감에 자신을 동일시하게 되면, 필멸의 정체감을 죽게 함으로써 더 영원한 정체감으로 다시 태어나고, 결국 불멸의 영적인 존재인 자신의 진정한 정체성으로 이어질 수 있다는 것을 전혀 짐작조차 할 수 없다는 것입니다. 다시 말하면, 의식하는 자아는 현재의 정체감을 상실한다면 자신의 존재가 멈추게 된다는 에고의 환영을 믿을 것입니다. 그러면 의식하는 자아는 존재하지 못하는 것에 저항하게 되고, 현재의 정체감을 고수하려고 할 것입니다.

그것이 영적인 경험을 하는 것과 어떤 관계가 있을까요? 자, 여러분의 의식하는 자아는 현재 유한한 정체감에 갇혀 있는 무한한 영적인 존재입니다. 여러분이 진리의 무한한 영을 언뜻 경험할 때, 이 경험이나 이와 연관된 실제 느낌이, 여러분은 유한한 존재이고 그 이상의 존재가 없다는 감각을 위협합니다. 여러분이 신비 경험을 할 때, 그것은 여러분이 오래된 정체감을 놓아버리고 확장된 정체감을 받아들일 준비가 되었다는 신호라고도 할 수 있습니다. 그러나 내가 지금 설명하는 것을 이해하지 못한다면, 여러분은 현재의 정체감을 놓아버릴 수 없을 것입니다. 에고가 생사의 문제라고 여기며 그것에 집착하는 것처럼, 여러분은 그 정체감에 매달리게 됩니다. 그러나 여러분이 현재의 멘탈 박스를 넘어선 어떤 것을 경험했다는 것을 부인할 수 없으므로, 현재의 멘탈 박스 안에 있는 신념을 사용하여 그 경험을 설명할 수 있는 방법을 찾아야만 합니다. 아마도 그 틀을 어느 정도 확장함으로써, 분리된 존재로서의 여러분의 기본적인 정체감을 위협하지 않는 방식일 것입니다.

이것이 바로 신비 경험을 한 사람들이 종종 자신의 경험을 설명할 수 있는 확장된 신념 체계를 찾는 이유입니다. 그러나 그들은 이를 깨닫지 못하고, 신과 분리된 존재로서의 현 정체감을 유지할 수 있는 방식으로 자신의 경험을 설명하는 신념 체계를 채택합니다. 심지어 신비 경험을 한 사람들이 자신의 외적인 신념 체계와 그것의 무오류성을 강화시키기 위해 그 경험을 사용하는 경우도 있습니다.

여기서 실제로 무슨 일이 일어나고 있는지 보입니까? 영적인 경험은, 한정된 정체감에서 무한한 정체감으로 이어지는 여정에서 여러분이 도약할 수 있도록 북돋아 주는 선물입니다. 그러나 여러분이 여정의 기본적인 역학을 이해하지 못하면, 에고의 죽어야 하는 정체성을 의식하는 자아와 분리할 수가 없습니다. 따라서 여러분은 필멸의 정체성을 죽게 할 수가 없으며, 이제 세속적인 신념 체계의 맥락에서 신비 경험을 설명할 방법을 찾아야만 합니다.

자, 여기에 미묘한 점이 있습니다. 여정의 어느 단계에서 이것은 지극히 자연스럽고 피할 수 없는 일입니다. 내가 설명했듯이, 참된 여정은 점진적인 과정입니다. 한 번의 거대한 도약으로, 죽어야 할 존재에서 불멸의 정체감으로 즉시 옮겨갈 수 있는 경험이 가능하다고 생각하는 영적인 구도자들이 있습니다. 간단히 말해서 그것은 불가능합니다. 그것은 여러분의 정체감을 산산조각 내버려서 여러분은 정체감을 잃게 될 것이기 때문입니다. 강제로 하늘나라를 차지하려다 정신 병원에 입원하게 되는 사람들에게 실제로 일어나는 일처럼 말입니다.

그래서 여정의 시작 단계에서는 여러분이 신비 경험을 하고 그것을 멘탈 박스를 조금 넓히는 데 사용하지만, 자신의 기본적인 정체감에 도전하지 않는 것은 당연합니다. 아직 그것에 직면할 준비가 되어 있지 않기 때문입니다. 그러나 여러분이 여정의 더 높은 단계에 이르러 살아 있는 그리스도의 제자가 되려고 할 때, 여러분은 더 이상 이 방식을 계속할 수 없습니다. 여러분은 유리 천정에 부딪히게 되고, 지금까지 의심할 여지가 없다고 보았던 모든 것에 기꺼이 질문을 하지 않는다면 더 높은 곳으로 올라갈 수가 없습니다.

여러분은 이제 자신의 신비 경험을 이 세상의 틀에 밀어 넣기 위해 현재의 멘탈 박스를 어떻게 사용해 왔는지 의식적으로 볼 수 있어야 합니다. 이것이 왜 그리고 어떻게 여러분이 어떤 지점을 넘어 전진하는 것을 중단시키는지 이해해야 합니다. 그리고 나서 여러분은 이 에고에 기반한 자아감, 두려움에 기반한 자아감을 죽게 하기로 의식적으로 결정해야 합니다. 여러분은 그리스도의 두 번째 도전을 극복해야 하며, 살아 있는 그리스도를 여러분의 멘탈 박스 안으로 강제로 끼워 넣는 것을 멈춰야 합니다. 대신 살아 있는 그리스도가 여러분을 현재의 멘탈 박스를 넘어서게 하고, 결국 지구상의 모든 멘탈 박스 너머로 인도할 수 있게 해야 합니다.

* * *

여러 해 동안, 심지어 수십 년 동안 부지런히 여정을 걸어온 신실한 영적 구도자들이 많습니다. 그들은 다양한 영적인 가르침을 연구하고 영적 개념들에 대해 꽤 많은 지적인 이해를 구축해 왔습니다. 그들은 영적인 기법을 연마하고 명상, 요가 같은 것들에 내공을 쌓아 왔습니다. 그들은 영적인 생활 방식을 실천하고 영적인 계율에 따라 생활 습관을 길러왔습니다. 그런 사람들은 종종 자신이 큰 진전을 이루었고 깨달음을 향해 나아가고 있다고 느낍니다. 그들은 종종 궁극적인 돌파구가 바로 코앞에 다가왔다고 느끼고, 자신이 하던 일을 계속하기만 하면 곧 돌파할 것이라고 생각합니다.

다시, 우리는 미묘한 문제를 마주치게 됩니다. 이 사람들은 종종 커다란 진전을 이루었습니다. 영적인 여정을 의식적으로 찾았던 시점을 돌아보면, 그들은 엄청난 변화가 일어났다는 것을 알 수 있습니다. 나는 여러분이 이 지점까지 진전을 이루었다는 것에 의문을 제기하는 것이 아닙니다. 하지만 가장 큰 문제는, 여러분이 지금까지 성취한 것과 그것을 성취한 방법이 여러분을 여정의 다음 단계로 이끌어 줄지 여부입니다. 아니면 현재의 수준에 계속 갇혀 있게 할지 하는 것입니다. 여러분은 지금 궁극적인 돌파가 가까워 보이는 수준에 있지만, 그렇게 가까워 보이는 것이 무기한으로 계속될 수 있습니다! 여러분도 알겠지만, 나는 여러분이 돌파에 가까워지게 하는 것, 즉 영원히 가까운 상태로 남아 있게 하는 것에는 관심이 없습니다. 나는 여러분이 실제로 돌파구를 뚫고 여정에서 완전히 다른 수준으로 올라가는 것에 관심이 있습니다.

어떻게 하면 이렇게 할 수 있을까요? 무지를 극복함으로써 그렇게 할 수 있습니다. 어떻게 무지를 극복할까요? 진리를 발견하면 됩니다. 그래서 우리는 처음 출발했던 곳으로 돌아갑니다. 진리란 무엇일까요?

내 요점은, 여정의 어떤 단계에서는 영적인 주제들에 대한 지식을 축적하는 것이 허용된다는 것을 여러분이 알 수 있도록 돕는 것입니다. 그러나 이제는 한 걸음 물러서서 아무리 오랫동안 지식을 계속 축적하더라도, 진리를 찾는 데 더 이상 가까워지지 않을 것임을 깨달아야 합니다. 사실, 특정 지점을 넘어 지식을 축적하면 진리를 발견하기가 더 어려워집니다. 오랜 세월 동안 공부를 해왔고 신과 영성에 대해 모든 것을 알아냈다고 생각하는 영성인들이 많지만, 그들은 신에 대해 더 많이 알수록, 실제로 신을 찾고 경험하는 데서 더 멀어진 다는 것을 알지 못합니다.

  나는 이미 이 세상의 말과 개념, 이미지로 표현된 영적인 가르침은 진리의 영과 같지 않다고 말했는데, 그것이 정말로 무슨 의미인지 이해하나요? 신은 무한합니다. 이 유한한 세상에서의 영적인 가르침은 본질적으로 유한할 수밖에 없습니다. 유한한 가르침은 결코 무한을 묘사할 수가 없습니다! 따라서, 여러분은 무한한 신을 찾지 못한 채, 세상의 모든 유한한 가르침을 연구할 수 있습니다. 사실, 이렇게 하면 무한한 신을 경험하기가 더 어려워질 것입니다.

  그 이유 중 하나는, 에고는 항상 자동적이고 외적인 길을 찾고 있기 때문입니다. 그리고 에고는 여러분이 하는 모든 일에 자신의 기본적인 믿음을 덮어씌우려 합니다. 그래서 여러분이 영적인 가르침을 공부하기 시작할 때, 에고는 궁극적인 가르침을 발견하거나 어떤 궁극적인 지식을 축적한다면 틀림없이 구원을 받을 수 있다는 믿음으로 여러분을 이끌려고 할 것입니다. 단지 여러분이 너무 많이 알고 있으므로, 신이 여러분을 구원해야 한다는 것입니다. 아니 어쩌면 여러분은 신이 없이 여러분에게 구원을 줄 수 있는 어떤 궁극적인 비밀을 발견하게 될지도 모릅니다. 이러한 신념에는 거짓된 스승들만큼이나 많은 버전이 있으며, 그 수는 무수히 많습니다.

  여러분은 "더 많이 알수록, 모르는 것이 많다는 것을 깨닫게 된다."라는 옛말을 들어보았을 것입니다. 그것은 적어도 이 세상에서는 신에 대해 알아야 할 것이 항상 더 많을 것이라는 사실을 깨달은 참된 구도자의 진술입니다. 그러나 더 많이 알수록, 더 이상은 알 필요가 없다고 느끼는 의식 상태로 속아넘어가는 사람들이 많습니다. 그들은 더 이상 스승이 필요하지 않거나 자신의 눈에 있는 들보를 볼 필요가 없다고 느낍니다. 따라서 우리는 지적이고 영적인 자만의 미묘한 형태에 빠진 상당수의 영적인 구도자를 볼 수 있습니다. 그들은 나를 거부하고 그렇게 하는 것이 그들의 "우월한" 지식 때문에 완전히 정당하다고 느꼈던 율법학자들이나 바리새인들과 매우 흡사합니다. 이것이 바로 교묘한 무지의 한 형태입니다. 왜냐하면 이 사람들은 자신이 수준 높은 지식을 가지고 있으므로 살아 있는 그리스도가 필요하지 않다고 생각하기 때문입니다.

그런데 이처럼 명백한 무지 너머에, 더 미묘하고 따라서 훨씬 더 기만적이고 위험한 형태의 무지가 있습니다. 내가 설명해 보겠습니다.

* * *

말로 표현된 어떤 영적인 가르침을 살펴봅시다. 그것이 신에 대해 무엇을 하고 있습니까? 앞에서 언급했듯이, 그것은 신을 대상화합니다! 그것은 신을 지성으로 연구하고, 분석하고 분류할 수 있는 대상으로 바꿉니다.

그 가르침은 신에 대한 지식을 제시하며, 그렇게 함으로써 신을 연구의 대상으로 만듭니다. 그러나 그 가르침 자체는 유한한 세상에 있으며 인간의 지성도 유한한 능력입니다. 지성은 이해 능력이 유한할 뿐 아니라, 유한한 것을 이해할 수 있을 뿐입니다. 지성은 분석하는 능력이기 때문에, 한 가지를 다른 것과 비교함으로써 분석한다는 의미입니다. 신은 분리할 수 없는 무한한 존재이기 때문에, 신과 비교할 수 있는 것은 아무것도 없습니다.

지성은 실제로 신을 다룰 수 없다는 의미입니다. 그렇다면 지성은 어떻게 할까요? 그것은 신의 이미지를 분석하여 신을 유한한 대상으로 바꿉니다. 하지만 이 이미지는 필연적으로 유한할 수밖에 없습니다. 어떻게 유한한 세상에서 무한한 이미지를 창조할 수 있겠습니까? 다음 구절을 살펴봅시다.

24 그 제자는 이 일들을 증언하고 또 글로 기록한 사람이다. 우리는 그의 증언이 참되다는 것을 알고 있다.
25 예수께서는 이 밖에도 여러 가지 일을 하셨다. 그 하신 일들을 낱낱이 다 기록하자면 기록된 책은 이 세상을 가득히 채우고도 남을 것이라고 생각된다. 아멘. (요한 21장)

여기에서 간접적으로 표현하고 있는 메시지는 나는 과거에도 무한한 존재였고 지금도 무한한 존재라는 것입니다. 명백히 나는 지구상에서 한정된 햇수를 살았기에 한정된 수의 책만이 저술되었고, 이는 세상에서 실제로 그 책들이 나올 수 있었음을 의미합니다. 그러나 더 깊은 의미는, 세상과 이 세상 안에서 나온 표현은 나의 무한한 가르침을 "담을" 수 없었다는 것입니다. 마찬가지로, 신을 알고 싶다면 유한한 표현을 넘어서 보아야만 하는데, 그것은 지성이 할 수 없는 일입니다. 하지만 지성은 신을 유한한 이미지로 만들어서, 신에 대한 하나의 유한한 이미지와 신에 대한 또 다른 유한한 이미지를 비교할 수 있습니다. 심지어 신이 없다고 하는 물질주의의 유한한 패러다임과도 비교할 수 있습니다.

하지만 모든 영적인 가르침과 종교적인 가르침은 신이 아니라 단지 신의 이미지만을 제공할 수 있다는 것을 알고 있나요? 그리고 여러분이 이런 유한한 이미지를 더 많이 연구하고 신을 더 많이 안다고 느낄수록, 유한한 지식을 더 많이 축적했다고 느낄수록, 이 이미지를 더 많이 우상으로 바꾸고 있음을 알 수 있나요? 왜냐하면 여러분은 반-그리스도의 교묘한 환영을 믿기 시작하기 때문입니다. 즉 신이 정말로 지성에 의해 정량화되고 분석될 수 있는 유한한 대상이라는 것입니다. 그리고 여러분이 근본적으로 결함이 있는 이런 이미지를 더 많이 믿을수록, 이 세상의 모든 이미지를 초월하는 살아 계신 신(Living God) 대신 여러분이 만든 우상을 더 숭배하기 시작합니다. 그것이 바로 절대적이고 오류가 없는 영적인 가르침이 있을 수 없는 이유입니다.

그래서 무한한 신의 유한한 이미지인 우상을 숭배하는 사람들이 있지만, 그들은 유일한 참된 신을 숭배하고 있다고 절대적으로 확신합니다. 이것이 가장 미묘한 형태의 교묘한 무지이며, 영적인 스승이 사람들을 깨울 때 가장 어려운 무지입니다. 내가 육체를 입고 율법학자들과 바리새인들 앞에 섰을 때 그들이 나를 어떻게 거부했는지 보면 그것을 알 수 있습니다. 물론, 여러분이 모든 영적인 가르침을 넘어서서 보고 무한한 신을 직접 경험할 수 있어야 한다는 것이 핵심입니다.

나는 영적인 가르침에 잘못된 것이 있다고 말하는 것이 아닙니다. 여러분의 멘탈 박스를 확장하기 위하여 그것을 공부할 필요가 있습니다. 하지만 여러분은 또한 내가 방금 설명한 메커니즘을 인식해야 합니다. 여기서 알 수 있는 것은 여러분이 특정한 가르침을 넘어서서 진리의 영을 직접 경험하기를 거부한다면, 그 가르침은 여러분의 멘탈 박스를 더 이상 확장하는 것이 아니라, 그 틀을 강화하게 된다는 것입니다. 그러나 이 유한한 세상의 어떠한 틀도 무한한 신보다 작을 것입니다!

이제 이 책을 살펴보겠습니다. 내가 이 책을 통해서 무엇을 하고 있을까요? 나는 살아 있는 그리스도에 관해 이야기하고 있지만, 그렇게 함으로써 나는 살아 있는 그리스도를 대상화하고 있습니다. 나는 살아 있는 그리스도를 지성으로 연구하고 분석할 수 있는 대상으로 바꾸어 놓았습니다. 만일 이 책에 대한 여러분의 반응을 진지하게 살펴본다면, 여러분의 지성이 내가 말한 내용을 실제로 분석하고 계량한 것을 알게 될 것입니다. 그러나 이제 이것을 넘어서 다음과 같은 질문을 할 때가 되었습니다. "이 책을 공부하면서 살아 있는 그리스도에 대한 지식이 늘었지만, 이로 인해 살아 있는 그리스도를 경험하는 데 더 가까워졌는가, 아니면 살아 있는 그리스도에 대한 우상을 숭배하게 되어 직접적인 경험에서 더 멀어졌는가?"

알다시피, 나는 여러분이 살아 있는 그리스도에 대해 아는 것이 아주 많아져서, 밖에 나가서 여러분이 가진 지식을 과시하고 이 과정을 공부하지 못한 "불운한" 사람들보다 우월감을 느끼기를 바라지 않습니다. 나는 여러분이 지식을 넘어 살아 있는 그리스도를 실제로 경험하기를 바랍니다. 그보다 더, 여러분이 나와 하나가 되고, 계속 육화한 상태의 살아 있는 그리스도가 되기를 바랍니다. 그리고 이것이 이루어지려면, 나는 여러분으로 하여금 가장 미묘한 형태의 교묘한 무지까지도 넘어서게 할 필요가 있습니다.

* * *

그렇다면 가장 미묘한 형태의 정교한 무지는 무엇일까요? 그것은 분리된 자아의 환영을 강화하는 것입니다.

나는 여러분 존재의 핵심이 의식하는 자아라고 말했습니다. 나는 여러분의 의식하는 자아는 신 자신의(God's own Being)의 확장체라고 말했습니다. 즉 창조주가 여러분이라는 존재로 개체화된 것입니다. 그 의미는 여러분의 의식하는 자아는 실제로 신으로부터 분리되어 있지 않고, 분리된 적도 없으며, 결코 분리될 수 없다는 것입니다. 분리는 의식하는 자아가 에고, 즉 분리된 자아의 필터를 통해 그 자신을 볼 때만 실제처럼 보이는 환영입니다.

이것이 지성에게는 역설이나 신비처럼 보일 것입니다. 여러분의 의식하는 자아가 어떻게 신의 표현이고, 신의 개체화이며, 분리되지 않은 존재일 수 있을까요? 이 주제를 아무리 많이 연구하더라도, 여러분의 지성으로는 이 역설을 결코 해결하지 못할 것입니다. 그러나 여러분의 의식하는 자아는 무한과 자신이 하나가 되는 신비 경험을 통해 그 역설을 해결할 수 있습니다. 그로 인해 내면의 앎이 열리고 여러분은 자신이 분리된 물웅덩이가 아니라 신의 존재인 무한한 대양의 한 물결임을 깨닫게 됩니다. 처음에는 하나됨의 경험이 언뜻 짧은 한 순간이겠지만, 기꺼이 받아들인다면 이 경험은 빈도와 지속 기간이 늘어나서 마침내 여러분의 일상에서 지속되는 배경이 될 것입니다. 그리고 자연스럽게 여러분은 이렇게 외치게 됩니다. "나와 내 아버지는 하나이다!"

따라서 여러분이 영적인 가르침들을 더 많이 연구할수록, 분리된 자아에 대한 환영을 더욱 강화할 수 있다는 것을 알 수 있습니까? 영적인 가르침은 신을 대상화함으로써, 필연적으로 여러분이 신으로부터 분리되어 있다는 기본적인 인상을 만들어냅니다. 주체인 여러분이 객체인 신을 연구하고 있으며, 주체와 객체는 분리되어 있습니다. 여러분이 그 대상으로부터 분리되지 않았다면, 어떻게 그것을 공부할 수 있을까요? 그리고 여러분은 왜 그것을 공부하려고 할까요?

여기서 미묘한 사고방식이 보입니까? 단지 신으로부터 분리되어 있으므로, 신을 연구하기 위해서 가르침을 사용할 필요가 있는 것입니다. 여러분이 분리되지 않았다면, 신의 현존을 경험하고 있을 것입니다. 그러면 신을 먼 곳에 있는 대상으로 공부할 필요가 있을까요? 어떤 의미에서, 신을 객관화하기 위해서 먼저 여러분 자신을 객관화해야 한다고 말할 수 있습니다. 아니면 여러분이 주관적이라고 말할 수 있습니다. 여러분이 연구하기 위해서 신을 멀리 있는 대상으로 바꾸기 전에, 먼저 여러분 자신을 멀리 떨어진 신을 연구할 수 있는 분리된 존재로 바꾸었을 것입니다.

따라서 여러분이 더 많이 공부할수록, 더 많이 안다고 생각할수록, 에고가 생겨난 기본적인 환영을 더 강화하게 되는 것을 알 수 있습니다. 그것은 파도가 바다에서 분리될 수 있다는 환영입니다. 이것은 종종 영적이고 종교적인 사람들이 자신을 다른 사람들과 비교하면서 또 다른 환영의 층을 쌓게 만듭니다. 그들은 이러한 수준 높은 지식을 이해하고 특정한 교회나 가르침에 속해 있기 때문에 다른 사람들보다 더 우월하다고 느끼게 됩니다. 주체와 대상의 분리라는 근본적인 환영을 극복하지 못하면, 여러분은 비교라는 이 환영을 극복할 수가 없습니다. 이것(주객의 분리 환영을 극복하는 것)이 내가 이전에 신비적인 직관(Gnosis)이라고 말했던 것입니다. 그리고 여러분은 이제 이것이 지극히 중요한 이유를 더 깊이 이해하게 되었습니다. 이것이 여러분으로 하여금 지식을 탐구하는 것을 의식적으로 포기하고 영적인 여정에 대한 접근 방식의 방향을 바꾸어 다음 단계를 밟는 데 도움이 될 것입니다. 그것은 신비적인 직관을 추구하고, 대상과의 하나됨, 무한과의 하나됨을 추구하는 것이며, 이 하나됨을 통해 여러분은 생명이 시작되는 일출의 불타오르는 빛 안에서 떠오르게 될 것입니다.

* * *

내가 지금 여러분에게, 여정에서 여기까지 오게 한 모든 것에 대해 의문을 가질 필요가 있다는 사실을 직시하라고 요청합니다. 심지어 여러분을 이 지점까지 데려온 자아, 그 정체감도 죽게 해야 한다는 사실을 알아차리라고 요청합니다. 나는(I AM) 영원히 진보하고 있기에, 여러분이 나를 위해 자신의 생명을 버릴 의향이 없다면, 여러분은 그 생명을 잃을 것입니다. 비유를 하나 해보겠습니다.

여러분은 처음에는 일정한 거리를 수영해서 가고, 다음에는 사이클링을 하고, 결승전까지는 달려가는 삼종 경기라는 스포츠를 아마 알고 있을 것입니다. 수영 경주에서 일등을 하고 그 다음 사이클링을 하러 가는 참가자를 상상해 보세요. 그는 정말로 사이클링을 좋아하고 매우 잘하기 때문에, 사이클링 구간의 마지막 지점에 다른 경쟁자들보다 훨씬 먼저 도착합니다. 하지만 그는 사이클링에 대한 자신의 능력이 너무 자랑스러워 도저히 자전거를 옆에 던져 두고 떠날 수가 없습니다. 그래서 그는 자전거를 등에 묶고 달리기 시작합니다. 그러면 그 사람이 일등으로 경기를 마칠 수 있을까요? 아니면 어느 지점까지 이동하는 하나의 도구였던 자전거는 더 이상 필요 없다고 여기고, 내버려둔 채 달려가는 사람들에게 추월을 당하게 될까요?

마찬가지로 영적인 여정에도 뚜렷한 단계가 있습니다. 여러분을 한 단계의 정상까지 올라오게 했던 외적인 도구들이 다음 구간에서는 전혀 도움이 되지 않을 것입니다. 그것이 바로 여러분이 과거를 붙들지 않고 더 높은 단계로 쉽게 나아가는 아이의 순수한 마음이 필요한 이유입니다. 사실, 여러분을 한 단계의 정상에 올려놓았던 자아감이 다음 구간에서는 여러분에게 도움이 되지 않을 것입니다. 그러면 진정한 영적인 진보는 무엇일까요? 그것은 지식이나 기술을 습득하는 것이 아닙니다. 여러분이 제한된 정체감을 극복하고, 확장된 자아감으로 다시 태어나는 것입니다. 그것이 이제 그 자아를 죽게 하고, 지금까지의 목적을 달성하여 쓸모없게 된 외적인 도구들을 버리기 전까지는, 실제로 다음 단계를 시작할 수 없는 이유입니다.

그래서 이것이 그리스도의 두 번째 도전의 본질입니다. 여러분은 살아 있는 그리스도의 발밑까지 여러분을 데려왔던 모든 것을 버려둔 채 떠날 수 있을까요? 아니면 살아 있는 그리스도가 그것을 받아들일 수 있는 방법을 발견할 수 있다고 생각하면서, 그것을 짊어지고 가겠다고 고집할까요? 아니면 두 주인을 섬길 수 있다고 생각하며, 옛 자아를 숨기거나 위장함으로써 살아 있는 그리스도를 속일 수 있다는 타락한 존재들의 환영의 함정에 빠지게 될 수도 있습니다. 이러한 타락한 존재들은 자만심으로 인해 분리된 자아를 놓아버리기를 거부하기 때문에, 그들이 영성에 대해 지적으로 아무리 많이 알고 있다 해도 결코 결승점에 먼저 도착하지 못할 것입니다. 그들은 자신의 분리된 자아가 너무 수준이 높기 때문에 그것을 죽게 둘 수 없고, 죽게 할 필요도 없다고 생각합니다. 왜냐하면 그들 스스로 창조한 이원적 기준에 따르면, 그것은 매우 높은 수준이기 때문에 신에게 받아들여져야 하기 때문입니다. 다음 구절 뒤에 숨어 있는 더 깊은 뜻을 생각해 보기 바랍니다.

23 그런데 어떤 사람이 물었다. "선생님, 구원받을 사람은 얼마 안 되겠지요?" 예수께서 사람들에게 이렇게 대답하셨다.
24 "사실 많은 사람이 구원의 문으로 들어가려고 하겠지만 들어가지 못할 것이다. 그러니 좁은 문으로 들어가도록 있는 힘을 다하여라.
25 집주인이 일어나서 문을 닫아버린 뒤에는 너희가 밖에 서서 문을 두드리며 '주인님, 문을 열어 주십시오' 하고 아무리 졸라도 주인은 '너희가 어디서 온 사람들인지 나는 모른다.'라고 할 것이다.
26 그래서 너희가 이렇게 말해도 '저희가 먹고 마실 때 주인님도 같이 계시지 않았습니까? 그리고 우리 동네에서 가르치시지 않았습니까?'
27 주인은 '너희가 어디서 온 사람들인지 나는 모른다. 악을 일삼는 자들아, 모두 물러가라.' 하고 대답할 것이다.
28 아브라함과 이삭과 야곱과 모든 예언자는 다 신의 나라에 있는데 너희만 밖에 쫓겨나 있는 것을 보게 되면 거기서 가슴을 치며 통곡할 것이다.
29 그러나 사방에서 많은 사람이 모여들어 신의 나라의 잔치에 참석할 것이다.
30 지금은 꼴찌지만 첫째가 되고 지금은 첫째지만 꼴찌가 될 사람들이 있을 것이다."(누가 13장)

당연한 말이지만, 나는 여정에서 무엇이 여러분을 이 지점까지 데리고 왔는지 비판적으로 다시 검토할 수 있도록 여러분을 돕고 싶습니다. 그렇게 할 때, 여러분은 영적인 여정을 걷게 된 동기가 한 편으로는, 보장된 구원을 위한 에고의 야망이었음을 알게 될 것입니다. 이로 인해 여러분은 분리된 자아를 우월해 보이게 하기 위한 특정 게임에 참여하게 되었습니다.

내가 여러분에게 죄책감을 느끼게 하거나, 여러분의 진정한 자존감을 무너뜨리기 위해 이런 말을 하는 것이 결코 아님을 알아야 합니다. 하지만, 나는 여러분의 잘못된 자존감과, 에고에 대한 존중감을 박살내기 위해 이 말을 하고 있습니다. 그러나 여러분은 이러한 게임을 볼 수 있고, 죄책감이나 자존감의 손상 없이 그냥 그것을 넘어서서, 버려두고 떠날 수 있을 만큼 이 여정에서 충분히 멀리 왔습니다. 그러면 이 열쇠와 관련된 몇 가지 에고 게임을 살펴보겠습니다.

*　*　*

우리가 이미 말했듯이, 가장 명백한 게임은 비교 게임입니다. 하지만 사람들이 어떻게 영성과 종교에 접근하는지에 대해 그것을 적용해 보겠습니다. 에고는 구원이 보장된 길을 항상 찾고 있으며, 동시에 그것을 이원적인 관점에서 생각합니다. 이원성이란 두 개의 반대되는 극성이 있다는 의미이며, 가치 판단을 적용하여 하나의 극성은 선으로 만들고 다른 극성은 악으로 만들 수 있습니다. 결과적으로 에고는, 한 극단은 "유일한 참된 종교"이고 다른 극단은 절대적으로 거짓된 종교라는 기본적인 패러다임으로 종교를 조망하게 될 것입니다. 다른 모든 종교는 유일한 참된 종교에 얼마나 가깝게 일치하는지에 따라, 그 사이의 어딘가에 위치하게 됩니다. 물론 그것이 완전히 일치하지 않으면 구원으로 인도할 수 없으며, 그 불운한 추종자들은 지옥으로 가야만 합니다.

나는 대부분의 영적인 구도자는 종교에 대한 이러한 흑백 접근 방식을 넘어서 있다는 것을 알고 있습니다. 그러나 이 게임의 더 미묘한 형태에 빠져 있는 영적인 사람들이 많습니다. 그들은 여전히 궁극적인 구루나 가르침을 찾고 있습니다. 사실 상승 호스트가 준 이전의 가르침에서, 우리는 이러한 미묘한 자만심을 건드리는 말을 함으로써 학생들의 영적인 자만심을 일부러 시험해 보았습니다. 예를 들면, 지금까지도 어떤 상승 마스터 학생들은 그들이 지구상에서 가장 높은 가르침을 받았다고 믿고 있습니다. 그들이 이 가르침을 받아들이고 따를 수 있기 때문에 이 지구상에서 가장 높고 가장 앞서가는 영적인 학생이라는 것입니다. 다시 말해, 단지 이 가르침과 한 단체의 구성원이라는 것을 받아들임으로써, "보잘것없는" 존재에서 갑자기 행성에서 가장 중요한 사람 중의 하나로 옮겨가게 됩니다.

내가 분명하게 밝혔듯이, 상승 호스트는 이원성을 넘어섰기 때문에, 우리는 가치 판단을 하지 않습니다. 따라서, 우리는 가장 높거나 가장 낮은 수준의 가르침이라는 관점에서 생각하지 않습니다. 그것은 여전히 이원성에 갇혀 있는 사람들을 시험할 때만 우리가 사용하는 개념일 뿐입니다. 그렇기 때문에, 특정한 가르침이 이 행성에서 가장 높다는 생각은 우리에게서 나온 것이 아니라, 이원적인 마음에서 나온다고 말할 수 있습니다.

그러나 내가 여기에서 정말로 지적하고 싶은 것은, 이 개념이 여러분이 그리스도 의식을 추구하는 데 어떤 영향을 미치는지에 대한 것입니다. 내가 설명했듯이, 그리스도 의식의 여정은, 여러분이 자신의 근원인 신과 다른 사람들로부터 분리되어 있는 자아라는 환영을 극복하는 길입니다. 그리스도가 될 때, 여러분은 신과의 하나됨을 인정하게 됩니다. 그리고 다른 모든 생명흐름도 그 근원에서 왔음을 인정하게 되며, 그것은 여러분이 모든 것과 하나라는 의미입니다. 그러므로 여러분은 이제 자신을 높일 수 있는 실제적인 방법은 모든 생명을 의미하는 여러분의 전체적인 자아를 높이는 것뿐임을 알 수 있습니다. 이것은 여러분에게 이 세상의 어떤 조건에도 매이지 않고 가치 판단이라는 모래에 근거하지 않는 자존감, 즉 자아 존중의 궁극적인 형태를 제공할 것입니다. 여러분은 신의 독특한 표현이기 때문에 여러분은 가치가 있습니다. 그것은 여러분의 자아존중감이 그리스도의 반석 위에 기반하고 있다는 의미입니다.

그렇다면 사람들이 지구상에서 유일하게 참되다고 주장하는 종교나 가장 높은 가르침을 찾아야 할 정도로 자존감이 필요한 이유는 무엇일까요? 그것은 그들이 자존감이 결핍되어 있기 때문인데, 이 결핍은 어디에서 오는 것일까요? 그것은 에고, 즉 분리된 자아에서만 올 수 있습니다. 왜냐하면 여러분이 자신을 신과 분리된 존재로 볼 때, 여러분은 결코 궁극적인 자아존중감을 얻을 수 없기 때문입니다. 내 요점은, 여러분이 유일한 참된 종교나 행성에서 가장 높은 가르침이라는 개념이 영향을 미치는 가르침이나 문화, 환경 안에 있을 때, 여러분은 다른 사람들과 대비되는 분리된 자아를 높이려고 하면서, 분리된 자아의 환영을 강화할 뿐이라는 것입니다. 그러한 가르침이나 조직에 참여하는 것은 여러분을 그리스도 의식으로 가까이 가게 하는 것이 아니라, 더 멀어지게 합니다.

자, 여러분은 물론 자유롭게 자신의 길을 갈 수 있지만, 그런 마음 상태에 머물러 있으면서 동시에 여러분이 살아 있는 그리스도의 제자라는 생각을 지닐 수는 없습니다. 어떤 이유에서든 다른 사람보다 자신의 분리된 자아를 더 좋게 보이게 하는 이원적인 게임을 하고 있다면, 여러분은 결코 그리스도의 제자가 될 수 없기 때문입니다. 여러분은 신과 맘몬(mammon)을 동시에 섬길 수 없습니다. 나의 길은 나와 하나가 되고 모든 생명과 하나가 되는 여정이기 때문입니다. 분리된 자아의 "현실성"을 강화하는 것은 나의 길이 아닙니다.

* * *

여기 더 미묘한 점이 있습니다. 여러분이 지구에서 가장 높은 가르침에 속한다고 믿을 때, 실제로 무엇을 말하고 있는 것일까요? 여러분이 궁극적인 가르침을 가지고 있다고 말하는 것은, 그 가르침에 속하지 않은 다른 모든 사람보다 자신이 더 낫다는 것입니다. 또한 그 가르침 외에는 어떤 것도 필요하지 않다는 말이며, 그것은 살아 있는 영적인 스승이 필요하지 않다는 의미입니다.

그리스도교인이라고 주장하는 수백만의 사람이 있는 것이 명백한 현실이지만, 실제로 그들은 살아 있는 그리스도와는 아무런 관련이 없습니다. 그들은 거의 2,000년 전에 쓰여진 가르침에 매달려 있습니다. 그리고 그들은 내가 오늘날에도 인류에게 말을 하고 있거나, 그들의 가슴속에 있는 협조자(Comforter)나 그리스도 자아를 통해 그들에게 말할 수 있다고 생각해 보는 것을 완전히 거부합니다. 하지만 더욱 아이러니한 것은, 이 시대에도 상승 마스터들이 더 현대적인 영적인 가르침을 내놓았던 여러 조직을 후원해 왔다는 사실입니다. 그래서 이제 상승 마스터들로부터 직접 온 가르침을 따르고 있으므로, 지구상에서 가장 앞서 있다고 믿고 있는 수천 명의 학생이 있습니다. 그러나 그들은 이러한 외적인 가르침을 숭배함으로써 종종 살아 있는 마스터들을 차단해 버립니다. 왜냐하면, 우리가 더 이상 특정한 조직을 통해 말하지 않을 때도 점진적인 계시는 멈추지 않는다는 사실을 그들이 인정하지 않기 때문입니다. 사실, 그리스도 의식을 얻지 못한 사람이 한 사람이라도 지구상에 있는 한, 점진적인 계시는 결코 멈추지 않을 것입니다.

여기서 내 요점은, 영성에 대한 이원적인 접근 방식에 갇혀 있을 때 여러분은 에고로 하여금 다른 사람들과 비교해서 더 우월적인 지위를 부여하는 외적인 기준을 세우도록 허용한다는 것입니다. 그러나 이러한 사고방식의 미묘한 영향으로 여러분은 불가피하게 우월성에 대한 에고의 주장을 믿게 됩니다. 이것은 현재 여러분의 멘탈 박스에서 무엇이 잘못되었는지 말해 줄 살아 있는 그리스도가 여러분에게 실제로 필요하지 않다는 의미입니다. 따라서 여러분은 자기도 모르게 살아 있는 스승, 살아 있는 그리스도를 차단하게 됩니다. 여러분은 구원이 보장되어 있다고 확신합니다. 왜냐하면 외적인 가르침을 계속 공부하고 외적인 의례를 실천하기만 하면, 언젠가는 분명히, 아마도 이번 생애를 마친 후에 상승할 자격을 얻게 될 것이기 때문입니다. 따라서, 여러분은 스승이 여러분의 눈 안에 있는 들보를 드러내는 것을 더 이상 허용하지 않습니다. 여러분은 스승을, 더 정확히 말하면 스승에 대한 여러분의 이미지를 여러분의 멘탈 박스에 집어넣습니다.

여러분에게 뛰어난 가르침이 있다면, 스승이 왜 필요할까요? 실제로 이 행성에 있는 매우 성숙한 영적인 구도자 중 많은 사람이 스승의 필요성을 부인하는 많은 미묘한 거짓말 중의 하나를 믿게 되었습니다. 어떤 사람들은 중재자 없이 직접 신과 접촉할 수 있다고 생각하기 때문에, 심지어 상승 마스터들의 필요성을 부인하기도 합니다.

이제 여러분은 왜 스승이 필요한지, 그리고 여러분이 상승하지 않는 한 스승이 필요한 이유를 알 수 있어야 합니다. 그 이유는, 여러분이 육화해 있는 동안에는 어떤 종류든 멘탈 박스에 갇혀 있게 될 것이기 때문입니다. 그리고 그 멘탈 박스를 넘어 성장하기 위해서는, 궁극적으로 여러분이 상승된 의식으로 옮겨가는 마지막 도약을 하기 위해서는, 그 틀이 아무리 확장되어 있다 할지라도, 현재 여러분의 멘탈 박스 밖에 있는 어떤 것과의 연결이 필요합니다.

내가 여기서 말하고 싶은 것은, 여러분의 의식하는 자아가 육체를 통해 자신을 표현하고 있는 동안에는, 여러분은 어떻든 멘탈 박스를 가지게 됩니다. 그렇지 않다면, 여러분은 결코 육화 상태를 유지할 수가 없습니다. 따라서 여러분이 성장을 계속하기 위해서는, 여러분의 멘탈 박스 안에 있지 않으면서, 여러분의 멘탈 박스에 들어갈 수 없는 실재와의 연결 고리나 다리로서 열린 문의 역할을 해줄 수 있는 스승이 필요하다는 것을 인정할 만큼 겸손해야 합니다. 만일 여러분에게 그러한 연결 고리가 없다면, 여러분은 불가피하게 극도로 미묘한 유혹에 빠지게 되어, 이제 궁극적인 멘탈 박스를 발견했기 때문에 드디어 신의 실재가 여러분의 우월한 틀 안에 들어갈 수 있다고 생각할 것입니다.

신은 무한하며, 물질 우주에서 만들어진 멘탈 박스에는 결코 들어맞지 않는다는 사실을 이제는 이해할 수 있겠습니까? 그러므로 성장은 어떤 멘탈 박스도 결코 붙잡으려 하지 않고, 현재의 분리된 자아를 계속 죽게 하고, 여러분 자신을 더 확장된 자아감으로 다시 태어나게 한다는 의미입니다. 여러분이 지구상에 있는 한 이 과정을 계속하게 됩니다. 그리고 나서야 여러분은 상승 영역으로 인도하는 선을 넘게 되고, 충분한 신 의식에 도달해서 다른 주기를 시작할 때까지 계속 여러분의 자아감을 확장해나갈 것입니다.

앞에서 보았듯이, 진리를 안다는 것은 이 세상의 말과 이미지로 표현된 가르침을 안다는 의미가 아닙니다. 진리란 존재의 상태이며, 진리의 영과 하나되는 것입니다. 여러분은 바로 자신 안에 있는 영(Spirit)에 접근해야 합니다. 즉 여러분이 영에 접촉하기 위해서 지구상의 어떤 것, 여러분 외부의 어떤 것도 필요하지 않다는 의미입니다. 그러면 어떻게 진리의 영과 접촉할 수 있을까요? 여러분 위에 있는 영적인 계층구조, 즉 상승 호스트를 통해서 접촉할 수 있습니다.

영적인 자만심으로 신과 직접 접촉할 수 있다고 생각하는 사람들이 있습니다. 심지어 그들은 자신이 육화한 신이나 신의 현현이라고 생각하기도 합니다. 그들 중에는 상승 마스터의 실재를 부정하거나, 상승 마스터는 사람들의 에너지를 빼앗기 위해 사람들로 하여금 상승 마스터를 필요하다고 여기게 만드는 사기꾼이라고 말하는 이들도 있습니다. 그러나 여러분이 지구상에 육화 중인 동안 진리의 영이나 신과 직접 접촉할 수 있다는 생각은, 다른 대륙에 있는 사람과 전화기로 통화를 하고 있지만, 전화선을 통해 연결된다는 것을 부인하면서 통신 회사가 필요하지 않다고 하는 것과 같습니다.

알다시피, 창조주는 실제로 형태를 가진 모든 것으로, 그 안에서 자신을 나타내 왔습니다. 그러나 마이트레야께서 자신의 책에서 아주 상세하게 설명하듯이, 그러한 발현은 계층적인 구조에서 일어납니다. 여러분은 신이 가장 최근에 창조한 구체에서 살고 있지만, 이 구체는 바로 이전 구체에서 나온 에너지로부터 창조된 것입니다. 그리고 여러분이 살고 있는 구체는 그 이전 구체에 있는 존재들에 의해 창조되었습니다. 다시 말해, 그 구체에 있는 존재들은 여러분의 구체에 - 여러분과 다른 모든 공동창조자로 - 그들 자신의 존재를 깊이 새겨 두었다는 의미입니다. 진실로 오직 하나인 존재(ONE Being)로부터 모든 것이 창조된다는 의미에서, 여러분의 의식하는 자아는 창조주 존재의 확장체입니다. 그러나 여러분은 창조주에 의해 직접 창조된 것은 아닙니다. 여러분의 의식하는 자아는 창조주와 하나됨에 도달한 상위 구체의 영적인 마스터로부터 나왔습니다. 여러분은 신과의 하나됨, 진리의 영과 하나됨이라는 영적인 신비 경험을 할 수 있습니다. 그러나 신에게 도달하기 위해서는, 여러분과 창조주 사이에 있는 모든 상승한 존재의 "계보(telephone line)"를 통과해야만 합니다. 여러분이 그렇게 하고 있다는 것을 깨닫지 못할 수도 있지만, 지금도 여러분은 그렇게 하고 있습니다.

그것이 바로 여러분이, 현재의 멘탈 박스에서 벗어나 영원한 자기 초월의 과정으로 가려면 무엇이 필요한지를 정확히 아는, 여러분보다 높은 수준의 살아 있는 스승(Living Teacher)과 접촉해야 하는 이유입니다. 이 스승의 임무는 여러분이 참된 여정을 계속 가도록 해주는 것입니다. 이제는 여러분도 알고 있겠지만, 그것은 영원한 자기 초월의 여정입니다. 이 여정은, 더 이상 자기 초월이 필요 없는 어떤 궁극적인 상태에 대한 믿음에 기초한 에고와 거짓된 스승들의 여정과는 대조적입니다.

실제로 여러분이 창조주를 직접 접촉한다면, 너무나 강렬한 창조주의 빛으로 인해 여러분의 멘탈 박스는 모두 즉시 불타버리고, 여러분의 분리된 자아도 소멸해버릴 것입니다. 그 접촉은 여러분의 존재에 너무나 충격적이어서, 여러분은 정체성 위기에 빠져서 미쳐버리게 됩니다. 거짓된 교사들이 제공하는 기술을 사용하면서, 균형 잡힌 방법으로 자신이 다룰 수 있는 것보다 더 많은 영적인 빛을 불러일으켰던 많은 사람에게서 이런 일이 일어났습니다.

따라서 여러분에게는 상승 호스트가 필요합니다. 왜냐하면 우리는 여러분 바로 위의 수준에 있으므로 여러분이 어느 주어진 순간에 얼마나 많은 빛을 다룰 수 있는지 잘 알고 있기 때문입니다. 우리는 여러분이 제단에 가져온 것을 증식해주게 되며, 여러분이 감당할 수 있는 것보다 결코 더 많이 돌려주지는 않습니다. 우리는 여러분이 진리의 영을 경험하도록 도울 것입니다. 그러나 여러분의 성장이 균형을 유지하도록, 우리는 창조주의 빛을 여러분의 성장을 가속화할 수 있는 수준과 강도로 낮출 것입니다. 이와 대조적으로, 거짓 교사들은 여러분이 다룰 수 있는 것보다 더 많은 빛을 불러오도록 여러분을 속입니다. 이것은 그들이 넘치는 빛을 훔칠 수 있는 기회가 되기 때문입니다. 그러나 우리는 영적으로 완전히 자급자족하기 때문에 사람들로부터 어떤 빛도 가져올 필요가 없으며, 따라서 그런 일을 할 필요가 없습니다.

* * *

여기에 또 다른 미묘한 점이 있습니다. 나는 여정의 본질이 자기 초월이라고 말해 왔습니다. 그런데 어떻게 이런 일이 일어날까요? 내가 말하는 자기 초월은 자동으로 일어나는 것이 아니라, 의식적인 과정을 의미한다는 것을 명심하세요. 그러나 에고는 여러분이 외부의 가르침을 따르기만 하면, 자동으로 진전이 일어날 것이라고 믿게 만들려고 합니다. 이 진리를 내면화하는 것이 사람들에게 얼마나 어려운지 알기 때문에, 나는 여러 번 반복해서 설명했습니다. 즉 진보는 자신의 눈 안에 있는 들보를 보면서 그것이 자신을 얼마나 제한하는지 이해하고, 이원성 의식의 요소를 놓아버리겠다는 의식적인 결정을 해야만 일어납니다.

그렇기 때문에 여러분이 여정을 걷기 위해서는 비실재의 요소를 끊임없이 찾아야 합니다. 사람들이 영적인 여정을 처음 접하게 될 때, 특히 그들이 두려움 기반의 종교에서 온 사람들이리면, 그들은 종종 이 과정을 불쾌하거나 심지어는 두려움을 느끼며 접근하게 됩니다. 왜냐하면 이것은, 어쨌든 자신들이 틀렸고 그동안 악마의 거짓말을 믿어 왔다는 사실을 인지하고 인정해야만 하는 과정으로 보이기 때문입니다. 달리 말하면, 자신이 "틀렸다."라거나 거짓말을 믿는 바보였음을 알게 되는 것과 연관된 특정한 트라우마가 있습니다. 이로 인해 여러분은 자신이 그렇게 많은 교묘한 거짓말을 믿어 왔으므로, 이제 결코 진리를 볼 수 없게 될 것이라는 두려움을 갖게 될 수도 있습니다.

대부분의 영적인 구도자는 점차 이 트라우마를 극복하고, 사랑에 기반해서 영성에 접근하는 방식을 채택합니다. 그러나 에고의 기피 반응(default reaction)에서 생겨난 미묘한 막다른 골목에 갇혀버리는 사람들도 있습니다. 알다시피, 에고는 신과의 분리에서 태어납니다. 신과의 분리는 신의 존재를 부인하는 것과 같지는 않습니다. 지구상에는 분명히 신의 존재를 부정하는 사고 체계가 있지만, 이것은 사실 영적인 구도자들에게 가장 위험한 막다른 골목은 아닙니다. 가장 위험한 환영은 상위 구체들에서 처음 추락한 존재들이 가졌던 근본적인 환영입니다. 마이트레야께서 거듭해서 상세히 설명했듯이, 이것은 자신들이 신보다 더 잘 알고 있다는 환영입니다. 에고의 근본적인 사고방식은, 자신이 신과의 분리에서 태어났으므로 신과 결코 하나가 될 수 없다는 것입니다. 에고는 신과 분리되어 있을 때만 계속 존재할 수 있으므로, 신을 영원히 하늘에 멀리 떨어져 있는 존재로 보게 됩니다.

  내가 설명했듯이, 분리는 정말로 환영이며, 에고의 존재가 거짓에 근거하고 있다는 의미입니다. 그러나 에고는 자신이 거짓에서 태어났음을 결코 인정할 수가 없습니다. 그것을 인정하면, 자신이 더 이상 존재하지 않을 것이기 때문입니다. 따라서 생존 본능의 결과인 자신의 존재를 유지하기 위해서, 에고는 어떤 대가를 치르더라도 분리의 환영을 유지해야 합니다. 하지만 여기에는 미묘한 역학이 있습니다. 모든 것의 하나됨이 신의 실재이며, 따라서 분리는 실재가 아닙니다. 에고는 자신이 신과 분리되어 있다고 말하며, 그렇게 함으로써 사실 자신이 신보다 더 잘 안다고 말하는 것입니다. 신은 여기에 있지 않고, 먼 하늘에 있다는 말이 절대적으로 옳다고 느낍니다. 그리고 이것이 바로 영적인 자만의 정의입니다. 즉 여러분은 자신이 옳다고 생각하고, 실재와 비실재에 대해 신보다 더 잘 알고 있다고 여깁니다.

여러분은 이것이 에고의 근본적인 환영임을 감지할 수 있나요? 그것이 바로 에고의 가장 미묘한 환영이기 때문에 가장 위험한 형태의 교묘한 무지이며, 사실 "모든 무지의 어머니"라는 것을 알아볼 수 있나요? 그렇다면 여러분은 이제 영적인 구도자들이 직면하는 딜레마를 볼 수 있을까요?

여러분은 에고의 환영 중 일부를 믿게 되었습니다. 그런 환영은 수없이 많겠지만, 우리는 이제 그 아래에 신과 분리되어 있다는 환영이 깔려 있음을 알 수 있습니다. 그리고 이것은 필연적으로 자신이 신보다 더 잘 안다는 믿음으로 귀결됩니다. 여러분은 신과 분리되어 있다는 환영을 믿게 되었기 때문에 구원받을 필요가 있게 됩니다. 이 환영은 너무나 미묘하고 설득력이 있어서 일단 그 안에 들어가면, 여러분은 환영을 볼 수가 없거나 그것이 환영이라는 것을 알 수가 없습니다. 여러분은 지구상에서 경험하는 것은 실재이고 여러분이 정말로 신과 분리되어 있다고 생각합니다. 그리고 성모 미리아와 마이트레야께서 설명하듯이, 마터 빛(Ma-ter light)은 자기의식을 가진 존재들이 마터 빛 위에 투사하는 어떤 이미지라도 취할 것이기 때문에, 이러한 믿음은 자기-충족적인 예언이 됩니다. 이는, 인간이 실제로 물질의 밀도를 더 높여 왔다는 의미이며, 그 결과 물질이 영과 분리되어 있고, 따라서 그들이 신과 분리되어 있다는 것이 더욱더 실제처럼 느껴지게 됩니다.

그렇다면 이 환영에서 벗어나기 위해서는 어떻게 해야 할까요? 이 여정을 나선형 계단과 비교해 보겠습니다. 여러분은 어떤 수준에서 태어났고, 점점 더 높은 의식 상태를 향한 계단을 올라가기로 되어 있었습니다. 하지만 그 대신 여러분은 마이트레야께서 설명한 것처럼,

이원성 의식에 속아 계단을 내려가기 시작했습니다. 여러분이 내려간 각 계단마다, 여러분은 또 다른 이원적인 거짓말을 믿게 되었습니다. 그렇다면 그 과정을 되돌리려면 어떻게 해야 할까요? 계단을 다시 올라가야 합니다. 그리고 올라갈 때마다 가면을 벗어버리고, 여러분을 내려가게 만들었던 거짓말을 의식적으로 떨쳐버려야만 합니다.

자, 여기에 요점에 있습니다. 에고는 자신이 가장 잘 알고 있고, 자신이 항상 옳다는 환영을 목숨을 걸고 유지할 필요가 있습니다. 그렇지 않으면 여러분의 의식하는 자아에 대한 통제력을 잃어버릴까 봐 두려워합니다. 그래서 의식하는 자아가 생명의 결정을 통해 여러분을 한 단계 높이 올라가게 하는 인식에 이를 때 에고는 격렬하게 저항할 것입니다. 에고는, 여러분이 거짓말을 믿었다고 인정하는 것을 여러분이 틀렸다고 인정하는 것과 같다고 느낄 것입니다. 그러나 진짜 문제는 여러분이 어떻게 해서 이원성 환영을 믿게 되었는지이며, 그것은 에고가 틀렸음을 인정하는 문제가 될 것입니다. 에고가 여러분에게 그 환영을 무오류의 진리라고 제시했기 때문에 여러분은 그렇게 믿었던 것입니다.

의식하는 자아가 여전히 에고와 자신을 부분적으로 동일시하는 한, 이 사실에도 역시 부정적인 것을 쉽게 덧씌우는 것을 볼 수 있습니다. 다시 말하면, 여러분이 틀렸다고 인정하는 것을 피해야 할 부정적인 것으로 여기는데, 이것은 여정에서 진보할 수 있는 여러분의 잠재력을 중단시키게 됩니다. 여정의 본질은 그것들이 환영임을 인정하고 그것들 대신 그리스도의 진리를 받아들임으로써 여러분의 환영을 의식적으로 놓아버리는 과정입니다.

물론, 나는 내 제자들이 항상 옳다는 미묘한 환영을 유지하기 위해 애쓰는 이 함정에 빠지는 것을 보고 싶은 마음이 전혀 없습니다. 많은 신실한 영적인 구도자들이 거짓된 교사들이 설치해 놓은 교묘한 함정의 희생양이 되고 있습니다. 이러한 교사들은 어떤 생명흐름도 상향의 길로 가지 않기를 바랍니다. 그러나 어떤 사람이 길을 벗어나지 않고 실제로 여정에서 진전하기 시작하면, 거짓 교사들은 그 사람을 막다른 골목으로 데려가기 위해서 추가적인 작업을 합니다. 여러 가지 버전이 있지만, 가장 미묘한 것 중의 하나는 여러분이 이러한 앞선 가르침을 발견하고 이 궁극적인 조직에 속해 있으므로, 구원을 받았다는 생각입니다. 따라서 여러분은 이제 자신을 하늘나라로 데려갈 절대적으로 옳은 신념 체계를 채택했으므로, 더 이상 자신의 신념에서 결함을 찾을 필요가 없다고 여깁니다.

내가 말했듯이, 상승 마스터들은 이원성 의식으로부터 사람들을 자유롭게 하기 위해 여러 가지 가르침을 주었습니다. 그러나 모든 경우에 학생 중 일부는 살아 있는 가르침을 죽은 외적인 교리로 바꾸었습니다. 그들은 이제 이렇게 수준이 높은 가르침을 받았기 때문에, 이원성 환영을 더 찾아보기 위해 자신의 눈 속에 있는 들보를 더 이상 살펴볼 필요가 없다고 믿습니다. 본질적으로 그들은 에고가 옳다는 에고의 지속적이고 끝없는 시도에 속게 되었습니다. 따라서 그들은 상승 마스터가 준 해방의 가르침을 그들의 에고가 받아들이게 하고, 그 가르침을 자신이 누구보다 더 잘 알고 있다는 사고방식에 가둬 두는 금박 입힌 새장으로 바꾸도록 허용해온 것입니다. 이것은, 그들이 살아 있는 스승이나 상승 마스터들보다 더 잘 알고 있고, 심지어 신보다도 더 잘 알고 있다는 것을 암시합니다.

지금 내가 하는 말을 이해하겠습니까? 에고와 거짓 교사들은 여러분이 여정에서 더 이상 이원성 환영에 속지 않고, 더 이상 잘못될 수 없고, 더 이상 자만의 유혹에 빠질 수 없을 정도로 수준 높은 단계까지 올라갈 수 있다고 믿게 할 것입니다. 그들은 여러분의 귀에 대고, 여러분이 자부심을 느끼는 것은 우월한 지식을 가지고 있다고 생각하기 때문이 아니라 실제로 최고의 지식을 가졌기 때문이라고 속삭입니다. 그러나 여기에서 내 요지는, 여러분이 육화 중인 동안에는 자만에 대한 시험에 직면하게 되며, 더 이상 자기 초월이 필요하지 않거나 심지어 초월이 불가능한 어떤 우월한 단계에 도달했다고 생각하게 된다는 것입니다.

실제로 성숙한 학생들이 종종 이런 매우 미묘한 형태의 교묘한 무지에 갇히게 되어 그리스도 의식을 구현하기 직전에 성장을 멈추게 된다는 것은 슬픈 현실입니다. 정확히 말하자면 그런 사람들은 여정에 대해 외적이고 분석적인 지식을 많이 가지고 있으므로, 자신의 정당성을 주장하고 현재 수준에서 멈추기로 결정한 것을 정당화하는 데 매우 능숙합니다. 그들은 살아 있는 스승이 다가올 때, 자신의 "우월한" 지식을 바탕으로 쉽게 거부할 수 있도록 종종 겸손한 태도로 위장하며, 실제로 지성을 사용해서 매우 능숙하게 그 스승을 거부합니다.

이러한 게임의 명백한 형태 중 하나는 자신의 종교나 외적인 가르침이나 구루 또는 조직이 다른 모든 것보다 더 낫다고 주장하고 싶은 욕구입니다. 이것은 신에게 받아들여지지 않을까 봐 두려워하는 에고의 또 다른 결과물입니다. 에고는, 사람들 사이에서 항상 옳은 것은 반드시 신에게 받아들여져야 한다고 생각합니다. 따라서 에고는 틀렸다고 판명되는 것을 극도로 두려워합니다. 이로 인해 영적인 구도자들은 외적인 가르침을 넘어서서 모든 논쟁을 해결할 수 있는 진리의 영을 직접 경험하려 하는 대신, 다른 사람들과 끝없이 논쟁을 벌일 수 있습니다. 하지만 그 너머에는 여러분이 항상 옳고, 결코 틀릴 수가 없다고 주장하는 매우 미묘한 게임이 있습니다.

* * *

나는 이것이 긴 담론이라는 것을 압니다. 그 이유는 이 과정에서 각각의 가르침의 모든 내용이 중요한 단계에 이르렀기 때문입니다. 여러분이 이 가르침을 깨닫게 되면, 그리스도 의식을 향해 나아갈 것입니다. 그러나 이것을 깨닫지 못한다면, 깨달을 때까지 여러분은 현재의 수준에서 그대로 멈추게 됩니다. 그래서 계속 나아가기 위해서는, 여러분은 교묘한 무지의 미묘함을 인식해야 합니다.

교묘한 무지가 정말 위험한 이유는, 여러분이 모든 것을 알고 있다고 생각하지만, 실제로는 전체 그림을 보지 못한다는 것입니다. 실제로 여러분이 매우 지식이 많다 해도, 여정의 본질이 분리된 자아를 극복하는 것임을 보지 못하고 있습니다. 즉 영적인 여정에 관한 많은 외적인 지식을 갖고 있을지라도, 여전히 그 여정의 본질적인 측면에 대해서는 무지합니다. 문제는 여러분이 더 많이 알고 있다고 생각할수록, 자신의 무지를 인정하기가 더 어려워진다는 것입니다. 그리고 여러분이 자신의 무지를 보지 못하고 인정하지 못한다면, 어떻게 그것을 극복할 수 있을까요? 다시 말해, 여러분은 이 세상에 있는 영적인 가르침에 대한 현학적인 지식을 얻었으며, 진정한 진리에 대한 무지와 진리의 영과 하나되지 못하고 있는 것을 정당화하는 데 그 지식을 이용하고 있습니다.

또한 교묘한 무지는, 잘못된 생각들이지만 단지 여러분이 옳다고 선언했기 때문에 그것들을 옹호하게 하는 것이라고 말할 수도 있습니다. 그러나 그 선언은 반-그리스도 의식인 이원성의 무지에 근거한 것입니다. 따라서 여러분은 반-그리스도를 옹호하고 있는 것입니다. 명백한 점은, 여러분은 그리스도의 제자가 될 수 없고 계속해서 그렇게 될 수 없다는 것입니다.

교묘한 무지를 뜻하는 또 다른 말은 무엇일까요? 그것은 특히 율법학자들과 바리새인들에 대해 언급했을 때, 내가 자주 사용했던 말입니다. 그들은 교묘한 무지로 인해 내가 전하는 살아 있는 진리가 필요 없다고 생각했습니다. 한 가지 예를 들어보겠습니다.

1 그 후 예루살렘에서 율법학자들과 바리새인들이 예수께 와서
2 "당신의 제자들은 왜 조상들의 전통을 어기고 있습니까? 그들은 음식을 먹을 때 손을 씻지 않으니 어찌 된 일입니까?" 하고 물었다.
3 예수께서 이렇게 대답하셨다. "너희는 왜 너희의 전통을 핑계 삼아 신의 계명을 어기고 있느냐?
4 신께서는 '부모를 공경하여라.' 하셨고 또 '아버지나 어머니를 욕하는 자는 반드시 사형을 받아야 한다.' 하셨다.
5 그런데 너희는 사람을 가르칠 때 누구든지 아버지나 어머니에게 해드릴 것을 '신께 바쳤다.' 하고 말만 하면
6 아버지나 어머니를 봉양하지 않아도 괜찮다고 한다. 이렇게 너희는 너희의 전통을 핑계 삼아 신의 말씀을 무시하고 있다.
7 이 위선자들아, 이사야는 바로 너희를 두고 이렇게 적절히 예언

하였다.

8 이 백성이 입술로는 나를 공경하여도 마음은 나에게서 멀리 떠나 있구나!

9 그들은 나를 헛되이 예배하며 사람의 계명을 신의 것인 양 가르친다. (마태 15장)

그래서 교묘한 무지의 다른 말은 위선입니다. 왜냐하면 위선은 여러분이 아주 많이 알고 있으므로 다른 사람들보다 더 낫다고 생각하게 만들기 때문입니다. 여러분이 알고 있는 영적인 구도자들을 정직하게 살펴보고, 그들의 점성술, 지식, 이런저런 기술의 부지런한 수행, 자신이 따르는 우월한 구루, 외적 규칙을 준수하는 데 대한 자칭 의로움, 이런 것은 먹지 않고 저런 것은 많이 먹는 것, 옷을 입는 방식, 또는 논쟁에서 이길 수 있는 능력 등을 이유로 얼마나 많은 사람이 그들 자신을 특별하게 만들려고 노력하는지 보기 바랍니다. 이 모든 것이 단 하나의 목적, 즉 이 세상의 기준에 따라 다른 사람들보다 우월해 보인다면 반드시 신에게 받아들여져야 한다는, 분리된 자아의 환영을 강화하고 있다는 것을 알 수 있나요?

인간의 환영은 실재를 바꿀 수 없기에, 신은 조롱당하지 않는다는 사실 또한 알 수 있나요? 대부분의 사람이 지구가 평평하다고 생각했을 때도 지구는 둥글었습니다. 중세 유럽의 모든 사람이 지구가 우주의 중심이라고 생각했다고 해서 그것이 사실이 되었던 것은 아닙니다.

그렇다면 위선의 본질은 무엇일까요? 그것은 여러분의 믿음을 실재와 비교하는 것을 거부하는 것입니다. 그러면 여러분의 믿음이 틀릴 수도 있다는 것을 어떻게 증명할 수 있을까요? 여러분은 자신의 정신적인 이미지를 여러분의 멘탈 박스 밖에 있는 실재와 비교하기를 거부합니다. 그 비교는, 실재와 여러분의 연결 고리인 살아 있는 스승을 통해서만 가능합니다(나를 거치지 않고는 아무도 아버지께 갈 수 없습니다). 위선자는 자신의 신념이 이 세상을 넘어서 있는 실재와 왜 비교할 필요가 없는지 입증하기 위해 이 세상의 지식을 이용하는 사람입니다. 위선자는 살아 있는 진리와 살아 있는 그리스도를 거부하지만, 이것이 다른 사람들보다 자신을 우월하게 만드는 미덕이라고 스스로 확신하는 사람입니다. 왜냐하면, 우주는 정말로 위선자의 멘탈 박스에 들어맞을 수 있기 때문입니다. 여러분은 이제 참된 살아 있는 그리스도의 제자가 되기 위한 필수적인 요구 사항을 분명히 알아야 합니다. 위선자들은 그리스도의 제자가 되기 위해 지원할 필요가 없습니다!

열쇠 11을 위한 연습

앞으로 33일 동안, 필요하다면 그 이상, 기원문을 낭송하고 여러분의 생각을 적는 이전의 연습 패턴을 반복하세요. 이번에는 'INV06: 예수님의 죽음에 대한 승리 기원'을 낭송하기 바랍니다. 각 절과 후렴 사이에 이 열쇠를 위한 디야니 붓다의 만트라를 낭송하세요.

살아 있는 스승에게 저항하게 하고, 여러분이 현재 가지고 있는 지식과 믿음을 그리스도 진리의 명백한 실재와 비교하는 것에 저항하게 하는 교묘한 무지의 잔재가 어디에 남아 있는지 발견하기 위해, 이전의 모든 열쇠에서 했던 기법을 적용해야 합니다.

기원문을 낭송한 다음, 교묘한 무지에 대해 묵상하고, 여러분의 그리스도 자아와 나에게 여러분 존재 안에 있는 이 무지의 요소들, 심지어 어떤 위선적인 요소라도 여러분에게 드러내 달라고 요청하기 바랍니다. 그런 다음 외면의 마음으로 분석하지 말고 무엇이든지 여러분에게 떠오르는 대로 적으세요. 나중에 여러분이 적은 것을 검토하고, 그 뒤에 있는 믿음을 살펴보고, 그 믿음을 일으켰던 이원적 환영을 찾아보세요. 그런 다음 그것들을 놓아버리세요.

교묘한 무지를 놓아버릴 수 있도록, 바이로차나 붓다와 모든 곳에 존재하는 지혜(All-pervading Wisdom)인 그의 지혜를 기원하세요. 그의 만트라를 사용하세요:

옴 바이로차나 옴(OM VAIROCHANA OM)

이것은 반-그리스도 마음속에 있는 모든 미묘한 환영에 스며들게 될 지혜를 불러올 것입니다. 완전히 정화하는 데 33일 이상이 필요하다고 느낀다면, 필요하다고 느끼는 만큼 시간을 갖기 바랍니다. 영원한 생명을 추구하는 일을 서두르지 마세요.

열쇠 12
존재하려는 의지를 재발견하기

이 열쇠에서 다룰 영적 독소는 비의지(non-will)와 비존재(non-being)입니다. 처음에는 여러분에게 별 의미가 없을지 모르지만, 진행하면서 설명하겠습니다. 이 독소의 해독제인 붓다는 바즈라사트바(Vajrasattva)이며, 그의 지혜는 신의 금강석 같은 의지(Diamond Will)의 지혜입니다. 알다시피, 금강석은 가장 단단한 물체이기 때문에 지구상의 어떤 것에도 영향을 받지 않습니다. 또한 금강석은 개별적으로 빛나지만, 함께 모여 아름다운 전체를 형성하는 많은 면을 지니고 있습니다. 이번 가르침을 공부하면서, 바즈라사트바 붓다에게 집중하고 그의 만트라를 사용하세요.

옴 바즈라사트바 훔(OM VAJRASATTVA HUM)

마이트레야의 800여 페이지에 이르는 책을 읽고 한 걸음 물러나 큰 그림을 본다면, 사람들을 영적인 스승과 분리되도록 만든 심리적 메커니즘을 이해하고 극복하도록 돕는 것이 그 책의 전반적인 목적임을 알 수 있습니다. 그들은 영적인 스승에게서 떨어져 나와, 그들 스스로 에덴 정원의 신성한 안내보다는 "고난의 학교"라는 학습 환경으로 들어간 것입니다. 마이트레야께서는 영적인 스승이 언제나 그리고 전적으로, 학생의 성장을 돕기 위해 어떻게 하는지 최선을 다해 설명하고 있습니다. 스승이 학생의 실수를 지적하려 한다는 개념은 스승에게 투사된 것이며, 에고로 인해 눈이 먼 학생들이 스승에게 이원적인 이미지를 투사하게 된 사실에서 비롯되었습니다. 에고의 핵심적인 특징은, 자신의 이원적 이미지를 모든 것에 투사한다는 것입니다.

그러면 스승과 제자 관계의 본질에 대해 간단히 살펴보겠습니다. 한 생명흐름은 창조주의 개체화로서 창조되지만, 자연스럽게 자신과 가까운 주변 환경에 초점을 맞춘 매우 제한된 자아감을 가지고 시작합니다. 예를 들어, 몇 세기를 거슬러 올라가 보면, 사람들은 대부분 작은 마을에 살았고 자신이 태어난 곳에서 멀리 떨어진 곳에서는 무슨 일이 일어나는지 거의 알지 못했음을 알 수 있습니다. 그리고 또한, 많은 경우에 그곳에서 죽었을 것입니다. 오늘날, 대부분의 사람은 지구가 매우 크다는 것을 인식하고 있으며, 멀리 떨어진 나라들, 그들 자신과 아주 다른 문화를 가진 나라들에 대해 알고 있고, 여행을 가기도 합니다. 그래서 우리는 인류가 지역적인 인식에서 더 세계적인 인식의 형태로 나아가고 있다는 것을 알 수 있습니다. 그런데 어떻게 이러한 의식의 전환이 일어났을까요? 그것은 사람들이 자신의 멘탈 박스 너머에도 실재가 있다는 것, 즉 자신의 바로 가까운 환경 바깥에도 어떤 세계가 있다는 것을 인정할 수밖에 없었기 때문이었습니다.

따라서 영적인 스승의 역할은 새로운 생명흐름에게 그의 멘탈 박스 밖에 더 큰 실재가 있음을 보여줘서 멘탈 박스를 확장하도록 돕고, 이로써 바람직한 성장이 일어나게 해주는 것입니다. 이제 내가 했던 말을 살펴보겠습니다.

> 내가 분명히 말한다. 너희가 생각을 바꾸어 어린이처럼 되지 않으면 결코 하늘나라에 들어가지 못할 것이다. (마태 18:3)

하늘나라에 들어갈 수 있게 하는 아이들의 특징은 무엇입니까? 여러 번 설명했듯이, 신의 나라는 "완벽한" 정지 상태가 아닙니다. 그것은 생명의 강이며, 지속적인 자기 초월의 과정입니다. 아이들은 배움에 열려 있고 항상 성장하려 하기 때문에, 그 나라에 들어갈 수 있습니다. 걷기를 배우는 어린아이를 보세요. 아이는 자주 넘어지고, 때로는 다치기도 합니다. 그러나 그 아이가 죄책감이나 비난에 압도되거나, 넘어졌다고 자책하는 일은 볼 수 없습니다. 다시 말해, 그 아이는 모든 경험으로부터 배웁니다. 넘어져도, 완전하지 못하다고 자신을 비난하느라 시간을 낭비하지 않습니다. 그저 다시 일어나서 실험을 계속합니다. 때로는 같은 실수를 여러 번 반복하지만, 계속 실험을 하기 때문에 결국 제대로 일어서서 걷게 됩니다. 육체적 장애가 없는 모든 아이가 결국은 걷는 법을 배우게 됩니다. 그 이유는 아이가 죄책감이나 비난에 방해받지 않고 실험을 계속하기 때문입니다.

마이트레야께서 설명하듯이, 이것이 바로 그가 에덴 정원에서 만들려고 시도했던 배움의 환경이었습니다. 만들려고 시도했다고 말한 이유는, 그 동산은 상위 구체에서 이원성 의식으로 추락한 생명흐름들이 함께 있는 환경이었기 때문이었습니다. 그리고 이 생명흐름들은 어린아이의 마음으로 들어가기가 매우 어려웠습니다. 이는 그들 자신의 이원성 의식 상태를 그 동산과 스승에게 투사했다는 의미입니다. 뱀의 이야기에서 보듯이, 그들은 또한 다른 학생들을 그들의 사고방식으로 끌어들이려고 했습니다. 그렇다면 그 사고방식은 무엇일까요?

자, 내가 설명했듯이, 한 생명의 흐름이 분리의 환영을 받아들일 때, 그 생명흐름은 이원성에서 태어난 분리된 자아, 즉 에고를 만들어냅니다. 에고는 신이 자신을 받아들일 수 있게 하고, 강제로 하늘나라에 들어가려는 불가능한 시도를 합니다. 에고는 기본적으로 이원성 기준에 따라 인간의 행동을 나누며, 이러한 외적인 길을 통해 그런 시도를 합니다. 즉 어떤 행동은 옳고 어떤 행동은 그릇되었다고 여깁니다. 따라서 여러분이 그릇된 행동을 피하고 옳은 행동만 하도록 스스로를 훈련하면, 여러분의 구원이 보장된다는 것이 에고의 논리입니다. 그렇지만 이 이원적인 길은 피할 수 없는 두려움에 근거를 두고 있습니다. 왜냐하면 행동을 옳거나 그릇됨으로 나눔으로써, 그릇된 행동을 피하지 못하면 구원받을 수 없다는 두려움을 필연적으로 갖게 되기 때문입니다. 그것은 또한 죄책감을 일으킵니다. 그릇된 행동을 저지르게 되면 앞으로는 그런 행동을 피하도록 스스로 "강요하는" 방법으로 죄책감을 느껴야 하기 때문입니다.

이것은 심리적으로 어떤 영향을 미칠까요? 그것은 어린아이 같은 마음의 순수함을 죽이고, 실험을 중단시킵니다. 아이를 걸을 수 있게 만드는 추진력은, 아이가 걷고 싶은 욕구를 갖고 있기 때문이지만, 그 저변에는 "옳게 잘 걸으려는(get it right)" 욕구가 있습니다. 옳게 잘 걷는 것에 대한 사랑이 아이를 계속 실험하게 만듭니다. 그러나 이원적인 마음은 옳은 것에 대한 사랑이 아니라, 그릇된 것에 대한 두려움에서 움직입니다. 어린아이 같은 마음은 사랑하는 것에 더 가까이 가려 하지만, 이원적인 마음은 두려워하는 것에서 멀리 떨어지려고 합니다.

어린아이 같은 마음은 배움과 관련된 두려움이나 죄책감이 없고, 배움과 관련된 위험도 없기 때문에 순수하다고 말할 수 있습니다. 아이가 하는 모든 것은 실험 과정의 일부이며, 그 과정은 한 방향으로만, 곧 자기 초월이란 긍정적인 목표를 향해 나아갑니다. 아이는 모든 경험에서 배울 수 있으므로, 실수라는 것이 없습니다. 넘어지면, 그것이 걷는 방법이 아니었다는 것을 배우고, 넘어지지 않으면 그것이 걷는 방법이라는 것을 알게 됩니다. 따라서 실패한 실험은 있을 수 없으며, 원하는 결과를 얻지 못한 실험만 있을 뿐입니다. 하지만 그 실험에서 배울 수 있으므로, 여전히 목표에 더 가까워집니다. 그리고 어떤 행동을 통해 배웠는데, 그것을 실패라고 부르고 그것 때문에 죄책감을 느낄 필요가 있을까요? 삶의 진정한 목적은 성장이며, 여러분이 성장하는 데 도움이 되는 것은 무엇이든 물리적인 결과와 관계없이 성공입니다.

미묘한 차이가 보입니까? 물질세계는 자기의식의 성장이라는 유일한 목적을 위해 만들어진 교실이자 실험실입니다. 물질세계는 궁극적으로 실재가 아니기 때문에, 이 세상에서 일어나는 일은 실제로 중요한 것이 아닙니다. 그리스도 마음은 오직 여러분의 성장에만 초점을 맞추고 있으며, 이 세상에서 일어나는 일에는 어떤 궁극적인 중요성이나 영속성을 부여하지 않습니다. 그리스도는 여러분이 몇 가지 실수를 하는 것에 관심이 없습니다. 오직 여러분의 창조주와 하나됨이라는 궁극적인 목표에 여러분을 더 가까이 데려가는 것에만 전적인 관심이 있습니다. 이와는 대조적으로, 반-그리스도 마음은 분리에 근거하기 때문에 이 우주의 진정한 목표를 상상조차 할 수 없습니다. 그것은 물질 우주를 목적을 위한 수단이 아니라 그 자체로 목적이라고 봅니다. 따라서 이 세상에서 일어나는 일에 과도한 중요성을 부여합니다. 즉 어떤 행동은 실수나 죄라고 여기고, 일종의 궁극적이고 영원한 중요성을 부여한다는 의미입니다.

  내가 여기서 말하는 것이 이해가 되나요? 여러분의 의식하는 자아가 이원성 필터로 인해 손상되지 않는다면 여러분은 어린아이 같은 마음을 가지고 있습니다. 삶은 연속적인 실험 과정이며 실패한 실험은 없습니다. 모든 행동이 여러분의 멘탈 박스를 확장하고 자아감을 높이는 배움의 경험이기 때문입니다. 바로 이것을 하기 위해 여러분이 창조되었습니다. 신 의식(God consciousness)으로 이어지는 확장된 자아감으로 성장하기 위해서 여러분이 창조된 것입니다. 그리고 오직 한 가지 방법으로, 즉 실험을 하고 실험을 통해 배움으로써 그렇게 할 수 있습니다. 어떤 실험은 그것이 효과가 있음을 알려주고, 어떤 실험은 그것이 효과가 없음을 알려 주지만, 이들 모두가 여러분의 인식을 높여주는 무언가를 가르쳐 줍니다. 따라서 여러분이 어린아이 같은 마음으로 있는 한, 항상 옳습니다. 그것은 여러분이 성장이라는 신의 목적에 정렬해 있기 때문입니다! 여러분은 이 세상이나 다른 어떤 세상에서 할 수 있는 일을 모두 완벽하게 하도록 창조된 것이 아닙니다. 모든 것을 어떻게 하는지 아는 유일한 방법은 신 의식 안에만 존재하기 때문입니다. 여러분은 신 의식 안에 있도록 창조된 것이 아니라, 신 의식을 향해 성장하기 위해 창조된 것입니다. 그리고 여러분이 자신의 자아감을 초월하는 한, 여러분은 신과 올바른 관계에 있습니다.

하지만 여러분이 성장하기 위하여 반드시 충족되어야 하는 한 가지 조건은 무엇일까요? 그것은 기꺼이 실험을 하고, 행동을 하고 모든 행동으로부터 배우려고 하는 것입니다. 그러기 위해서는, "그것이 효과가 있었을까 아니면 효과가 없었을까? 즉 나를 신과의 하나됨에 더 가까워지게 했을까 아니면 더 분리시켰을까?"에 대해 깊이 생각해 보고, 그것을 바탕으로 기꺼이 자신을 관찰하고 그 행동을 평가해야 합니다.

이것이 이원성 의식에 있는 것과는 근본적으로 다른 방정식이라는 것을 알고 있나요? 에고는 이렇게 묻지 않습니다. "그것이 효과가 있었는가, 없었는가?" 에고는 이렇게 묻습니다. "그것이 맞는가, 아니면 틀렸는가?" 첫 번째 평가는 실험을 장려하지만, 두 번째 방식은 실험을 못하게 합니다. 여러분이 어린아이 같은 마음 안에 있다면, 실험을 하고 싶어 합니다. 모든 실험은 여러분이 성장하도록 돕고, 보람이 있기 때문입니다. 여러분이 이원적인 마음 안에 있다면, 실험을 하고 싶지 않아 합니다. 모든 실험은 잘못될 수 있는 위험을 안고 있어 두려움과 죄책감을 증가시키기 때문입니다. 따라서 여러분은 세상 기준에 따라 옳다고 알고 있는 것만 하려고 합니다. 이것은 물론 여러분에게 내재된 창조력을 표현하지 못하게 합니다. 여러분은 진정한 자신인 창의적인 영적 존재로서 행동하는 대신, 기계적인 존재처럼 그 안에 프로그램된 패턴을 아무 생각 없이 반복하는 로봇처럼 행동하면서 눈먼 지도자들의 눈먼 추종자가 되어 갑니다. 영원히 창조적인 세계인 신의 나라에는 이러한 기계적인 존재들이 있을 자리가 없습니다. 그들은 기본 창조 원리 중 하나이며, 내가 다음과 같이 표현했던 원리를 위반하기 때문입니다.

겉모양을 보고 판단하지 말고 공정하게 판단하여라. (요한 7:24)

요점이 보입니까? 이원적인 마음은 항상 모든 것을 세상적인 기준에 연관시킨다는 의미에서 상대적인 마음입니다. 그것은 이 세상의 겉모습을 실재라고 봅니다. 그것은 또한 어떤 것이 옳은지 (자만심을 느끼게 하는 것) 또는 틀렸는지(죄책감을 느끼게 하는 것)를 항상 판단한다는 점에서 판단하는 마음이기도 합니다. 그것은 결국 실험을 못하게 하고 창조력을 죽입니다. 이에 반해, 어린아이 같은 마음인 그리스도 마음은 상대적이지 않습니다. 그것은 기준이 없으며 따라서 이 세상의 겉모습에 근거하여 판단하지 않기 때문입니다. 그리스도 마음은 신의 실재를 잘 알고 있지만, 내가 말했듯이, 신의 실재는 끊임없이 자기를 초월하는 생명의 강이기 때문에, 그리스도 마음은 고정된 기준을 가지고 있지 않습니다. 그리스도 마음은 어떤 것이 옳은지 그른지를 묻는 것이 아니라, 어떤 것이 여러분의 성장에 도움이 되는지 아니면 성장을 방해하는지 묻습니다. 그러면 성장이란 무엇입니까? 신이 여러분에게 주신 창조성을 표현함으로써 여러분이 생각했던 자신 이상이 되고 자아감을 초월할 때 여러분은 성장하는 것입니다.

그리스도 마음은 심지어 어떤 신성한 기준과도 비교하지 않습니다. 신은 무한하며 여러분은 무한의 확장체로서 창조되었기 때문입니다. 여러분은 한정된 장소에서 신의 무한한 창조력을 표현하게 되어 있습니다. 그렇게 할 때, 유한한 세상이 무한을 향해 상승하게 됩니다. 따라서 여러분 자신의 고유하고 영적인 개체성을 표현할 때 어떻게 행동해야 하는지에 대한 기준이 있는 것은 아닙니다. 창조성은 어떤 기준과도 관련될 수 없으며, 옳고 그름에 따라 판단할 수도 없습니다. 창조성은 단지 창조성 그 자체일 뿐입니다. 그래서 신이 모세에게 "나는 나다(I am that I am)"라고 말했으며, 이것은 더 정확하게 "나는 스스로 되고자 하는 대로 되어 가는 존재이다(I will be who I will be)"라고 번역됩니다.

* * *

이제 우리는, 어떤 것이 효과가 있거나 효과가 없다는 것이 실제로 무엇을 의미하는지 생각하면서 한 걸음 더 앞으로 나아가야 합니다. 지금쯤이면 깨닫기 시작했겠지만, 이원적인 마음은 무엇이든 왜곡할 수 있으므로, 그것이 옳은지 그른지보다는 그것이 효과가 있는지를 묻는 전략을 쓸 수도 있습니다. 그러나 이원적인 마음은 그것에 내재된 이원성의 바깥으로 나갈 수가 없습니다. 따라서 이원적인 마음은 이원적인 관점을 바탕으로 무엇이 효과가 있는지, 없는지를 정의할 것입니다. 즉 그것은 우월한 지위로 올려놓는 것을 항상 최종 목표로 여긴다는 점에서 분리된 자아에게 효과가 있는 것으로 정할 수밖에 없다는 의미입니다.

그렇다면 진정한 정의는 무엇일까요? 자, 창조주는 그 자신의 무수한 확장체를 창조했습니다. 신은 무한한 사랑으로 자신의 모든 자녀를 사랑합니다. 신이 어떤 존재를 다른 존재보다 더 사랑한다는 생각은 의미가 없습니다. 무한 안에서는 비교가 있을 수 없습니다. (분명히 말해서, 이원적인 마음은 이론적이고 수학적인 개념으로서가 아니면 무한을 이해할 수가 없습니다). 바이블에서 말하듯이, "신은 사람을 차별 대우하지 않습니다."(사도 10:34)

그러므로 창조주는 자신의 확장체 중 일부를 우월한 지위에 올려놓고 자신의 다른 확장체들의 지배자로 세우기 위한 목적으로 형상 세계를 창조하지 않았습니다. 마이트레야께서 설명하듯이, 어떤 존재들은 자신을 초월해서 계층 안에서 특정한 지위를 보유하게 되었다는 점에서 자연스러운 계층구조가 형성되어 있지만, 이것이 그들이 다른 존재들보다 더 낫다는 의미는 아닙니다. 이것은 단지 그들이 그 위치를 채울 수 있는 더 나은 자격을 갖추었다는 것입니다. 이것은 교사가 아직 읽기를 배우지 않은 사람들보다 가르치기에 더 나은 자격을 가진 것과 비슷합니다. 하지만 학생들도 열심히 공부해서, 분명히 교사가 되는 자격을 갖출 수 있습니다.

창조주가 원하는 것은 자신의 모든 확장체가 생명의 강과 함께 흐르며, 완전한 신 의식에 도달할 때까지 끊임없이 자신의 자아감을 초월하는 것입니다. 여러분이 이원성에 갇혀 있으면 자신을 분리된 존재로 보게 되므로, 다른 사람들에 비해 자신을 더 높일 수 있다는 환영을 믿게 됩니다. 여러분이 그리스도 마음으로 실재를 볼 때는 모든 존재를 신의 몸의 일부로 보기 때문에, 진정으로 자신을 높이는 길은 모두를 높이는 것뿐임을 알게 됩니다. 이것이 "너희가 여기 있는 형제 중 가장 보잘것없는 사람 하나에게 한 것이 바로 나에게 한 것이다(마태 25:40)"라는 내 말의 의미였습니다. 다시 말해, "효과가 있는" 것의 진정한 의미는 모든 생명을 들어올리는 것이고, "효과가 없는" 것의 의미는 분리된 자아를 높이려고 하나 실제로는 분리된 자아를 포함한 모든 생명을 제한하는 것입니다.

성모 마리아께서 설명한 것을 예로 들어보면, 에고로 인해 눈먼 사람들은 이미 물질세계에 있는 풍요를 비축하려고 하지만, 눈이 멀지 않은 사람들은 신이 주신 능력을 사용해 영적인 에너지를 물질세계로 끌어들여서, 이 세상에서 이용할 수 있는 풍요의 총량을 증대한다고 합니다. 첫 번째 행동은 분리된 자아를 높이는 것처럼 보이지만, 두 번째 행동은 진실로 모두를 들어올립니다. 그리고 이것이 신을 위한 일을 하는 것입니다. 그렇다면 두 번째 행동은 무엇에 기반하고 있을까요? 그것은 모든 생명흐름 안에 내재된 창조적인 잠재력, 즉 창조성에 기반하고 있습니다. 궁극적인 창조적 존재는 신이 분명하지만, 여러분은 신의 확장체이기 때문에 유한한 위치에서 무한한 창조성을 표현할 수 있는 잠재력이 있습니다. 그렇게 하는 것은 모든 생명을 들이올리기 때문에, 신을 위해 일하는 것입니다.

이것을 달란트에 관한 나의 비유와 비교해 보면, 모든 사람이 자신의 재능을 증식하면 신이 그 제물을 증식해주게 되고, 그 증식되는 총량이 기하급수적으로 늘어날 것입니다. 즉 모든 사람이 이기심 없이 지구의 풍요를 늘리려고 한다면, 신은 빈곤이 빠르게 근절될 수 있도록 풍요를 엄청나게 증가시켜 줄 것입니다. 현재의 빈곤은, 일부가 다른 사람들로부터 빼앗아 풍요를 독점하며 축적하려고 하고, 사람들은 엘리트 그룹이 그렇게 하도록 허용해온 결과입니다. 결국 신이 증식해줄 수 있는 것이 거의 없게 되었고, 이것이 물질세계에 모두를 빈곤에서 벗어나게 할 충분한 풍요가 없는 이유입니다.

그러면 영적인 스승의 역할은 무엇일까요? 영적인 스승은 이원성 환영을 벗어났으며 더 이상 분리된 자아를 높이려 하지 않습니다. 그 스승은 이원성 환영을 꿰뚫어 보며, 모든 생명을 끌어올리는 데 도움이 되는 행동이 개별적인 존재를 진정으로 높여준다는 것을 알고 있습니다. 따라서 스승의 역할은 학생에게 측정할 수 있는 잣대, 기준을 주는 것입니다. 따라서 학생은 전체의 이익에 도움이 되는 행동과 그렇지 않은 행동을 알 수 있게 됩니다. 스승의 역할은, 학생이 자신의 행동을 이원성의 필터를 통해 보지 않을 때, 그리고 자신의 멘탈 박스 안에서 보지 않을 때 그것이 어떤 모습일지를 어렴풋이 보게 해주는 것입니다.

여러분은 이제 학생과 스승 사이의 본질적인 문제를 볼 수 있습니다. 이원성에 의해 눈이 멀어버린 학생들은 이 세상의 어떤 체계가 규정한 완벽함의 기준에 따라 분리된 자아를 높이려고 합니다. 그들은 자신이 이 목표를 향해 잘 나아가고 있거나 이미 도달했다고 생각하지만, 그것은 모두 환영입니다. 스승은 이것을 알기 때문에, 학생들이 거짓된 삶을 살고 있으며 진짜 하늘나라에 갈 수가 없고, 심지어 그들이 만들어낸 상상 속의 하늘나라에도 갈 수 없다는 것을 보게 해줌으로써 그들을 도울 수 있습니다. 그러나 에고의 이원성에 의해 눈이 먼 학생들은 이것을 위협으로 보고, 스승을 반갑지 않은 침입자로 여길 것입니다. 에고는 심지어 스승이 자신의 종교에 위협이 되고, 그 종교는 유일한 참된 종교이기 때문에 스승은 구원을 위한 신의 계획에도 위협이 되며, 따라서 스승은 악마의 대리인이 틀림없다는 믿음을 불러일으킬 수도 있습니다. 그래서 율법학자들과 바리새인들이 나를 거부하고, 나를 악마의 도구라고 불렀던 것입니다.

나는 "모두가 생명을 얻게 하려고 내가 왔다."라고 말했습니다. 여기서 "생명"은 실제로 여러분이 실험을 하면서 자신의 자아감을 초월해 가는 어린아이 같은 마음 안에, 생명의 강 안에 있다는 의미입니다. 여러분이 존재한다는 것은, 자발적인 기쁨을 표현하는 아이처럼 자발적으로 기쁜 삶을 살고 있다는 의미입니다. 두려움이나 죄책감으로 자신을 깎아내리거나, 두려움을 감추기 위해 자만심을 통해 여러분 자신을 높이는 것은 살아 있는 것이 아닙니다. 그런 것은 생명이 아닙니다. 실험을 중단하거나 단지 분리된 자아를 높이기 위해 실험할 때, 여러분은 영적인 죽음의 의식 상태에 있는 것입니다. 하지만 여러분은 구원이 보장된다고 생각하고 있으므로, 이것은 또한 극단적인 형태의 무지 또는 비존재(non-being)의 상태라고 부를 수도 있습니다. 여러분은 창조될 때 그렇게 되기로 예정되었던 존재가 아니라, 그 존재 그 이하가 된 것입니다.

사람들이 이 비존재의 상태에서 벗어나려면 무엇이 필요할까요? 글쎄요, 어쨌든 자신이 모든 것을 알고 있거나 알아야 할 모든 것을 알고 있다는 감각이 산산이 부서져야 합니다. 예를 들어, 이것은 벽을 무너뜨릴 수 없다는 것을 깨달을 때까지 머리로 콘크리트 벽을 치는 것과 같은 쓰라린 고난을 통해 일어날 수 있습니다. 또는 스승의 신성한 안내를 통해서 일어날 수 있습니다. 그로 인해 학생은 "아하-경험"을 이끌어낼 수 있습니다. 사람들이 이원성으로 완전히 눈이 멀게 되면, 고난의 길을 통해서만 깨어날 수 있습니다. 참고로, 이러한 깨어남이 일어나는 것은, 이원성이 항상 두 개의 반대되는 힘을 가지고 있거나 만들어 내기 때문입니다. 따라서 서로 모순되는 이원적인 힘이 언제나 평화를 위협하게 되므로, 죽음의 의식 안에서는 사람들이 결코 완전한 평화를 얻을 수 없습니다. 그리고 이 갈등은 사람들에게 환영에서 깨어날 기회를 주며, 이원성 바깥에 틀림없이 뭔가가 있고, 더 나은 삶의 방식이 있을 것이라고 느끼게 해줍니다.

이원성에서 깨어나기 시작하면, 그 사람은 영적인 스승의 안내를 수용하게 됩니다. 이것은 때때로 외적인 가르침에 마음을 열면서 시작되지만, 결국 학생은 그리스도 자아와 상승 호스트 모두로부터 오는 내면의 안내에 문을 열게 될 것입니다. 여러분이 이미 이 지점에 도달한 것이 분명한데, 내가 왜 이렇게 긴 설명을 하는 것일까요? 왜냐하면, 에고 환영이 교묘하다는 것을 여러분이 알아야 하기 때문입니다. 그리고 비록 여러분이 지금까지 기꺼이 성장해 왔지만, 지구에서 수많은 환생을 했으므로, 사실 불가피하게 여러분의 잠재의식에는 스승에 대한 에고 저항의 잔재가 여전히 남아 있습니다.

여러분의 존재에 이러한 의도적이고 교묘한 무지의 요소들이 남아 있는 한, 여러분이 하는 행동은 모두를 끌어올리는 것이 아니라 분리된 자아를 높이기 때문에, 여러분은 여전히 "효과가 없는" 믿음이나 행동 패턴을 반복하고 있다고 스승이 지적할 때, 여러분은 스승에게 저항할 것입니다. 이 저항은 분명히 여러분의 진전을 늦출 것입니다. 하지만 더 중요한 점은, 그것이 실제로 여러분이 그리스도 의식의 여정에서 어떤 수준을 넘어서는 것을 방해한다는 것입니다.

구체적으로 말하면, 그것은 베드로가 보여준 수준을 넘어서지 못하게 막을 것입니다. 그는 살아 있는 그리스도를 인지했지만 살아 있는 그리스도가 그를 자신의 멘탈 박스 밖으로 데려가도록 하지 않고, 오히려 그리스도를 자신의 틀 속으로 강제로 집어넣으려 했습니다. 내가 말했듯이, 이것이 바로 가톨릭교회의 기초 위에 세워진 주류 그리스도 교회가 2,000년 동안 해온 일입니다. 하지만 확실히 말할 수 있는 것은, 여러분이 이 패턴을 반복한다면 살아 있는 그리스도의 제자가 될 수 없다는 것입니다. 따라서 스승에 대한 저항의 마지막 요소에서 벗어나는 것이야말로 절대적이고 피할 수 없는 요구 사항입니다. 여러분이 비존재에 갇혀 있는 한, 내 제자가 될 수 없습니다.

***

교묘한 무지에서 비롯되는 자만심의 아주 미묘하고 위험한 결과는, 언제나 옳고 결코 틀리지 않기를 바라는 것입니다. 에고는 실수를 인정하지 못하게 하지만, 신은 이것을 단지 효과가 없는 실험으로 봅니다. 하지만 여러분이 실험이 효과가 없었다는 것을 인정하지 않으면, 어떻게 그로부터 배울 수가 있고, 어떻게 패턴을 반복하는 것을 피할 수 있을까요?

물론, 여러분은 그 패턴을 넘어서야 한다고 생각하지 않습니다. 에고가 그것을 이 세상에서 옳은 것으로 규정하기 때문입니다. 따라서 여러분은 신과의 올바른 관계보다는 사람들 가운데에서 옳기를 구하는 것입니다. 이것이 두 주인을 섬길 수 없다는 내 말의 더 깊은 해석입니다. 여러분은 신과 맘몬을 동시에 섬길 수 없습니다. 여러분은 신의 편에서 옳고 동시에 세상에서도 옳을 수는 없습니다. 왜냐하면 세상(집단의식)은 에고의 이원성에 너무 깊이 빠져 있어 신의 실재와는 일치하지 않는 것을 옳은 것에 대한 기준으로 규정했기 때문입니다.

이전의 열쇠에서 말했듯이, 모든 영적 독소는 신의 참된 특성에 대한 왜곡입니다. 따라서 무지는 알고자 하는 열망에 대한 왜곡입니다.

알고자 하는 열망은 실제로 여러분의 자아감을, 신 의식, 곧 여러분의 창조주와 하나됨에 이르기까지 궁극적으로 확장하려는 열망입니다. 하지만 이러한 자아의 확장은 수직적인 성장이며, 그렇게 되면 여러분은 현재의 자아감 이상이 되는 것입니다. 이 열망에 대한 에고의 왜곡은 지금까지의 여러분보다 높아지려는 욕망입니다. 이것은 분리된 자아를 완성하려는 욕망이지만, 결코 신에게 더 가까이 다가갈 수 없습니다. 그것은 이 세상의 모든 것을 알고 있는 완벽한 인간이 되려는 욕망이지만, 결코 인간의 수준을 넘어설 수가 없습니다. 이것은 하늘까지 닿을 수 있는 탑을 만들기 원했고, 이로써 신에게 도달하려는 생각을 했던 바빌론 시민의 욕망과 유사합니다. 현대의 우주론적 지식으로 보면 이 추구가 얼마나 어리석은 것이었는지 알 수 있지만, 에고가 추구하는 것도 마찬가지로 어리석은 것입니다.

이것에 관한 다른 예를 들자면, 과식해서 점점 뚱뚱해지는 사람을 생각해 보세요. 이 사람은 확장되고 있는 것이 명백하고 심지어 이전의 상태를 초월하고 있으므로, 우리는 이 사람이 가만히 있다고 말할 수는 없습니다. 그러나 이것은 물질세계의 제한을 받지 않는 영적인 존재로서 진정한 정체성을 재발견하는 수직적인 확장이 아니라, 물질우주에서 일어나는 수평적인 확장입니다. 그러므로 신이 원하는 것은 여러분이 완벽한 인간이 되는 것이 아닙니다. 이것은 단지 이 세상의 기준에 따라 살면 에고를 신의 나라에 들여보내도록 신에게 강요할 수 있다는 에고의 환영에 의해 생겨난 욕구일 뿐입니다. 신은, 여러분이 물질세계에서 신이 준 개성을 표현하여 물질세계를 높이고, 지구에 신의 나라를 공동창조하는 영적인 존재가 되기를 바랍니다.

요점이 보입니까? 지구상의 많은 사람이, 심지어 많은 종교인과 영적인 구도자들도 자신의 에고를 확장하고 팽창시키려는 수평적인 탐구에 빠져 있습니다. 에고가 어떤 궁극적인 한계까지 부풀려져 "완벽함"에 이르게 되면, 신은 그냥 그것을 받아들여야만 한다는 것이 미묘하고도 근본적인 환영입니다. 이것은 결코 이루어질 수 없지만, 에고는 그것을 결코 보지 못할 것입니다. 따라서 사람들은 의식하는 자아가 에고 환영을 꿰뚫어 보고 그 환영에서 자신을 분리할 때까지, 즉 환영의 베일, 마야의 베일을 관통하기까지 이 헛된 탐구에 빠져 있을 것입니다. 학생이 비존재로부터 존재로 돌아가는 이 과정을 시작하고 완수하도록 돕는 것이 영적인 스승의 역할입니다. 하지만 학생이 교묘한 무지에 너무 눈이 멀어 종종 그것을 보지 못한 채 스승에게 저항하며 자기 초월을 거부하는 한, 스승의 일은 더욱 어려워집니다.

* * *

우리는 이제 이 문제에 더 깊이 들어갈 필요가 있습니다. 에고는 이 세상에서 옳기를 원하고, 이 세상에서 옳으면 하늘나라에 들어가는 것이 보장된다고 생각합니다. 그러나 여기서 정말로 문제는, 표면 아래에 더 깊은 거짓 층이 깔려 있다는 것입니다.

에고가 이 세상에서 옳기를 원하는 이유는, 이 세상에서는 자신이 옳다고 항상 주장할 수 있기 때문입니다. 왜 그럴까요? 에고는 분리의 환영에 근거하고 있기 때문입니다. 그리고 분리의 환영은 반대되는 두 극성, 말하자면 이원적 사고 체계를 만들어냅니다. 왜 그런지 이해가 되나요? 신 안에는, 분열이 없고 오직 하나됨만이 있습니다. 그렇다면 어떻게 하나됨으로부터 여러분 자신을 분리할 수 있을까요?

그렇게 하려면 분열된 상태를 만들어야만 합니다. 하지만 어떻게 분열을 만들 수 있을까요? 서로 반대되는 두 극성을 만들어낼 때만 가능합니다.

이원적 사고 체계의 본질은 반대되는 개념을 가지고 있다는 것입니다. 그것은 매우 쉽게 한 아이디어는 옳고 그 반대되는 것은 틀린 것이라고 규정하게 만듭니다. 에고는 이원성에서 태어나기 때문에, 언제나 이원적 사고 체계를 사용하여 잘못된 반대편에 비해 자신이 옳다고 주장할 수 있습니다. 그리고 에고는 항상 자신이 옳다고 스스로를 설득할 수 있습니다. 그런데 이런 의식은 어디에서 오는 것일까요?

마이트레야께서 설명하듯이, 창조는 동일한 중심을 가지고 있거나 서로 연결되어 있는 구체들의 점진적인 확장으로 이루어졌습니다. 그것은 한 구체가 허공(void)으로부터 분화되고, 자기의식하는 존재들이 그 구체로 보내진다는 개념입니다. 그들의 자기의식이 커지면서, 그들은 자신의 공동창조하는 능력을 사용하여 더 많은 영적인 빛을 그들의 구체 속으로 가져오는 것을 배우게 됩니다. 그렇게 해서 마침내 전체 구체가 상승하여 내가 신의 나라라고 부르는 것에 이르게 됩니다. 처음에는 새로운 구체 내의 모든 존재가 상승했지만, 다음 구체에서는 일부 존재가 이원성에 눈이 멀게 되어 자신의 구체가 상승할 때 함께 상승하지 못할 정도로 밀도가 높아지는 시점이 오게 되었습니다. 이 존재들은 이원성 의식으로 "추락"하였고, 그들의 구체가 상승했을 때, 생명의 강에 다시 합류할 수 있는 또 다른 기회를 얻기 위하여 새로 창조된 구체로 추락했습니다.

무엇이 이 존재들을 추락하게 했을까요? 그것은 무지였습니다. 하지만, 그것은 성장하기를 꺼리는 것으로, 그 이상이 되지 않으려는 것으로, 즉 비존재의 형태로 표현된, 매우 교묘한 형태의 무지였습니다. 이 존재들은 실제로는 지혜의 천사들이었으며, 이는 그들이 형상 세계가 어떻게 작동하는지에 대한 최고의 지식을 가지고 있었다는 의미입니다. 그렇지만 세상에 대한 자신의 높은 지식에도 불구하고, 그들은 오히려 분리 의식에 사로잡히게 되었으며, 우주를 어떻게 운영해야 하는지에 대해 신보다 더 잘 알고 있다고 믿기 시작했습니다. 특히, 그들은 상승하지 않은 존재들에게 자유의지를 준 것이 신의 실수라고 생각했습니다. 왜냐하면 자유의지를 가진 존재들이 공동창조 능력을 오용해서 자신과 다른 사람들, 심지어 전체 행성을 파괴할 수도 있기 때문입니다. 그들은 또한 참된 스승들이 상승하지 않은 존재들에게 그렇게 많은 자유의지를 허용하는 것도 잘못되었고, 천사들이 상승하지 않은 존재들을 통제하고 그들을 성장하도록 강요함으로써 더 나은 결과를 가져올 수 있다고 생각했습니다. 그러나 이 천사들이 이해하지 못한 것은, 참된 성장은 결코 강요할 수 없는 창조적인 과정이라는 점입니다. 즉 자기의식을 지닌 존재는 자신의 자기의식을 높임으로써, 오직 내면에서만 성장할 수 있는 것입니다.

 여기서 내 요점은 도대체 어떻게 신보다 더 잘 안다고 느낄 수 있을지를 생각해 보라는 것입니다. 글쎄요, 여러분이 신으로부터 분리되었을 때만 이렇게 할 수 있다는 것이 명백하지 않나요? 여러분이 자신을 분리된 존재로 보지 않는다면, 어떻게 여러분이 다른 분리된 존재보다 더 잘 안다고 느낄 수 있겠습니까? 즉 이제 여러분은 신을 (물론 실제로가 아니라, 여러분 마음속에서) 다른 분리된 존재로 바꾸어버린 것뿐입니다.

 그렇다면 원래 지혜의 천사들이 추락한 원인은 무엇일까요? 그것은 그들의 지혜, 즉 상승하지 않은 존재들에게 자유의지를 주어 그들 중 일부가 이원성으로 인해 "길을 잃을 수 있을 만큼" 밀도가 높은 구체로 보내진 결과로 일어날 수 있는 일을 투영할 수 있는 그들의 능력이었습니다. 그리고 어떤 의미에서 그 천사들은 옳았습니다. 어떤 존재들은 이원성에 갇히게 되었으며, 그들이 창조되었던 수준(거기서부터 오로지 올라가기로만 되어 있던 수준)보다 훨씬 낮은 수준까지 내려갔습니다. 그 결과, 이 존재들은 그들이 창조된 수준까지 다시 올라가야 했고 그런 후에 거기서부터 신 의식까지 계속 가야 하는 매우 길고 힘든 길을 가게 된 것입니다. 그리고 어떤 존재들은 이원성에 빠져 길을 잃은 나머지 시간과 기회를 모두 잃은 후, 개별적인 생명 흐름이 소멸되어 창조주의 존재로 다시 흡수되고 말았습니다.

하지만, 어떻게 지혜 때문에 존재들이 추락할 수 있을까요? 지혜의 천사들은 아직 신과 하나가 아니었으며, 따라서 지혜가 있음에도 불구하고 구체적이고, 개별적이고, 제한된 관점에서 세상을 보았습니다. 그런데도 그들은 자신이 모든 것을 알고 있다고 느끼기 시작했습니다. 이것은 자신의 관점이 궁극적이고, 절대적인 관점이라는 미묘한 믿음을 불러왔습니다. 그들은 이제 자신의 개별적인 세계관을 오직 창조주만이 가질 수 있는 보편적인 우주관으로 혼동하게 되었습니다.

바로 이것이 그들의 모든 지혜에도 불구하고 천사들이 이해하지 못했던 점입니다. 보다시피, 천사들은 자신들이 자신에게만, 그들 자신에게만 초점을 맞추고 있다는 것을 알지 못했습니다. 그들은 그들 자신이 우주의 중심이기 때문에, 그들의 세계관이 유일하고 참된 것이 틀림없다고 느꼈습니다. 이 때문에, 그들은 자유의지를 지닌 공동창조자들이 상승하지 않은 구체로 내려가게 한 참된 목적을 이해하지 못했고, 이것은 그들이 자신을 공동창조자들과 분리된 것으로 보게 되었다는 의미입니다. 본질적으로, 천사들은 하강한 존재의 안내자로서 봉사하게 되어 있었으며, 이것은 공동창조자들이 상승할 때까지 천사들이 이 일에 전념하게 될 것이라는 의미입니다. 천사들의 일부는 그렇게 오랫동안 상승하지 못하는 존재들과 엮이게 될 가능성을 별로 좋아하지 않았습니다. 다른 천사들은 일단 이 존재들이 상승하면, 그들이 천사들인 자신들보다 위계에서 더 높은 지위를 차지할 수도 있다는 것을 좋아하지 않았습니다. 그 이유는, 상승한 존재들은 형상 세계에 대해 더 많은 경험이 있으므로, 창조될 때 정해진 지위가 아닌 다른 지위로 올라가는 것이 어떤 것인지를 알기 때문입니다.

천사들이 보지 못했던 것은 그들이 공동창조자들과 하나됨을 이루지 못했으므로, 공동창조자들을 섬기려 하지 않았다는 것입니다. 그렇지만 창조주는 기꺼이 그들을 섬기려 했습니다. 마이트레야께서 말한 대로, 창조주는 기꺼이 공동창조자들에게 자신의 존재 일부를 새겨 넣으셨고, 심지어 그늘이 선택한 대로 할 수 있는 자유의지를 주었다는 의미에서, 창조주는 궁극적인 봉사자입니다. 달리 말하면, 창조주는 공동창조자들이 성장하고 아주 오랫동안 그렇게 할 수 있는 기회를 주는 데 필요한 모든 것을 기꺼이 했습니다. 창조주는 공동창조자들과 천사들과 하나됨의 감각을 가지고 있습니다. 그러나 천사들은 창조주가 하려고 하는 일을 하고 싶지 않았고, 그들은 이 비의지(non-will)로 창조주 존재인 하나됨의 원에서 스스로를 분리했습니다. 그들은 공동창조자와 하나가 되려고 하지 않았지만, 하지만 공동창조자들이 창조주 존재로부터 나왔기 때문에, 천사들은 결국 창조주와 하나가 되려고 하지 않게 된 것입니다. 존재의 사슬(Chain of Being)에서 자신보다 위와 아래에 있는 존재들과 하나가 되기를 꺼리는 이 마음이 비의지와 비존재의 본질입니다.

　여기서 여러분이 이해하기를 바라는 것은, 이 지혜 천사들에게 일어난 일은 매우 미묘한 의식의 변화였다는 것입니다. 사실 너무나 미묘해서 그들은 무슨 일이 일어났는지 알아차리지 못할 정도였습니다. 모든 지혜에도 불구하고 왜 천사들은 이것을 보지 못했을까요? 그들은 하나됨의 원 밖에 있는 것이 어떤 것인지 경험한 적이 없으므로, 그들은 어떤 대비도, 어떤 관점도 가지지 못했습니다. 새로 창조된 구체로 하강한 다음 상승해서 하나됨으로 돌아가는 것이 어떤 것인지를 경험했고, 그래서 천사들이 알지 못하는 것을 알고 있는 존재들은 상승 마스터들이었습니다. 그러나 천사들은 자신들이 우월한 지혜를 가지고 있다고 생각했으므로, 다른 누구에게도 귀를 기울이지 않았습니다. 정말 그들은 자신을 신의 실재에 재정렬하기 위해 영적인 스승이 필요할 리가 없다고 생각했습니다.

* * *

　천사들을 추락시킨 미묘한 무지를 다시 한번 살펴보겠습니다. 알다시피, 천사들은 상승하지 않은 구체에 육화하지 않고, 상승한 구체들에 거주하도록 창조되었습니다. 따라서 그들의 사고방식은 전적으로 구체와 그 안에 있는 존재들이 신의 나라의 하나됨과 완전함에 도달하도록 돕는 것이었습니다. 그러나 그들은 상승하지 않은 구체에 있는 것이 어떤 것인지 경험한 적이 없으므로, 상승하지 않은 구체에 있는 것은 불완전한 상태이고, 상승한 영역의 완전함과 비교해서 덜 바람직하고 덜 가치가 있다고 보았습니다. 이것은 미묘한 의미의 판단을 불러일으켰습니다. 하지만, 여기에서 실재는 무엇일까요?

여러분은 분명히 상승하지 않은 구체에서 살고 있으며, 영적인 세계에서 발견되는 완전함을 느낄 수 있는 어떤 신비로운 경험을 해보지 않았을 것입니다. 하지만, 여러분은 지구에서 볼 수 있는 많은 불완전함이 영적인 영역에는 분명히 존재할 수 없으며, 따라서 영(Spirit)에는 더 높은 상태가 있다는 내면의 감각을 가지고 있습니다. 천사들은 가장 늦게까지 상승하지 못한 구체와 영적인 세계 사이의 대비를 한층 더 예리하게 인식하고 있었습니다. 그러나 그들이 미처 보지 못했던 점은 상승하지 못한 구체가 비록 영적인 세계의 완전함에는 미치지 못하지만, 그것이 "나쁘다거나" 심지어 불완전한 것이 아니라는 것입니다. 영적인 세계에 미치지 못하는 상승하지 않은 구체가 창조된 이유는 무엇일까요?

그것은 신의 공동창조자들에게 제한되고 개체화된 자아감에서 시작하여 상승한 영역으로 올라갈 기회를 주기 위한 것이었습니다. 그들은 대비를 경험하고 상승한 상태를 향해 올라가는 것을 경험하기 때문에, 더 깊은 감사를 가지고 영적인 세계에 들어갈 수가 있습니다. 이것은 그들에게 이 의식 상태에 도달했다는 기쁨과 성취감을 주었고, 자신의 구체를 공동창조하는 것을 돕고 그것을 상승한 상태로 끌어올리는 기쁨을 주었습니다. 그리고 신의 눈에 이것은 가치가 있었습니다. 그러나 천사들은 이 가치를 알아보지 못했습니다.

그러나 그 너머에는 훨씬 더 깊은 층이 있습니다. 알다시피, 땅과 하늘을 비교하는 것처럼, 상승하지 않은 구체를 상승한 영역과 비교할 때, 여러분은 엄청난 대비를 볼 수 있습니다. 상승하지 못한 존재들이 이원성에 빠져 창조된 수준보다 더 낮은 수준의 구체로 떨어짐으로 그 대조는 더욱 커지기만 했습니다. 그러므로 오늘날의 지구는 원래 창조된 것에 훨씬 미치지 못하고 있습니다.

그래서 여러분이 이 대비에 초점을 둘 때는, 상승하지 않은 구체가 가야 할 길이 멀다는 것을 분명히 알 수 있지만, 여러분은 또한 이 구체가 반드시 상승해야 하며 결국 상승하게 된다는 것을 알 수 있습니다. 따라서 가치 판단에 빠지게 되면, 상승하지 않은 구체는 상승한 영역만큼 좋지 않다고 말하기 쉽습니다. 여러분은 심지어 상승하지 않은 구체에는 뭔가 잘못된 것이 있거나, 그 안에 있는 존재들이 행성을 창조된 수준보다 더 낮은 수준으로 떨어뜨리는 실수나 죄를 저질렀으며, 따라서 함께 흐르며 상승을 하는 대신 상승 과정에 역행하게 된 것이라고 생각할 수도 있습니다.

그러나 여기에는 여러 가지 환영이 관련되어 있습니다. 사실, 공동창조자가 자유의지를 가지는 것은 창조주의 뜻입니다. 공동창조자들에게 자유의지를 줌으로써, 그들이 자신의 환경을 원래 수준 이하로 떨어뜨릴 수 있고, 심지어 행성을 파괴하고 사라지게 할 수도 있다는 것을 창조주는 충분히 알고 있었습니다. 그러나 창조주는 또한 자유의지야말로 한 존재가 분리되어 존재하기보다는 하나됨을 의식적으로 선택함으로써 하나됨을 충분히 이해하면서 상승하는 유일한 방법이라고 보았습니다. 따라서 현재 지구에서 보이는 불완전함은 창조주가 인간에게서 보고 싶은 것은 아니었지만, 여전히 신의 의지의 영역 안에 있습니다. 인간이 자유의지를 가지고 있어서 자신의 행동과 마음상태의 결과를 경험함으로써 배울 기회를 얻는 것이 신의 뜻이기 때문입니다.

또 다른 환영은, 성모 마리아께서 설명하듯이, 물질 우주가 마터 빛 또는 어머니 빛이라 부르는 질료로 만들어졌다는 것을 보지 못하는 것에 근거합니다. 이것은 형태가 없지만 어떤 형태든 취할 수 있는 질료입니다. 행성은 영적인 존재들에 의해 마터 빛으로부터 창조됩니다. 그들은 마음의 창조 능력을 사용하여 행성의 청사진을 상상한 후 마터 빛 위에 그것을 겹쳐서, 구상한 형태로 드러나게 합니다. 그 행성에 육화하는 공동창조자들은 그 환경에서 그들이 원하는 것을 할 수 있는 자유의지가 주어집니다. 공동창조자가 부과한 어떤 형태든 취하는 것이 마터 빛의 서약입니다. 따라서 그들은 자신의 의식 상태가 그려내는 것을 볼 수 있게 되고, 그들에게 배울 수 있는 최대의 기회를 제공하게 되는 것입니다. 마터 빛은 의식이 있고 부과된 형태가 가능한 최고가 아닐 때를 알고 있지만, 어떤 판단도 하지 않습니다. 마터 빛은 어떤 형태라도 일시적임을 알기 때문에, 어떤 형태든 취할 것입니다. 따라서 비록 인간이 그 빛 위에 불완전한 형태를 겹치더라도, 이것은 배울 기회를 제공해 줍니다. 그러므로, 결국은 불완전한 형태조차도 창조주의 전반적인 목표인 의식의 성장에 이바지하게 됩니다.

존재들이 현재의 불완전함에 초점을 맞출 때, 상승하지 않은 구체, 특히 원래의 수준 아래로 떨어진 구체는, 어쨌든 불완전하거나 나쁘기 때문에 하늘에 있는 완벽한 신으로부터 분리될 수밖에 없다고 생각합니다. 그러나 아무리 불완전하더라도, 상승하지 않은 구체의 모든 것은 마터 빛으로부터 만들어지는데, 마터 빛은 어디에서 오는 것일까요? 마터 빛 역시 창조주 존재의 확장체이며, 이는 상승하지 않은 구체가 신과 분리된 것이 아니라는 의미입니다. 신은 존재하는 모든 것이며, 그가 없이 만들어진 것은 아무것도 없습니다. 신은 모든 곳에 있습니다. 그렇다면 어떻게 신이 없는 곳을 찾을 수 있을까요? 지구 상에서 보는 모든 모습, 심지어 최악의 불완전한 것이라 할지라도, 그 뒤에는 신의 웃는 얼굴이 있습니다.

이것이 왜 중요할까요? 그리스도 의식을 성취하는 데 필수적인 요소는 분리의 환영, 이원성 환영을 극복하는 것이기 때문입니다. 여러분은 어떤 것이든, 일시적으로 아무리 불완전한 모습을 띠고 있더라도, 그것이 신과 분리되어 있거나 신이 아니라는 환영을 극복해야 합니다. 여러분이 어디에서나 신을 보고, 오직 신만을 볼 때 그리스도 의식을 얻게 됩니다.

* * *

지혜의 천사들은 이러한 환영을 알아차리지 못했고, 이런 비전의 결핍으로 인해 하나됨의 원(Circle of Oneness)에서 스스로를 분리하게 되었습니다. 그들은 자신들의 선택, 그들이 봉사해야 할 공동창조자들과 하나되기를 거절한 선택, 자신보다 아래에 있다고 생각되는 사람들에게 봉사하는 것에 저항하는 선택으로 인해 이 분리가 일어났다는 것을 보지 못했습니다. 그것은 실제로 그들 위에 있는 창조주, 즉 모든 생명에게 봉사하고 있는 창조주와의 하나됨을 거부하는 선택이었습니다. 그러나 마이트레야께서 설명하듯이, 상승한 영역에 있는 존재는 이원성 안에 들어가서 머무를 수가 없습니다. 따라서 그 천사들은 상승하지 않은 구체의 가장 높은 수준으로 추락했습니다. 천사들은 자신이 분리 의식으로 들어간 것을 보지는 못했지만, 이전보다 낮은 수준으로 떨어지는 순간을 분명하게 보았습니다.

그들은 이것을 명백히 자신의 지위가 강등된 것으로 보았으며, 그들 자신이 선택한 결과로 그런 일이 일어났음을 인정하지 않았기 때문에, 이제 외부의 신으로 보게 된 신이 그들을 강등시켰다고 느꼈습니다. 더 나아가서 신이 그렇게 한 것은 부당하다고 여겼습니다. 그들은 심지어 자신이 옳고 신이 잘못되었다고 더 확신하게 되었습니다. 그리고 이제 그들은 자유의지 법칙에 대한 자신의 이해에 따라 그것을 증명할 기회를 달라고 요구했습니다. 그들이 옳고 신이 틀렸음을 증명할 수 있다면, 스스로를 구원할 수 있다는 것이 그 이면에 있는 생각이었습니다. 따라서 신은 그들을 대천사 지위로 복원해야 할 뿐만 아니라, 모든 사람과 모든 것에 그들의 비전을 강요할 수 있도록, 그들을 모든 형상 세계의 지배자로 만들어야 한다고 생각했습니다. 그들은 자신들이 신처럼 강력해질 수 있으며, 신처럼 되거나 신이 될 수 있으리라 생각했습니다.

진짜 문제는, 신의 모든 확장체가 신이 될 기회를 얻을 수 있으며, 이것은 하나됨의 길을 통해서만 이루어질 수 있다는 것을 그 천사들이 보지 못했다는 사실입니다. 그 이유는, 궁극적인 힘을 얻기 위해서는 자신이 궁극적인 봉사자임을 입증해야 하므로 자신의 힘을 오용하지 않을 것이기 때문입니다. 따라서, 추락 이후 그 천사들은 분리의 길을 통해 신이 되려는 불가능한 추구를 하고 있습니다. 내가 설명했듯이, 이것은 이루어질 수 없는 추구지만, 이원성에 눈이 멀게 되면 이를 볼 수 없습니다. 그렇다면 이원성은 왜 그렇게 설득력이 있을까요? 일단 이원성의 환영 안으로 들어가면, 뚫고 나오기가 왜 그렇게 어려울까요?

신은 하나이며, 나뉠 수 없는 전체입니다. 그러므로 여러분이 신과 하나됨 안에 있을 때, 분리의 여지가 있을 수 없습니다. 영적인 영역에 있는 존재들은 모두 신과 하나됨 안에 있으며, 이는 그들이 개별적인 존재로 있으면서도 서로 하나됨 안에 있다는 의미입니다. 이 하나됨 안에서는 개별적인 존재들 사이에 경쟁이나 갈등이 없습니다. 왜냐하면 모두가 창조를 위한 창조주의 전반적인 목적을 성취하는 데 있어서 그들을 하나로 묶는 공통된 비전을 공유하기 때문입니다.

그 결과 하나됨에서 자신을 분리하는 방법은 하나뿐이며, 그것은 이원성 안으로 들어가는 것입니다. 하나됨은 하나입니다. 즉 분열의 여지가 없습니다. 그러므로 하나됨을 떠나려면, 최소한 두 부분을 가지는 분열의 상태로 들어가야 합니다. 따라서 분리는 이원성으로 이어집니다. 이것은 분리된 의식 상태에는 필연적으로 반대되는 두 힘, 서로 배타적인 두 가능성이 있을 수밖에 없다는 의미입니다. 창조주가 형상 세계를 창조하는 과정을 시작했을 때, 먼저 자신을 확장하는 힘과 수축하는 힘이라는 두 극성으로 표현했다는 점에 주목하세요. 그러나 이 힘들은 서로를 상쇄하지 않는다는 의미에서 상반된 것이 아닙니다. 그들은 서로를 보완하며, 따라서 그들의 결합은 더 많은 것을 만들어냅니다. 그러나 이원성 안에서 기본적인 두 힘은 대립하여 서로를 상쇄시키게 되고, 그 결과 상호 작용을 하기 이전보다 감소하게 됩니다.

그래서 우리는 이제 이원성 안에는 항상 서로 배타적인 반대되는 두 관점이 있음을 알 수 있습니다. 그런데 일단 지혜의 천사들이 분리로 인해 눈이 멀어지자, 그들은 이러한 이원성 마음 상태로 들어가 버렸습니다. 형상 세계에 대한 그들의 지식은 사라지지 않았지만, 이원성에 의해 물들어 버렸고, 이제 그들은 세상을 옳거나 그른 두 대극의 산물로 보기 시작했습니다.

여기서 무슨 일이 일어났는지 보입니까? 하나됨 안에는 옳고 그름이 존재할 수 없습니다. 분열이 없으므로 두 개의 상반된 상호 배타적인 극성이 있을 수 없기 때문입니다. 그러나 이원성 의식은 모든 것을 두 가지 반대 극성이라는 갈등의 관점으로 봅니다. 여기서, 한 극성은 옳고 다른 극성은 잘못되었다는 판단이 생겨납니다.

그래서 그 천사들은 어떻게 했을까요? 그들은 신이 잘못되었다는 것을 증명할 기회를 요구했으며, 이것이 가능한 목표라고 생각했습니다. 그러나 그들이 실제로 한 일은 단지 이원성 상태로 들어간 것입니다. 이 상태는 두 가지 상반되는 대극에 기반하기 때문에, 이제 한 극성이 옳고 다른 극성은 틀렸다는 것을 증명할 수 있습니다. 그러나 두 극성 모두 하나인 신의 실재와 분리되어 있습니다. 이것이 바로, 천사들이 자신들은 옳고 신이 틀렸음을 증명할 기회를 얻었다고 생각한 이유입니다.

그들의 주장에 있는 결함이 보입니까? 신은 이원성으로 들어간 적이 없습니다. 실제로 신은 여전히 나뉠 수 없는 하나입니다. 따라서 신은 자신과 천사들 사이의 분열을 보지 않으며, 어떠한 갈등도 보지 않습니다. 신은 천사들이 틀렸다는 것을 입증하려 하지 않습니다. 신은 아마도 그들이 이원성 게임에 지쳐서 의식적으로 그리고 자발적으로 하나됨으로 돌아오겠다고 결정할 때까지, 그들이 자유의지를 행사하도록 허용하고 있는 것입니다.

천사들이 하나됨에서 분리되기로 결정했다고 해도, 신은 어떤 식으로든 모양이나 형태가 달라진 것이 없습니다. 달라진 것은 신에 대한 천사들의 지각이었고, 그 변화는 전적으로 그들 자신의 마음속에서 일어났습니다.

반-그리스도 마음은 신을 자신의 반대편으로 만들 수밖에 없습니다. 그렇게 하면 자신이 신에게 맞서는 힘을 가지고 있는 것처럼 보이기 때문입니다. 그러나 실제로 신은 무한하며, 따라서 나뉠 수도 없고 반대가 있을 수도 없기 때문에 이것은 가능하지 않습니다. 그래서 반-그리스도 마음은 신의 우상을 만들고 나서, 자신을 이 우상의 반대편에 세워야만 이렇게 할 수 있습니다. 반-그리스도 마음은 거짓된 신과 그 반대편에 있는 자신, 양쪽을 다 규정했습니다. 양쪽 다 실재가 아니므로, 만일 사람들이 거짓된 신이나 악마든 어느 하나를 믿는다면, 그들은 결코 무한한 신을 찾을 수 없을 것입니다. 이것이 무엇을 의미하는지 알겠습니까?

추락한 천사들은 오늘날까지도 신이 틀렸다는 것을 증명해서 자신이 옳다는 것을 증명하려고 합니다. 그리고 그들은 분명히 신이 이 투쟁에 참여한다고 믿고 있습니다. 실제로, 그들이 반대하고 있는 그 "신(god)"은 살아 있는 신, 창조주가 아닙니다. 그들이 반대하는 신은 그들이 자신의 이원성을 밖으로 투사해서 스스로 창조한 신의 우상일 뿐입니다. 그들은 자신들의 이원적인 신을 창조했으며, 그런 다음 서사적인 투쟁에서 스스로를 이 신에 맞서도록 설정했습니다. 그들은 이 투쟁의 결과가 형상 세계를 통제하는 것이라고 생각하지만, 실제로 그 결과는 천사들 자신의 마음을 통제하는 것입니다. 그 천사들은 신과 싸우고 있는 것이 아니라, 자신과 싸우고 있는 것입니다. 그들은 서로 싸우고 있는 두 개의 거짓된 자아를 창조했습니다. 이제 유일한 진짜 질문은, 분리된 자아를 죽게 하고 원래의 비-이원성 상태로 다시 태어나기 위해, 언제 그 천사들의 의식하는 자아가 이것을 깨닫고 이원적인 투쟁을 포기하기로 결정할 지의 문제입니다.

그러니 이제 여러분은 타락한 천사들이 불가능한 추구에 빠져 있다는 것이 이해되나요? 그들은 신이 틀렸다는 것을 증명하기 위해 노력하고 있다고 생각합니다. 그들은 물질 우주 안의 모든 공동창조자를 그들의 추종자로 만든 다음, 외적인 길, 분리의 길을 통해 구원받도록 "강요"함으로써 이것을 이룰 수 있다고 생각합니다. 그들은 모든 사람이 그들을 따르게 하는 목표를 달성한다면, 신은 단지 외적인 길이 구원으로 이어지도록 바꾸고 허용해야 할 것이라고 생각합니다. 왜냐하면, 신이 이렇게 하지 않으면, 모든 사람을 잃을 것이기 때문입니다.

그러나 이원성 필터를 통해서 볼 때만 이것이 가능하고 바람직한 목표처럼 생각될 수 있습니다. 왜냐하면 실제로 구원에 이르는 길은 하나뿐이며, 그것은 바로 하나됨(ONEness)이기 때문입니다.

＊＊

그 천사들이 무엇을 했는지 그리고 자유의지 법칙이 어떻게 이런 일이 일어나게 했는지 보이기 시작하나요? 천사들은 자신의 자유의지를 사용하여 분리로 들어갔습니다. 그들은 이원적 사고방식을 통해 그들이 옳고 신이 틀렸다는 믿음을 만들어냈습니다. 신은 자유의지를 존중하기 때문에, 천사들이 그들의 방법에서 잘못된 것을 보도록 강요할 의도가 없었습니다. 그들은 자발적으로 이것을 보아야만 했습니다. 그런데 어떻게 이것이 이루어질 수 있을까요?

자, 천사들은 상승하지 않은 구체로 내려와서 육화하도록 창조된 것이 아닙니다. 그들은 영적인 영역에 남아 있기로 되어 있었습니다. 그래서 천사가 분리의 환영을 받아들이기 시작했을 때, 그 천사는 자신의 존재 이유를 버린 것입니다. 따라서, 한 가지 가능성은 천사가 자신을 파괴하고 존재하기를 멈추는 것이었으며, 그랬다면 천사는 신의 존재 안으로 다시 흡수되었을 것입니다. 그러나 신은 자비롭기 때문에 그 천사들이 미상승 구체로 내려와서 육화하도록 허용했습니다. 그 결과 그들이 자신의 길로 되돌아와야만 한다는 의미에서, 그들은 본질적으로 공동창조자처럼 되었습니다.

그렇지만 당연히, 천사들은 무슨 일이 일어났는지 그 실체를 보지 못했습니다. 그들은 신에게 강요해서 신이 그들에게 미상승 구체를 주었고, 그 구체를 지배하도록 해주었다고 생각했습니다. 그들이 신의 오류를 입증하는 데 그 구체를 사용할 수 있도록 신이 그럴 권리를 주었다고 생각했습니다. 그 구체의 다른 모든 존재를 전복시키고 통제할 수 있는 권리, 즉 그들은 자신들의 "구원"에 대한 계획을 증명하는 데 그 존재들을 이용할 권리를 가졌다고 생각했습니다. 따라서 그들은 자신들이 옳고, 그 구체의 다른 모든 존재를 복종시키는 데 필요한 모든 것을 할 수 있는 권리를 신에게서 받았다는 확신을 가지고 그 기회를 이용했습니다. 그들은 그 구체에서 신 대신에 추락한 천사들을 숭배하도록, 아니 천사들을 신으로 숭배하도록 만들었습니다.

내가 왜 이 모든 것을 여러분에게 말하고 있을까요? 왜냐하면 살아 있는 그리스도의 참된 제자가 되기 위해서는, 이원성 의식, 즉 추락한 천사들의 의식으로부터 완전히 해방되어야 한다는 것을 이해해야 하기 때문입니다. 여러분은 현재 지구상의 모든 것이, 이 이원성 의식과 그 의식이 마터 빛에 투사한 우상화된 이미지에 의해 적어도 어느 정도로, 대부분의 경우는 크게 영향을 받고 있음을 이해해야 합니다. 왜냐하면 추락한 천사들이, 인류를 눈먼 지도자의 눈먼 추종자가 되도록 이끄는 거짓된 교사로서 역할을 해왔기 때문입니다. 그들은 인류가 단순히 분리된 자아를 내려놓고 하나됨으로 돌아가기보다는, 구원에 이르는 거짓된 길, 외적인 길, 에고를 어떤 궁극적인 지위로 부풀리는 길을 믿게 하려고 노력하고 있습니다.

어떻게 하면 이러한 거짓 교사로부터 자유로워질 수 있을까요? 그들이 어떻게 인류를 유혹하려고 하는지, 그리고 그들의 이원적인 환영이 왜 그렇게 설득력이 있고 실재처럼 보이는지 이해해야만 그로부터 벗어날 수 있습니다. 그리고 이제 우리는 이 유혹의 본질을 볼 수 있습니다. 내가 말했듯이, 이원성 의식에는 반대되는 것처럼 보이는 두 부분이 반드시 있어야 합니다. 이것은 이원성에 빠진 존재들로 하여금 한 부분은 옳고 다른 부분은 잘못되었다고 판단하게 만듭니다. 물론, 실제로는 두 부분 모두가 근본적인 실재인 신의 하나됨에서 분리되어 있습니다. 즉 여러분이 어느 부분에 있든 상관없이, 여러분을 하나됨으로부터 떼어놓는다는 의미에서 이원적 분열은 둘 다 "잘못되었다."라는 것입니다. 심지어 여러분이 대의를 위해 싸우는 것조차, 이원적 투쟁에 휘말리게 하고 하나됨으로부터 멀어지게 할 것입니다.

요점이 보입니까? 이원적인 분열은 사실상 존재하는 것이 아닙니다. 그것은 결코 신의 실재 안에 존재하지 않습니다. 그것은 이원성에 빠진 존재들의 마음속에서만 일시적으로 존재하지만, 이것은 상대적인 존재일 뿐입니다. 한 부분은 단지 다른 부분과 연관해서 규정되기 때문에 존재하는 것입니다. 신의 실재와 관련된 분열이라는 것은 존재하지 않습니다. 단지 서로가 상대적으로 존재할 뿐입니다. 그것은 상대적으로, 곧 일시적으로만 존재할 뿐 절대적으로 존재하는 것이 아닙니다.

물론 이것은, 한 부분은 옳고 다른 부분은 잘못되었다고 보는 이원적인 마음으로는 결코 이해될 수가 없습니다. 즉 이원적인 마음은, "옳은" 부분이 신의 실재와 같기 때문에 절대적으로 존재한다고 생각합니다. 일단 한 존재가 이것을 확신한다면 엄청난 설득력을 갖게 되며, 따라서 스스로 확신하지 못하거나 논리에 취약한 사람들을 설득할 수 있습니다.

그런데 왜 어떤 사람들에게는 이원적 "현실"이 실재처럼 보일까요? 왜냐하면, 그것은 이원적이고 상대적인 신념 체계에 근거하고 있기 때문입니다. 이것이 무엇을 의미할까요? 그것은 사람들에게 그들이 항상 옳고, 자신이 도전을 받거나 부정될 수 없는 방법으로 "실재"를 규정할 기회를 준다는 의미입니다. 구체적인 예를 들어보겠습니다.

신은 무한하며 어떤 유한한 표현도 넘어선다고 내가 설명했는데, 이는 어떤 종교도 신을 완전하게 묘사할 수 없다는 뜻입니다. 신을 알려면 외부의 종교를 넘어서 진리의 영을 경험해야만 합니다. 결과적으로 진정한 종교가 많이 있을 수 있습니다. 외적인 가르침을 넘어서도록 돕는 어떤 종교라도 종교의 참된 목적에 이바지하기 때문입니다.

그러나 에고는 이것을 이해할 수 없으므로, 모든 것을 옳고 그름의 관점에서 평가해야 한다고 생각합니다. 에고는, 참된 진리는 오직 하나만 있을 수 있으므로, 자신의 종교가 아닌 다른 종교는 위협으로 보아야 한다고 생각합니다. 그것은 유일한 참된 종교에 속함으로써 구원을 보장받는다는 믿음, 즉 에고의 우월감에 대해 그야말로 위협이 됩니다. 그래서 에고는 그 상황에 다른 이미지를 투사하여 다른 종교들을 인류의 구원을 위한 신의 계획에 대한 위협이라고 규정합니다. 즉 이제 전체 우주를 구원하는 더 큰 선을 위해 다른 종교를 따르는 사람들을 죽이는 것도 정당화될 수 있다는 것입니다.

하지만 이 터무니없는 믿음이, 분리된 자아가 자신의 이미지를 실재라고 규정했기 때문에 생겨났다는 사실을 볼 수 있습니까? 그것은 상대적이고 이원적인 논리를 사용하여, 실재는 명백하게 반대되는 두 분파로 나뉘어져 있으며, 그중 하나는 옳고 그 반대는 틀렸다고 주장해 왔습니다. 그런 다음 자신의 상대적인 극성은 사실상 상대적이 아니라 절대적으로 옳다고 규정합니다. 이는 반대 극성은 절대적으로 잘못되었다는 의미입니다.

이것이 바로 일부 사람들이 "문제를 정의하는 특권" 또는 "토론 분위기를 정하는 특권"이라고 부르는 것임을 알고 있나요? 즉, 세상을 어떻게 보아야 하는지를 규정할 수 있다면, 항상 옳은 것처럼 보이는 방식으로 그것을 규정할 수 있습니다. 예를 들어보겠습니다.

고대 그리스에 특별하게 정의된 논리를 사용하는 철학자 그룹이 있었습니다. 예를 들면, 그들은 다음과 같은 시나리오를 따랐습니다.

한 철학자가 어떤 사람에게 묻습니다. "저 개가 당신 것입니까?" 그 사람이 "예"라고 답하자 철학자가 다시 묻습니다. "그 개는 아버지입니까?" "예"라고 답하자, 철학자는 이렇게 결론을 짓습니다. "그러면 그 개는 당신의 아버지로군요."

이것은 물론 터무니없는 예이지만, 고대 철학자들에게 이것은 단지 그들이 정의한 논리의 불가피한 결과였고, 따라서 논리적이었습니다. 타락한 천사들은 스스로를 인류의 거짓 교사들로 세워놓고, 훨씬 더 교묘하고 알아차리기 어렵지만, 똑같이 터무니없는 논리를 사용하여 그렇게 해왔음을 알아야 합니다. 논리는 특정한 가정이나 패러다임을 기반으로 합니다. 그러나 일단 이 패러다임을 오류가 없거나 질문의 여지가 없다고 받아들이면, 마음은 궤도에 갇히게 됩니다. 그리고 그 궤도는 오직 하나의 목적지, 즉 기본 가정에 의해 정의된 목적지로만 이어져 있습니다.

 타락한 천사들의 핵심 논리는 그들이 정말 신으로부터 분리되었다는 확고한 믿음입니다. 이 분리는, 분리에 빠져 있는 한 근본적으로 피할 수 없는 이원성을 야기하여, 두 개의 반대되는 분파로 나뉘게 됩니다. 그 천사들은 한 분파는 옳고 다른 분파는 그르다는 가치 판단을 내렸습니다. 그런 다음, 그들은 자신들의 분파는 항상 옳고 반대되는 분파는 언제나 잘못되었다는 방식으로 그들 자신의 실재를 규정했습니다.

 이것은 선이라고 규정된 것과 악이라고 규정된 것 사이에 서사적인 투쟁을 만들어냈습니다. 그러나 이 이원적 투쟁의 양쪽 모두가 신의 실재와 분리되어 있습니다. 즉 궁극적인 선을 위해 싸우고 있다고 생각하면서 선과 악 사이의 이원적인 투쟁에 빠져 있는 한, 분리의 근본적인 환영에 질문을 던질 수가 없습니다. 달리 말하면, 이원적 투쟁은 첫 번째 층인 분리 그 자체 위에 세워진 환영의 두 번째 층입니다. 그리고 두 번째 층은 근본적인 환영을 모호하게 하면서, 원래의 환영에 질문을 던지지 못한 상태에서 여러분의 마음을 투쟁에 갇혀 있게 만듭니다.

 여러분은 이제 투쟁이 사실은 실제가 아니라는 것을 알 수 있나요? 그것은 단지 타락한 천사들이 자신의 제한적인 관점으로 규정한 세계관의 결과일 뿐입니다. 그들은 스스로를 우주의 중심으로 규정했기 때문에 그들은 항상 옳습니다. 왜냐하면, 모든 것이 하나의 필연적인 공리(axiom)에 근거해서, 천사들, 곧 에고는 결코 잘못될 수 없다는 것에 근거해서 정의되기 때문입니다. 분리된 자아가 잘못되었다는 것이 판명되면, 분리가 환영이라는 것을 인정할 수밖에 없습니다. 분리된 자아는 더 이상 분리된 채로 존재할 수 없기 때문에 죽을 수밖에 없으며, 이로써 의식하는 자아는 하나됨으로 다시 태어나게 될 것입니다. 따라서, 추락한 천사들은 더 이상 추락한 존재가 아니라 새로운 정체성으로 다시 태어나기 때문에, 그들은 존재하지 않게 될 것입니다. 그러나 이 일이 일어나기 위해서는, 추락한 천사들이 자발적으로 자신의 분리된 정체성을 죽게 해야 합니다. 그렇게 하려고 하지 않는다면, 그 존재는 실재에 저항할 수밖에 없습니다.

* * *

뒤로 물러서서 이것을 다시 살펴보기 바랍니다. 모든 존재가 한정된 자아감을 가지고 태어나며, 이것은 그 존재에게 특수한 세계관을 제공합니다. 그 존재는 제한된 관점에서 우주를 봅니다. 그 존재가 자신은 더 큰 무언가의 일부이며, 국소적인 세계관을 확장하거나 혹은 초월함으로써 무언가를 향해 성장할 수 있다는 것을 아는 한, 이것은 잘못이 아닙니다. 그러나 이원성에 빠지면, 그 존재는 이제 자신의 국소적인 관점을 보편성과 무오류의 지위로 끌어올립니다. 당연히 어떤 국소적인 관점도 다른 국소적인 관점과 반대될 수 있고, 반대되게 마련입니다. 맹인들이 코끼리를 만나서 코끼리의 서로 다른 부분을 만지고, 코끼리를 서로 다양한 다른 생명체로 식별했다는 옛날의 우화를 들은 적이 있을 것입니다.

따라서 여기서 문제는 이원성에 빠지면, 자신의 국소적인 관점을 보편적인 관점으로 정의하고, 이와 다르거나 반대되는 관점은 잘못이라고 보게 된다는 것입니다. 그러나 그들이 보편적 관점을 가지고 있기 때문에 구원이 보장된다는 에고의 생각을 유지하기 위해서는, 다른 사람들이 그들의 관점만을 받아들이고 다른 모든 반대되는 관점은 억압해야 합니다. 따라서 그들은 다른 모든 국소적인 관점을 억압하거나 파괴해서 자신의 국소적인 관점을 높이려는 투쟁에 참여합니다. 그리고 이 투쟁은, 지칠 대로 지쳐서 제한된 관점을 옹호하기보다는 차라리 초월하겠다고 결정할 때까지 계속될 것입니다.

그럼 이제 분리된 자아의 본질적인 문제가 보입니까? 분리된 자아는 개별적인 세계관을 보편적인 세계관으로 여기면서, 그것만이 유일하게 옳은 관점이라고 생각합니다. 따라서 분리된 자아의 세계관은 닫힌 고리, 닫힌 멘탈 박스, 즉 탈출구가 보이지 않는 영적 딜레마를 형성합니다.

그러나 창조주는 우둔하지 않습니다. 따라서 자기의식을 지닌 존재들에게 자유의지를 준 결과 무슨 일이 일어날 수 있는지를 예견했습니다. 따라서 그들 안에 이미 안전장치를 설치해 두었으며, 이것이 바로 이원성의 본질입니다. 원래, 함께 추락한 한 무리의 천사들이 있었습니다. 그들은 신이 틀렸다는 것에 동의했기 때문에 추락했습니다. 그러나 이원성으로 추락한 후, 그들은 상대적인 이원성 논리를 사용하기 시작했습니다. 그래서 천사마다 자신을 중심으로 그 자신의 세계관을 규정했으며, 그것은 이제 천사들이 서로 맞서기 시작했다는 의미입니다. 그 이후에 다른 천사들과 공동창조자들도 추락했습니다. 그 결과, 지금 지구에는 상반되는 수많은 철학과 종교, 정치적 이념 등이 존재합니다.

이런 다양성은 이원성에서 불가피하게 생겨나는 결과물입니다. 이원성은 상대적인 것이므로, 말 그대로, 가능한 모든 아이디어에 대해 논리적이고 합리적인 주장을 펼칠 수 있기 때문입니다. 합리적이고 논리적인 주장으로 뒷받침할 수 없는 아이디어는 단 한 가지도 없습니다. 어떤 사람들에게는 이런 주장이 터무니없어 보일 수 있지만, 다른 사람들에게는 설득력 있게 보일 수 있습니다. 차이점은 무엇일까요?

각 아이디어는 하나의 특정하고 제한된 세계관, 하나의 특정한 가정에 기반을 두고 있습니다. 다시 말하면, 특정한 지점을 선정한 다음, 그것을 우주의 "중심"으로 정의하는 것입니다. 일단 이 특정한 지점이 실제로 우주의 중심이라는 것을 받아들이면, 다른 모든 것은 그것을 중심으로 돌아가야 합니다. 즉 이 우월하고 특정한 관점에서 세상을 보게 된다는 의미입니다. 그러면 이 우월한 지점이 정말 세상의 중심인 것처럼 보이게 됩니다. 즉 의식하는 자아가 그 특정한 "중심"에서 세상을 보는 한, 오직 자신의 아이디어나 신념 체계만이 참되게 보일 것입니다.

바로 이런 이유로, 중세시대의 사람들은 지구가 물질 우주의 중심이며 해와 다른 모든 별이 지구를 중심으로 돌고 있다고 믿었습니다. 그들은 아주 협소한 세계관을 만들었고, 그런 다음 그들 자신을 그 중심에 두었습니다. 그들은 물리적 감각을 통해서만 우주를 보았습니다. 하늘을 올려다보면, 태양이 하늘에서 움직이고 별들이 지구를 중심으로 돌고 있다는 것이 완벽하게 논리적으로 보입니다.

마찬가지로 다른 많은 사람도 비슷한 세계관을 정의했습니다. 예를 들면, 주류 그리스도교인은 그리스도에게 거짓된 이미지를 투영하고 에고 중심적인 세계관을 정의했습니다. 즉 내가 신의 유일한 아들이었고, 따라서 다른 모든 사람은 당연히 신으로부터 분리되어 있다는 것입니다. 현대 과학자들은 물질 우주 너머에는 아무것도 없다는 "확실한" 패러다임에 근거한 세계관을 정의했습니다. 공산주의자들은 틀림이 없는 가정에 근거한 또 다른 세계관을 정의했으며, 이처럼 같은 기본 주제를 가지고 거의 무한하게 다양한 논의를 할 수 있습니다.

사람들이 중세의 세계관을 넘어선 이유는 무엇일까요? 그들은 자신의 기본적인 세계관에 기꺼이 의문을 제기하며, 정신적으로 기존의 감각을 벗어남으로써 더 확장된 관점이 있음을 깨달았기 때문입니다. 현대 사회는 임계수치의 사람들이 그들의 "무오류" 패러다임에 기꺼이 의문을 제기하려 할 때만 변할 것입니다. 그것이 바로 현대의 내 제자들이, 자신의 눈에 있는 들보, 즉 의심의 여지가 없는 가정에 질문을 던짐으로써 이 과정의 선구자가 되어야 하는 이유입니다.

이 모든 것을 가지고 내가 어디로 이끌고 있는지 이제 여러분이 알 수 있기를 바랍니다. 그리스도 의식의 핵심은 무엇입니까? 그것은 여러분의 멘탈 박스를 확장하는 것입니다. 그 진정한 의미는 여러분의 국소적인 세계관이 보편적인 세계관과 같다는 환영을 극복하는 것입니다. 여러분은 이전의 국소적인 세계관에 근거한 자아감을 죽게 하고, 더 큰 자아감으로 다시 태어날 수 있습니다. 그리고 여러분의 개인적인 세계관이, 진실로 유일한 보편적 세계관은 창조주의 세계관임을 볼 수 있는 곳으로 확장될 때까지 이 과정을 계속합니다. 이것은 신이 우주의 진정한 중심임을 알 수 있도록 도와줍니다. 신은 여러분을 포함한 모든 곳에 있기 때문입니다. 따라서 여러분이 여전히 지구에서 육체를 가지고 있으며 불가피하게 국소적인 관점에서 세계를 볼 수밖에 없지만, 여러분은 내면에서 진리의 영을 직접 경험할 수 있습니다. 그러므로 여러분은 결코 국소적인 세계관에 갇혀 있을 수 없습니다. 여러분은 그것을 단지 무한한 자아가 유한한 세상에서 자신을 표현할 수 있는 실용적인 방법이라고 볼 수 있습니다.

보다시피, 그리스도 의식에 이르는 것이 여러분의 개별적인 자아가 해체된다는 의미는 아닙니다. 그것은 여러분의 개별적인 자아가 이제 자신을 무한한 자아(Infinite Self)의 표현으로 보게 된다는 의미입니다. 여러분의 자아는 무한한 자아의 대양에서 분리되지 않은 채, 자신을 형상 세계에서 특정한 관점으로 자신을 표현하고 있는 무한한 자아로 봅니다. 따라서 무한한 자아가 여러분의 중심이라는 것을 알기 때문에, 여러분은 개별적인 자아를 결코 세계의 중심으로 볼 수가 없습니다. 세상이 여러분을 중심으로 도는 것이 아니라, 여러분이 진정한 자신인 무한한 자아(the Infinite Self that you are)를 중심으로 돌아갑니다. 이때, '나와 내 아버지는 하나'인 것입니다.

그리스도 의식을 얻으면, 여러분의 개별적인 자아가 사라지는 것이 아닙니다. 사라지는 것은 개별적인 자아가 분리된 자아라는 환영입니다. 사라지는 것은 처음부터 실재하지 않았던 분리된 자아입니다. 남는 것이 여러분의 실재 부분입니다.

* * *

이 모든 것이 비존재와 무슨 관계가 있을까요? 자, 비존재는 창조주와 여러분 위에 있는 영적인 계층구조와의 하나됨, 그리고 우주적 계층구조 안에서 여러분 아래에 있는 모든 존재와의 하나됨으로 들어가기를 거부하는 것입니다. 이것은 불가피하게 부정의 형태로 이어집니다. 여러분은 신과 다른 존재들을 부정할 뿐만 아니라, 자신 또한 부정합니다. 즉 여러분은 자신의 참된 정체성을 부정하게 됩니다. 이것은 불가피하게 성장을 멈추게 합니다. 제한된 자아감을 끊임없이 확장하도록 이끄는 생명의 강으로 들어가는 대신, 이제 여러분의 제한된 자아감에 매달리기 때문입니다. 여러분은 스스로를 생명의 강 밖에 두게 되고, 그것은 자동으로 삶을 투쟁으로 만듭니다. 그러나 실수를 했다는 것을 깨닫는 대신, 여러분이 투쟁해야 한다는 사실에서 볼 수 있듯이, 여러분은 방어 상태로 들어갑니다. 여러분은 분리된 자아를 방어하려 합니다. 물론 이것은 투쟁을 강화시킬 뿐이며, 탈출구가 없어 보이는 하향나선에 빠져들게 합니다. 의식하는 자아가 분리된 자아의 무오류의 패러다임으로 세상을 보는 한, 어떤 탈출구도 없습니다.

현대 심리학자들은 에고가 부정으로 들어가려는 경향이 있는 것을 확인했습니다. 그것은 실제로 자기의식의 선택적인 형태입니다. 분명히 여러분 존재의 핵심은 의식하는 자아입니다. 그것은 의식적이고, 스스로를 의식한다는 바로 그 이유 때문에 의식하는 자아라고 불립니다. 그러나 비존재의 영향을 받아 여러분은 자기의식이 닫힌 어떤 영역, 즉 자기의식이 거부되는 영역, 결코 쳐다볼 수조차 없는 영역을 정의합니다. 내가 설명했듯이, 에고는 이원성이 비실재라는 것을 볼 수 없습니다. 만일 분리가 비실재라는 것을 인정하면, 그것은 계속 존재할 수 없기 때문입니다. 그래서 에고에게는 틀릴 수 없고 따라서 결코 점검해서는 안 되는 어떤 기본적인 믿음들이 있습니다. 너무 고통스러워서 점검할 수 없거나 해서는 안 되는 것으로 정해진 과거의 어떤 행동이나 사건들이 있습니다. 즉 심리 안에 접근금지 상태로 정의되는 특정한 반복적 패턴이 있습니다.

이것은 결국 에고가 스스로를 위한 안전지대를 정의할 수 있었다는 것입니다. 에고는 여러분이 특정한 믿음, 행동이나 패턴을 점검하지 않는 한, 자신이 안전하다는 것을 알고 있으며, 그렇게 여러분을 통제하고 있습니다. 이것은 완전히 뒤틀린 삶의 방식으로 이어지게 된다는 사실을 여러분이 볼 수 있기를 바랍니다. 왜냐하면 여러분은 금지된 구역을 피해 가도록 모든 것을 조정해야 하기 때문입니다. 그것은 마치 발바닥에 가시가 박힌 것과도 같습니다. 고통을 피하기 위해, 움직일 때마다 조정해야 합니다. 이로 인해 여러분은 몸의 다른 부분들에 부담을 주는 방식으로 걷게 되고, 곧 근육이 아프거나 뻣뻣하게 느껴지기 시작합니다. 그러나 여러분은 가시를 뽑아버리는 합리적인 조치를 하는 대신에 이것을 계속 보상하려고 합니다.

내 요점은 여러분이 결코 자기의식을 차단할 수는 없다는 것입니다. 그러므로 여러분이 비존재 상태로 들어가더라도 그 의식은 사라지지 않습니다. 여러분은 단지 새로운 자아감을 창조하고, 그 자아는 끊임없이 공격을 받을 것입니다. 왜 그럴까요? 왜냐하면 그것은 이원적인 자아감이기 때문에, 이 자아가 어떤 관점을 가지고 있든, 그것의 균형 감각을 위협하는 이원적인 반대가 항상 있을 것이기 때문입니다. 다시 말해, 이원적인 자아는 균형을 잃고 중심을 잡지 못합니다. 이는 어떤 균형 감각, 어떤 안정감을 위해 끊임없이 노력해야 한다는 의미입니다. 확실한 것은, 여러분의 근원과의 하나됨만이 참된 균형의 상태이며, 이것이 바로 분리된 자아가 결코 평화를 찾을 수 없는 이유입니다. 더욱이 생명의 강 자체는 분리된 자아가 확장하고 성장하도록 끊임없이 끌어당기는 힘입니다. 그래서 분리된 자아는, 내부적으로는 분리된 영역 안의 이원적 힘에 의해, 그리고 외부적으로는 여러분의 의식하는 자아를 환영 밖으로 꺼내려는 생명의 힘 자체에 의해 "위협"받고 있다고 말할 수 있습니다. 이것이, 이원성 의식의 상대성이라는 모래 위에 집을 지은 어리석은 사람과, 실재에 중심을 둔 그리스도 의식의 바위 위에 집을 지은 지혜로운 사람에 대한 비유에서 내가 묘사했던 것입니다.

이 투쟁이 계속되도록 허용하는 한, 여러분은 스스로 분열된 집이 될 것이기 때문에, 결코 평화를 찾을 수 없다는 것을 알고 있나요? 마이트레야께서 그의 책에서 설명하듯이, 보통 의식하는 자아는 결정을 내리기를 거부하며, 자신을 위해 결정할 에고를 만들어냅니다. 어떤 의미에서, 의식하는 자아는 에고에게 결정을 떠넘김으로써 의식하는 것을 피할 수 있기를 바라고 있습니다. 그러나 이것은 결코 효과가 없습니다. 여러분이 의식하는 것에 무감각해질 수는 있어도 의식을 완전히 꺼버릴 수는 없기 때문입니다. 따라서 에고는, 통제할 수 없어 보이는 힘에 항상 위협을 느끼는 부정적인 자기의식이라고 부를 만한 상태로 여러분을 밀어 넣습니다. 여러분은 심리학자들이 투쟁-도피 반응이라 부르는 상태로 들어가게 되며, 거기서 끊임없이 외적인 위협을 피하려 애쓰고, 피해 달아날 수 없는 대상과 싸워야 합니다.

이것은 심리학자들이 불필요한 방어 메커니즘이라고 부르는 것의 발달로 이어져, 온갖 종류의 심리적 불균형을 초래하고, 심지어 세상 전체가 여러분에게 반대한다고 생각하는 명백한 편집증을 일으키기도 합니다. 분명히 영적인 구도자들은 가장 흔하고 명백한 형태의 이러한 방어 메커니즘들을 극복해 왔지만, 에고의 근본적인 환영을 방어하기 위해 설정한 미묘한 방어 메커니즘을 여러분이 여전히 가지고 있을 가능성을 진지하게 살펴보기를 바랍니다.

여러분이 이러한 메커니즘을 분명히 가지고 있다는 말일까요? 글쎄요, 한번 테스트해 봅시다. 불필요한 방어 메커니즘이 없다면, 여러분은 자연스럽게, 그리고 주저하거나 저항하지 않고 자신의 어떤 심리 영역이든 들여다보고, 어떤 것을 방어하려는 경향이 있는지, 스승에게 저항하려는 어떤 경향이 있는지, 기꺼이 살펴보려 할 것입니다. 달리 말하면, 모든 방어 메커니즘에서 자유롭다면, 여러분은 자신의 심리, 과거, 삶의 어떤 측면이든 보고, 변화가 필요한 것을 살펴보는 일에 대해 어떤 저항도 없습니다. 만일 여러분이 이렇게 완전히 열린 자아-점검에 어떤 저항을 느낀다면, 이것에 대해 어떤 긴장을 느낀다면, 확실히 어떤 방어 메커니즘이 남아 있는 것입니다. 그리고 여러분의 에고가 이러한 방어가 만들어낸 장벽 뒤에 숨어 있다고 확실히 말할 수 있습니다.

어떤 사람은 내가 열린 상처에 칼을 찌르고 일부러 칼을 돌린다고 느낄지 모릅니다. 다른 사람들은 내가 모든 것이 발가벗겨질 때까지 자신의 심리에 있는 모든 것을 계속 끄집어내려 하는 것은 아닌지 의아해할 것입니다. 첫째 반응에는, 오직 에고만이 이렇게 느낄 수 있다고 말하고자 합니다. 둘째 반응에 대한 대답은 간단합니다. 나는, 이원성에서 비롯된, 그리고 근원과의 하나됨에서만 올 수 있는 무한한 자유와 풍요로운 삶을 가로막는, 여러분의 심리 안의 모든 것을 절대적으로 드러낼 작정입니다. 내가 어떤 돌이든 다 뒤집어보지 않는다면, 에고가 그 아래에 숨어서, 여러분이 하나됨의 원으로 들어가 완전한 평화를 얻는 것을 막을 것입니다. 내가 왜 여러분의 가장 높은 잠재력보다 더 적은 것을 원해야 할까요? 여러분이 왜 여러분 자신을 위해 더 적은 것을 원해야 할까요? 오직 에고만이, 창조주가 여러분에게 큰 기쁨으로 주시는 풍요로운 삶을 받아들이는 대신, 더 적은 것에 매달릴 것입니다.

* * *

우리는 이제 비존재가 치러야 할 대가가 있다는 것을 알게 됩니다. 그 대가가, 끊임없이 공격을 받고 있는 어떤 것을 계속 방어해야 한다고 느끼는, 지속적인 자의식입니다. 이것은 여러분을 고통의 회피에 기반을 둔 마음의 틀로 들어가게 만들며, 또한 성장을 회피하게 만드는 결과를 가져옵니다.

고통 없이는 성장할 수 없고, 고통 없이는 얻는 것이 없다는 말일까요? 글쎄요, 어느 면에서 그것은 사실입니다. 왜냐하면 여러분이 에고의 환영을 의식적으로 살펴보아야만 그것에서 빠져나올 수가 있는데, 이는 특정한 환영에서 나온 행동에 대한 기억과 감정적인 고통을 불러일으키기 때문입니다. 그렇지만 그 고통을 느끼는 것은 누구일까요? 오직 에고뿐입니다! 따라서 의식하는 자아가 자신을 에고와 동일시하면서 국소적인 관점인 에고의 필터를 통해 삶을 바라보고 있는 한, 여러분은 그 고통을 느낄 것입니다. 내 요점은, 의식하는 자아는 자신의 초점과 자아감을, 에고에서 창조주의 무한한 세계관으로 즉시 전환할 수 있는 잠재력을 가지고 있다는 것입니다. 이러한 전환을 하는 것이야말로 진정한 영적 자유입니다.

어떻게 그런 전환을 할 수 있을까요? (에고로서의) 자의식(self-consciousness)과 (스스로에 대해 깨어 있는 순수의식으로서의) 자기의식(self-awareness) 사이에는 근본적인 차이가 있음을 생각해 보면 도움이 될 것입니다. 자의식은 이원적인 마음 상태이며, 이는 옳고 그름 같은 두 개의 반대 사이에서 끊임없이 갈등한다는 의미입니다. 그것은 또한 잘못되는 것에 대한 고통을 피하기 위해 여러분이 왜 옳은지를 끊임없이 방어하게 하는, 불가피한 가치 판단에 근거합니다. 자의식은 이 세상의 외적인 기준에 자신을 비교함으로써 성장을 멈춥니다. 이것은 에고의 우월감과 안도감의 기초가 되는 균형감을 유지하기 위해, 여러분을 결코 정해진 틀 너머로 가지 않는, 예측 가능한 사람으로 만들어 창조성을 닫아버립니다. 이 덧없는 우월감을 위해 여러분이 지불하는 대가는 끊임없이 자신을 판단하는 것입니다. 그리고 세상은 여러분의 이원적인 기대를 저버리는 나쁜 습관을 가지고 있으므로, 안전은 영원히 지속되지 않을 것입니다. 자만은 추락을 가져오므로, 진실로 자만은 추락을 앞서갑니다.

이와는 대조적으로, 자기의식(self-awareness)은 비이원적입니다. 즉, 이원적인 기준에 근거하여 판단할 필요 없이 자신과 세계를 관찰하는 중립적인 상태입니다. 이것이 의식하는 자아의 자연스러운 상태입니다. 의식적으로 자신을 들어올려 생명의 강과 함께 흐르기 위해서는 먼저 스스로에 대해 깨어 있어야 합니다. 생명의 강은 그 이상이 되는 과정, 수직적인 자기 초월 과정이며, 바로 이것이 창조적인 과정입니다. 창조력을 통해서만 그 이상이 될 수 있으며, 창조성은 본질적으로 예측을 할 수 없습니다. 그러므로 자기의식은 여러분을 뒤로 물러서게 하지 않고, 어떤 사건이든 그것이 진정한 여러분을 충분히 표현하는지 여부에 따라 중립적으로 평가합니다. 따라서 자기의식은 그 이상이 되도록 여러분을 끊임없이 자극하며, 그것은 진정한 창조성입니다.

(에고의) 자의식은, 여러분의 자아감을 자신의 외부에 있는 무언가에, 이 세상의 무언가에 기반을 두게 합니다. 자기의식은, 여러분의 자아감을 내면의 무언가에, 즉 여러분의 상위 존재와 여러분이 유래한 영적인 계층구조에 기반을 두게 합니다. 어떤 방법으로 신의 나라에 접근할지 여러분이 결정하세요. 내가 여러 번 말했듯이, 신의 나라는 여러분의 내면에 있습니다.

에고는 창조력을 위협으로 느끼는데, 그 이유는 바로, 창조성이란 예측할 수 없으며 따라서 통제할 수 없는 것이기 때문입니다. 즉 에고는, 여러분이 창조적인 한, 자신이 고통을 피할 수 없고 숨어 있을 수 없다고 생각합니다. 따라서, 에고는 여러분이 자기 존재를 통해 흐르는 창조력을 닫아버리는 비존재의 상태로 들어가기를 원합니다. 그러나 의식하는 자아는 이 흐름 안에 있도록 설계되었기 때문에, 그 흐름을 닫아버린다면, 삶에 아무 의미도 없고, 아무것도 할 수가 없고, 아무런 가치도 없다고 느끼는 엄청난 대가를 치르게 됩니다. 다시 말해, 그것은 정말 삶에서 모든 기쁨을 앗아가 버립니다. 그렇기 때문에 여러분이 성취감을 느끼고 평화로울 수 있는 유일한 방법은 생명의 강으로 다시 들어가는 것입니다. 에고는 여러분을 분리된 자아를 높이는 이원적 투쟁에 참여하게 해서 이것을 보상하려 합니다. 그렇게 함으로써 자신이 다른 사람들보다 더 낫다는 거짓 성취감을 여러분에게 주는 것입니다. 그러나 이것이 잠시 동안 여러분의 관심을 돌릴 수 있다 해도, 결코 궁극적으로 만족스러울 수는 없습니다. 결국 여러분은 돌아가서, 자신의 눈에서 들보를 제거해야 합니다. 그럼으로써 이 세상이 아니라 여러분의 내면에 있는 신의 나라를 찾을 수 있습니다.

그러기 위해서는, 자의식을 분리의 두려움 위로 높여서, 완전을 추구하는 신의 특성에 다시 연결해야만 합니다. 즉, 자의식이 자기의식으로 초월하도록 해야 합니다. 완전함은 궁극적으로 신 의식입니다. 그러나 이런 완전함으로 가는 중간 단계, 즉 완전함에 이르는 그리스도의 단계는 기꺼이 자기를 초월하고, 철저하게 계속 초월하려는 것입니다. 이를 위해서는 여러분의 정신에 있는 어떤 것이든 보고, 분리된 자아가 죽도록 허용함으로써 그것을 초월하려는 의지가 필요합니다. 분리된 자아의 어떤 측면이든 그것을 의식적으로 인식하는 순간, 여러분은 그것을 놓아버리고 완전한 자유를 향한 또 다른 단계로 나아갑니다. 일단 여러분이 이 과정에 들어서면, 고통이 일어나지 않습니다. 여러분은 에고의 상실감에 빠지는 대신, 의식하는 자아가 진정한 여러분이 되는 자유를 향해 한 걸음 더 나아갈 때마다 경험하는 성취감에 집중하기 때문입니다.

즉, 삶을 보는 방식을 바꿈으로써 변화에 대한 저항을 극복할 수 있고, 낡은 것을 포기하는 것이 고통이 되는 단계도 극복할 수가 있습니다. 여러분의 성취를 막는 것을 포기하는 일이 더 이상 고통을 일으키지 않으므로, 여러분은 고통 없이 성취할 수 있습니다. 사실 분리된 자아를 더 많이 포기할수록, 여러분은 더 자유로워졌다고 느낍니다. 이것은 이원적인 환영이 노출되는 것을 여러분이 얼마든지 환영할 수 있다는 뜻입니다. 이 지점에 이르면 여러분은 진정으로 영적인 스승을 따르게 되며, 스승은 여러분이 최대의 진전을 이루도록 도울 수 있습니다.

* * *

이미 말했듯이, 자신의 균형 감각을 위협할 뭔가를 드러내는 것에 대해 미묘한 두려움을 느끼는 영적인 사람이 많습니다. 이것이 바로 에고가 항상 추구하는 것, 즉 균형감입니다. 에고는 두 조건이 충족되는 위치에 있으려고 끊임없이 노력합니다.

- 에고는 자신이 통제하고 있다고 느낀다.
- 에고는 자신의 통제가 위협받을 수 없다고 느낀다.

이것을 성취하기 위해, 에고는 여러분이 이원적인 믿음을 받아들인 다음 그것을 무오류의 지위로 끌어올리고, 그것을 절대로 의심하지 않으면서 모든 공격에 맞서 항상 방어하기를 원합니다. 그러면 여러분은 자신의 기본 패러다임을 위협하는 것은 생각하는 것조차 거부하고, 필요하다면 이를 완전히 부정하게 됩니다. 이것은 어떤 자만감이나 우월감을 가져올 수 있으며, 이때 사람들은 실제로 영적인 여정을 통해 분리된 자아의 자만을 구축합니다. 그러나 많은 영성인이 자만을 유지할 수 없고 흔히 미묘하고 인식할 수 없는 수동적인 상태에 빠져, 거기서 그들은 단지 일정한 경계 안에 머물면서 미래의 구원을 기다려야 한다고 느낍니다. 에고는 여러분이 우월감을 무한히 확장하기를 바라지만, 그것이 이루어질 수 없다면, 여러분이 단지 같은 것을 계속 행하고 계속 믿어야만 구원받을 것이라고 생각하는 수동적인 상태로 들어가기를 원합니다.

근본주의 그리스도교인들에게서 이것을 볼 수 있습니다. 그들은 단지 성서에 대한 문자 그대로의 해석을 의심 없이 믿어야만 구원이 보장된다고 생각합니다. 그러나 여러분이 생각해야 할 점은, 많은 영적인 구도자들조차도 그들의 에고가 자아-점검에 대해 규정한 장벽을 받아들였다는 것입니다. 그들은 에고의 자의식을 받아들였으며, 이는 자기의식의 빛이 뚫고 들어오지 못하도록 특정 영역을 제쳐 놓았다는 뜻입니다. 여러분은 이 역기능적인 에고의 자의식을 노출하고 극복해야 할 필요가 있으며, 그 이유는 다음과 같습니다.

자의식은 항상 어떤 것이 옳은지 그른지를 판단합니다. 그리고 에고는 틀릴 수가 없으므로, 여러분은 현 상황에 위협받고 있는 에고의 어떤 측면을 방어하도록 속고 있습니다. 그런데 위협을 느끼는 에고의 측면은 항상 있습니다. 이와는 대조적으로, 자기의식은 단지 어떤 것이 여러분을 자유롭게 하는지 아니면 가두고 있는지를 평가합니다. 따라서 여러분이 자신의 자유를 앗아가는 어떤 것을 객관적으로 볼 수 있을 때, 여러분은 그것을 쉽게 놓아버릴 수 있고, 새롭고 더 자유로운 자아감으로 다시 태어날 수가 있습니다. 여러분은 힘들이지 않고 자유롭지 못한 옛 자아를 죽게 할 수 있습니다.

나는 이제, 비존재 상태는 영적인 의미에서 여러분을 진정시키는 효과도 있다는 것을 인식하는 데까지 이끌어 왔습니다. 내가 말했듯이, 여러분은 신과 함께하는 공동창조자가 되도록 설계되었습니다. 여러분은 원래 신의 나라를 구체에서 공동창조하는 것을 도우려는 목적으로 미상승 구체로 하강했습니다. 그러나 비존재 상태는, 여러분이 그 목표를 달성하지 못하게 하는 분리된 자아와 그 뒤에 숨어 있는 환영을 철저히 방어하게 함으로써 그 목표를 완전히 무산시켜 버렸습니다.

여러분은 자유롭게 영적인 자아가 되는 지점에 이르러서 이곳에 온 목적을 행할 필요가 있습니다. 여러분의 신성한 계획은 에고를 통해서나, 수동적인 상태로 되는 것을 통해서는 성취될 수 없습니다. 여러분은 여기 있는 것은 변화를 돕기 위해서이지, 같은 것을 반복하는 세상을 보기 위해서가 아닙니다. 여러분이 같은 일을 반복하는 것은 에고의 균형감을 유지하기 위해서입니다.

그러므로 비존재 상태란, 방어할 수 없는 에고의 균형감을 방어해야 하는 감옥이라는 결론으로 이어집니다. 에고의 균형감은 생명의 강과 에고 자신의 내적인 이원성에 의해 동시에 위협을 받고 있습니다. 여러분은 (다른 사람들과 싸우거나 대의명분을 위해서 싸우면서) 분리된 자아를 방어한다는 면에서는 매우 적극적일 수 있지만, 여러분의 존재 이유를 충족시키는 측면에서는 수동적입니다. 그러면 이것은 의식하는 자아에게 충족되지 못한 느낌을 줍니다. 에고는 이것을 자신의 균형 감각에 대한 위협으로 해석하고, 어떻게 해서든 여러분이 어떤 궁극적인 명분을 위해 일하고 있다고 생각하면서 계속 방어적인 태도를 보이도록, 에고 자신의 노력을 배가시킵니다. 결국 사람들이 지쳐서 참된 영적인 스승을 찾기까지 에고는 이 사소한 게임을 몇 생애에 걸쳐 계속할 수도 있습니다.

진정한 영적인 스승은, 여러분이 자신이나 다른 어떤 것을 판단하는 대신, 스스로를 의식하는 존재의 상태로 들어가도록 도울 것입니다. 여러분은 생명의 강과 함께 흐르며 여러분의 무한한 자아가 여러분을 통해 자신을 표현할 수 있도록 합니다. 이것이 진실로 생명의 상태이며, 비존재는 죽음의 상태입니다.

* * *

왜 비존재가 창조성을 죽이는지 완전히 이해했습니까? 앞에서 보았듯이, 에고는 여러분이 생명의 강과 함께 흐를 때 생명의 강이 자유롭게 제공하는 것을 통제함으로써 성취하려고 합니다. 뭔가를 통제하려면 무엇이 필요할까요? 글쎄요, 다음에 무엇이 일어날지 예측할 수 있어야 합니다. 예측 가능성은 효과적인 통제를 위한 기반입니다. 예측 가능한 사람일수록, 그 사람을 통제하기가 더 쉽습니다. 상황에 존재하는 변수가 적을수록, 그 상황을 통제하기가 더 쉽습니다. 그래서 에고는 예측 불가능성을 없애기를 바라며, 그것이 바로 에고가 창조성을 제거해야 하는 까닭입니다. 창조성은 본질적으로 예측할 수 없는 것이기 때문입니다!

이것에 대해 생각해 보세요. 창조성은 미리 계획할 수 없는 자발적인 활동입니다. 창조성은 이전에 누군가 의식적으로 생각했던 것보다 더 나은 해결책이 자발적으로 떠오르는 것입니다. 미리 계획된 행동은 창조적인 활동이 아니라 통제된 활동입니다. 계획된 창조성 같은 것은 없습니다. 통제된 창조성 같은 것은 없습니다. 창조성은 새로운 것, 즉 살아 있는 것을 자발적으로 표현하는 것입니다. 통제는 죽음으로 이어지지만, 생명은 언제나 자발적입니다.

의식하는 자아는 전적으로 창조적인 존재로 설계되었습니다. 여러분은 생명 그 자체인 창조적 흐름 안에 있고, 그 흐름이 물질계에서 자신을 표현하도록 하는 열린 문이 되어, 오래된 문제에 대해 새로운 해결을 가져오도록 설계되었습니다. 그리고 그것이 바로 여러분의 에고가 여러분을 통한 창조적 흐름을 죽여야 하는 이유입니다. 여러분이 이 흐름에 열려 있다면 어떻게 여러분을 통제할 수 있겠습니까? 여러분이 다음에 무엇을 할지 전혀 알 수 없다면 에고가 어떻게 어떤 유형의 보안이나 안전을 구축하고 유지할 수 있겠습니까?

여러분에게 내재된 창조력을 죽이면 그 효과는 무엇일까요? 그것은 여러분을 기계적인 존재, 즉 일종의 자의식을 가진 로봇으로 변하게 하는 것입니다. 현재 지구에는 거의 60억의 이런 로봇이 살고 있습니다. 그것이 바로 인류가 그렇게 놀랍도록 예측 가능한 이유입니다. 그렇기 때문에 결코 의문을 던지지 않는 무언의 믿음이 그토록 많은 것입니다. 그것이 바로 사람들이 언제나 우리 안에 머무르는 양처럼 행동하는 이유이며, 거기서 그들은 눈먼 지도자인 파워 엘리트의 통제를 받습니다.

여러분의 개인적인 에고 외에도, 여러분을 통제하고 싶어하는 또 다른 세력이 있습니다. 이 세력은 육화한 존재들과 육체가 없는 존재들로 구성되며, 때때로 거짓 계층이라 불리는 행성 차원의 어둠의 세력들을 형성하고 있습니다. 이 세력의 핵심은, 마이트레야께서 그의 책에서 묘사한 타락한 천사들과, 육체가 없는 존재들 또는 야수들입니다. 이 세력이 어떻게 여러분을 통제할 수 있을까요? 여러분을 예측할 수 있게 만드는 것에 의해서이며, 여러분이 스스로 창조력을 달아버릴 때만 그들이 그렇게 할 수 있습니다. 이것이 바로, 여러분의 창조성을 죽이거나 현재 상태를 위협하지 않는 활동으로 관심을 돌리게 하려는 인간 사회의 측면들이 그렇게 많은 이유입니다.

크게 보면, 그 목적은 인류를 통제하는 것입니다. 그래서 거짓 계층에 정렬한 사람들은, 인간 사회에서 특권과 권력을 보유할 수 있는 파워 엘리트를 형성할 수 있었습니다. 2,000년 전에 나를 죽게 한 사람들은 누구였습니까? 그것은 당시의 파워 엘리트였습니다. 그들은 사회를 통제하고 있다고 느꼈으며, 살아 있는 그리스도가 사람들에 대한 그들의 통제를 위협하지 않기를 원했습니다. 물론, 사람들을 통제하는 가장 효과적인 방법은, 개인적인 수준으로 가서 각 개인을 통해 흐르고 있는 창조성을 차단하는 것입니다.

눈먼 지도자들은 여러분을 유혹하여, 신이 부여한 개성을 부정하고 창조적인 존재가 아니라 기계적인 존재인 분리된 자아가 되도록 만들어서 그 흐름을 차단합니다. 따라서 자신을 분리된 자아와 동일시하는 한, 여러분은 통제되기 쉽습니다. 여러분의 에고는 항상 경계 안에 머물러 있고, 절대 예측 불가능한 창조성으로 들어가지 않도록 프로그램되어 있습니다. 왜일까요? 에고는, 신념 체계의 외적인 규칙을 따르고 눈먼 지도자를 맹목적으로 따라야만 구원이 보장된다고 약속하는 외적인 길을 찾기 때문입니다. 이렇게 해서 외적인 길이라는 완전한 신화가 만들어지게 되며, 그것은 기계적인 여정입니다. 하지만 훨씬 더 깊은 차원에서, 여러분의 에고는 실제로 특정한 이원적 믿음에서 만들어지며, 이것이 바로 에고가 자신을 존재하게 한 바로 그 환영에 의문을 제기할 수 없는 이유입니다.

이와 대조적으로, 여러분이 이제 진정한 길은 창조적인 여정임을 알기를 바랍니다. 살아 있는 그리스도는 기계적인 존재가 아니라 창조적인 존재입니다. 심지어 신조차도 그리스도 존재가 무엇을 할지 예측할 수 없습니다. 창조주는 진실로 그 자신의 확장체를 창조했으며, 그 존재의 개성적인 창조성에 놀라고 싶어서 그들에게 그리스도의 잠재력을 주었기 때문입니다. 이것은 물론 전통적인 종교 교리와는 모순됩니다. 수천 년 동안 종교는 사람들의 창조성을 닫아버리고, 그들을 눈먼 지도자인 타락한 천사를 따르는 눈먼 추종자로 만드는 주요한 수단이었기 때문입니다.

* * *

이것은 진정한 길이 무엇인지에 대해 전혀 새로운 관점으로 이끌어 줍니다. 우리가 논의한 것을 요약해 보겠습니다. 우리는 의식하는 자아가 제한된 정체감, 즉 국소적인 세계관에서 출발한다는 것을 보았습니다. 그 여정은 완전한 신 의식을 얻을 때까지 정체감을 확장하는 과정입니다. 그리고 여기에 핵심이 있습니다. 여러분의 생명흐름을 원래 존재하게 한 국소적인 정체감은, 에고의 분리된 정체성과 같지 않다는 사실입니다!

여러분의 원래 정체감은 제한적이었지만, 하나됨에 근거했습니다. 여러분은 자신을 여러분의 자아보다 더 큰 무언가의 일부인 개별적인 존재로, 대양에 이는 파도처럼 보았습니다. 실제로 여러분은 대양의 확장체였습니다. 이것은 여러분이 자신을 대양과 하나로 볼 때까지, 즉 자신을 창조주와 대양의 다른 모든 파도와 하나로 볼 때까지 자아감을 초월할 수 있다는 의미입니다. 이것은 여러분의 분리된 자아를 확장하는 것과는 다릅니다. 이것은 자아가 분리되어 있다는 모든 감각을 초월하는 것입니다.

에고의 본질적인 환영은 분리된 자아를 실재로 보는 것입니다. 따라서 에고의 논리는, 영적인 여정은 분리된 자아를 확장하는 것이라고 말합니다. 분리된 자아는 대양과 떨어져 있는 물웅덩이와 같습니다. 에고는 대양만큼 커질 때까지 그 물웅덩이를 확장하려고 합니다. 이것은 불가능한 추구입니다. 진정한 추구는 대양과 분리된 채 대양의 크기만큼 분리된 자아를 확장하는 것이 아니라, 대양과의 하나됨에 이르기까지 개별적인 자아감을 확장하는 것입니다.

그래서 에고에 눈먼 사람들은, 에고를 부풀리려고 합니다. 그것이 충분히 커지기만 하면 바벨탑처럼 하늘에 닿을 것이고, 그것이 이원성에 눈먼 다른 사람들의 분리된 자아보다 훨씬 더 낫기 때문에, 신은 다만 그것을 받아들여야 한다고 생각하는 것입니다. 이것은 그리스도의 참된 제자의 길이 아니라, 반(反)-제자의 거짓된 길입니다.

그래서 우리는 이 과정의 진정한 목적이 무엇인지 생각해 보게 됩니다. 이 과정은 지구에 있는 많은 학교와 같이 자동적이거나 기계적인 과정이 아닙니다. 예를 들어, 대부분의 성직자의 교육에 대해 생각해 보세요. 그들은 신학교 과정을 거치면서 그 과정이 요구하는 모든 조건을 충족하면, 자동으로 성직자로 임명됩니다. 그런데 그 과정을 제공하는 종교의 기본 교리에 의문을 제기하지 않는 것이 주된 요구 사항입니다. 그 요구 사항은 이미 규정된 체계를 외적으로 배우고 고수하는 것입니다. 학생의 의식 상태를 고려할 여지가 거의 없고, 학생이 도전적으로 교리를 넘어서는 창의적인 이해를 추구하는 정도를 고려할 여지도 거의 없습니다.

이 과정에서는 모든 것이 다릅니다. 시험도 없고 졸업장도 받지 못할 것입니다. 내가 설명하려 하는 실재를 이해하지 못하고 이 여정의 본질을 이해하지 못한 채, 이 과정을 밟는 것도 충분히 가능합니다. 이 과정을 공부하는 사람 중 일부는 이해하고, 일부는 이해하지 못할 것입니다. 그 이유는, 이것이 창조적인 과정이며, 결과는 전적으로 이 과정을 따르면서 신이 준 창조력을 얼마나 기꺼이 적용하는지의 문제이기 때문입니다. 여러분은 이 과정에 기계적으로 임할 수 없습니다. 만일 그렇다면, 여러분은 그리스도 의식에 대한 지적인 지식을 엄청나게 가지고 있더라도 진리의 영을 결코 만나지 못할 것이고, 따라서 살아 있는 그리스도의 옷자락을 만질 자격조차 얻지 못할 것입니다.

지금까지 이 여정을 여러분에게 설명하기 위해 나는 실제로 무엇을 한 것일까요? 음, 내가 지금까지 한 말을 여러분이 이해했다면, 나는 그 여정에서 모든 신비를 벗겨낸 것입니다. 어떤 숨겨진 비밀이나 궁극적인 가르침 또는 히말라야의 동굴에 숨어 있는 깨달은 구루를 찾는 신비한 과정 대신, 여러분이 마침내 분리된 자아 자체를 보고 그것을 포기할 수 있을 때까지, 분리된 자아의 환영을 의심하고, 드러내고, 내려놓는 아주 실용적인 과정으로서 나는 그 길을 묘사해 왔습니다.

이 여정은 자동으로 구원될 것이라는 안도감의 여지를 남기지 않으며, 다른 사람들 보다 낫다고 느끼고 싶은 에고의 열망을 채워 주지도 않습니다. 그러한 거짓된 길은 신으로부터 분리되었다는 환영을 강화할 뿐이며, 그것은 그리스도 의식의 여정이 아니기 때문입니다.

따라서 이 시점에서의 문제는, 안도감과 우월감을 제공하지 않는 이 여정을 따르는 것에 여전히 관심이 있느냐는 것입니다. 그렇다면, 여러분은 존재하려는(to BE) 결정을 내려야 합니다.

알다시피, 원래 천사들이 추락한 원인은 존재하지 않기로 그들이 결정했기 때문이었습니다. 그들은 창조주와 하나가 되는 상태를 선택하고 싶지 않았고, 계층구조 안에서 그들 아래에 있는 사람들에게 봉사하려고 하지 않았습니다. 그들은 위에서처럼, 여기 아래에서도 하나가 되려고 하지 않았습니다. 이 비의지와 비존재는 다른 모든 것과 마찬가지로 특정한 형태의 에너지이고, 영적인 독소입니다. 첫 번째 추락 이후, 이 에너지는 축적되었고, 지구의 모든 사람을 끌어당기는 아주 강력한 인력을 행사하는 가공할만한 세력을 형성했습니다.

여러분은 많은 생애 동안 이 세력에 노출됐으며, 그것은 여러분을 압도했을 것입니다. 이 세력의 절대적인 인력은 새로운 형태의 비의지와 비존재의 감각을 불러일으켰는데, 이는 세상의 하향 인력을 넘어서는 것은 너무 어렵고 압도적이라는 느낌이었습니다. 영적인 여정이 실제로 무엇인지 이해하기 시작하면, 여러분이 현재 어디 있는지 보게 되고, 개인적인 그리스도 의식이라는 목표를 기대할 수 있을 것입니다. 그리고 여러분이 그 목표를 달성하는 것으로부터 얼마나 멀리 있는지 깨닫는 "진실의 순간"을 가질 수도 있습니다. 이제 여러분은 지복(bliss)이 아니라 여러분의 구원이 보장된다는 행복감을 주고 있을 뿐인 무지에서 깨어나고 있기 때문입니다. 따라서 앞에 놓인 긴 여정을 바라보며 두려움이나 그 여정을 걷는 것에 압도되는 느낌이 들지도 모릅니다. 타락한 천사들과 그 추종자들 모두가 만든 죽음의 강을 따라가면서, 그냥 포기하고 대중의식에 합류하여, 다른 모든 사람을 따라서 흘러가는 것이 더 쉽다고 느껴질 수도 있습니다.

그들은 생명의 강에 반대되는 힘을, 즉 사람들을 압도하고 특정한 방식의 생각과 행동을 기계적으로 반복하도록 끌어당기는 힘을 만들어 내려고 했습니다. 이 거짓 교사들과 여러분의 에고는, 여러분이 참된 여정을 따르지 못하게 하기 위해 그들이 할 수 있는 무슨 일이든 할 것입니다. 즉 그들은 여러분의 개인적인 이력과 심리에 맞추어 무엇이든 할 것입니다. 따라서 그 여정이 저항이 가장 작은 길처럼 보이더라도, 여러분은 그 거짓된 길을 따르지 않겠다는 결정을 내려야 합니다. 그 여정은 실제로 저항이 가장 큰 길이며, 그 저항은 이원적 세계관에 내재된 갈등에 의해 만들어진 것입니다. 여러분은 내가 여러분에게 참된 여정을 보여주는 것을 허용하겠다고 결정해야 합니다. 그것은 저항이 없는 길입니다.

어떻게 이런 결정을 내릴 수 있을까요? 여러분의 영적인 자아 안에 있는 금강석 같은 의지, 즉 여러분을 처음에 여기까지 데려온 난공불락의 의지인 바로 그 힘에 다시 연결돼야 합니다. 보다시피, 여러분은 이원성 의식에 빠져서 고생고생하며 나선형 계단을 다시 올라가려고 물질 우주로 하강한 것이 아닙니다. 여러분은 신이 주신 창조성을 표현함으로써 지구에 신의 나라를 구현하는 데 기여하려는 긍정적인 목적을 가지고 내려온 것입니다. 이 열망은 신의 창조하신 것의 일부가 되고, 생명의 강의 일부가 되며, 진정한 여러분 자신으로 존재하고, 여기 아래에서도 위에서의 여러분처럼 존재하겠다는, 흔들리지 않는 의지에 기반합니다.

여러분이 이 금강석 같은 의지를 다시 발견할 때, 잘못된 길을 떠나 참된 여정에 합류하겠다는 결정은 자연스럽게 따라올 것입니다. 그렇지만, 나는 존재하려는 자신의 내적인 동기를 재발견하도록 돕기 위해, 이 열쇠를 위한 연습을 주겠습니다.

열쇠 12를 위한 연습

앞으로 33일 동안, 기원문을 낭송하고 떠오르는 생각을 적는 패턴을 반복하기 바랍니다. 이번에는 'INV13: 의지의 창조적인 자유(the Invocation of Creative Freedom of Will)'를 위한 기원문을 낭송하겠습니다.

기원문을 낭송한 후, 여러분이 어떻게 창조성을 부정하도록 프로그램되었는지, 그 창조성을 표현하지 않도록 어떻게 조건화되었는지 적어 보세요.

그러나 나는 또한 여러분이 어떤 제한도 두지 않고 무슨 생각이 떠오르든 그것을 적을 수 있는 시간을 따로 마련하기를 바랍니다. 가슴에 중심을 둔 다음, 떠오르는 모든 생각을 적으세요. 아무것도 떠오르지 않으면, 원하는 만큼 오랫동안 중심을 잡고 있으면서, 적는 것이 자연스럽게 흐르게 될 때를 기다리세요. 뭔가 흐르도록 하는 데 도움이 필요하다면, 다음 질문을 생각해 보세요. "내 창조력에 대한 제한이 전혀 없다면, 나의 상위자아는 나를 통해 무엇을 표현하기를 열망할 것인가?"

▶ 아이앰 출판사 연락처
- 이 책의 오류 및 아래 내용과 관련된 문의 사항은 메일로 해주세요.
- biosoft@naver.com (리얼셀프)

▶ 그리스도 의식 카페 안내
  용어집: cafe.naver.com/christhood/2411 (그리스도 의식을 추구하며 카페)
  이 책에 나오지 않는 용어는 카페의 용어집을 참조하거나 카페에서 검색을 하면 다양한 정보를 얻을 수 있습니다. 카페 회원 가입시 상승 마스터 가르침과 관련된 개인적인 질문.답변도 가능합니다.

▶ 온라인, 오프라인 모임 및 행사 안내
- **공부 모임**: 서울, 분당, 대전, 대구, 부산 등에서 매달 온/오프라인 모임
  (공부를 하기 위한 진지한 목적으로는 누구나 참여 가능함)

- **온라인 기원문 낭송**: 카페에서 매주 1~2회 저녁에 공동 기원문 낭송

- **성모 마리아 500 세계 기원**: 매월 마지막 일요일 개최
  (오후 3시~7시 또는 8시~12시. 전 세계적으로 같은 시간에 진행)

- **상승 마스터 국제 컨퍼런스 및 웨비나**: 한국에서 내년 또는 정기적 개최
  (한국, 유럽, 러시아, 미국 등에서 매년 개최함)

- 더 상세한 내용은 네이버 카페 공지사항을 참조하시기 바랍니다.
  (cafe.naver.com/christhood)

▶ 자아통달 과정

상승 마스터들은 2012년부터 매년 한 광선에 해당하는 자아통달 시리즈의 책을 킴 마이클즈를 통해서 전해주었습니다. 이 과정은 책만 구입하면 별도의 비용이 들지 않고 개인적으로 누구나 수행할 수 있습니다. 처음 수행하는 분은 비영리 단체인 '그리스도 의식을 추구하며' 카페에서 진행과 관련하여 도움을 받을 수 있습니다.

· 단계별로 아래의 책을 구입 후 개인적으로 수행을 해도 됩니다.
  (카페에서 번역서 구입 가능. 일부 책은 yes24 등의 전국 온라인 서점에서 구입 가능)
· 초기에는 온/오프라인 모임과 카페의 '자아통달' 메뉴에서 도움을 받을 수 있습니다.
· 각 과정은 책을 읽고 기원문을 낭송하는 방식으로 진행됩니다.
· 수행 시간은 매일 약 20분~40분 내외입니다.

자아통달 시리즈 책 (킴 마이클즈 저)
(카페에서 한글판 서적 및 전자책 구입 가능)

한글 서적 명	시리즈
'영원한 나'를 찾아가는 여정	1
내면의 창조적인 힘 (1광선)	3
'신성한 지혜'를 찾아가는 여정 (2광선)	4
'조건 없는 사랑'을 찾아가는 여정 (3광선)	5
'영적인 순수함'을 찾아가는 여정 (4광선)	6
'초월적인 비전'을 찾아가는 여정 (5광선)	7
'내면의 평화'를 찾아가는 여정 (6광선)	8
'영원한 자유'를 찾아가는 여정 (7광선)	9
생명의 강과 함께 흐르기 (8광선) (내면의 영체들을 초월하기)	2

주의 사항: 상승 마스터 가르침을 처음 접하면, 몇 권의 책을 읽고, 기원문을 일정 기간 낭송하면서 자신에게 적합한지 살펴본 후에 이 과정을 시작하세요. 이 과정 전체를 마치려면 약 2년의 기간이 소요됩니다.

▶그리스도 의식 과정

이 과정은 '그리스도 의식에 이르는 열쇠(Master Keys to Personal Christhood)'책으로 진행하며, 2008년 킴 마이클즈가 예수님께서 준 메시지를 책으로 출판했습니다. (카페에서 번역서 구입 가능)

이 과정은 예수님과 스승-제자 관계가 되어 그리스도 의식으로 올라가는 과정입니다. 2,000년 전에 예수님께서 제자들에게 모든 것을 말해주셨다는 얘기들 읽었으리라 봅니다. 이 시대에 다시 예수님이 직접 그리스도가 되는 길을 갈 제자를 모집하고 있습니다.

예수님도 육화 중에 이 과정을 동일하게 밟았다고 합니다. 특히 다른 메시지에 언급되듯이, 예수님이 이 과정을 시작할 당시에 이미 높은 의식 수준을 달성해 있었지만, 처음부터 단계를 밟아서 올라갔다고 합니다. 마찬가지로, 여기 온 모든 분들도 자신의 의식 수준을 내세우지 말고 바닥부터 차근차근 올라가시기 바랍니다.

모두 17개의 열쇠가 있으며 열쇠마다 기원문을 낭송하고 메시지의 일부를 읽는 과정을 33일간 실천하라고 제안하고 있습니다. 각 열쇠에 메시지가 있습니다. 메시지를 전체 읽고 나서 기원문을 하시면 됩니다. 그리고 33일간 기원문을 하기 전에 메시지 중 일부를 읽고 생활하면서 숙고하는 과정으로 진행됩니다. 예수님께서 마음속으로 어떤 아이디어와 가르침을 주십니다.

· 책을 보면서 카페의 '그리스도 의식 과정' 메뉴 또는 오프라인 모임에서 도움을 받을 수 있습니다.
· 단계별로 책의 내용을 일부 읽고, 로자리 또는 기원문을 매일 약 40분 내외 낭송합니다. 단계별 33일간 매일 계속합니다.
· 총 17단계이며, 책에 나오는 예수님의 가르침에 따라서 진행합니다.

주의 사항: 상승 마스터 가르침을 처음 접하면, 몇 권의 책을 읽고, 기원문을 일정 기간 낭송하면서 자신에게 적합한지 살펴본 후에 이 과정을 시작하세요. 이 과정 전체를 마치려면 약 2년의 기간이 소요됩니다.

▶ 힐링 과정

'예수와 함께했던 나의 생애들' 책은 지구에 육화한 어느 존재의 수많은 전생 이야기를 통해 지구 문명과 예수 그리스도의 사명과 악의 기원에 대해 깊은 통찰을 제시하는 자서전적 소설입니다.

'힐링 트라우마' 책은 소설 '예수와 함께했던 나의 생애들'과 짝을 이루는 수행서(workbook)입니다. 그 소설은 많은 영적인 사람이 자원자나 아바타로 지구에 오게 되었다는 개념을 소개합니다. 우리는 그때 지구에서 겪은 경험의 결과로 깊은 영적인 트라우마를 받았습니다.

아래의 책들은 이러한 개념에 대한 더 많은 가르침을 포함하고 있습니다. 또한, 여러분이 그 트라우마들을 치유하고, 이 행성에서의 삶의 태도에서 모든 부정성을 극복할 수 있도록 도울 수 있는, 실제적인 도구들을 포함하고 있습니다. 이 책을 활용하기 전에 우선 '예수와 함께했던 나의 생애들' 소설을 읽어볼 것을 권합니다. 그 소설이 여러분이 치유 과정을 시작하도록 도울 수 있는 중요한 가르침을 많이 포함하고 있기 때문입니다.

- 단계별로 아래의 책을 구입 후 개인적으로 수행을 해도 됩니다.
  (카페에서 번역서 구입 가능. 일부 책은 yes24 등의 전국 온라인 서점에서 구입 가능)
- 초기에는 오프라인 모임, '힐링 과정' 메뉴에서 도움을 받을 수 있습니다.
- 책을 읽고 기원문을 낭송하는 방식으로 진행됩니다.

아바타 시리즈 책 (킴 마이클즈 저)
(카페에서 한글판 서적 구입 가능)

한글 서적 명	시리즈
예수와 함께했던 나의 생애들	1
힐링 트라우마	2
신성한 계획 완성하기	3
최상의 영적인 잠재력 구현하기	4
지구에서 평화롭게 존재하기	5